中国古代历史风云

宫廷风暴(上)

叶秀松 编著

北京师范大学出版集团
BEIJING NORMAL UNIVERSITY PUBLISHING GROUP
安徽大学出版社

图书在版编目(CIP)数据

宫廷风暴 / 叶秀松编著. —合肥：安徽大学出版社，2014.4(2014.11重印)
(中国古代历史风云)
ISBN 978-7-81110-848-4

Ⅰ.①宫… Ⅱ.①叶… Ⅲ.①宫廷—史料—中国—古代—通俗读物 Ⅳ.①K220.9

中国版本图书馆 CIP 数据核字(2010)第 168568 号

中国古代历史风云
宫廷风暴

叶秀松 编著

出版发行：	北京师范大学出版集团
	安徽大学出版社
	(安徽省合肥市肥西路3号 邮编230039)
	www.bnupg.com.cn
	www.ahupress.com.cn
印　刷：	合肥市裕同印刷包装有限公司
经　销：	全国新华书店
开　本：	170mm×240mm
印　张：	35.75
字　数：	462 千字
版　次：	2014 年 4 月第 1 版
印　次：	2014 年 11 月第 2 次印刷
定　价：	48.80 元

ISBN 978-7-81110-848-4

策划编辑：鲍家全		装帧设计：李　军　金伶智	
责任编辑：徐　建		美术编辑：李　军	
责任校对：程中业		责任印制：陈　如	

版权所有　侵权必究

反盗版、侵权举报电话：0551—65106311
外埠邮购电话：0551—65107716
本书如有印装质量问题，请与印制管理部联系调换。
印制管理部电话：0551—65106311

前　言

历史,是后人永恒的话题。

人们每当谈起我国古代的历史故事,总是兴趣盎然。这不光是由于其情节引人入胜、当事者的际遇命运牵动人心,还在于许多人物事迹至今还闪耀着人类文明的思想光辉,仍然可供今天的我们学习借鉴。

中国古代历史是一个大舞台,本书展现的仅是一幕幕官场斗争的故事。进入中国古代官场的官员,虽然形象各不相同,但总体来说是比较富有智慧和思想的人群。他们在一定职位上的言论作为,他们利用其职权地位乃至豁出生命所进行的形形色色的斗争,是历史的重要组成部分。

目前,社会上流传的古代官场斗争故事虽不算少,但此类故事许多还淹没在浩如烟海的史籍中鲜为人知。《二十四史》、《资治通鉴》、《续资治通鉴》和《历代纪事本末》等史书体系庞大,一般读者难以通读。作者有意为普及祖国历史知识、弘扬中华民族正气尽一点微薄之力。从这一愿望出发,我不揣浅陋,泛舟史海,选取商末至清末部分帝王、朝臣以及州官被贬谪关杀或身历险境的片断,历时15年,编写出"中国古代历史风云"系列丛书。该套书包括《宫廷风暴(上下)》、《朝政风波(上下)》、《文坛风雨(上下)》、《列国交聘(上下)》、《战场风烟(上下)》,共5种10册。

《宫廷风暴》以宫廷为背景,围绕王位和后位得失这一主题,从不同的角度再现当时最高权力中心明争暗斗的方方面面。权力是利益的象征。权利,意即有权才有利。君王和王后高居于权位的顶峰,享有臣民无可比拟的利益。"天下熙熙,皆为利来;天下攘攘,皆为利往"。古代有许多官员为了追求权利而费尽心机,有的甚至梦想像君王那样拥有一切而铤而走险。也有一些人面临君王的屠刀或痛恶君王荒淫暴虐而密谋起事。这样,君位也即为众人所觊觎,君王亦即处于矛盾的焦点,其实是坐在刀尖之上。宋太祖之母杜太后对此看得较为透彻。宋太祖即位之初,众臣向杜太后祝贺,她却"愀然不乐"。有的大臣很不理解,向太后问道:"臣闻'母以子贵',今子为天子,胡为不乐?"杜太后答道:"吾闻'为君难',天子置身兆庶之上,若治得其道,则其位可尊;苟或失驭,求为匹夫不可得,是吾所以忧也"。打开本书,既能看到某些王朝由强盛到衰亡的过程,也能看到其王族内部、君臣之间纷争的始末;既能看到某些帝王皇后个性迥异而临事百态,也能看到他们错综复杂的人际关系及各不相同的祸变遭遇。当然,这里亦有正义和邪恶、正确和谬误、利民和殃民、爱国和祸国等是非之分。透过这些沉甸甸的往事,人

前　言

们可以深入反思，汲取教训，妥善处理立身社会所面临的各种关系，更好地应对人生旅途中的各种挑战。

本书依据历代正史记载，行文直叙史实，没有添枝加叶，也没有夹入作者议论，力图真实可信。所据史书附后以备查。每部分前面都有小序，作为内容提要。每篇不全面记述人物生平，只聚焦其宦海浮沉的经历，力求精彩耐读。篇末附简评，尽量采用前人的评论，对前人评论需作补充、商榷或未见前人合适评论的，作者就事论事加以点评，供读者参考。为方便读者，在行文中用括号注明古纪年相当于公历某年、古地名位于今某地、古官名系何职务；对所涉及的历史人物、事件采用脚注，以贯通文意。全书文字力求简洁易懂、准确生动。

期望本书能成为读者的良师益友。

目 录

一、荒淫暴虐　王冠落地

商纣王亡国自焚 ·············· 3
周昭王南巡未返 ·············· 6
周厉王被轰出逃 ·············· 8
周幽王烽火戏诸侯 ············ 10
齐懿公无道遭祸 ············· 13
晋灵公谋害忠臣 ············· 15
陈灵公淫乱被杀 ············· 18
齐庄公求生不得 ············· 20
卫庄公冤家路窄 ············· 22
西汉昌邑王来去匆匆 ·········· 24
魏帝曹芳荒淫被废 ············ 28
吴末帝失道寡助 ············· 32
前秦厉王杀人成性 ············ 38
后燕昭文帝送葬亡国 ·········· 42

北魏道武帝杀妻未遂 …………………………………… 45
宋前废帝荒淫残暴 ……………………………………… 48
宋后废帝杀人为乐 ……………………………………… 53
南齐东昏侯只信侍从 …………………………………… 56
北齐文宣帝长醉不醒 …………………………………… 60
隋炀帝祸国殃民 ………………………………………… 65
后唐庄宗重蹈覆辙 ……………………………………… 74
闽康宗众叛亲离 ………………………………………… 82
金熙宗酗酒好杀 ………………………………………… 84
金海陵王暴戾荒淫 ……………………………………… 88

二、情势失察　御座摇坠

宋殇公未识太宰 ………………………………………… 95
郑厉公误用近臣 ………………………………………… 97
宋湣公挖苦败将 ………………………………………… 99
齐桓公留恋佞臣 ………………………………………… 101
郑灵公不让子公食鼋 …………………………………… 104
晋厉公用人失察 ………………………………………… 106
赵武灵王被围饿死 ……………………………………… 109
秦二世偏信赵高 ………………………………………… 112
汉武帝行宫遇险 ………………………………………… 117
王太后误信王莽 ………………………………………… 119
汉质帝言忤权臣 ………………………………………… 127
吴帝孙亮密谋被泄 ……………………………………… 129

汉帝刘粲家破人亡 …………………………………………… 131
后赵高祖养虎遗患 …………………………………………… 133
晋孝武帝戏言遇害 …………………………………………… 138
北凉王段业不辨忠奸 ………………………………………… 140
后燕惠愍帝轻信遇害 ………………………………………… 143
宋武帝看错辅臣 ……………………………………………… 146
北魏太武帝未及除奸 ………………………………………… 149
北魏孝武帝猜忌失策 ………………………………………… 151
梁武帝耄耋被囚 ……………………………………………… 155
北周二帝难防家贼 …………………………………………… 161
唐玄宗轻信酿乱 ……………………………………………… 164
唐德宗逃亡奉天 ……………………………………………… 173
后唐闵帝受辅臣牵累 ………………………………………… 178
辽世宗认奸为忠 ……………………………………………… 182
宋高宗被迫退位 ……………………………………………… 185
皇储赵竑未识女奸细 ………………………………………… 189
元英宗留奸未除 ……………………………………………… 192
明英宗信用宦官 ……………………………………………… 196

三、王权旁落　任人摆布

鲁昭公客死晋国 ……………………………………………… 203
汉少帝临难悲歌 ……………………………………………… 206
汉献帝历尽劫难 ……………………………………………… 209
魏帝曹髦不甘坐受凌辱 ……………………………………… 215

前凉二幼主相继遇害 …………………………………… 217
晋安帝任人处置 ………………………………………… 220
东晋恭帝晚景凄凉 ……………………………………… 223
宋顺帝遗恨出生帝王家 ………………………………… 225
东魏孝静帝吟诗志哀 …………………………………… 228
唐末二帝难避刀光剑影 ………………………………… 231
明英宗的皇位沉浮 ……………………………………… 241
清光绪帝变法被囚 ……………………………………… 245

四、变更王储　父子相逼

卫宣公暗杀太子 ………………………………………… 253
晋献公偏信宠姬 ………………………………………… 255
楚成王被迫自缢 ………………………………………… 260
楚平王听信谗言 ………………………………………… 262
冒顿发愤练响箭 ………………………………………… 265
汉武帝误杀太子 ………………………………………… 267
后赵天王父子相残 ……………………………………… 273
宋文帝向宠妃泄密招祸 ………………………………… 277
隋文帝临终省悟 ………………………………………… 281
唐太宗为立太子恼恨欲绝 ……………………………… 288
唐高宗数废太子 ………………………………………… 292
后梁太祖欲立养子 ……………………………………… 295
辽萧皇后改变皇嗣 ……………………………………… 298
康熙帝不再立储 ………………………………………… 301

目 录

五、争夺王位　兄弟相残

郑庄公平叔段之乱 …………………………………… 309
齐公子小白以智取胜 ………………………………… 312
周惠王偏爱遗患 ……………………………………… 314
齐桓公诸子争立 ……………………………………… 316
楚弃疾制造恐怖 ……………………………………… 318
周景王庶子相争 ……………………………………… 320
汉帝刘渊诸子不相容 ………………………………… 322
后凉太祖难料身后之事 ……………………………… 326
后秦广平公争位谋乱 ………………………………… 329
夏国王子拼杀 ………………………………………… 333
陈始信王磨刀霍霍 …………………………………… 335
唐高祖诸子势不两立 ………………………………… 338
辽太祖诸弟谋乱 ……………………………………… 344
南汉中宗尽杀兄弟 …………………………………… 347
楚文昭王诸弟争斗 …………………………………… 350
宋太宗废黜秦王 ……………………………………… 353

六、觊觎君位　王族内戈

晋侯族君位之争 ……………………………………… 359
公子庆父乱鲁 ………………………………………… 362
吴王僚防不胜防 ……………………………………… 365

西汉吴王刘濞之乱 ……………………………………… 367
西晋赵王谋篡帝位 ……………………………………… 371
代国王族磨难 …………………………………………… 374
北燕王宫兵变 …………………………………………… 377
南齐明帝尽杀先帝诸子 ………………………………… 379
梁王族厮杀 ……………………………………………… 383
北齐二帝残害幼侄 ……………………………………… 389
唐太平公主谋篡 ………………………………………… 392
辽兴宗失言酿乱 ………………………………………… 396
明太祖身后皇族内乱 …………………………………… 398
明汉王意欲称帝 ………………………………………… 405

七、派系争立　血雨腥风

晋献公遗愿未偿 ………………………………………… 413
田乞家宴立阳生 ………………………………………… 415
汉高帝身后"非刘氏而王"之争 ………………………… 418
汉质帝遇弑嗣位之争 …………………………………… 423
吴国两派争立太子 ……………………………………… 426
西晋立嗣之误 …………………………………………… 429
后燕丁太后擅自立王 …………………………………… 433
南朝宋两帝并立 ………………………………………… 435
北魏晚期的帝位变迁 …………………………………… 438
武女皇被废及随后的皇位争夺 ………………………… 441
唐文宗继嗣之争 ………………………………………… 450

元成宗身后派系争立 ············ 453
元顺帝退留之争 ············ 459
明神宗立储风波 ············ 465

八、争宠弄权　后宫血泪

申后吟诗排忧 ············ 475
郑袖谋陷魏美人 ············ 477
李园献妹 ············ 479
吕后残害戚夫人 ············ 482
王夫人争立皇后 ············ 485
陈皇后无子被废 ············ 488
卫皇后色衰失宠 ············ 490
钩弋夫人突然被杀 ············ 492
汉宣帝未能保护糟糠之妻 ············ 494
许废后难圆复位美梦 ············ 497
冯太后晚年受陷 ············ 499
赵氏姐妹宠极自尽 ············ 502
窦皇后妒陷二贵妃 ············ 505
阴皇后忧死冷宫 ············ 508
阎皇后的荣衰 ············ 510
魏明帝为母雪恨 ············ 513
毛皇后一句话送命 ············ 515
吴两公主反目 ············ 517
贾皇后荒淫乱政 ············ 519

胡太后的浮沉 …………………………………………… 525
独孤皇后忌杀尉迟妃 …………………………………… 531
武则天谋取后位 ………………………………………… 533
武惠妃恶有恶报 ………………………………………… 537
仁德皇后无辜被害 ……………………………………… 540
孟皇后饱经风霜 ………………………………………… 542
唐括定哥失宠偷情 ……………………………………… 545
李皇后妒斩玉手 ………………………………………… 547
万贵妃祸乱后宫 ………………………………………… 549
明世宗险遭谋害 ………………………………………… 552

后　　记 ………………………………………………… 554

一、荒淫暴虐　王冠落地

君王拥有天下,高居于臣民之上,享有主宰一切的特权。他们的思想行为可以不受任何约束。有些君王尚能自律,周文王"修德行善",梁武帝"膳无鲜腴","身衣布衣";有些君王则随心所欲,为所欲为,人性中最丑恶的东西在他们身上暴露无遗。本书所记君王丢位乃至丧命,无不由于其荒淫暴政所致。纵观历史,宋以后此类暴君似不多见。推进这一历史文明的因素固然很多,北宋司马光所著《资治通鉴》当功不可没。

一、荒淫暴虐　王冠落地

商纣王亡国自焚

公元前1075年,商朝①国王帝乙去世,其嫡子辛继位为帝辛,后来人们称他为纣王。当时,商王朝腐败衰落,已经失去人心。

商纣王才思敏捷,臂力过人,自以为才智天下第一。他即位称王后,骄奢淫逸,暴虐无道,且文过饰非,拒不纳谏。

纣王经常酗酒,喜欢淫荡的歌舞,沉湎女色。他不顾民众的死活,强令增收赋税,耗巨资修建宏伟宽阔的鹿台(位于今河南省淇县),搜集名狗名马和天下奇珍供其玩乐。他又下令在沙丘行宫(位于今河北省广宗县西北)扩建苑台,广收天下奇禽异兽供其观赏。他还"以酒为池,县肉为林",令男女侍从脱光衣服,在其间追逐嬉戏,供他同其爱妃妲己等人淫乐。

朝野上下对纣王荒淫祸国怨声载道,纣王便施用酷刑加以镇压。他使用一种名为"炮烙"的刑罚,令人将空心的铜柱平放在燃烧的炭火上,强迫他所厌恶的人爬上通红的铜柱活活烧死。

纣王动辄杀戮大臣。西伯昌、九侯、鄂侯身为三公(最高辅政大臣),却被纣王视为草芥。九侯有个女儿非常美丽,该女不愿同

---

① 建于公元前1600年,辖境位于今黄河流域,东起渤海之滨,西至青海高原,北起内蒙古南部,南至江淮地区。商朝前期多次迁都,后定都殷,位于今河南省安阳市北。

纣王淫荡,纣王便下令将她杀死,并把九侯剁成肉酱。鄂侯认为九侯无罪,为九侯说了几句公道话,纣王竟下令将鄂侯杀死,烤成肉干。西伯昌暗中对九侯、鄂侯的遭遇悲伤叹息,纣王听说后下令把他囚禁在羑里(位于今河南省汤阴县北)。之后,西伯昌的部下给纣王送去美女和良马,西伯昌才得以获释,返回自己的属地。

纣王对劝谏他的王族成员同样格杀勿论。他的叔父比干时任少师(位同副宰相),劝谏他不要荒淫误国。纣王勃然大怒,随即下令将比干杀死,并挖出他的心肝观看。纣王的另一个叔父太师(位同宰相)箕子为此吓得装疯卖傻,流落他乡,替人做苦力。纣王得知箕子的下落后,派人把他抓回来,加以囚禁。纣王的同父异母兄微子启为了避祸,被迫逃到外地,隐姓埋名,艰难度日。

纣王对敢于直谏的忠正之臣残酷迫害,对阿谀奉承之臣却十分信任。费中利欲熏心,对于纣王的淫暴极力谄媚迎合,以致声名狼藉,纣王却让他执掌朝政。恶来为人阴险狠毒,多次谗害忠良,因其善于打小报告而受到纣王的重用。诸侯看到纣王去贤任奸,对纣王日益不满,完全失望。

纣王的荒淫暴虐导致众叛亲离,民怨沸腾,为他自己敲响了丧钟。

西伯昌回到属地周(位于今陕西省岐山县东北)以后,施行仁政,"诸侯多叛纣而往归西伯"。西伯昌去世后,其子姬发积极进取,发展了周的势力,受到诸侯普遍的拥戴。"诸侯叛殷会周者八百"。

商纣王三十年(前1046年),姬发率领诸侯联军共四万八千名勇士,同纣王的军队在牧野(位于今河南省淇县西南)进行决战。当时,纣王拥有七十万军队,"师虽众,皆无战之心,心欲武王亟入",其将士纷纷倒戈。姬发率领军队长驱直入,攻占商都城殷。纣王走投无路,登上鹿台,身披美玉,投身烈火,自焚而死。姬发随即令人斩下商纣王的头,悬挂在大白旗下示众,同时将妲己杀死。

一、荒淫暴虐　王冠落地

姬发率部灭亡商朝后,建立周朝,即位为周武王。周武王追封其父西伯昌为周文王。

《史记》卷三　殷本纪

卷四　周本纪

【简评】

对于商纣王亡国,前人有不同评价。

清代学者顾炎武认为:"纣以不仁而亡,天下人人知之。吾谓不尽然。纣之为君,沈缅于酒,而逞一时之威。""商之衰也久矣,一变而《盘庚》之书①,则卿大夫不从君令;再变而《微子》之书②,则小民不畏国法"。"论纣之亡,武之兴,而谓以至仁伐至不仁者,偏辞也"(《日知录》卷二·殷纣之所以亡)。

毛泽东认为:"商朝为什么叫'商'朝呢?是因为有了商品生产,这是郭沫若(郭在《驳〈说儒〉》一文中论述了纣王征伐和经营东南地区——引者注)考证出来的。把纣王看作坏人是错误的,其实纣王是个很有本事、能文能武的人。他经营东南,把东夷和中原的统一巩固起来,在历史上是有功的。纣王伐徐州之夷,打了胜仗,但损失很大,俘虏太多,消化不了,周武王乘虚进攻,大批俘虏倒戈,结果使商朝亡了国。"(《毛泽东读书笔记》下·毛泽东1958年11月读斯大林《苏联社会主义经济问题》的谈话)

---

① 指《尚书·盘庚篇》,该篇为商王盘庚将国都由奄(位于今山东省曲阜市)迁至殷(位于今河南省安阳市小屯)的动员令。

② 指《尚书·微子篇》,该篇记述微子启同比干、箕子目睹纣王无道而忧患国家命运的谈话。

周昭王南巡未返

周①昭王姬瑕即位后,"德衰","王道微缺"。楚国②君臣认为周昭王是个昏君,不再向他顶礼膜拜。对此,周昭王十分恼火。

周昭王十六年(前980年),周昭王率领军队讨伐楚国,伤害了楚国民众。楚国君臣同仇敌忾,决意设法除掉周昭王。

周昭王十九年(前977年),楚国国君③给周昭王呈上一封信,以谦卑的言辞声称楚国愿意向周天子进贡白羽毛雉鸡,邀请周昭王南巡。与此同时,楚国国君密令住在汉水(今汉水)岸边的船工用胶粘制船只,以供周昭王渡汉水时使用。

周昭王接到楚国国君书信后极为高兴,随即带领一批人马南巡狩猎。当周昭王等人乘坐的胶粘船行驶到汉水中央时,胶经水浸泡失去黏性,船体突然散开。周昭王及随行大臣祭公等人猝不及防,沉入滚滚江涛,一命呜呼。

---

① 朝代名,建于公元前1046年,辖境位于今长江以北至内蒙古南部黄河流域,都镐(位于今陕西省长安县西北)。

② 传说其先祖高阳为黄帝之孙。周成王即位(前1042年)后,封楚国国君熊绎居于丹阳(位于今湖北省秭归县东南部)。

③ 熊绎传位其子熊艾,熊艾传位其子熊黑旦。周昭王南巡可能在熊艾或熊黑旦在位期间。

一、荒淫暴虐　王冠落地

《史记》卷四　周本纪
　　　　卷四十　楚世家

【简评】

　　君王对藩国臣民应以道义安抚,而不应以武力征服。"不义而强,其毙必速"(《左传·昭公元年》)。周昭王领兵攻打楚国,最终溺死汉水,实为咎由自取。此事亦反映了楚国君臣和民众坚强不屈的精神和高超的智慧。

周厉王被轰出逃

周厉王姬胡即位(前877年)三十年后,变得贪婪专横。他信任一个名叫荣夷公的大臣,对荣夷公言听计从。荣夷公则极力迎合周厉王的贪欲,加倍勒索民脂民膏,供周厉王挥霍。

民众被盘剥得不堪忍受,公开向周朝廷大声疾呼:"民亦劳止,汔可小康"。"无纵诡随,以谨无良"(《诗经·大雅·民劳》)。意思是说:老百姓已经够劳苦的了,只要求得到小小的安康;不要纵容诡诈的人,谨防此人不善良。

大夫(朝廷中等级别的官员)芮良夫劝谏周厉王说:"大王作为天子,要为天下人谋利益。普通百姓如果损人利己,即被称为盗贼;大王您怎么能只图自己享受而不顾民众利益呢?荣夷公这个人只知道迎合大王的意愿,不知道这样做将会酿成祸乱。大王如果再信用荣夷公,周朝的江山就危险了。"

周厉王对人民的呼声和大臣的忠谏一概充耳不闻,反而提拔荣夷公为卿士(执政大臣,位同宰相),让他掌管朝政。

周厉王在位后期不仅穷奢极欲,而且暴虐成性。卿士召公提醒说:"民众困苦不堪,已经怨声载道了。"周厉王大为恼火,索性不准人们议论他的过失,并派人监听人们的言论,一旦获知某个人对朝政有所非议,他便下令将这个人杀死。在这样的高压下,朝野上下,人心惶惶,人们在路上相遇不敢开口说话,只能用眼色示意。

一、荒淫暴虐　王冠落地

周厉王再也听不到批评意见,自以为得意。有一次,他对召公说:"我把各种非议消除了,看谁还敢说我的坏话!"召公对他说:"大王这样做是堵塞言路啊!堵塞民众的嘴,不让人说话,比堵塞河道更危险。堵塞河道,水漫堤溃固然会造成灾害;堵塞民众的嘴,积怨一旦爆发,便会酿成更大的祸患!所以,治水的人应当让河道疏通,治政的人应当广开言路。"召公的这番话,仍然没有能使周厉王省悟。

此时,民众对周厉王的苛政已经忍无可忍。"民之贪乱,宁为荼毒"(《诗经·大雅·桑柔》)。人们盼望天下大乱,决意团结起来,推翻周厉王的暴政,甘愿为此付出最大的牺牲(参阅上海辞书出版社《先秦诗鉴赏辞典》)。

周厉王三十七年(前841年),周朝民众举行暴动。怒不可遏的民众冲入王宫,袭击周厉王。周厉王惊恐万状,仓皇逃亡到彘(位于今山西省霍州市东北)。

周厉王被逐后,朝廷由召公、周定公二位宰相执政,史称"共和"。

共和十四年(前828年),周厉王度过漫漫十四年流亡生涯,在凄凉中死于彘地。之后,召公和周定公拥立周厉王太子姬静即王位,为周宣王。

《史记》卷四　周本纪

【简评】

得民心者得天下,失民心者失天下。周厉王对民众残酷压榨,被民众轰下台,就是一个例证。毛泽东说:"让人讲话,天不会塌下来,自己也不会垮台。不让人讲话呢?那就难免有一天要垮台。"(《毛泽东著作选读》下·1962年1月30日在扩大的中央工作会议上的讲话)。周厉王拒绝忠谏,不让人讲话,以致垮台被逐。

周幽王烽火戏诸侯

周幽王姬宫涅即位后,封其正妻申氏为王后,立申氏所生的儿子宜臼为太子,朝野上下为之庆贺。

周幽王三年(前779年),褒国①人向周幽王进献美女褒姒。周幽王迷上褒姒,并同她生了一个儿子,取名伯服。之后,周幽王下令废黜申后和太子宜臼,改立褒姒为王后、伯服为太子。太史(主管拟草王命、记载史事、观察天象)伯阳为之感叹说:"国家的祸患酿成了,没有办法!"

褒姒封为王后以后,似乎另有苦衷,成天锁着眉头。尽管周幽王对她宠爱无比,千方百计逗她开心,她却总是不开笑颜。一天,周幽王为了博得褒姒一笑,又心生一计,导演一出烽火戏诸侯的闹剧,以讨取褒姒的欢心。

烽火台是周朝国防设施,点燃烽火,为告示外敌入侵的信号。当时,周朝的外部威胁主要来自西北方的犬戎②。为了抵御犬戎来犯,周朝在边境地区建筑一些烽火台,配以大鼓和火把。边防兵士一旦发现敌人来犯,就擂响大鼓,点燃烽火。周天子随即以此召

---

① 位于今陕西省汉中市西北。
② 部族名,其游牧区位于今宁夏区固原县北部。

一、荒淫暴虐　王冠落地

集附近诸侯率兵出征。

那天,周幽王携褒姒登上烽火台,明知边防无事,他却下令兵士点燃烽火。附近诸侯见烽火台燃起烽火,都以为是犬戎攻来了,纷纷率兵火速赶来迎战。诸侯率兵到达现场后,才知道原来是周幽王同他们开了一场玩笑。褒姒看到众诸侯都被骗召来,一个个气急败坏,摇头长叹,果然忍俊不禁,扑哧一笑。见到褒姒的笑脸,周幽王极为高兴。但他没有想到,他把国防警报当作儿戏,使他在诸侯中失去了信誉。烽火报警的信号从此不灵了。

周幽王十一年(前771年),被废王后申氏的父亲申①侯联合缯②和犬戎出兵攻打周幽王。周幽王闻讯大吃一惊,慌忙下令点燃烽火,召集诸侯救兵。诸侯以为周幽王又在同他们开玩笑,各自按兵不动。

周幽王久等不见诸侯援兵到来,自知情况危急,京都孤城难守,便匆忙逃到骊山(位于今陕西省西安市临潼区东南)脚下,企图藏匿。申侯率领联军追上来,将周幽王杀死。西周王朝至此灭亡。《诗经·小雅·正月》不无讥讽地写道:"赫赫宗周,褒姒灭之"(参阅上海辞书出版社《先秦诗鉴赏辞典》)。

接着,申侯会同诸侯共同拥护废太子宜臼继承王位,为周平王。周平王即位后,将都城由镐迁至洛邑(位于今河南省洛阳市),史称"东周"。

《史记》卷四　周本纪

---

① 周天子所封诸侯国名,位于今河南省唐河县西北。
② 诸侯国名,位于今山东省苍山县西北部。

【简评】

　　国防警号关乎国家安危存亡,是一项非常严肃的国防号令。周幽王为了引逗爱妻一笑,居然欺骗诸侯将士,以致在诸侯中失去信誉,招致国破家亡。"无信患作,失援必毙"(《左传·僖公十四年》),此话千真万确。

一、荒淫暴虐　王冠落地

齐懿公无道遭祸

齐①昭公十九年（前614年）五月，齐昭公去世②，其子舍继位为国君。齐昭公同父异母之弟公子商人暗中招募勇士，于当年十月率众击杀齐君舍，自立为齐懿公。

齐懿公妒心很强，有怨必报。当初，齐懿公为公子时，曾同侍臣丙戎（《左传》文公十八年记作邴歜）的父亲（其名不详）一起打猎比赛，丙戎之父胜过了公子商人。对于这样一件小事，商人却一直耿耿于怀。公子商人即位国君不久，竟下令掘开丙戎父亲的墓，剖开其棺材，砍断他的双脚，同时免去丙戎的官职，并有意把丙戎放在他的身边充当侍从，供其驱使。

齐懿公霸道无礼，欺辱臣下。侍臣庸职（《左传》文公十八年记为阎职）的妻子长得很美丽。齐懿公看中了庸职之妻，强行把她召入内宫占为后妃，而让庸职在他乘坐的车上充当侍从。

丙戎和庸职虽然对齐懿公怀恨在心，但都没有在表情上流露，二人在齐懿公面前依然百依百顺。

齐懿公四年（前609年）五月，齐懿公去申池（其地不详）游玩，丙戎、庸职等人奉命随行。齐懿公玩乐过后入室休息，庸职同丙戎

---

① 春秋诸侯国名，都临淄，位于今山东省淄博市东。
② 《左传》记为"文公十四年"，即前613年。《史记》记年有误。

在一起洗浴时开起玩笑,以发泄对齐懿公的不满。庸职指着丙戎说:"你是被砍断脚的人的儿子!"丙戎指着庸职反唇相讥道:"你是被夺去爱妻的男人!"如此互相挖苦,刺中了对方的痛处,点燃了仇恨的怒火。于是,二人顿生杀机,决意除掉齐懿公,以报仇雪恨。

之后,丙戎、庸职乘齐懿公不备,将他杀死在车上。为了掩盖其罪行,丙、庸二人把齐懿公的尸体转移到附近的竹林中,然后逃之夭夭。

《史记》卷三十二 齐太公世家

【简评】

齐懿公为泄私愤砍下侍臣之父的脚,为满足私欲夺去侍臣的爱妻,最后被侍臣杀死,是恶有恶报,只是他所付出的代价大了一些。身为臣民之主,应注意自省自律,无损臣民利益,反之则自招毁弃。"多陵人者皆不在"(《左传·哀公二十七年》),说的就是这个道理。

一、荒淫暴虐　王冠落地

晋灵公谋害忠臣

　　晋①灵公即位时年龄尚幼，长大后生活奢侈，性情残暴。他时常站在楼台上，用弹丸射击楼下行人，观看人们被射中后如何抱头逃窜，以此取乐。有个厨师为晋灵公煮熊掌，煮了很长时间，熊掌尚未煮烂。晋灵公便将这个厨师杀死，命令后宫女仆把他的尸体抬出去扔掉。正卿（宰相）赵盾和大夫（朝廷中等级别的官员）随会听说此事后，对晋灵公加以规劝。晋灵公不但听不进他们的忠谏，反而对他们怀恨在心。不久，赵盾和随会又发现从后宫扔出人手，再次向晋灵公劝谏。晋灵公更为恼恨，决意要将赵盾杀死。

　　晋灵公十四年（前607年）某日，晋灵公指令力士钼麑去刺杀赵盾。当时，赵盾家的大门敞开着。钼麑溜进屋去，看到赵盾虽然多年身居正卿高位，家中陈设却很俭朴，没有忍心对赵盾动手。钼麑从赵盾家里退出来，叹息道："杀害忠臣有罪，违背君令亦有罪，反正都是有罪！"说罢，钼麑一头撞到树干上自尽了。

　　晋灵公派人行刺赵盾没有得逞，仍然不肯罢休。当年九月，他假意邀请赵盾饮酒，准备在席间令武士把他杀死。晋灵公没有想到，当班的厨师在危难之际曾受过赵盾的救助，一直没有忘记赵盾是他的救命恩人，常常想着如何报答赵盾。

---

① 春秋诸侯国名，都绛，位于今山西省翼城县东南。

这位厨师名叫示眯明,早年曾经饿倒在首山(位于今山西省永济市蒲州南)的桑树下。那天,赵盾来首山打猎,发现桑树下倒着一个人,当即给他一些饭食充饥。那人只吃了一半,便将饭食收起来不再吃了。赵盾问他为何将饭食留下不吃。他回答说:"我在外面已经游历了三年,不知道家中的母亲是否还活着,想把这一半饭食留给她老人家。"赵盾听他这么说,很受感动,又给了他许多饭和肉。后来,示眯明来到晋侯室当厨师,赵盾亦没有再留意那个被他救助过的饿汉。这天,赵盾应邀到晋灵公安排的地方赴宴。示眯明发现晋灵公暗藏杀机后,担心赵盾酒喝多了难以逃脱。他伺机走近赵盾的席位,劝告说:"君主赐大臣饮酒,喝过三杯就可以结束了。"示眯明示意赵盾早些离开,以免遭遇不测。赵盾虽然没有认出示眯明,但经他提醒,随即告辞离席。

这时,受命袭杀赵盾的武士还没有赶到。晋灵公见赵盾走开,便放出恶狗去追咬赵盾。示眯明冲上去将恶狗打死。此刻,奉命行刺的武士赶到了,追过来刺杀赵盾。示眯明拼死将武士拦住,让赵盾逃脱。

赵盾不知道这位救他性命的人是谁,问他姓名。示眯明不肯回答,只对赵盾说:"我曾是桑树下的饿汉。"示眯明掩护赵盾脱身后,随即也逃走了。

赵盾害怕晋灵公派兵追杀,选择小道飞奔逃往国外。当他快要逃出国境时,将军赵穿(赵盾同族弟)率领部众把晋灵公杀死在桃园。接着,赵穿迎回赵盾,两兄弟共同拥立晋襄公(晋灵公之父)之弟黑臀为晋成公。

赵穿杀死晋灵公之后,晋太史(史官)董狐记称"赵盾弑其君"。赵盾当即辩白说:"弑者赵穿,我无罪。"董狐坚持说:"子为正卿,而亡不出境,反不诛国乱,非子而谁?"孔子听说此事后,赞扬董狐为"古之良史也,书法不隐"。

《史记》卷三十九 晋世家

一、荒淫暴虐　王冠落地

【简评】

　　清代学者顾炎武认为:"穿之弑,盾主之也。""君臣之义无逃于天地之间,而可逃之境外乎?"(《日知录》卷四　赵盾弑其君)

　　笔者认为,在孔子和董狐看来,君主任意杀人是其神圣的权力,君叫臣死,臣不得不死,而不容有任何反抗或者逃避。这种不分是非一味维护君权的思想,显属荒谬。顾炎武的"君臣之义"同孔子的上述思想一脉相承。在他的眼中,似乎不是晋灵公谋杀赵盾,而是赵盾谋杀晋灵公,这是不顾历史事实而把是非颠倒的观点。

陈灵公淫乱被杀

陈①灵公即位(前613年)后贪恋女色,纵情淫乐。他拥有众多的后妃尚嫌不足,还经常外出猎艳。大夫(朝廷中等级别的官员)御叔的妻子夏姬长得很美,她虽然几经改嫁,已是半老徐娘,但风韵不减当年。陈灵公看上了夏姬,与夏姬私通。大夫孔宁、仪行父亦与夏姬私通。陈灵公对孔宁、仪行父并不忌妒,三人沉瀣一气,狼狈为奸。

陈灵公同孔宁、仪行父公然穿着夏姬的衣裙在朝廷嬉戏取乐,不以为耻,反以为荣。当时,社会上流传《株林》②一诗,对陈灵公等人常去株林同夏姬淫乱进行辛辣的讽刺:"驾我乘马,说于株野。乘我乘驹,朝食于株。"陈灵公对朝野上下的非议充耳不闻。他无所顾忌,随心所欲。

陈灵公十四年(前600年),大夫泄治对陈灵公和孔宁、仪行父的淫乱提出批评。泄治向陈灵公劝谏说:"国君和大臣都如此淫乱,老百姓还能效法谁呢?"陈灵公对泄治的忠告大为恼恨,把泄治对他说的话说给孔宁、仪行父听。孔宁、仪行父恼羞成怒,提出要

---

① 春秋诸侯国名,都陈,位于今河南省淮阳县。

② 见《诗经·陈风》。参阅上海辞书出版社《先秦诗鉴赏辞典》。株林为夏姬居住的地方,位于今河南省西华县境内。

一、荒淫暴虐　王冠落地

把泄治除掉。陈灵公对他俩这一动议没有制止。于是,孔宁、仪行父借故将泄治处死。从此,陈国大臣中再没有人敢非议他们的丑行。陈灵公等人更加肆无忌惮。

陈灵公十五年(前599年),一天,陈灵公与孔宁、仪行父一同去夏姬家里饮酒寻欢。夏姬之子大夫夏徵舒陪他们一起饮酒。席间,陈灵公指着夏徵舒对孔宁、仪行父取笑说:"徵舒长得好像你们俩啊!"孔宁、仪行父当即回敬道:"徵舒长得亦像君主您哟!"

本来,夏徵舒为其母与陈灵公等人的绯闻蒙受耻辱,平时一直捺着性子忍气吞声。眼下,当面受到陈灵公等人侮辱,他感到无地自容,浑身冒火。他咽不下这口气,恨恨地想,今天趁他们在此淫乱之际,将他们全都杀死,一个也不留。

酒后,夏徵舒握着弓箭,躲藏在门后面伺机下手。他见陈灵公带着几分醉意出门,一箭将陈灵公射死。孔宁、仪行父见陈灵公被射杀,连忙闪身躲避,仓皇逃奔楚国[①]。

《左传》宣公十年

《史记》卷三十六　陈杞世家

【简评】

陈灵公荒淫无耻,经常与大夫孔宁、仪行父一起去同夏姬淫乱,引起朝野上下的非议。大夫泄治出面劝谏,竟被他们害死。陈灵公放荡不羁,最终被夏姬之子夏徵舒杀死,给时人留下谈资,给后人留下笑料。明代的《列国志传》、清代的《东周列国志》《株林野史》等小说,对陈灵公与夏姬的丑行有具体描写。

---

① 都郢,位于今湖北省荆州市西北纪南城。

齐庄公求生不得

齐①灵公二十八年（前554年）春天，齐灵公废黜太子光，将他流放到东部边远地区，改立仲姬生的儿子牙为太子。不久，齐灵公患上重病，掌管军队的大夫（朝廷中等级别的官员）崔杼将废太子光接回都城。当年五月，齐灵公病逝，崔杼拥护废太子光即君位，为齐庄公，同时将太子牙处死。

崔杼续娶的后妻棠姜长得很美，齐庄公为棠姜的美色所迷醉，与之私通。他不顾朝中大臣非议，经常偷偷去崔杼家与棠姜寻欢作乐，以至公开把崔杼的帽子拿出去送人。崔杼知情后，对齐庄公非常忌恨，但又无可奈何。

宦官贾举曾遭受齐庄公鞭打。齐庄公打过贾举后，仍然把他留在身边充当侍从。崔杼知道贾举对齐庄公怀恨在心，便和贾举串通一气，决意寻机报复，除掉齐庄公。

齐庄公六年（前548年）五月的一天，齐庄公设宴招待前来拜访的莒国②国君。崔杼接到通知后谎称有病，没有参加当天的宴会。第二天，崔杼也没有上朝理事。没过两天，齐庄公以探视崔杼病情为名，借机又去崔杼家找棠姜幽会。

---

① 春秋诸侯国名，都临淄，位于今山东省淄博市东。
② 春秋诸侯国名，都莒，位于今山东省莒县。

一、荒淫暴虐　王冠落地

　　崔杼和贾举事先策划,决定当天对齐庄公下手。棠姜见齐庄公乘车来到,抽身走进里屋,关上门和崔杼藏在一起,不再露面。贾举随同齐庄公进门后,把齐庄公的侍卫安排在大门外,然后关上大门。

　　齐庄公在厅房内外到处寻找,没有见到棠姜。他焦急无奈,靠在屋柱上哼起歌曲,希图棠姜闻声出来。这时,贾举不知去向,数十名杀手拿着武器朝齐庄公冲过来。齐庄公见势不妙,慌忙爬上高台,请求杀手放他走。众杀手不答应。齐庄公请求同他们签订誓约,众杀手仍不答应。齐庄公迫不得已,请求让他到祖庙自杀,众杀手还是不答应。领头的杀手毫不客气地对齐庄公说:"你的臣子崔杼病重,不能亲自来听从你的命令;我们都是崔杼的部下,只知道替主人捉拿淫徒,不知道服从其他人的命令。"

　　齐庄公乘杀手头领讲话之机,转身翻墙逃跑。杀手一箭射中他的大腿。齐庄公从墙上摔下来。众杀手一哄而上,当场将齐庄公杀死。

　　接着,崔杼拥立齐庄公同父异母弟杵臼即君位,为齐景公。齐景公随即任命崔杼为右相。

　　　　　　　　　　　《史记》卷三十二　齐太公世家

【简评】

　　齐庄公当初为太子时被其父齐灵公废黜,是大夫崔杼在齐灵公病逝后将他接回拥立为君的。齐庄公即位后为崔杼之妻的美色所迷醉,忘恩负义,最后求生不得,被崔杼杀死。此事所叙的情欲与道德的冲突,具有一定的代表性,令人掩卷深思。

卫庄公冤家路窄

卫①灵公太子蒯聩与灵公夫人南子关系不和。卫灵公三十九年（前496年），太子蒯聩谋杀南子事发，畏罪逃亡到宋国②。接着，蒯聩由宋国投奔晋国③大夫（朝廷中等级别的官员）赵简子。

卫灵公四十二年（前493年）夏天，卫灵公去世。卫国大臣把蒯聩的儿子辄立为国君，即卫出公。六月，赵简子派人护送蒯聩回国。卫国大臣闻讯后出兵拦击蒯聩。蒯聩未能返回卫国，退居宿（位于今山东省东平县东）。

卫出公十二年（前481年），蒯聩靠其姐姐伯姬及其情夫浑良夫的帮助，从宿潜回卫国，住进伯姬家里，谋划夺取君位。伯姬胁迫其子大夫孔悝聚众驱逐卫出公，拥蒯聩即君位，为卫庄公。

卫庄公蒯聩为人冷酷寡义。在流亡国外期间，他怨恨卫国大臣先是阻止他回国，后来又没有迎接他回国即位。登上君位之后，他对朝中大臣仍然耿耿于怀，想把大臣们全部杀掉。群臣闻讯后酝酿起事，迫使卫庄公不得不停止谋害大臣的计划。

卫庄公在位第三年（前478年），某日，他登上宫城，望见远处

---

① 春秋诸侯国名，都朝歌，位于今河南省淇县。
② 春秋诸侯国，都商丘，位于今河南省商丘市南。
③ 春秋诸侯国，都新田，位于今山西省曲沃县西北。

一、荒淫暴虐　王冠落地

的戎州(戎己氏领地,位于今河南省濮阳市西南)城楼,怒气冲冲地对身边大臣说:"怎么能让戎虏建造这样的城池?"不久,卫庄公领人将戎州城毁坏。

当年十月,戎州人向晋国大夫赵简子申诉求援。赵简子随即领兵围攻卫国。卫庄公仓皇出奔,逃到鄄地(位于今山东省鄄城县北)。于是,赵简子立公子斑师(卫灵公之侄)为卫国国君,随后撤军回国。

十一月,卫庄公从鄄地回国,将卫君斑师赶走,重登君位。卫庄公复位后,首先想驱逐国卿(宰相)石圃。石圃闻讯后决意先发制人。

当月十二日,石圃带领工匠和卫士袭击卫庄公,其行动之神速使卫庄公措手不及。卫庄公只好关上大门请求饶命。石圃没有答应,下令部众继续攻打。戎州人此刻也赶来支援石圃。卫庄公穷极无奈,翻上北边的围墙企图逃跑,从墙上跳到墙外,摔断了大腿。他不顾伤痛,落荒而逃,匆忙躲进一户人家。

谁知冤家路窄,这户人家家主正是戎己氏。

前不久,卫庄公不仅带人毁坏戎己氏的城池,还把戎己氏妻子的一头秀发强行剪下来,作为他夫人吕姜的假发。

卫庄公拿出随身携带的玉璧给戎己氏看,向他哀求说:"你如果能救我的命,我就把这玉璧送给你。"

戎己氏认出这个向他求救的人,正是带人毁坏他的家园、夺去他爱妻头发的卫庄公,毫不客气地对他说:"杀了你,这玉璧又会哪里去?"于是,戎己氏举刀将卫庄公杀死。

《史记》卷二十七　卫康叔世家
《左传》哀公十七年

【简评】

孟子说:"得道者多助,失道者寡助"(《孟子·公孙丑下》)。卫庄公作恶多端,四处树敌,结果穷途末路,为冤家所杀,自作自受。

西汉昌邑王来去匆匆

西汉①昌邑王(王府所在地位于今山东省巨野县东南)刘髆是汉武帝的儿子。刘髆去世后,由其子刘贺承袭昌邑王位。

刘贺袭位为王后,狂妄放纵,毫无节制。王府内的侍臣多为阿谀谄媚之徒,极力投刘贺所好。唯有郎中令(主管王宫门卫)龚遂和中尉(主管封国治安)王阳(《通鉴纪事本末》卷四记作王吉)敢对昌邑王直言规劝。他们常常开导刘贺,流着眼泪向他陈说祸福利害。然而,刘贺听不进他们的忠告,常常不等他们把话说完,便捂着耳朵走开。有时,刘贺亦当着他们的面答应改过自新,可转身又依然我行我素。

西汉元平元年(前74年)四月,年仅20岁的汉昭帝刘弗陵(汉武帝小儿子)去世。由于汉昭帝没有儿子,朝廷当务之急是确定由谁继承皇位。

众臣提议立汉武帝唯一在世的儿子广陵王(王府所在地位于今江苏省扬州市西北)刘胥为帝。执政大将军霍光以刘胥德性较差,武帝在世时不肯用他,加以否决。

之后,霍光同丞相杨敞商议,并奏告上官皇后(汉昭帝皇后)认可,决定拥立昌邑王刘贺继承帝位。

---

① 都长安,位于今陕西省西安市。

一、荒淫暴虐　王冠落地

其实,霍光对昌邑王刘贺的品行并不了解,拥立他继承皇位纯属临时动议。

昌邑王刘贺接到上官皇后召他入京的诏令后,日夜兼程,以至拉车的马匹接连累死在路上。昌邑王尽管如此匆忙赶路,也没有放弃淫乱。路过弘农(位于今河南省灵宝市东北)时,他令侍从在当地找个美女,将其藏在行李车里,供他玩乐。朝廷派去迎接昌邑王的使臣发现行李车上藏有女人,对此加以质询。昌邑王推说不知道这件事,致使他的侍从代其受过,当场被处死。

六月丙寅(初一),霍光等人拥立昌邑王刘贺即位为帝。刘贺尊称上官皇后为皇太后。

刘贺当上皇帝后更加骄狂放纵。当时,朝廷尚处于治丧期间。刘贺毫无顾忌,天天彻夜饮酒。汉昭帝灵柩还停放在前殿,刘贺便令歌舞艺人演唱取乐。不仅如此,刘贺还肆意在后宫猎艳,公开与汉昭帝宫女蒙氏淫乱,并下令称:谁要是泄露此事,便将其处以腰斩。刘贺称帝不久,又下令把其封国的二百多名官员、侍从召到京城,分别授予他们二千石①绶带等不同官职,还将皇宫仓库里的金钱和一些贵重物品赏赐给他们。丞相杨敞等人见新帝刘贺任意变乱章法,多次进行劝谏。刘贺非但不思悔改,反而变本加厉破坏朝廷制度。

霍光对新帝刘贺的所作所为深感失望。他担心刘贺这样搞下去会祸乱国家,让他这个辅政大将军背上历史罪名,便与大司农(主管财税)田延年、车骑将军(高级将领)张安世等人策划,并与丞相杨敞串通,动议废黜刘贺的帝位。

六月癸巳(二十八日),霍光召集丞相等朝廷大臣紧急磋商,大家一致赞同废黜刘贺的帝位。

刘贺前后只做了27天皇帝便被赶出皇宫,遣返昌邑。接着,

---

① 年俸禄为二千石米的官员,相当于朝廷部门长官和地方州郡长官。

上官皇太后下令撤销昌邑封国,改建为山阳郡;削除刘贺昌邑王位,保留其二千户食邑。随同刘贺进入京城的部属,除龚遂、王阳等几个人外,全部被处以死刑。

刘贺回到昌邑后惶恐不安,闭门不出。朝廷多次派官员去昌邑,观察刘贺的动向,没有发现他有违法的行为。元康三年(前63年),汉宣帝刘病已(汉武帝所废太子刘据之孙)将刘贺改封为海昏侯,增加其食邑为四千户。

数年之后,扬州①刺史(代表朝廷巡视监察该辖区行政,无治所)柯告发刘贺与原山阳郡太守(行政长官)的属官孙万世暗相勾结,其奏书称,孙万世曾询问刘贺:"当年你被废时,为何不坚守皇位不出宫门?为何不下令斩杀大将军,而听任他们夺去皇帝玉玺绶带?"刘贺答称:"你说的对。当时,我一时失策;现在,后悔晚了!"朝廷派人调查验证,柯奏告属实。汉宣帝没有给刘贺治罪,下令削去刘贺三千户食邑。此后,刘贺在忧郁中死去。

《汉书》卷六十三 昌邑哀王刘髆传

卷八十九 龚遂传

《通鉴纪事本末》卷四 霍光废立

【简评】

清代学者王夫之认为:"不择而立昌邑,光之罪也。始不慎而轻以天下授不肖,已而创非常之举,以臣废君,而行震世之威。"(《读通鉴论》卷四·宣帝)

笔者认为,刘贺品行低劣,不应当被立为国君。作为一国之君,应"先正其身,然后乃行其令。身不正则令不从,令不从则生变

---

① 辖境位于今安徽省淮河以南、江苏省长江以南,及江西、浙江、福建三省、湖北和河南两省相交的部分地区。

一、荒淫暴虐　王冠落地

乱"(《诸葛孔明全集》便宜十六策·教令)。刘贺即帝位不满一个月被废,主要原因是未能"先正其身"。霍光作为辅政大臣不加考察而拥立刘贺为君,不能说不是一个重大失误。当他看到刘贺继续为君将会祸乱国家,果断将其废黜,不失为明智之举。

魏帝曹芳荒淫被废

魏①景初三年（239年），魏明帝曹叡病逝。刚刚由齐王立为太子年仅八岁的曹芳（魏明帝养子）继位为帝，大将军曹爽、太尉（丞相）司马懿受命共同辅政。魏帝曹芳成年后，背离儒学正宗，无视礼仪规章，不肯上朝理政，成天在内宫同后妃淫乐。朝廷大臣对皇帝如此荒政深为忧虑。

正始八年（247年）七月，尚书（朝廷部门长官）何晏上书劝谏说："善为国者必先治其身，治其身者慎其所习。所习正则其身正，其身正则不令而行；所习不正则其身不正，其身不正则虽令不从。是故为人君者，所与游必择正人，所观览必察正象，放郑声②而弗听，远佞人而弗近，然后邪心不生而正道可弘也。"之后，散骑常侍（皇帝侍从护卫官）孔乂也上书进谏说："今天下已平，君臣之分明，陛下但当不懈于位，平公正之心，审赏罚以使之。可绝后园习骑乘马，出必御辇乘车，天下之福，臣子之愿也。"魏帝曹芳对何晏、孔乂等人的劝谏，不以为意。

嘉平三年（251年）春天，都督扬州（治所位于今安徽省寿县）

---

① 三国之一，都洛阳，位于今河南省洛阳市。
② 古代郑地（位于今河南省新郑市）音乐。《论语·卫灵公》载："放郑声，远佞人。郑声淫，佞人殆。"

一、荒淫暴虐　王冠落地

诸军事（军事长官）王凌以魏帝曹芳"不任天位"，策划兵变，企图废黜曹芳帝位，另立楚王曹彪（魏武帝曹操之子）为帝。司马懿获悉此事后，派兵挫败了王凌这一阴谋。王凌、曹彪等人先后被迫自杀。此事平息后，曹芳并没有引以为戒，继续荒废朝政，淫乱后宫。

魏帝曹芳经常指令小优（宫中少年艺人）郭怀、袁信等人于光天化日之下，在芙蓉殿前作裸体游戏，与保林（宫中女官）、女尚（宫中女官）淫乱，他亲临现场观看取乐。

魏帝曹芳又常指令郭怀、袁信扮作辽东①妖妇，在广望观（建于宫廷大门外的瞭望台）下嬉戏出丑。其丑态不堪入目，路上行人只好捂着眼睛经过。曹芳却同后妃坐在观台上观看嬉笑，饮酒取乐。

魏帝曹芳还令人在陵云台上设置帷帐，见皇亲国戚及大臣家的女子从旁边经过，便传令要她们"入帷共饮酒"，令郭怀、袁信将她们劝醉，任意进行调戏侮辱。

清商令（主管后宫门户宫女事务）令狐景对李华、刘勋等人与郭怀、袁信嬉戏无度提出批评。李华等人便在魏帝面前谗毁令狐景。魏帝曹芳大为恼火，用弹子射击令狐景的头部和眼睛以泄愤。令狐景提醒曹芳，称后宫之事不可让郭太后（魏明帝皇后，非曹芳生母）知晓。曹芳听他这么说勃然大怒，反诘道："我作为天子，行动难道不能自由？太后为何要干预我的事！"他当即令人用烙铁烧灼令狐景，把他的皮肉灼烂。

邰阳君（郭太后之母）病逝后，郭太后极为悲伤，不肯吃饭喝水。魏帝曹芳却在后花园与后妃嬉戏欢歌如常。清商丞（协管后宫宫女事务的官员）庞熙劝谏皇帝在为邰阳君治丧期间不可照常欢歌娱乐。曹芳回答说："这是我的自由，谁人又能拿我怎么样？"

郭太后听说朝廷在为其母治丧期间，张美人等同曹芳欢歌淫

---

① 泛指今辽宁省辽河以东地区。

荡，下令将张美人、禺婉等人处死。曹芳极为愤恨，对令狐景说："太后残杀我所宠爱的人，这是断绝我们母子的恩情。"

魏帝曹芳终日在后花园玩乐，极少上朝。有关官员常常把公文奏书送到后花园请他审阅。曹芳居然不愿看。左右侍从每每令送文官员带着原封未动的奏书退出。

嘉平六年（254年）九月，大将军司马师（已故太尉司马懿长子）与众大臣联名上书郭太后，称魏帝曹芳"肆行昏淫，败人伦之叙，乱男女之节，恭孝弥颓，凶德浸盛。臣等忧惧倾复天下，危坠社稷，虽杀身毙命不足于塞责。今帝不可以承天绪，臣请依汉霍光故事①，收帝印绶。帝本以齐王践祚，宜归藩于齐②。"郭太后批准这一奏议。

当月甲戌日，司马师宣布郭太后诏令，称皇帝曹芳"不亲万机，耽淫内宠"，"迎六宫家人留止内房，毁人伦之叙，乱男女之节；恭孝日亏，悖傲滋甚，不可以承天绪，奉宗庙"，"遣芳归藩于齐，以避皇位"，将魏帝曹芳废为齐王，迁出皇宫。接着，司马师按照郭太后意旨，迎立高贵乡公曹髦（魏文帝曹丕长孙）为帝。

《三国志》卷四 齐王芳纪

卷二十八 王凌传

【简评】

"耽于女乐，不顾国政，则亡国之祸也"（《韩非子·十过》）。魏帝曹芳荒淫误国，垮台是理所当然的。曹芳之所以能较长时间居

---

① 西汉元平元年（前74年），汉昭帝去世，无子嗣位。辅政大将军霍光迎立昌邑王刘贺（汉武帝之孙）为帝。刘贺即位后荒淫骄纵，不到一个月即被霍光废黜。

② 王府所在地位于今山东省淄博市东。

一、荒淫暴虐　王冠落地

皇位,是因为司马懿消灭曹爽势力后控制朝廷军政大权,曹芳实际已成为傀儡。嘉平三年(251年),司马懿去世。司马师继承其父权位后,同样不把魏帝曹芳看在眼里。由此曹芳与司马师的矛盾日益激化。嘉平六年(254年)二月,中书令(主管拟草并发布诏令)李丰与光禄大夫(主管议论朝政得失)张缉(曹芳张皇后之父)谋划以太常(主管礼乐朝会)夏侯玄取代司马师大将军职位事泄,是司马师废黜魏帝曹芳的直接导因。

吴末帝失道寡助

吴①永安七年（264年）七月，时年29岁的吴景帝孙休（吴大帝孙权第六子）病危。临终前，他托付丞相濮阳兴扶立年幼的太子孙䨲继位。

不久，吴景帝去世，群臣尊景帝皇后朱氏为皇太后。当时，蜀国②刚刚被魏国灭亡，吴国众臣为之惊骇，希望立一个年长的皇族子孙为帝。左典军（警卫部队将领）万彧曾任乌程（治所位于今浙江省湖州市南）县令（行政长官），与已故太子孙和（吴大帝第三子）之子乌程侯孙皓关系密切，称其"才识明断"，"奉遵法度"，多次向濮阳兴和左将军（主管警卫部队）张布举荐孙皓。濮阳兴居然把吴景帝临终嘱咐抛在一边，同张布一起向朱太后奏告，建议让孙皓继承帝位。朱太后回答说："我如今是个寡妇，哪里能考虑决定国家的大事？只要是对吴国没有损害，能使国家长治久安，立乌程侯也可以。"于是，濮阳兴、张布迎接孙皓即帝位，为吴末帝。其实，吴末帝亦不算年长，时年23岁。

吴末帝孙皓即位之初，发布诏书让军民休养生息，开仓救济贫

---

① 三国之一，都建业，位于今江苏省南京市。

② 三国之一，都成都，位于今四川省成都市。蜀炎兴元年（263年），蜀国被魏国军队攻灭。

一、荒淫暴虐　王冠落地

民,并将大批宫女放出后宫,以嫁给民间无妻男子,深受朝野称赞。可是,后来他感到帝位稳固,随即便暴露出残暴荒淫的本来面目。

吴末帝滥杀无辜,暴虐无道

元兴元年(264年)九月,吴末帝即位仅一个多月,便将朱太后贬为景皇后,群臣无不为之震惊。濮阳兴和张布见吴末帝"粗暴骄盈,多忌讳,好酒色",对拥立他为帝感到后悔。吴末帝获知濮、张二人的心态后,于当年十一月下令将他俩逮捕,流放广州(位于今广东省广州市)。接着,吴末帝下令将濮阳兴和张布在流放途中处死,并诛灭其三族。

甘露元年(265年)七月,吴末帝逼杀景皇后朱氏。"众知其非疾病,莫不痛切"。接着,吴末帝又杀死吴景帝长子孙𩅦和次子(其名不详)。

宝鼎元年(266年)三月的一天,吴末帝宴请义武百官。中常侍(皇帝侍从官)王蕃喝醉了酒,吴末帝怀疑其装醉,竟下令将他斩首。

建衡元年(269年)冬天,监军(监察军务的将官)李勖、督军(领兵将官)徐存奉命率领军队从建安(位于今福建省建瓯市南)入海路出征交趾(位于今越南河内市东)。因开路将领冯斐误导,行军失利。第二年春天,李、徐二人下令处死冯斐,率部返回。殿中列将(宫廷警卫将军)何定曾为其子求娶李勖之女遭到拒绝,对李勖怀恨在心,借机诬告"李勖枉杀冯斐"。吴末帝随即下令将李勖、徐存及其家属全部处死。

建衡三年(271年)正月,吴末帝率领军队护卫后妃讨伐西晋,因故中途撤回。返至华里(位于今江苏省南京市西南)时,吴末帝令随行大臣和后妃停下来游玩。右丞相万彧考虑朝廷百事待理,同左将军留平等人商议,想先回京都建业。吴末帝听说后极为不快,对万彧等人怀恨在心。凤凰元年(272年),吴末帝趁一次宴会之机,令人给万彧、留平送去毒酒。奉命送毒酒的人暗中减少毒药的剂量,万彧没有被毒死。留平知情后,饮用其他解毒药,亦幸免于难。不久,万彧含恨自杀,留平忧愤而死。

凤凰二年(273年)秋天,吴末帝某爱妃指使人到街上抢劫百姓财物。司市中郎将(主管市场的将官)陈声将抢劫者绳之以法。吴末帝听信其爱妃谗言,勃然大怒,随即以别的罪名下令用烧红的锯子锯下陈声的头。

天玺元年(276年),吴郡(治所位于今江苏省苏州市)太守(行政长官)奏称临平湖(位于今浙江省余杭市临平山东南)开通,吴朝廷要周边地区出资赞助。会稽(治所位于今浙江省绍兴市)太守车浚为官清正爱民,上书以其郡遭遇天灾、老百姓吃不上饭为由,请求免于出资。吴末帝指责车浚"欲树私恩",下令将他在其任所斩首。同时被斩首的还有请求免于出资的湘东(治所位于今湖南省衡阳市湘江东岸)太守张咏。之后,吴末帝下令将车、张二人的首级传至各郡示众。尚书(朝廷部门长官)熊睦见吴末帝"酷虐","微有所谏"。吴末帝令人将熊睦打得体无完肤,用刀环砸死。

吴末帝不准别人正眼看他,"群臣侍见,莫敢举目"。吴末帝每次宴会,都要群臣喝醉方休。他指派十个黄门郎(皇帝侍从官)乘机捕捉众臣的过失,谁要是酒后说了错话,或者瞪了一下眼睛,轻则记录在案,重则处以剥脸皮、挖眼睛等重刑。朝廷大臣被逼得惶惶不可终日。"由是上下离心,莫为尽力"。

一、荒淫暴虐　王冠落地

吴末帝穷奢极欲,祸国殃民

甘露元年(265年)九月,吴末帝听信观察气象的官员所称"荆州有王气","而建业宫不利",采纳西陵(治所位于今湖北省宜昌市东南)督(军事将领)步阐的建议,下令迁都武昌(位于今湖北省鄂州市)。吴末帝迁居武昌后,"奢侈无度,公私穷匮"。左丞相陆凯上书劝谏说:"如今四周边境无事,应当让民众休息,积聚财富,杜绝铺张浪费。眼下,没有发生灾害而民众精力耗尽,没有发生战事而国家财库花光,我暗自为之痛心。武昌不适宜建都,有童谣说:'宁饮建业水,不食武昌鱼;宁还建业死,不止武昌居',这足以说明民心所向。臣请求陛下停止各种劳役杂税,选任清廉的官员,以使国家得到更好的治理。"吴末帝看了陆凯的奏书后不思悔改,反而大为不快。

宝鼎元年(266年)十二月,吴末帝下令将国都迁回建业。吴末帝派出宦官分赴各州郡挑选美女,并传令各地须将二千石(每年俸禄为二千石米,相当朝廷部门长官、地方州郡长官)以上官员的女儿姓名逐年登记上报,凡其年满十五六岁的少女,须经宦官首选,落选后才准出嫁他人。此时,吴末帝后宫美女已经多达千人,仍"采择无已"。

宝鼎二年(267年)六月,吴末帝下令建造昭明宫。此前,吴大帝孙权已在建业建筑太初宫,方圆三百丈。吴末帝所建昭明宫,方圆五百丈,其规模比太初宫还要宏大。为了建造昭明宫,吴末帝下令二千石以下的官员都要亲自进山督伐木材。昭明宫内建造园林,垒起土山,土山上建造观景楼,"穷极伎巧,功役之费以亿万计"。民众不堪盘剥驱使,怨声载道。中书丞(负责拟草并发布诏令的副长官)华覈看出国家潜伏危机,上书称:北方的晋朝正积聚力量准备南下,南方的交趾已经叛离,吴国腹背受敌,当务之急应积蓄力量,加强防备,而不可穷奢极欲,奴役民众,失去人心。否则,"驱怨民而赴白刃",无异于给敌人帮忙。吴末帝对华覈等人的劝谏充耳不闻。

吴末帝猜忌将领,众叛亲离

建衡二年(270年)十一月,吴末帝派楼下都尉(主管宫廷御食)何定率领五千名兵士去夏口(位于今湖北省武汉市)打猎。驻守夏口的前将军(前将军是将军名号,董卓也任过此职)孙秀是吴末帝的堂弟,受到吴末帝猜疑。人们传说孙秀将要被杀。孙秀闻讯连夜率亲信部众投奔西晋。

凤凰元年(272年)八月,镇守西陵的将军步阐突然接到去京诏令。步阐害怕被杀,随即率领官兵投降西晋。

天玺元年(276年)八月,京下督(驻京部队将领)孙楷逃奔西晋。

天纪元年(277年)五月,将军邵颢、夏祥率七千多名兵士投降西晋。

吴军兵士也不肯为吴末帝卖命。

建衡三年(271年)正月,吴末帝听信"吴天子当有天下"的谣言,领军向西晋进发。途中,天降大雪,兵士不堪受冻,暗下酝酿如遇晋军即投降反戈。吴末帝获知此情后,不得不下令部队撤回。

天纪四年(280年)三月,西晋将领王濬率军进攻建业,吴国危在旦夕。吴末帝令游击将军张象率领一万名兵士迎战。吴军将士见到晋军旗帜后不战而降。接着,吴末帝又令徐陵(治所位于今江

一、荒淫暴虐　王冠落地

苏省镇江市)督陶濬募集两万名游散兵士,预定第二天迎战晋军。当天晚上,募集的兵士全部逃散。吴末帝完全丧失军心民心,成为真正的孤家寡人。

当月十五日,王濬率八万大军进入石头城(位于江苏省南京市西清凉山)。吴末帝无可逃匿,只好叫人把自己捆绑起来,向王濬投降。晋武帝没有处死孙皓,而将他封为归命侯。几年后,孙皓死于洛阳。

《三国志》卷四十八　孙皓传
卷五十　孙休朱夫人传
《通鉴纪事本末》卷十一　晋灭吴

【简评】

《三国志》作者陈寿认为:孙皓"淫刑所滥,陨毙流黜者,盖不可胜数。是以群下人人惴恐,皆日日以冀,朝不虑夕"。"皓凶顽,肆行残暴,忠谏者诛,谗谀者进,虐用其民,穷淫极侈,宜腰首分离,以谢百姓"(《三国志》卷四十八)。

笔者认为,万彧对孙皓并不真正了解,推荐孙皓系感情用事,结果反受其害。濮阳兴和张布身为接受先帝遗诏的辅政大臣,没有履行吴景帝的遗嘱,擅自动议改嗣,对孙皓不加考察,轻信万彧一人之见;朱太后明知此事关乎国家命运,没有严格审查便轻易松口。后来,不仅三人自身被杀,还导致吴国灭亡,其教训是深刻的。孙皓称帝后暴虐无道,人心丧尽,国破被俘,虽为西晋所亡,实为自取灭亡。

前秦厉王杀人成性

前秦①寿光元年（355年）六月，前秦高祖苻健病危。临终前，他嘱托太师（名誉丞相）鱼遵、丞相雷弱儿、太傅（名誉丞相）毛贵、司空（名誉丞相）王堕、尚书令（丞相）梁楞、左仆射（副丞相）梁安、右仆射（副丞相）段纯、吏部尚书（朝廷主管官吏任免的部门长官）辛牢等八位大臣，要他们共同辅佐太子苻生执政。

苻生自小瞎了一只眼睛，性情暴烈，忌讳别人提他的瞎眼。一次，他的祖父苻洪逗他说："听说眼瞎后不再流泪，是吗？"苻生当即拔刀刺向自己的瞎眼，回答道："这不是流泪了吗！"之后，苻洪对苻健说："苻生这个孩子狂暴悖逆，应当早点把他除掉，不然的话，长大后必然要害人。"苻健准备将苻生杀死，被苻雄（苻健之弟）劝止。后来，太子苻苌（苻生之兄）在同东晋②军队作战中阵亡，前秦高祖将苻生立为太子。

太子苻生本来就"凶暴嗜酒"、"雄勇好杀"，前秦高祖临终前还特意告诫他说："将帅大臣如果不听从你的命令，可以逐步把他们除掉。"这样，苻生继位为厉王不久，前秦朝廷的悲剧便开演了。

---

① 东晋永和七年（351年），氐族首领苻健称帝，建国号秦，史称"前秦"，都长安，位于今陕西省西安市。

② 都建康，位于今江苏省南京市。

一、荒淫暴虐　王冠落地

前秦厉王即位后第一件事是要改变年号。群臣议论认为，没过一年改变年号不合礼法。厉王大为恼火，经追查得知，是右仆射段纯首先对改变年号提出异议。厉王随即下令将段纯处死。

当年九月，厉王听说星象显示国家将有大丧，心中非常害怕，认为皇后与皇帝同时君临天下不利，决意处死皇后，"以塞大丧之变"。于是，厉王下令将梁皇后及其父左仆射梁安、尚书令梁楞（似为皇后伯父）及梁皇后之舅太傅毛贵诛杀。

十二月，厉王听信左仆射赵韶、右仆射董荣的谗言，下令杀死丞相雷弱儿及其9个儿子、27个孙子。

司空王堕正直刚烈，视董荣等人为"鸡狗"。董荣等人对王堕十分憎恶。

寿光二年（356年）正月，董荣等人借天象发生变异，谗毁王堕。厉王随即下令将王堕处死。

当月，厉王宴请群臣，要尚书令辛牢主持酒宴。酒喝得正热闹的时候，厉王责怪辛牢坐着没有劝酒，随手拉开身边的弓箭将辛牢射死。

三月，厉王下令调集民工修建渭水桥。金紫光禄大夫（主管议论朝政得失）程肱以农忙在即，加以劝谏。厉王拒不纳谏，下令将程肱处死。

四月，京城长安刮了一阵大风，树倒瓦飞。有人传说贼寇来了，厉王吓得接连五天不敢打开皇宫大门。事后，厉王听说没有贼寇到来，下令将传谣的人抓捕，处以剖腹挖心。厉王之舅左光禄大夫（主管谏议）强平劝谏厉王要爱护老百姓，减缓刑罚。厉王勃然大怒，令人凿开强平的头顶。厉王之母强太后为其弟惨死忧伤过度，不久亦含愤去世。

寿光三年（357年）五月，长安城中流传"东海大鱼化为龙，男皆为王女为公"的民谣。厉王梦见大鱼吃蒲草。据此，厉王下令将太师鱼遵及其7个儿子、10个孙子全部处死。

至此，前秦高祖嘱托的八位辅政大臣，全被厉王诛杀。

厉王嗜杀成性，反复无常，使得群臣无所适从。他曾询问身边侍臣："人们对我这个皇帝评价如何？"有人答道："天下人都称颂陛下英明。"厉王指责这个人谄媚讨好，令人把他拉出去斩杀。当时亦有人回答说："天下人说陛下的刑罚稍微偏重一点。"厉王则指斥这个人诽谤他，又令人将他斩杀。朝中大臣惧怕厉王随意滥杀，人人自危，度日如年。金紫光禄大夫牛夷提心吊胆，担心哪一天会被无故杀死，请求离开京都去荆州（治所位于今陕西省山阳县）任职。厉王戏称要给他安排像鱼遵那样的官位。牛夷自知大难临头，回家后便自杀了。

厉王对皇亲国戚和身边大臣动辄杀戮，对一般臣民更是草菅人命。

将军强怀率部与东晋军队作战阵亡，前秦高祖生前没有来得及对他追封。一次，前秦厉王出游，遇上强怀之妻樊氏拦路上书，陈说强怀忠烈，请求加封他们的儿子官爵。厉王非但不加抚慰，反而将樊氏一箭射死。

厉王常常一连几个月不理朝政。他昼夜饮酒，且借酒杀人。一次，厉王在咸阳故城（位于今陕西省咸阳市东北）宴请众臣，对于迟到未能按时入席的大臣，他下令一概将其斩首。

厉王因为一只眼瞎，特别忌讳别人提及"残、缺、偏、只、少、无、独"等字眼，许多人因为触犯这一忌讳而被他残杀。一次，太医令（主管宫廷医药）程延配制保胎药，厉王询问要配入多少人参，程延回答只要少许一点即可。厉王认为程延是在讥笑他瞎眼，当即将程延的双眼球凿出，然后将其斩首。

厉王身边总是放着锤子、钳子、锯子、凿子，被他截断小腿、锯断脖子、砸断肋骨的人，数不胜数。他还多次杀害怀孕妇女，剖腹取胎。他不止一次令人剥下犯人脸皮，强逼其唱歌跳舞，借以取乐。

一、荒淫暴虐　王冠落地

前秦厉王堂弟、东海王苻坚博学多才,有治理天下的才志。厉王对他十分忌恨。苻坚与侍中(侍从皇帝的主官)吕婆楼等人要好。他们知道不为厉王所容,对厉王严加防备,且图谋将厉王除掉。

当年(357年)六月的一天晚上,厉王对侍候他的一名婢女流露,明天他将要杀死苻坚和苻清(苻坚异母兄)。该婢女在厉王熟睡之后,连夜将这一信息报告苻坚兄弟。苻坚、吕婆楼当夜领兵闯入皇宫。警卫将士未加阻拦,随即归附苻坚。当时,厉王酒醉后昏睡未醒,苻坚下令把厉王拖到另一个房间,将他杀死。

第二天,朝廷文武百官听说厉王已被杀死,无不为之欢呼雀跃,一致拥戴苻坚即位为大秦天王。

《通鉴纪事本末》卷十五　苻氏据长安
《晋书》卷一百十二　苻生载记
　　　　卷一百十三　苻坚载记

【简评】

司马光认为:"顾命大臣,所以辅导嗣子,为之羽翼也。为之羽翼而教使翦之,能无毙乎!知其不忠,则勿任而已矣;任以大柄,又从而猜之,鲜有不召乱者也。"(《资治通鉴》卷一百·晋纪二十二)

笔者认为,前秦高祖苻健最大的失误是立苻生为太子。苻健既然知道他是孽子,且曾动意将其杀掉,后来就不该将他立为太子,让其继位。至于苻生诛杀大臣,滥杀无辜,亦并不完全取决于苻健临终前的那番嘱咐,而是由其本性决定的。这样的杀人恶魔当然不会有好下场。

后燕昭文帝送葬亡国

后燕①昭文帝慕容熙宠爱皇后苻训英和昭仪(后妃名号)苻娀娥(苻皇后之姐),为她俩的美艳所迷醉。他对于二苻有求必应,连朝政大事也都听从她们的意见。二苻喜欢游乐,昭文帝便调集两万名兵士,建造方圆十里的龙腾苑,苑内建有几百间房屋连在一起的逍遥宫,又建造高达十七丈的景云山,供二苻游玩。当时正值盛夏酷暑,许多兵士劳累中暑而死。

冬天,昭文帝携苻皇后四处游猎,北登白鹿山(位于今河南省辉县市西北),东越青岭(其地不详)。随行士兵被豺狼伤害和冻死的共有五千余人。

后燕光始四年(404年)七月,苻昭仪得了重病。龙城人王温(又名王荣)声称能治好她的病。昭文帝传令王温入宫为苻昭仪医治。没过几天,苻昭仪病死。昭文帝对王温大为愤恨,当即下令将他肢解并加以焚烧。

---

① 前秦建元二十年(384年),前秦(都长安,位于今陕西省西安市)泉州侯慕容垂举兵反叛朝廷,自称燕王,建国号燕,定都中山(位于今河北省定州市),史称"后燕"。慕容宝(慕容垂第四子)继位(396年)为后燕惠愍帝后,北魏(都盛乐,位于今内蒙古呼和浩特市西南)军队常攻中山,后燕君臣退居龙城(位于今辽宁省朝阳市)。

一、荒淫暴虐　王冠落地

建始元年（407年）二月，昭文帝为苻皇后兴建承华殿，需要从龙城北门外运土，致使运来的土费等同粮价。昭文帝"赋役繁数，民不堪命"。宿军（城名，位于今辽宁省北宁市）典军（低级军官）杜静带着棺材，求见昭文帝进谏。昭文帝下令将杜静斩首。

苻皇后不仅生活奢侈，且饮食挑剔。她夏天想吃冻鱼，冬天想服用生地黄（一种夏季开花的药材）。昭文帝指令侍从官员设法为苻皇后提供这些食品。侍从官员因为无法满足苻皇后的要求，被昭文帝下令斩杀。当年四月，苻皇后病逝。昭文帝放声号哭，比死了父母还要悲伤，以致"仆气绝，久而乃苏"。敛棺以后，昭文帝令人重新打开棺盖，再次抱着苻皇后的尸体大哭不止。在此期间，昭文帝下令朝廷百官都要为皇后哭丧，并派人监察官员哭丧情况，发现谁没有流眼泪，就给谁治罪。众臣只好口含辣的食物以刺激流泪。昭文帝的嫂子张氏（已故高阳王慕容隆之妻）长得漂亮伶俐。昭文帝逼令张氏自杀，为苻皇后殉葬。

当初，中卫将军冯跋因事得罪后燕昭文帝。他害怕被杀，逃入深山密林。后来，冯跋潜回龙城，聚众准备伺机起事。

七月二十六日，后燕昭文帝披头散发，赤着双脚，率领文武百官为苻皇后送葬。"丧车高大，毁北门而出"。冯跋乘机率五千余人攻入皇宫，宫中警卫官兵纷纷逃散。冯跋推举后燕惠愍帝的养子高句丽（位于今朝鲜半岛北部）人慕容云（原名高云）为王。

后燕昭文帝听说冯跋率众入宫，随即领兵回攻龙城，被冯跋率部击败。昭文帝见大势已去，换上平民服装，仓皇逃入树林中躲藏。

二十九日，后燕昭文帝被人抓捕，押送至新王慕容云处。慕容云历数后燕昭文帝的罪状，当即下令将他处死。慕容云即位称王后，定都龙城，史称"北燕"。

《通鉴纪事本末》卷十八　冯跋灭后燕
《晋书》卷一百二十四　慕容熙载记

【简评】

　　后燕昭文帝对苻氏姐妹的爱意无可厚非,他的悲剧在于为满足苻氏的奢欲而劳民伤财,失去人心。墨子说:"俭节则昌,淫佚则亡。"(《墨子·辞过》)

一、荒淫暴虐　王冠落地

北魏道武帝杀妻未遂

代①建国三十四年(371年)春天,代国发生动乱。太子拓跋寔在护卫父皇拓拔什翼犍时受伤,于当年五月去世。不久,太子之妻贺氏生下遗腹子拓跋珪。

建国三十九年(376年),前秦②军队攻灭代国。拓跋珪随其母出逃,后来流亡贺兰部(位于今内蒙古南部阴山北麓)。拓跋珪长大成人后,见其母之妹贺氏长得漂亮,请求其母将她的妹妹嫁给他。他的母亲告诉他:"这可不行,她虽然长得很美,可心地并不善良;再说,她已经有了丈夫。"拓跋珪没有接受其母的劝告,暗中派人把贺氏的丈夫杀死,将她娶为妻,生下儿子拓跋绍。

东晋太元十一年(386年)正月,拓跋珪领头聚众恢复代国,称代王。不久,他改国号为魏,史称"北魏"。

北魏天兴元年(398年),北魏王拓跋珪称帝,为北魏道武帝,并迁都平城(位于今山西省大同市东北)。道武帝先后立慕容氏、刘氏两任皇后,原妻贺氏受到冷落。

天兴六年(403年),道武帝封拓跋绍为清河王。拓跋绍渐渐长大,为人凶狠,行为不轨。他常常领着一帮侍从抢劫行人的财

---

① 国名,都盛乐,位于今内蒙古和林格尔县西北。
② 国名,都长安,位于今陕西省西安市。

物,射杀百姓的猪狗,借以取乐。一次,他抓住一个怀孕的女人,亲自剖开她的肚子,观察所怀的胎儿。道武帝听说此事后大为恼火,下令将拓跋绍倒悬在井中,直到其奄奄一息,才把他放出来。由此,拓跋绍对其父怀恨在心。

  道武帝在位后期,为求长生不老,服下大量寒食散(由五种丹石配制的药方),引起慢性中毒,药性经常发作。当时,天下多次出现灾变。道武帝忧心忡忡,烦躁不安,"或数日不食,或不寝达旦"。他喜怒无常,凡是不顺心的事,都归罪于臣下,认为朝廷文武百官,没有一个人可以信赖。朝廷大臣每次见到道武帝都心惊胆战,对道武帝百依百顺。道武帝甚至追究某些大臣过去的失误,下令将他们处死。有时,道武帝在宫外遇见臣下或行人,稍不如意,便亲手将其打死。朝野上下,人心惶惶。

  北魏天赐六年(409年)夏天,道武帝的病情加重。

  七月,道武帝听说慕容部有百余家打算远离避难,下令将参与预谋的三百余人全部处死。

  八月,左丞相卫王拓跋仪图谋发动叛乱,事泄被杀。

  十月戊辰日,道武帝妻贺氏犯有过失。道武帝下令将其幽禁,准备把她处死,天快黑的时候,尚未对贺氏行刑。贺氏派人火速告诉其子清河王拓跋绍,要他设法解救她。

  当天夜里,拓跋绍带领其部属和宦官共数十人,手持武器闯入内宫。侍卫人员发现他们后,高喊"有贼"。这时,拓跋绍等人已经冲进道武帝寝宫。道武帝听见宫内有响动,大吃一惊,猛然起身。未等道武帝拿起弓箭和佩刀,拓跋绍已举刀将他杀死。第二天,道武帝长子拓跋嗣率兵击杀拓跋绍。随后,拓跋嗣即位,为北魏明元帝。

《魏书》卷一 昭成帝什翼犍纪
卷二 太祖纪
卷三 太宗纪
卷十六 清河王绍传

一、荒淫暴虐　王冠落地

【简评】

　　作为北魏开国皇帝,拓跋珪在政治上有所作为,但其人品低劣。贺氏是其姨母,已有丈夫,他贪恋其美色,竟将其丈夫杀死,娶为己妻。他服下大量丹药,脾气更为暴躁,动辄杀人,最后竟将屠刀举向贺氏,以致引祸被杀。古人说,"欲治其国者,先齐其家;欲齐其家者,先修其身;欲修其身者,先正其心"(《礼记·大学》)。

宋前废帝荒淫残暴

南朝宋[①]大明八年(464年)闰五月,宋孝武帝刘骏去世。时年16岁的太子刘子业继承帝位,史称"前废帝"。刘子业从小就任性放肆,暴虐无道。他曾多次受到父皇孝武帝责备而不思悔改。前废帝即位后不久,其母王太后亦病故。从此,前废帝无所顾忌,为所欲为。

前废帝荒淫无耻

新蔡长公主刘英媚是宋文帝刘义隆(刘骏之父)的女儿、前废帝姑母,已经嫁给宁朔将军何迈为妻。前废帝贪恋新蔡长公主美色,借故把她扣留在后宫,供其淫乐,改称她为谢贵嫔(后妃名号)。不久,前废帝杀死一个宫女,派人送到何迈家,令以公主的礼仪安葬,对外则宣称新蔡长公主死了。其实,前废帝仍然把新蔡长公主放在自己身边,并封他为夫人。一次,前废帝在华林园竹林堂游玩,令众宫女脱光衣服,互相追逐,借以取乐。有个宫女不肯听从,

---

[①] 都建康,位于今江苏省南京市。

一、荒淫暴虐　王冠落地

前废帝当即将这个宫女杀死。

有一天,前废帝把诸王的后妃、公主召来,让她们站在自己面前,令左右侍从凌辱她们。已故南平王刘铄(宋文帝第四子)后妃江氏不肯服从,前废帝大为恼火,打了江氏一百皮鞭,杀死她三个儿子。

前废帝的姐姐山阴公主行为淫荡。她嫁给驸马都尉(皇帝女婿兼侍从)何戢以后,想与别的男人淫乱,对前废帝说:"我与陛下同为先帝所生,只不过一个是男人,一个是女人。陛下后宫美女成千上万,而我只有驸马一人,彼此这样悬殊,我感到太不合理了!"前废帝觉得山阴公主说的有道理,于是给她选了30个"面首",供她淫乐。

前废帝暴虐无度

越骑校尉(警卫部队将领)戴法兴是宋孝武帝信赖的大臣。刘子业当太子时,对戴法兴尚有所忌惮,即帝位后,他不再把戴法兴放在眼里,而戴法兴见前废帝行为放荡,还像原来一样对他加以劝阻。前废帝不能容忍戴法兴继续对他约束,称帝仅三个月,便下令罢免戴法兴的官职,把他流放远方。接着,前废帝派人逼令戴法兴在路上自杀。

新安王刘子鸾是宋孝武帝第八个儿子,殷淑仪(后妃名号)所生。宋孝武帝生前特别宠爱殷淑仪,对刘子鸾亦格外偏爱。前废帝当太子时对此忌恨在心。他称帝不久便下令解除刘子鸾中书令(主管拟草并宣布诏令)职务。第二年,前废帝派人逼令刘子鸾自杀,同时杀死他的同母弟妹,并掘开殷淑仪的坟墓暴尸。

东阳(治所位于今浙江省金华市)太守(行政长官)王藻是前废

帝舅舅，娶宋孝武帝女儿临川长公主为妻。临川长公主忌妒心极强，因为琐事同王藻闹翻，在前废帝面前谗毁王藻。前废帝不问青红皂白，当即下令将王藻逮捕入狱并处死。

会稽郡（治所位于今浙江省绍兴市）太守孔灵符政绩突出，因为得罪前废帝身边亲信而受到诬陷。前废帝派人用鞭子将孔灵符活活打死，还杀死他两个儿子。

前废帝害怕他的几个叔父在其封地谋反，令人把他们召至京都建康，分别囚禁在内宫，称湘东王刘彧为"猪王"、建安王刘休仁为"杀王"、山阳王刘休祐为"贼王"、东海王刘祎为"驴王"。更有甚者，前废帝下令把刘彧裸体放在一个泥水坑里，坑上放一个木槽，槽内放上搅拌后的食物，要刘彧像猪一样用嘴朝槽内吃食，以此取乐。前废帝多次扬言要杀死诸王，建安王刘休仁每每以卑躬的谈笑，使诸王获免死难。

前废帝暴虐无道使朝廷大臣人人自危，惶惶不可终日。吏部尚书（朝廷主管官吏任免的部门长官）袁顗时时担心被杀，编造理由请求离开京都，获准出任雍州（治所位于今湖北省襄樊市襄阳城）刺史（军政长官）。袁顗的舅父原吏部尚书蔡兴宗劝他不要去襄阳。袁顗回答说："刀锋逼在面前，已顾不得预防飞箭了，我只希望今天能从虎口逃生。"

前废帝祸起萧墙

永光元年（465年）八月，尚书令（宰相）柳元景、尚书仆射（副宰相）颜师伯谋划废黜前废帝，拥立太宰（宰相）刘义恭为帝。不久，他们的密谋被司空（名誉宰相）沈庆之告发。刘义恭、柳元景、颜师伯等人全部被杀。后来，沈庆之因劝谏前废帝不要妄杀，被前

一、荒淫暴虐　王冠落地

废帝派人毒杀而死。

当年十一月,宁朔将军何迈为报夺妻之仇,暗中募集敢死勇士,企图趁前废帝出游之机将其废杀,拥立时年11岁的晋安王刘子勋(宋孝武帝第三子)为帝。前废帝获悉此情后,带兵将何迈等人杀死。

前废帝一直忌妒晋安王刘子勋排行第三(宋文帝刘义隆、宋孝武帝刘骏在其兄弟中均排行第三),加之何迈图谋立刘子勋为帝,对晋安王更为忌恨。杀死何迈之后,前废帝随即派人前往晋安王刘子勋的封地江州(位于今江西省九江市西南),给刘子勋送去毒药,令其自杀。晋安王府典签(主管文秘)谢道迈、主帅(军事指挥)潘欣之、长史(幕僚长官)邓琬等人合谋起兵,拥护晋安王,讨伐前废帝。他们进军抵达大雷(位于今安徽省望江县),发布文告,号令远近各郡响应。

与其同时,湘东王刘彧的主衣(主管衣服饰物)阮佃夫、内监(侍从宦官)王道隆、学官令(主管教育)李道儿等人同直阁将军柳光世密谋起事。阮佃夫知道前废帝厌恶其主衣寿寂之,便与寿寂之秘密串通。柳光世以同乡名义串通队主(皇帝侍卫队长)樊僧整等人。此间,前废帝准备册立皇后,同意让诸王府宦官入宫筹备。湘东王刘彧派其亲信宦官钱蓝生混入内宫,参与筹备册封皇后事宜,以观察前废帝动向,随时报告湘东王。

当月二十九日,前废帝准备离开京都去南方巡游,奉命随同出行的警卫军将领宗越等人出宫整理行装,只留下樊僧整防守华林阁。

当天晚上,前废帝令身边侍卫人员退出,独自进入竹林堂,与巫师、巫婆及宫女在一起射鬼。没一会,寿寂之等人提刀闯入竹林堂。前废帝见此情状,知道情况有变,大难临头,当即搭起弓箭朝寿寂之射去,但没有射中。巫师、巫婆及众宫女惊慌逃散。前废帝惊恐万状,仓皇逃走,口中连呼"寂……寂……"寿寂之追上前废帝,举刀将他杀死。

　　随后,朝廷众臣拥立湘东王刘彧即帝位,为宋明帝。
　　　　　　　　　《通鉴纪事本末》卷二十　废帝之乱
　　　　　　　　　　　　《宋书》卷七　前废帝本纪

【简评】

　　古人说,"多行不义必自毙"(《左传·隐公元年》)。前废帝动辄杀人,亦即把他自己置于刀尖之上,势必迟早被杀。可悲的是,他被杀时年仅17岁,只做了一年半皇帝。

一、荒淫暴虐　王冠落地

宋后废帝杀人为乐

南朝宋①明帝刘彧(宋文帝刘义隆第十一子)即位时27岁。第二年,他将年幼的长子刘昱立为太子。宋明帝"好鬼神,多忌讳",患病以后更加猜忌暴虐,把其诸弟视为太子日后最大的威胁,先后将扶持其称帝的晋平剌王刘休祐(宋文帝第十三子)、始安王刘休仁(宋文帝第十二子),以及巴陵王刘休若(宋文帝第十九子)残酷杀害。

南朝宋泰豫元年(472年)四月,宋明帝去世,时年9岁的太子刘昱继位为帝,史称"后废帝"。

后废帝刘昱继位之初,还愿受其母陈太妃的约束。随着年龄增长,后废帝逐渐放荡不羁。他每天都要出宫游玩,且行踪无常,有时早晨出去,当天晚上回来;有时晚上出去,第二天早晨回来。

后废帝每次出宫,随身携带针、锥、凿、锯等凶器,任意刺杀他所遇上的行人和牲畜,"击脑、槌阴、剖心",手段极为残酷。他嗜杀成性,几乎每天都要杀人,"见卧尸流血",以此为乐。一天不杀人,他便"惨然不乐"。后废帝如此随意滥杀,使得"民间扰惧,商贩皆息,门户昼闭,行人殆绝"。朝廷里的官员更是忧心忡忡,惶惶不可终日。

有一次,后废帝突然来到领军将军(宫廷警卫部队和驻京部队

---

① 都建康,位于今江苏省南京市。

统帅)府。当时天气炎热,领军将军萧道成正光着上身午休。后废帝在萧道成的肚皮上画个箭靶,令萧道成站在屋内,让他用箭射其肚皮上的箭靶。萧道成连忙用手捂住肚子说:"老臣没有罪。"侍从王天恩为之圆场说:"领军将军肚子大,是个好箭靶。不过,要是一箭将他射死,以后就没有这个好箭靶了。不如改用圆骨箭头射他。"后废帝改用圆骨箭头,射中萧道成的肚脐,哈哈大笑而去。

朝中大臣出于国家安定和自身安全的考虑,暗中策划,准备废黜后废帝。

元徽五年(477年)春天,奉命留守京都的南豫州(治所位于今安徽省和县)刺史(军政长官)阮佃夫与直阁将军(侍卫皇帝的将官)申伯宗等人谋划,乘后废帝到江乘(位于今江苏省句容市北)射猎野鸡之机,以王太后(宋明帝皇后)名义,传令随行的皇帝仪仗卫队返回,然后关闭城门,逮捕后废帝并将其废黜。其计划未等实施而被泄露,阮佃夫等人被捕处死。

当年端午节,王太后赏赐给后废帝一把羽毛扇。后废帝嫌扇子不华丽,命令太医(皇帝保健医生)煮毒药,要把王太后毒死。经左右侍从再三劝谏,王太后才幸免于难。

不久,有人告发散骑常侍(侍从皇帝的官员)杜幼文、司徒府左长史(宰相府事务长官)沈勃和游击将军孙超之等人曾与阮佃夫同谋。后废帝随即率领卫士将杜幼文、沈勃、孙超之等人及其家属全部杀死,并一一肢解尸体,连婴儿也没有放过。

后废帝对萧道成的声望十分忌妒,曾扬言"明天杀死萧道成"。陈太妃听说后,斥责后废帝说:"萧道成对国家有功劳,如果杀了他,还有谁再为你尽力?"后废帝才没有对萧道成动手。

萧道成知道,这样下去,他迟早要被后废帝杀死,许多大臣难免也要遭难,便与尚书令(宰相)袁粲、护军将军(主管武官选任)褚渊密商,想除掉后废帝,另立一个新皇帝。袁、褚二人没有赞同。领军将军府功曹(主管考察本府官吏)纪僧真向萧道成建议说:"当

一、荒淫暴虐　王冠落地

今皇帝猖狂无道,人人不能自保,天下没有人把希望寄托在袁粲、褚渊身上。您作为领军将军,怎么能坐等灭门之祸？在这生死存亡的关键时刻,请您要认真考虑。"

萧道成采纳纪僧真的意见,准备逃到广陵(位于今江苏省扬州市)去起兵。纪僧真等人认为,领军将军一举一动都会惊动朝廷,去广陵起兵的动议不可取。萧道成族弟镇军将军府长史萧顺之等人认为,皇帝喜欢单独在路上行走,留在京都动手容易成功;在京都以外起兵难以取胜。萧道成接受了他们的意见,并串通越骑校尉(警卫部队骑兵将领)王敬则、皇帝侍从官杨玉夫、杨万年等25人,伺机一同行动。

当年七月七日晚上,后废帝在寺庙里喝醉了酒。他返回仁寿殿睡觉时,指令杨玉夫去观察织女星过天河,恶狠狠地对他说:"看见了就向我奏告,没有看见就杀死你！"等到后废帝睡着以后,杨玉夫、杨万年等人轻轻走过去,取出后废帝的防身刀,砍下后废帝的头颅,提着交给王敬则。

接着,萧道成以王太后的名义召集大臣开会,历数后废帝的罪状,将其追贬为苍梧王,宣布拥立时年11岁的安成王刘准继位。

《宋书》卷八　明帝本纪
《南史》卷三　宋后废帝本纪
《通鉴纪事本末》卷二十　萧道成篡宋

【简评】

宋明帝残杀诸弟,清代学者王夫之称之为"灭绝天性之恶"(《读通鉴论》卷十五·明帝)。他本以为把几个望高权重的弟弟杀掉便能确保太子刘昱日后稳坐江山,结果却与其愿望相反。刘昱即位称帝后嗜杀,系受其父皇直接影响。萧道成等大臣时时面临被杀的威胁,被迫将年仅14岁的后废帝杀死。

南齐东昏侯只信侍从

南朝齐①永泰元年(498年)七月,齐明帝萧鸾病逝,时年17岁的太子萧宝卷继位,史称"东昏侯"。齐明帝临终遗嘱,由尚书令(宰相)徐孝嗣、右仆射(副宰相)江祏、侍中(侍从皇帝的主官)江祀、扬州(治所建康)刺史(军政长官)始安王萧遥光、右将军萧坦之、卫尉(主管皇宫警卫)刘暄、左仆射沈文季等七位大臣共同辅佐东昏侯执掌朝政。沈文季借口年老有病,不肯参与朝政。

东昏侯在当太子时便十分贪玩,"不喜书学"。即帝位后,他亲近侍臣茹法珍、梅虫儿,嬉戏无度,不理朝政。徐孝嗣等六大臣深为失望。江祀提议废黜东昏侯,另立新帝,徐孝嗣等人没有异议。但在立谁继位的问题上,六大臣意见不一致,以至互相猜忌,钩心斗角。

永元元年(499年)八月,萧遥光图谋称帝受到刘暄等人反对。萧遥光派人刺杀刘暄未遂。刘暄随即告发江祏等人的密谋。东昏侯大为恼火,当即指令侍从官兵将江祏等人逮捕。之后,徐孝嗣等辅政六大臣及沈文季相继被杀。

从此,东昏侯只相信茹法珍、梅虫儿等人,把旧臣老将一概视为异己。他记取父皇"做事不可在人后"的遗训,动辄诛杀受其侍

---

① 都建康,位于今江苏省南京市。

一、荒淫暴虐　王冠落地

从诬告的大臣,使得朝中大臣人人自危。

太尉(名誉宰相)陈显德已经70多岁,为了避祸请求去地方任职。他出任江州(治所位于今江西省九江市)刺史不久,听说朝廷要派兵攻打江州,起兵自卫。当年十二月,陈显德兵败被杀。

永元二年(500年)正月,豫州(治所位于今安徽省淮南市)刺史裴叔业对东昏侯多次诛杀大臣心有疑惧,没有接受调任兖州(治所位于今江苏省扬州市)刺史的命令。东昏侯怀疑裴叔业图谋叛乱,下令派兵讨伐他。裴叔业听说后忧惧而死。

三月,平西将军崔慧景奉命率部出征寿阳(位于今安徽省寿县)。行前,他与其儿子直阁将军(侍卫皇帝的将军)崔觉密谋举兵废黜东昏侯。崔慧景率部行至广陵(位于今江苏省扬州市)后,与崔觉等人回师攻入京都,包围皇城。危急时刻,豫州刺史萧懿率兵击败崔慧景的军队,解除其对皇城的包围。

由此,东昏侯把萧懿视为亲信。萧懿之弟雍州(治所位于今湖北省襄樊市襄阳城)刺史萧衍看到东昏侯擅杀大臣,劝说萧懿不要入朝身居权位,以免祸难。萧懿没有接受他的劝告,以军功受任尚书令。

不久,茹法珍等人忌恨萧懿掌握重权,在东昏侯面前诬告萧懿要废黜皇帝,诡称"陛下命在晷刻"。东昏侯信以为真,派人将毒酒送到萧懿官府,逼令他自杀。

萧衍听说萧懿被杀,知道祸难马上就要降临到他的头上,连夜召集幕僚开会,决定举兵讨伐东昏侯。萧衍很快便聚集十多万兵士,并联合荆州(治所位于今湖北省江陵县)刺史南康王萧宝融(齐明帝第八子)共同起兵。

中兴元年(501年)三月,萧衍和荆州管州府事(主管军政事务)萧颖胄在江陵拥护萧宝融称帝,为齐和帝。

此时,东昏侯沉溺淫乐已经到了麻木的程度。他大造华丽宫殿,把国库耗费一空。他令人用黄金制成莲花贴地,观赏其宠爱的潘贵妃在上面蹒跚碎步,称其"步步生莲华"。当年九月,萧衍领兵接连攻下郢州（位于今湖北省武汉市）、江州，东昏侯仍"游骋如旧"。他对茹法珍说："等他们来到白门（京城西门）的时候，再去同他们决战。"

十月，萧衍领兵攻入京城建康。东昏侯令征虏将军王珍国、兖州刺史张稷率兵抗击。朝廷危在旦夕，茹法珍、梅虫儿等人仍未停止谗害大臣，他们把皇城被围竟咎于"大臣不留意"，建议东昏侯"宜悉诛之"。

王珍国和张稷风闻东昏侯要诛杀大臣，担心被杀，便暗下串通，决意反戈。王珍国派其亲信给萧衍送去一块明镜，表示与萧衍心意相通。萧衍则折断金条，将其一半带给王珍国，以示回应。接着，王珍国同张稷及其中兵参军（军事参谋官）张齐一起密谋，商定诛杀东昏侯的具体行动计划。

十二月六日夜，东昏侯在含德殿笙歌娱乐后，躺在床上尚未入睡，王珍国和张稷领兵冲入殿内。东昏侯听说有兵冲进来，起身逃向后宫。后宫宫门已被封闭，东昏侯不得逃脱。宦官黄泰平举刀砍伤东昏侯的膝盖，东昏侯倒在地上。这时，张齐冲上来砍下东昏侯的脑袋。

随后，萧衍接管朝廷军政大权，迎宣德太后[①]王宝明入宫临朝听政。宣德太后任命萧衍为相国。第二年（502年）三月，齐和帝萧宝融在姑孰（位于今安徽省当涂县）发布诏书，将皇位让给萧衍。四月，萧衍改国号为梁，即位为梁武帝。

《通鉴纪事本末》卷二十一　萧衍篡齐
《南齐书》卷六　明帝本纪
卷七　东昏侯本纪
卷二十　文安王皇后传

[①] 齐武帝太子萧长懋妃，无子。郁林王萧绍业即帝位后，尊她为皇太后。齐明帝即位后，将她迁居鄱阳王故地。

一、荒淫暴虐　王冠落地

【简评】

　　齐明帝"性猜忌多虑",为了稳固其太子的地位,他竟下令尽诛齐高帝萧道成、齐武帝萧赜及其太子萧长懋(齐武帝在位时病故)的子孙。齐明帝对辅政大臣也不放心,临终前告诫太子"做事不可在人后",致使萧宝卷继位后数次诛杀大臣。东昏侯的短命乃至亡国,根子在齐明帝身上。

北齐文宣帝长醉不醒

东魏①武定八年（550年）五月，执掌朝廷军政的丞相高洋迫使魏孝静帝元善见让位，即位为文宣帝，改国号为齐，史称"北齐"。

北齐文宣帝立国之初，尚能"留心政术，以法驭下，公道为先"，使得政局稳定，"内外莫不肃然"。可是，他未能慎善其终。在位几年以后，北齐文宣帝陶醉于自己所建立的功业，"遂流连耽缅，肆行淫暴"，变成一个无恶不作的暴君。

乱淫滥杀

文宣帝荒淫无度，拥有众多的后妃仍嫌不足，还经常从歌女娼妓中猎艳。歌妓薛氏长得很美，文宣帝把她收入后宫。后来，文宣帝听说清河王高岳（高洋堂叔）曾由薛氏之姐引荐把薛氏接进家里，妒火中烧。文宣帝来到薛氏之姐家，亲手锯杀薛氏之姐，令高岳奸其尸。高岳不肯听从，文宣帝派人用毒酒逼令高岳自杀。之后，文宣帝忌恨薛氏曾与高岳有过私情，亲手斩下她的头颅，扔到

---

① 都邺，位于今河北省临漳县西南。

一、荒淫暴虐　王冠落地

宴会桌上,并令人肢解她的身体,敲击她的大腿骨取乐。

皇亲外戚家稍有姿色的女子,文宣帝也不放过,"不问亲疏,多与之乱"。文宣帝看中了其父高欢之妾、彭城王高浟(文宣帝之弟)之母尔朱氏(原为北魏①孝庄帝元子攸皇后),想奸污她,遭到尔朱氏拒绝。文宣帝便举刀将尔朱氏砍死。李皇后的姐姐姿色出众,多次受到文宣帝奸污。为了将她收入后宫,文宣帝将其丈夫原东魏乐安王元昂召来,令元昂趴下,朝他身上接连射了一百多支响箭,将他活活射死。李皇后为此伤心痛哭,不进饮食,要把皇后位让给姐姐。经娄太后(文宣帝之母)发话,文宣帝才没有废皇后。

暴虐无道

文宣帝视群臣如草芥。他无缘无故用马鞭抽打宰相杨愔的脊背,直至其鲜血直流,浸透衣袍;又想用刀划开杨愔的肚皮,被人巧妙开脱;还曾把杨愔放进棺材里,装上丧车,出殡取闹。都督(军事将领)韩哲没有罪过,文宣帝将他召入宫内,当众杀死。都督尉子辉陪文宣帝在新建的三台游玩,文宣帝在嬉戏中用铁槊将他刺死。尚书右仆射(副宰相)崔暹去世后,文宣帝问崔暹之妻李氏想念还是不想念,李氏回答想念。文宣帝随手将李氏杀死,把她的头割下来扔到墙外。

宰相高德政多次劝谏文宣帝要爱护臣下,不可妄杀无罪之臣,

---

① 北朝之一。北魏永熙三年(534年),北魏大丞相高欢胁迫孝武帝元修出走,另立元善见(清河王元亶之子)为孝静帝,将都城由洛阳(位于今河南省洛阳市)迁至邺,史称"东魏"。随后,大都督(军事统帅)宇文泰拥元宝炬为帝,定都长安(位于今陕西省西安市),史称"西魏"。北魏为东、西魏所取代。

引起文宣帝不满。高德政担心被杀,称病没有上朝,想寻机到外地任职。文宣帝获知此情后,令人砍下高德政三个脚趾。第二天早晨,文宣帝突然带人来到高德政家,发现其床上堆有准备转移的珍宝,极为恼火,当即下令将高德政斩首。接着,文宣帝又下令斩杀高德政的妻子及其儿子高伯坚。

  文宣帝在宫殿大庭常设鼎、锯、锉刀、石碓等刑具。每次醉酒后,他总要杀人取乐。朝中百官无不提心吊胆,文武近臣惶惶不可终日。为了避免众臣无辜被害,杨愔令人把一些死刑犯关在附近密室,以备文宣帝杀人取乐之用,称其为"供御囚"。

  文宣帝曾向侍臣询问东汉开国皇帝刘秀为何能使汉朝中兴,有人答称因为刘氏宗族没有被杀尽。此话引起文宣帝对东魏元氏皇族的忌恨。于是,文宣帝下令将东魏元氏皇族尚存的721人全部处死,把他们的尸体扔进漳水。此后,人们从鱼腹中发现人的指甲,吓得很久不敢吃鱼。

  对于骨肉兄弟,文宣帝同样残酷无情。青州(治所位于今山东省青州市)刺史(军政长官)永安王高浚(文宣帝之弟)从任所回到京都后,对文宣帝的荒淫残暴多有劝诫。文宣帝对高浚怀恨在心。高浚返回任所后,又上书对文宣帝加以劝谏。文宣帝大为恼火,下令将高浚抓捕,关入邺城监狱。文宣帝要术士占卜未来,术士诡称日后有穿黑衣的人谋乱。文宣帝听人说漆最黑,以此引申,把在其兄弟中排行第七的刚肃王高涣也关进邺城监狱。不久,文宣帝令人投火入牢,将高浚、高涣二人活活烧死。

酗酒成性

  文宣帝嗜酒如命,且十饮九醉。醉酒后,他常常狂歌乱舞,通

一、荒淫暴虐　王冠落地

宵达旦,或者披头散发,赤身裸体,在街巷里狂奔乱跑。一次,文宣帝喝醉了,娄太后举起手杖打他,骂道:"什么老子生下这种儿子!"文宣帝随口说:"该要把这老太婆嫁给胡人了!"娄太后勃然大怒,文宣帝当即钻到床下想把母亲逗笑,用身体猛一顶床,反把坐在床上的娄太后摔伤。酒醒后,文宣帝感到羞愧,要人点起火堆,想投火自焚。娄太后的火气消了下去,令人将文宣帝拉开。此后,文宣帝信誓旦旦,决心戒酒。可是仅仅过了十天,他又酗酒如初。

一次,文宣帝离京西巡。酒醉后,他下令骑兵包围为他送行的文武百官,大喊道:"我一举鞭你们就将他们杀死!"喊过后,文宣帝当即便昏睡过去,直到天黑,他仍然烂醉如泥。

又一次,文宣帝醉酒后用箭射李皇后的母亲崔氏,骂道:"我喝醉后连太后都不认识,何况你这个老奴婢!"接着,文宣帝挥扬马鞭打了崔氏一百多下,扬长而去。

再一次,文宣帝饮酒饮到兴头上,欣然叹道:"真快乐啊!"都督王纮随声应道:"有大乐,亦就有大苦。"文宣帝质问道:"你这是什么话?"王纮答道:"常饮常醉,损害了身体,如果导致亡国,这就是最大的痛苦!"文宣帝大为恼怒,下令将王纮绑起来拉出去斩首。转而,文宣帝念及王纮当年曾冒死护卫过文襄帝(文宣帝已故同母兄高澄,文宣帝即位后追封他为文襄皇帝),又下令将他释放。

还有一次,常山王高演(文宣帝同母弟),见文宣帝又在纵饮,忧愤得痛哭流涕。文宣帝受到感动,当即把酒杯掼到地上说:"你如此担心我醉酒,从今以后,有谁再拿酒给我饮,我就将他斩首!"没过几天,文宣帝便故态复萌,"沈湎益甚"。

长期狂饮滥醉终于导致北齐文宣帝一病不起。临终前,他"不能进食,唯数饮酒"。北齐天保十年(559年)十月,文宣帝病逝,时年31岁。

《通鉴纪事本末》卷二十四　齐显祖狂暴
《北齐书》卷四　文宣帝纪

中国古代历史风云·宫廷风暴(上)

【简评】

北齐文宣帝荒淫暴虐令人发指,其因酒精中毒而死,于国于民都是幸事。至于北齐文宣帝为何没有亡国,清代学者顾炎武认为:"文宣承神武①之余,纪纲粗立,而又有杨愔辈为之佐,主昏于上而政清于下也。"(《日知录》卷二·殷纣之所以亡)

---

① 即高洋之父高欢。高洋称帝后追封高欢为"献武皇帝"。北齐天统元年(565年),武成帝高湛让位于太子高纬,退称太上皇。之后,太上皇下诏改称"献武皇帝"为"神武皇帝"(《北齐书》卷八·后主纪)。

一、荒淫暴虐　王冠落地

隋炀帝祸国殃民

北周①大定元年(581年),相国杨坚废黜北周静帝,改国号为隋,即位为隋文帝。

隋开皇九年(589年),隋文帝派兵攻灭南陈②,结束自西晋灭亡(316年)以来长达270多年的南北分裂局面,统一了中国。

作为隋朝开国皇帝,隋文帝尚能注重节俭。他曾告诫太子杨勇说:"自古帝王,未有好奢侈而能久长者。汝为储后,当以俭约为先"。隋文帝唯恐杨勇"以今日皇太子之心忘昔时之事",特意把他当年用过的一把刀和杨勇当年当士兵时常吃的一种腌酱菜,送给太子杨勇,要他不要忘记过去。其用心可谓良苦。

可是,隋朝历史的发展,并未能如隋文帝希望的那样,由太子杨勇"奉承宗庙",使国家长治久安。

开皇二十年(600年)十月,隋文帝听信谗言,将太子杨勇废为庶人,改立其次子晋王杨广为太子。

仁寿四年(604年)七月,隋文帝病重。太子杨广指使其亲信尚书左仆射(首席宰相)杨素假传诏令,派兵封锁皇帝寝宫,逼杀隋文帝。随后,杨广继位,为隋炀帝。

---

① 都长安,位于今陕西省西安市。
② 都建康,位于今江苏省南京市。

隋炀帝穷奢极欲,劳民伤财

隋炀帝即位后,一反父皇"俭约为先"的教诲,为了满足奢欲,他为所欲为,直至把隋文帝开创的帝业推向坟墓。

当年十一月,隋炀帝下令征集几十万民工在洛阳(位于今河南省洛阳市)建造东京。

大业元年(605年)春天,修建东京的民工云集洛阳,多达二百万人。

同时,隋炀帝又调集一百多万民工,开工兴修通济渠(运河),渠宽四十步,从东京洛阳到江都(位于今江苏省扬州市),沟通黄河、淮河、长江等西东流向的水系。沿通济渠修筑御道,一路兴建四十余所离宫。他又令官员去江南督造龙舟和各种船只几万艘;采集奇花怪石、珍禽异兽送往东京。负责建筑东京的官吏督查严苛,民工不堪繁重的劳役,几乎有近一半人累死、饿死或病死,以致"车载死丁","相望于道"。

五月,隋炀帝下令在东京营建西苑,方圆二百里;苑内挖出周长十余里的海;海内建造蓬莱等三座神山,山高水面百余尺,山上建筑楼台殿阁。苑的北面修建龙鳞渠,蜿蜒通向海内。沿龙鳞渠建造十六院。院内"堂殿楼观,穷极华丽"。隋炀帝喜欢在月夜率数千宫女游西苑,作《清夜游曲》,在马上演奏。

八月,隋炀帝率后妃、百官到江都游玩。他所乘的龙舟共四层,高四十五尺,长二百尺。龙舟上层是宫殿,中间两层有120个房间,下层供侍臣居住。萧皇后所乘翔螭舟比龙舟稍小,翔螭舟的装饰同龙舟完全一样。另有九艘三层高的浮景船,与龙舟、翔螭舟共同构成水上宫殿。随行的几千艘船只,名目和装饰各不相同,供

一、荒淫暴虐　王冠落地

百官、卫兵等各类随行人员乘坐。这支船队共动用80000余人缆船。船队首尾达二百余里,骑兵在两岸护卫行进。夜间,船上灯火照亮了水面和两岸陆地。沿途五百里内的州县都得给船队进献珍美食品。

大业二年(606年)二月,隋炀帝令太府少卿(主管国库收支及京都市场的副长官)何稠组建36000人的皇宫仪仗队,其乘舆服饰务求华丽。为此,隋炀帝下令各州县向朝廷送交皮毛。各地珍禽异兽为之被捕杀殆尽。乌程(位于今浙江省湖州市南)有棵高过百尺的大树,树上有许多鹤巢。当地官员奉命放树捕鹤,老鹤"恐杀其子,自拔氅毛投于地"。为筹建皇宫仪仗队,共动用十余万人力,所费钱帛数以亿计。

四月,隋炀帝一行从江都返回东京洛阳,沿路耗费与去时相同。

当年冬天,隋炀帝下令在巩(位于今河南省巩义市)东南山中开凿三千个粮窖,每窖可藏粮八千多石,名为洛口仓。接着,隋炀帝又下令在洛阳北郊建造回洛仓,开凿三百个粮窖。

为了向即将来隋朝访问的突厥①启民可汗炫耀场面,隋炀帝下令征召各地艺人,表演各种技艺。他亲自检阅艺人阵容,"两京锦采为之空竭"。

大业三年(607年)六月,隋炀帝下令建造周长二千步的观风殿和行宫城,率50万兵士巡视北方,车辆旗帜绵延千里。八月,隋炀帝一行抵达启民可汗庭,尔后返回。

隋炀帝仰慕秦始皇和汉武帝的文治武功,有意重新开通同西域②各国的联系。吏部侍郎(朝廷主管官吏任免的部门副长官)裴

---

① 隋北方邻国,可汗庭设于郁督军山(位于今蒙古国杭爱山东段)。
② 位于今甘肃省玉门市以西至中亚地区。汉武帝在位时,曾派人出使西域,令将军李广利率部出征西域。

矩向隋炀帝进献安抚之策,认为不要动用兵车,便可征服西域各国。于是,隋炀帝派裴矩去张掖(位于今甘肃省张掖市),"啖之以利",招引西域胡人到隋朝来。"自是,西域诸胡往来相继,所经郡县,疲于送迎,糜费以万万计,令中国疲弊,以至于亡"。

大业四年(608年)正月,隋炀帝下令征集兵士、民工,包括妇女在内,共百余万人,兴修从涿郡(位于今北京市内)通向黄河的永济渠(运河)。七月,隋炀帝又征集二十多万民工,自榆谷(位于今内蒙古准格尔旗境内)向东修建长城。

大业六年(610年)正月,隋炀帝在东都(由东京改称)举办有18000人参加演出的百戏表演,欢迎来自西域等邻邦的首领,耗资巨大。此后朝廷每年都要举办这样大规模的欢迎活动。西域人所到之处,吃喝不要付钱。隋炀帝以此向西域各国夸富。西域某臣张骞人见隋朝把大量彩帛绸缎挂在树上而许多穷人衣不蔽体,向接待官员询问:"中国亦有贫者,衣不盖形,何如以此物与之,缠树何为?"隋接待官无言以对。

大业八年(612年)秋天,隋炀帝率领30万官兵攻打高丽[①]。结果,隋军惨败,退回辽东时,只剩下2700人。

隋炀帝即位后,"盛治宫室,穷极侈靡","六军不息,百役繁兴,行者不归,居者失业。人饥相食,邑落为墟"。"奸吏侵渔,内外虚竭,头会箕敛,人不聊生"。由隋文帝开创的一统江山,很快陷入"黎庶愤怨,天下土崩"的局面,隋炀帝自身亦陷入漫天盖地的烽火之中。

---

① 国名,位于今朝鲜半岛北部。

一、荒淫暴虐　王冠落地

民众不堪奴役,火山爆发

大业七年(611年),邹平(位于今山东省邹平县)人王薄率先聚众起义,反抗隋朝的残酷统治。此后,农民起义风起云涌,其中,拥有数万人以上的反隋武装有:

刘霸道在豆子䴚(位于今山东省惠民县)领导的起义军;

窦建德在高鸡泊(位于今河北省故城县西南)领导的起义军;

孟让在齐郡(位于今山东省济南市)领导的起义军;

郭方预在北海郡(位于今山东省青州市)领导的起义军;

格谦在河间郡(位于今河北省河间市)领导的起义军;

张金称在清河(位于今河北省清河县)领导的起义军;

孟海公在济阴(位于今山东省曹县)领导的起义军;

郝孝德在平原郡(位于今山东省陵县)领导的起义军;

彭孝才在东海郡(位于今江苏省连云港市)领导的起义军;

刘元进在余杭(位于今浙江省余杭市)领导的起义军;

朱燮、管崇在吴郡(位于今江苏省苏州市)领导的起义军;

向海明、李弘芝各自在扶风郡(位于今陕西省兴平市)领导的起义军;

孙宣雅在勃海郡(位于今山东省阳信县)领导的起义军;

刘迦论在延安郡(位于今陕西省延安市)领导的起义军;

杜伏威在章丘(位于今山东省章丘市)领导的起义军;

王德仁在汲郡(位于今河南省卫辉市)领导的起义军;

刘苗王在离石郡(位于今山西省离石市)领导的起义军;

左孝友在蹲狗山(位于今山东省龙口市东南)领导的起义军;

卢明月在涿郡(位于今北京市西南)领导的起义军;

王须拔、魏刀儿各自在上谷(位于今河北省易县)领导的起义军;

朱粲在荆州(位于今湖北省荆州市)领导的起义军;

左才相在淮北(位于今安徽省淮北市)领导的起义军;

赵万海在恒山(位于今河北省曲阳县)领导的起义军;

翟让、李密在瓦岗(位于今河南省滑县)领导的起义军;

操师乞、林士弘在鄱阳(位于今江西省波阳县)领导的起义军。

上述起义军,有些虽然被隋朝军队镇压,但被逼造反的民众义军"败而复聚,其势益甚"。其次,文官武将不断反叛,朝廷后院频频起火。

大业九年(613年)夏天,礼部尚书(朝廷主管礼仪教育的部门长官)杨玄感在黎阳(位于今河南省浚县东南)反叛朝廷,烧毁隋炀帝的龙舟。此后,类似事件多次发生:

朔方(治所位于今内蒙古乌审旗南)鹰扬郎将梁师都杀死郡丞(行政副长官)唐世宗,占据朔方郡,自称大丞相;因罪被流放榆林(位于今内蒙古准葛尔旗东北)的原左翊卫(警卫部队将领)郭子和,乘该郡饥荒之机,率众攻入郡府,自称永乐王;太原(治所位于今山西省太原市)留守(军政长官)李渊发布檄文,声称拥护留守京都的代王杨侑(隋炀帝已故太子杨昭之子)为帝,率部向长安进军;武威(治所位于今甘肃省武威市)鹰扬府司马(将军府主管军务的官员)李轨自称河西大凉王,仿照朝廷设置百官;金城府(治所位于今甘肃省兰州市)校尉(职级低于将军的武官)薛举自称秦帝,立其子薛仁果为太子。

文臣武将的反叛,加速了隋朝的灭亡。

一、荒淫暴虐　王冠落地

隋炀帝顾影自怜，毙命亡国

面临天下大乱的局面，隋炀帝无法逆转，惶惶不可终日。大业八年(612年)以后，他"每夜眠中恒惊悸，云有贼，令数妇人摇抚，乃得眠"。一次，隋炀帝手摸颈脖对镜自怜，回过头，对萧皇后哀叹道："好头颈，谁当斫之！"

尽管如此，隋炀帝仍不肯改弦易辙，稍微收敛其奢欲。他下令重造龙舟，并要比原来的龙舟还要大；又下令调集几万名兵士在毗陵城(位于今江苏省常州市东南)建造方圆12里的宫苑，内设16所离宫，其造型新颖和装饰华丽都超过东都西苑。

大业十二年(616年)七月，新造龙舟送到东都。隋炀帝为避北方动乱，不顾众臣劝阻，执意离开东都，乘龙舟去江都。到了江都后，他生活更加荒淫。隋炀帝让其后宫美女分住一百多个房间，他每夜换一个房间取乐。隋炀帝成天同萧皇后饮宴，酒杯不离口，随从的一千多美女也经常喝醉。一天，隋炀帝用吴地方言对萧皇后说："外间大有人图侬，然侬不失为长城公①。卿不失为沈后，且共乐饮耳！"

隋炀帝下令修建丹阳宫，准备迁都丹阳(位于今江苏省南京市)。随同隋炀帝南下的万名骁果(护卫军士)多是关中(位于今陕西省中部地区)人，思念故乡。他们见皇帝无意北返，纷纷谋划北逃。统领骁果的虎贲郎将司马德戡与直阁(皇宫警卫武官)裴虔通等人密商，准备随骁果官兵西逃，以免因部众逃离被杀。有个宫女

---

① 即南陈后主陈叔宝。他亡国被俘后，隋文帝改封其为长城县公。南陈后主皇后为沈氏。

获悉他们的预谋后,奏告隋炀帝。隋炀帝指斥她不该说此话,竟下令将该宫女斩首。

将作少监(主管宫殿等修建的副长官)宇文智及风闻司马德戡的动议后,劝告司马德戡等人不要离去,对他们说:"今天实丧隋,英雄并起,同心叛者已数万人,因行大事,此帝王之业也。"司马德戡赞同宇文智及的意见,并推举宇文智及之兄右屯卫将军宇文化及为盟主,密谋起事。

隋义宁二年(618年)三月十一日早晨,司马德戡和裴虔通及其部将马文举等人领兵杀入隋炀帝行宫。隋炀帝见大祸临头,哀求着问道:"我何罪至此?"马文举答道:"陛下违弃宗庙,巡游不息,外勤征讨,内极奢淫,使丁壮尽于矢刃,女弱填于沟壑,四民丧业,盗贼峰起,专任佞谀,饰非拒谏,何谓无罪!"隋炀帝又问道:"我实负百姓。至于尔辈,荣禄兼极,何乃如是?今日之事,孰为首邪?"司马德戡回答说:"溥天同怨,何止一人!"隋炀帝请求饮鸩酒自杀,马文举等人没有答应,隋炀帝被迫解下自己的练巾,交给校尉令狐行达。令狐行达当即将隋炀帝勒死。

隋炀帝被杀的消息传到长安后,隋恭帝杨侑将帝位让给唐王——大丞相李渊,隋朝灭亡。李渊改国号为唐,即位为唐高祖。

《通鉴纪事本末》卷二十五　隋易太子
　　　　　　　　卷二十六　炀帝亡隋
《隋书》卷三　炀帝纪上
　　　　卷四　炀帝纪下

【简评】

《隋书》作者魏征认为:隋炀帝"负其富强之资,思逞无厌之欲","淫荒无度,法令滋章","骄怒之兵屡动,土木之功不息";"征税百端,猾吏侵渔,人不堪命"。"自是海内骚然,无聊生矣"。"普

一、荒淫暴虐　王冠落地

天之下,莫匪仇雠,左右之人,皆为敌国"。"自肇有书契以迄于兹,宇宙崩离,生灵涂炭,丧身灭国,未有若斯之甚也"(《隋书》卷四)。

清代学者王夫之认为:隋炀帝"至不仁而敛天下之怨,非所据而踞天位之尊","毒民亟矣,而其殃民以取灭亡"(《读通鉴论》卷十九·炀帝)。

后唐庄宗重蹈覆辙

唐天祐四年（907年）三月，宣武军（治所汴州，位于今河南省开封市）节度使（军政长官）梁王朱全忠（朱温）逼迫唐哀帝在京都①洛阳让位，将国号改为大梁，史称"后梁"，即位为后梁太祖，定都汴州。

晋王②李存勖（小字亚子）憎恶朱全忠灭唐建梁。他打着复唐的旗号，率兵出生入死，长期与后梁军队争战。

攻灭后梁，后唐庄宗生气勃勃

后梁龙德三年（923年）四月，李存勖在魏州（又称"兴唐府"、"东京"，位于今河北省大名县东）建国号大唐，史称"后唐"，即位为后唐庄宗。

---

① 唐朝原定都长安，位于今陕西省西安市。天祐元年（904年），唐昭宗受朱全忠逼迫迁都洛阳，位于今河南省洛阳市。

② 唐天祐四年（907年）正月，河东（治所位于今山西省太原市）节度使晋王李克用病逝，其子李存勖继位为晋王。

一、荒淫暴虐　王冠落地

六月,后唐庄宗率部进入杨刘(位于今山东省东阿县东北)。后梁末帝朱友贞派北面招讨使(北方前线军事长官)王彦章领军包围杨刘。后唐庄宗十分焦急,向兵部尚书(朝廷主管军事的部门长官)、枢密使(主管机密、出宣诏令,位同宰相)郭崇韬问计。郭崇韬向后唐庄宗献分兵之计,并领兵抢建博州新城(位于今山东省聊城市东南),分散王彦章部主力,致使其被各个击破。

九月,后梁北面行营招讨使段凝率领大军自顿丘(位于今河南省濮阳市)进抵临河(位于今河南省浚县东北)南面。后唐庄宗时在朝城(位于今山东省阳谷县西),闻讯极为忧虑,召集众将领商议对策。宣徽使(主管宫廷事务)李绍宏等人主张将卫州(位于今河南省卫辉市)和黎阳(位于今河南省浚县东南)让给后梁,以黄河为界,与后梁签订和约。后唐庄宗没有听从,心里闷闷不乐,独自躺在床上,召见郭崇韬询问该怎么办。郭崇韬说:"陛下举大义十五年来,为雪洗家仇①国耻枕戈待旦,前方将士不解甲胄,身上都生了虱子。如今陛下刚即帝位,天下百姓都希望能早日荡平寇仇。如果以黄河为界,怎么能光复中原大地?"他建议后唐庄宗乘后梁军主力出征、汴京空虚之机,亲率大军直取汴,并预计"汴城无兵,望风自溃","半月之间,天下必定"。后唐庄宗听郭崇韬这么说精神为之一振,高兴地说:"你说的正合我意,胜负在此一举,成功则为天下王,失败则为俘虏,就这样决定了!"十月,后唐庄宗令夫人和皇子返回兴唐,与之诀别说:"大事成败,就看此次决战了,如果不能成功,你们就率领全家在魏州宫中投火自焚好了!"之后,后唐庄宗领兵从杨刘渡河,仅用八天时间抵达汴,击败留守的王彦章部500名骑兵,攻入汴州。后梁末帝自杀,段凝随即率部投降后唐,后梁灭亡。

---

① 唐中和四年(884年),朱全忠曾诱杀李克用未遂。

大功告成，后唐庄宗走上亡唐老路

后唐庄宗灭梁后迁都洛阳，以为"天下已定，寇仇外息"，便"渐务华侈，以逞己欲"。原来，后唐庄宗所称复唐，不是恢复原唐宗室的帝位，也不是重整盛唐时期的文治武功，而仅仅是恢复唐朝名号，沿袭唐后期帝王信任宦官沉淫后宫的老路，以致重蹈覆辙。后唐庄宗喜欢音乐。由此，声乐艺人景进等人受到宠信，经常侍奉在后唐庄宗和刘皇后身边，进献谗言，干预政事。后唐庄宗称帝后又立即恢复唐朝后期的宦官设置。当时，宫中已有500宦官，后唐庄宗仍嫌不足。后唐同光二年（924年）正月，他下令将唐朝灭亡后流落在民间的几百名宦官召入后宫。后唐庄宗忌郭崇韬等功勋卓著之臣，把宦官引为心腹，委以重任，让他们在朝廷或地方掌握军政大权，"藩镇皆愤怒"；每派将士出征，则让宦官随行监军（代表朝廷监察军事），凌驾于主帅之上。新老宦官则对后唐庄宗感恩戴德，搬出唐末后宫设置万名宫女的旧制，为后唐庄宗从民间挑选3000多名美女入宫，供其淫乐。郭崇韬等大臣对后唐庄宗日益奢淫深为忧虑。

同光三年（925年）夏天，后唐庄宗想兴建一座高楼避暑。郭崇韬考虑当时洪水泛滥，灾民流离失所，上书"愿陛下思艰难创业之际，则今日之暑，坐变清凉"。后唐庄宗看后默然不语。宦官乘机进谗，称"郭崇韬的住宅，胜似皇室，怎么能知道陛下正在受热！"后唐庄宗由此怨怪郭崇韬，令宦官继续监修避暑楼。

河南县（治所位于今河南省洛阳市西郊）县令罗贯奉公执法，抵制宦官和宫中艺人违法勒索，受到他们诬告。后唐庄宗即以没有为太后出殡修好道路的罪名下令将罗贯处死。郭崇韬为罗贯辩

一、荒淫暴虐　王冠落地

解,认为他"法不当死"。后唐庄宗对郭崇韬怒斥道:"你说罗贯无罪,你们是朋党!你既然喜欢罗贯,由你去裁决吧!"说罢,他拂袖而去,关上宫门。郭崇韬跟随其后欲辩个明白,被拒之门外。罗贯不久被杀。

枉杀郭崇韬,局势发生逆转

当年九月,后唐庄宗决定派军队攻打前蜀①。郭崇韬自知受到谗毁处境险恶,想借机立新功保全自己,请求出征,受任招讨使,辅佐魏王(刘皇后之子)李继岌率部讨伐前蜀。十一月,郭崇韬率军攻入前蜀都城成都。前蜀后主王衍献城投降,前蜀灭亡。

郭崇韬向来憎恶宦官干预朝政。攻蜀期间,他曾对魏王说:"你破蜀有功必定要被立为太子。等到皇上万岁以后,你可要把宦官全部废除,即使是阉过的马,你也不要乘骑!"郭崇韬此话不久被监军李从袭获悉。为此,宦官李从袭对郭崇韬恨之入骨,向魏王调唆说:"郭崇韬收受蜀人贿赂,居心叵测,大王应加强自身防备。"

后唐庄宗看到灭蜀捷报后十分欣喜,派宦官向延嗣入蜀慰劳军队,并传令将部队撤回。郭崇韬听说向延嗣抵达成都,没有去郊外迎接他。对此,向延嗣感到恼火。李从袭借此串通向延嗣,合谋陷害郭崇韬。向延嗣回到京都后,奏告郭崇韬私吞收缴的蜀国财宝,并诬告其有反叛之心,他还向刘皇后诡称:魏王如今身在虎狼之口。

后唐庄宗对向延嗣的诬告颇为相信,极为愤怒,随即派宦官马

---

① 唐朝灭亡后,蜀王王建称帝,建国号为蜀,史称"前蜀",都成都,位于今四川省成都市。

· 77 ·

彦珪去蜀地窥察郭崇韬的动向。马彦珪临行前对刘皇后说:"郭崇韬谋反在即,蜀地形势危在旦夕,皇后应奏请皇上下令将郭崇韬杀掉。"刘皇后随即奏请处死郭崇韬,后唐庄宗没有同意。

刘皇后生怕其子李继岌此间会有不测,擅自要马彦珪给李继岌带去教令,密令他将郭崇韬杀死。

马彦珪抵蜀后,将刘皇后教令交给魏王李继岌。李继岌没有见到父皇圣旨,对执行皇后的教令有些疑虑。李从袭以不杀死郭崇韬一旦事泄会惹祸上身,对李继岌加以恫吓。于是,李继岌答应执行皇后教令。

同光四年(926年)正月甲子日清晨,李从袭传魏王之命召郭崇韬议事。郭崇韬毫无戒备,按时赶到魏王住处。当他刚踏上台阶时,魏王侍从突然冲上去用铁锤砸烂他的脑袋。郭崇韬尚未反应过来便倒毙在地。随他一同去的两个儿子郭廷诲、郭廷信亦当场被杀。

后唐庄宗听说郭崇韬被杀,不仅没有追究刘皇后、马彦珪、李从袭及魏王李继岌的罪责,反而公布郭崇韬的"罪状",并下令将他在洛阳等地的三个儿子郭廷说、郭廷让、郭廷议全部处死。

朝廷内外对郭崇韬父子无过被杀议论纷纷,许多正直的官员为他们鸣冤叫屈。后唐庄宗为了平息舆论,令宦官暗中察访,想惩处领头非议的大臣,以杀一儆百。宦官借机诬告睦王李存义(郭崇韬女婿)、河中(治所位于今山西省永济市西南)节度使李继麟(原名朱友谦,后梁太祖干儿子,叛梁后改称现名)与郭崇韬"连谋"。后唐庄宗随即下令将李存义、李继麟处死。李继麟的妻儿亲属百余口及其部将史武等人,也被株连杀害。

后唐庄宗如此轻信宦官,猜忌滥杀,搞得朝廷人心惶惶,谣言四起。有人传说魏王被杀,刘皇后又杀死后唐庄宗。一时间,军心民心为之大乱。对此,后唐庄宗非但不能自省,反而怀疑镇将谋反,以致乱上添乱。

一、荒淫暴虐　王冠落地

天下大乱，后唐庄宗家破人亡

　　同光四年(926年)二月，魏博(治所魏州，位于今河北省大名县东北)指挥使(军事将领)杨仁晸率军由瓦桥(位于今河北省雄县西南)换防回邺都(即魏州，又称"东京")。后唐庄宗怀疑杨仁晸率部回到邺都后会作乱，传令其部众留守贝州(位于今河北省清河县)，引起归乡心切的魏博籍军士的强烈不满。杨仁晸部所属银枪效节军(忠于朝廷的嫡系军队)兵士皇甫晖听信京都发生变乱的谣传，策动兵变杀死杨仁晸，推举效节指挥使赵在礼为主帅，领兵杀入邺都。后唐庄宗闻讯后，令归德(治所位于今河南省商丘市南)节度使李绍荣率领3000名骑兵赴邺都招抚赵在礼。李绍荣招抚没有成功，领兵攻城亦没能攻下。后唐庄宗随即增派中书令(宰相)李嗣源率领嫡系亲军赴邺都平叛。

　　与此同时，魏王李继岌在回师途中也遇到麻烦。后唐庄宗下令对李继麟灭族时，李继麟(朱友谦)之子朱令德随军征蜀尚屯驻遂州(位于今四川省遂宁市)。后唐庄宗传令剑南东川(治所位于今四川省三台县)节度使董璋领兵赴遂州斩杀朱令德，引起担任回师后卫的将领李绍琛的嫉妒和恐惧。李绍琛与董璋素有矛盾，他所率领的12000名兵士多是朱友谦的旧部。不久，董璋率部路经李绍琛军营，没有去会见李绍琛，更引起李绍琛的恼火和忧惧。

　　在一次宴会上，李绍琛乘着酒兴对其部将说："平定(后)梁、(前)蜀，主要是郭公(郭崇韬)、朱公(朱友谦)和将士们的功劳。郭公、朱公有什么罪？先后惨遭灭族。我们回到京都以后，大难亦就临头了！"部将焦武说："我们的命运将和史武一样！"当时，这批河中籍的将士忧愤至极，号啕痛哭。此后，李绍琛率部西还，自称三川制置使,三天内聚众5万人。李绍琛派兵拦截魏王李继岌,被李继岌部击败。

三月,李嗣源领兵进驻邺都西南。从马直(后唐庄宗亲军)军士张破败夜间领头作乱,劫持李嗣源入城同赵在礼会合。李嗣源部众随即溃散。

进入邺城后,张破败被皇甫晖领众阻杀。李嗣源谎称出城收拢部队,带着近百名随从兵士逃往相州(位于今河北省临漳县西南)。

从邺都外围退据卫州(位于今河南省卫辉市)的李绍荣奏告李嗣源通敌叛变。李嗣源上书申辩,其奏书全被李绍荣截下。李嗣源害怕被杀,接受其部将石敬瑭的意见,聚兵攻入大梁(即汴州)以自保。后唐庄宗听说后大为恼火。

当年(926年)四月初一日,后唐庄宗整顿军队,准备向东攻打李嗣源部。尚未出发,从马直指挥使郭从谦(郭崇韬、李存义亲信)在京都发动兵变。当时,后唐庄宗正在吃早饭。他闻讯仓皇退逃,在逃亡中被流箭射死。刘皇后慌忙逃到晋阳(位于今山西省太原市)削发为尼。李嗣源听说后唐庄宗已死,随即称帝,为后唐明宗,接着派人将入寺为尼的刘皇后杀死。

当月,魏王李继岌听说京都发生兵变,国破家亡,退至武功(位于今陕西省武功县)以南渭河岸边。李从袭对他说:"国家大势已去了,大王自己考虑怎么办吧!"李继岌走投无路,当即令侍从将自己勒死。

《新五代史》卷四 唐庄宗本纪上
卷五 唐庄宗本纪下
卷二十四 郭崇韬传
《旧五代史》卷五十七 郭崇韬传
《通鉴纪事本末》卷四十 后唐灭梁
卷四十一 邺都之变

一、荒淫暴虐　王冠落地

【简评】

　　毛泽东对后唐庄宗临阵与皇后皇子诀别并下令与后梁军队决战的气概十分赏识。他阅读《通鉴纪事本末》卷四十·后唐灭梁"事之成败,在此一决,若其不济,当聚吾家于魏宫而焚之"一段文字时,批注:"生子当如李亚子"(《毛泽东读书笔记》下军事篇·读袁枢《通鉴记事本末》·后唐灭梁)。

　　清代学者赵翼认为:"至唐则宦官之权,反在人主之上"。"使之掌禁兵管枢密。"(《二十二史札记》卷二十·唐代宦官之祸)"中官出使及监军,累朝皆有之,然其害,亦莫有如唐之甚者"(同上书卷二十·中官出使及监军之弊)。

　　清代学者王夫之认为:"李存勖不可以为天子,然固将帅之才也。""其胜也,复虑人之乘己而内熒,于是内未溃而外失可乘之机,敌且蹙之使自毙于穴中"(《读通鉴论》卷二十八·五代上二一)。"李存勖耽乐昏昧,伶人操生死之柄,功臣之危,旦不保夕"(同上书卷二十九·五代中三)。"胜则骄淫侈靡,无所汜止","存勖之以倾败终也,决于此耳"(同上书卷二十八·五代上二二)。

闽康宗众叛亲离

闽①永和元年(935年)十月,闽惠宗被皇城使(主管皇城警卫)李倣领兵刺杀。闽惠宗之子福王王继鹏(后改名王昶)继位为闽康宗。

王继鹏原配夫人李氏,是其姑母的女儿。后来,王继鹏与其父的婢女李春燕私通,逐渐对李夫人冷淡。王继鹏即位为闽帝后,立李春燕为皇后,将李夫人贬为元妃。内宣徽使(主管宫廷事务)叶翘就此事上书,向闽康宗劝谏说:"李夫人是先帝的外甥女,当初以礼相聘,不可因新爱而将她冷落。"闽康宗看后十分不快,当即在叶翘的奏书上批道:"一叶随风落御沟",下令将他罢官为民,驱逐回原籍。

闽康宗骄奢淫逸,大兴土木。为了聚敛资财供其挥霍,他公开下令吏部(朝廷主管官吏任免的部门)卖官,"以货多寡"授予不同官职;又下令对饲养家禽家畜和种植水果蔬菜的百姓增加税收;还下令对隐瞒收成的百姓处以拷打将隐瞒人口的户主处死。民众被闽康宗的苛政折磨得苦不堪言。

闽康宗喜好彻夜饮酒,并强迫群臣陪饮,借以找其过失。王继隆(其职不详,闽康宗堂弟)酒醉失礼,闽康宗下令将其斩杀。闽康宗忌恨其叔父前建州(治所位于今福建省建瓯市)刺史(行政长官)

---

① 国名,都长乐,位于今福建省福州市。

一、荒淫暴虐　王冠落地

王延武、户部尚书（朝廷主管户籍财税的部门长官）王延望的才能和名望。巫士林兴诬告武、望二人"谋叛"。据此，闽康宗下令将王延武、王延望及其五个儿子一同杀害。左仆射、同平章事（位同宰相）王延曦（闽康宗叔父）见闽康宗"屡以猜怒诛宗室"，装疯作傻以避祸。闽康宗先把王延曦打发到武夷山当道士，没过多久又令人把他押回来，幽禁在宫中。闽康宗还多次侮辱拱宸、控鹤军使（警卫部队将领）朱文进和连重遇。朱、连二人对闽康宗怀恨在心。

闽通文四年（939年）六月，北宫失火烧毁。闽康宗怀疑连重遇知道有人阴谋纵火，事前没有告发，想以此把连重遇杀掉。内廷学士（皇帝侍从文官）陈郯将闽康宗的这一意向偷偷告诉连重遇。连重遇决定先向闽康宗下手。

当月辛巳日夜晚，连重遇乘当班值勤之机，率领卫兵火烧长春宫，围攻闽康宗，救出王延曦。第二天黎明，警卫官兵掩护闽康宗逃到梧桐岭（位于今福建省福州市北）。王延曦派其侄儿前汀州（治所位于今福建省长汀县）刺史王继业率兵追击，一直追到闽康宗落脚的村庄。

闽康宗无可逃脱，扔下手中的弓箭，质问王继业："你的臣节哪里去了？"王继业回答说："做君主的没有为君之德，做臣子的还讲什么臣节？"闽康宗无言以对，只好束手就擒。

王继业将闽康宗押至陀庄时，让他喝酒。等到闽康宗醉酒后，王继业将他勒死。

《通鉴纪事本末》卷三十九　王氏据闽中
《新五代史》卷六十八　闽世家

【简评】

民众是君王立国的基础，百官是君王统治的支柱。闽康宗横征暴敛，失去民心；滥杀近臣，众叛亲离。其自取灭亡，理所当然。

金熙宗酗酒好杀

金①天会十三年(1135年),金太宗完颜晟(金太祖完颜阿骨打之弟)去世,金太祖嫡孙完颜亶(其父完颜宗峻为金太祖元妃唐括氏所生,已故)继位为金熙宗。

金熙宗称帝后,依照中原汉族国家的制度,对金国朝政体制进行一些改革。皇统元年(1141年)二月,金熙宗去孔庙祭祀后对左右侍臣说:"我早年贪玩,没有立志读书,虚度了光阴,深感后悔。孔子后来虽然没有官位,可他倡导的儒学理论永远是人们的行为规范。凡是想做一个善良的人,都应当以儒学自律自勉。"此后一段时间,金熙宗用功阅读《尚书》、《论语》等儒家经典,以及《五代史》、《辽史》等史书,有时研读到深夜。

可惜,金熙宗慎始而没有善终。后来,他"荒于酒,与近臣饮,或继以夜"。丞相等大臣多次劝谏金熙宗节制饮酒。金熙宗每次总是答应"明日当戒"。可过后,他不仅没有戒酒,反而愈饮愈烈。金熙宗每次同侍臣饮酒,直到"皆尽醉而罢"。

金熙宗醉酒后任意杀人。

---

① 辽(国名,都中京,位于今内蒙古宁城县)天庆五年(1115年),女真族首领完颜阿骨打在其住地按出虎水(位于今黑龙江省哈尔滨市南阿什河流域)建国号金。金太宗即位后,建都会宁府(位于今黑龙江省阿城市南)。

一、荒淫暴虐　王冠落地

皇统七年（1147年）四月，金熙宗宴请群臣。他喝醉了酒，当场杀死户部尚书（朝廷主管户籍财政的部门长官）宗礼。

六月，金熙宗听信诬告，下令处死横海军（治所位于今河北省沧县）节度使（军政长官）田毂、左司郎中（最高行政机关内设机构长官）奚毅、翰林待制（负责拟草诏书）邢具瞻等8人。

皇统八年（1148年）七月，金熙宗以"奉职不谨"的罪名，对尚书左丞（相当于丞相助理）唐括辩施以杖刑。

皇统九年（1149年）正月，金熙宗派小底（低级侍从）大兴国给右丞相完颜亮送去生日礼物。此前，皇后裴满氏已给完颜亮送去生日礼物，却没有告知金熙宗。金熙宗听说后大为恼火，令人打了大兴国100棍杖，并令人追回他所送给完颜亮的生日礼物。完颜亮"由此不自安"。

当初，完颜亮认为自己也是太祖之孙（其父完颜宗干系金太祖庶长子），对金熙宗以太祖嫡孙嗣位心怀不满。尽管金熙宗对完颜亮委以重任，让他以太保（一品名誉官衔）领三省事（主持朝政）兼都元帅（最高军事机关长官），完颜亮仍然与金熙宗离心离德，私下结交望族子孙，图谋夺取君位。

五月，参知政事（副丞相）萧肄弹劾翰林学士（主管拟草诏书）张钧拟草的诏书中有诽谤语言。金熙宗勃然大怒，追问张钧受谁指使。左丞相完颜宗贤奏称张钧受太保指使。金熙宗随即下令杀死张钧，将完颜亮调离京都，出领行台尚书省事（黄河以南、淮河以北地区行政长官，治所汴京，位于今河南省开封市）。完颜亮行至良乡（位于今北京市房山区），金熙宗又下令将他召回。完颜亮大为惊恐，回京后虽然复任平章政事（丞相），但他感到处境愈来愈危险。

当月，武库署令（主管发放回收各地兵器）耶律巴克沁诬告宿直将军（警卫部队将领）萧荣与胙王完颜元（完颜宗峻之子）结党。金熙宗下令将萧荣处死。

八月，金熙宗下令处死左司郎中三合。

十月，金熙宗下令处死北京（治所位于今内蒙古巴林左旗东南）留守（军政长官）胙王完颜元及其弟安武军节度使查刺、左卫将军特思。

十一月，金熙宗杀死皇后裴满氏，把胙王后妃撒卯召入后宫。接着，他下令处死已故邓王之子阿懒、达懒。此后，金熙宗又派人杀死后妃乌古论氏、夹谷氏、张氏。金熙宗如此酗酒滥杀，使朝廷大臣人人自危，完颜亮更是惶惶不可终日。完颜亮知道唐括辩对金熙宗怀恨在心，便与他暗中策划。唐括辩问道："丞相想举大事吗？"完颜亮答道："真要到万不得已的时候，我不干谁干！"护卫十人长（皇帝警卫队长）仆散忽土过去受过完颜宗干恩惠，徒单阿里出虎与完颜亮是亲家，二护卫十人长及大兴国等人参与完颜亮的密谋。

十二月九日晚上，仆散忽土和徒单阿里出虎当班。大兴国盗窃金熙宗命符，谎称皇上有命，召唐括辩。唐括辩、完颜亮等人随即入宫。仆散忽土、徒单阿里出虎持刀冲入金熙宗寝宫。金熙宗见状大惊，连忙寻找床边的佩刀，其佩刀已被大兴国藏于别处。这时，仆散忽土、徒单阿里出虎冲上去，将金熙宗杀死。接着，完颜亮上前又亲手刺了金熙宗几刀，以致他的脸部和衣服上都溅满鲜血。金熙宗被杀时年仅31岁。

《金史》卷四　熙宗本纪
　　　　卷五　海陵本纪
　　　　卷十九　景宣皇帝世纪
《金史纪事本末》卷十八　熙宗刑政得失

【简评】

清代学者顾炎武说："纣以酗酒而亡"，"后人不可不谨矣"（《日

一、荒淫暴虐　王冠落地

知录》卷二·酒诰）。金熙宗酗酒滥杀,朝廷大臣为之恐惧,与之背离,其政敌完颜亮借此暗结党徒作乱。把完颜亮留在身边委以重任固然是金熙宗的重大失误,但酗酒滥杀,丧失人心则是他悲剧的主要原因。

金海陵王暴戾荒淫

金①皇统九年(1149年)十二月,平章政事(丞相)完颜亮发动政变,率领其党徒杀死金熙宗完颜亶,即位称帝,史称其为"海陵王"。

善于伪装

海陵王即位之初,极力把自己装扮成一个贤君。

天德二年(1150年)正月,海陵王发布诏书,以"励官守、务农时、慎刑罚、扬侧陋、恤穷民、节财用、审才实",告示天下。十二月,有关官员奏告发现天空出现吉祥的云彩,海陵王说:"我有什么功德可使天降吉祥?从今以后凡兆示吉祥的事,不要奏报;如有兆示灾变的事,则要及时奏报,以使我保持警惕。"

天德三年(1151年)三月,海陵王对侍臣说:"昨天太子过生日,皇后献给我一件东西,极为珍贵,你们不妨可以看看。"说着,他从衣袋里取出一幅农人耕作图,接着说道:"皇后的用意是,太子生

---

① 国名,金贞元元年(1153年),都城由会宁府(位于今黑龙江省阿城市南)迁至中都(位于今北京市区)。

一、荒淫暴虐　王冠落地

长在宫中,不知道民众种庄稼的艰难,所以献出这件东西。我认为非常好!"

四月,海陵王决定将都城由会宁府迁往燕京(位于今北京市区西南部)。有关部门献上燕京的历史资料,海陵王说:"国家能否长治久安,在于是不是推行德政,而不在于都城的地盘好不好。"

闰四月,海陵王下令对他膳食的规格加以限制。他每天的菜肴只有鱼肉,原来所上的鹅、鸭等一概不让入席。

海陵王在衣饰上也注意显示节俭,他常常穿着旧衣服出现在侍臣面前,有时甚至穿着补丁衣服,故意让负责记载皇帝起居的史官看。海陵王还令人将士兵所吃的陈米饭送来食用,且在近臣面前常常表示要像古代贤君那样自律自励。

暴虐滥杀

脱去海陵王的伪装,他其实是一个凶狠残暴、荒淫无道的暴君。

天德二年(1150年)四月,海陵王下令将太傅(一品名誉官衔)领三省事(总揽朝政)宗本(因其曾力主金熙宗继位)、判大宗正府事(主管皇族事务)宗美、东京(位于今辽宁省辽阳市)留守(军政长官)宗懿、北京(位于今内蒙古宁城县)留守完颜卞、领行台尚书省事(黄河以南、淮河以北地区行政长官,治所汴京,位于今河南省开封市)秉德等人处死。同时,他又下令将金太宗子孙70余人、周宋国王①宗翰子孙30余人及其他宗室成员50余人杀死。尚书左丞

---

① 金天会十四年(1136年),太保领三省事完颜宗翰去世,金熙宗追封他为周宋国王。

相唐括辩曾追随完颜亮一起谋杀金熙宗,他因为开始提议拥立胙王常胜,亦被处死。

十月,海陵王下令杀死太皇太妃萧氏(金太祖后妃)和其儿子任王完颜威赫以及左副元帅撒离喝、平章政事(丞相)宗义、前工部尚书(朝廷主管百工建造的部门长官)谋里野、御史大夫(最高监察机关长官)宗安,并诛灭他们的家族。

此后,海陵王下令将当初与他一同谋杀金熙宗的原护卫十人长(皇帝警卫队长)太原(治所位于今山西省太原市)尹(行政长官)徒单阿里出虎和枢密使(主管机要兼管军事)仆散师恭(原名仆散忽土)、原大理卿(主管刑狱)乌带等人处死。右丞相萧裕曾参与谋杀金熙宗,后以谋反罪被海陵王处死。

海陵王在位十几年中,以各种罪名杀死的皇族、后妃、大臣还有:皇太后徒单氏(海陵王之父完颜宗干正妻,海陵王生母大氏已故)、太府监(主管宫廷财库)完颜冯六、礼部侍郎(朝廷主管礼仪教育的部门副长官)萧拱、权楚底部猛安(代理首领)那野、太府少监(主管宫廷财库副长官)刘景、金太祖长公主兀鲁、西京(位于今山西省大同市)留守蒲家(海陵王之弟)、护卫官特谟葛、前真定(治所位于今河北省正定县)尹萧冯家奴、前御史中丞(最高监察机关副长官)萧招折、广宁(治所位于今辽宁省北宁市)尹韩王完颜亨、太医副使(主管皇宫医疗的副长官)谢友正、太医使祁宰、南京(位于今河南省开封市)兵马副都指挥使(骑兵副将领)习泥烈、右卫将军(警卫部队将领)萧秃刺、北京留守萧赜、西京留守萧怀忠、原寿州(治所位于今安徽省凤台县)刺史毛良虎等人。上述被杀的人中,有些被灭族,有些则株连其侍从部下。至于职级较低的官员被海陵王以各种罪名处死的,不计其数。

此外,海陵王还下令将辽国①灭亡时俘虏的耶律氏皇族成员、

---

① 契丹族耶律氏所建国家,辽保大五年(1125年)为金国所灭。

一、荒淫暴虐　王冠落地

北宋①都城开封被占时俘虏的赵氏皇族子孙共130多人,全部处死。

奢侈荒淫

海陵王即位后下令营建南京宫殿。从遥远的北方运送巨大的木材,"运一木之费至二千万,牵一车之力至五百人。宫殿之饰,遍傅黄金而后间以五彩,金屑飞空如落雪。一殿之费以亿万计,成而复毁,务极华丽"。继位之初,海陵王退去进膳之鹅"以示俭",外出游猎却令侍从花费数万购买天鹅、鹌鹑等珍禽进餐。他口称爱惜民力,却下令为攻打南宋②大造战船,"毁民庐舍以为材,煮死人膏以为油,弹民力如马牛,费财用如土苴"。

完颜亮对寡妇蒲察阿里虎垂涎已久,因该女公公元帅都监突葛速不同意,他未能取其为妻。即帝位不久,他便将蒲察阿里虎强娶入宫,封为昭妃。后来,海陵王与蒲察阿里虎的女儿重节淫乱,竟借故将蒲察阿里虎处死。

海陵王族灭宗本等人后,将宗本儿媳、秉德弟媳等纳入后宫。海陵王早年便与乌带之妻唐括定哥私通。他指使唐括定哥害死乌带后,将唐括定哥封为贵妃,而后又借故将唐括定哥杀死。

海陵王亲自挑选130多个美女入后宫,仍嫌不足,又要强娶庆宜公主(海陵王之姐)女儿义察。徒单太后不同意,海陵王便将义

---

① 北宋靖康元年(1126年)冬天,金军攻破北宋都城开封(位于今河南省开封市),第二年春天,金军将太上皇赵佶、宋钦宗赵桓及皇子后妃等人掳至北方。金海陵王当政时,赵佶已病故。

② 都临安,位于今浙江省杭州市。

察杀死。海陵王还令其堂姐妹混杂在后妃中,与之淫乱。

死于非命

　　海陵王暴戾荒淫,丧失人心,众叛亲离。

　　正隆六年(1161年)十月,海陵王率军进攻南宋。东京留守曹国公乌禄(后改名完颜雍)在辽阳(位于今辽宁省辽阳市)宣布即帝位,为金世宗。南征将士闻讯后,"亡归者相属于道",他们高兴地喊道:"我们要赶回东京去,庆贺新天子即位啦!"

　　海陵王听说乌禄称帝,没有回师,继续率兵南下。十一月乙未日,金军进抵瓜洲渡(位于今江苏省扬州市南长江北岸),浙西兵马都统制(南征军总指挥)完颜元直发动兵变,将海陵王杀死在军营。

《金史》卷五　海陵本纪
《金史纪事本末》卷二十三　海陵淫暴

【简评】

　　清代学者赵翼认为"海陵荒淫,最为丑秽。身为帝王采取美艳,何求不得?乃专于宗族亲戚中,恣为奸乱,甚至杀其父杀其夫而纳之,此千古所未有也"(《二十二史札记》卷二十八·海陵荒淫)。"海陵在位,盖兼齐文宣、隋炀帝之恶而更过之"。"大举伐宋,空其国以争人之国,与隋炀帝之征高丽如出一辙。此所以土崩瓦解,自速灭亡也"(《二十二史札记》卷二十八·海陵兼齐文宣、隋炀帝之恶)。

二、情势失察　御座摇坠

君王处于权力中心,亦处于矛盾焦点。人们往往以为只有他们才真正过上人间天堂的好日子,殊不知他们实际是生活在刀丛之中。历史上君王或临朝听政的太后因为轻率疏忽、轻信失察而失去权位乃至生命的屡见不鲜。

二、情势失察　御座摇坠

宋殇公未识太宰

宋国①大司马(主管军队、参掌朝政)孔父嘉的妻子长得很美。她注重保养,深居简出。

宋殇公九年(前711年)某一天,孔父嘉的妻子外出,遇上太宰(宰相)华督。华督被她的美貌迷住了,紧紧盯着她。

之后,华督为了将这个美人夺为己有,谋划除掉孔父嘉。他指使其亲信散布流言飞语说:"国君即位十年来,打了十一仗,民众被折磨得困苦不堪,这都是孔父嘉作的孽。只有把孔父嘉除掉,百姓才能安宁。"华督制造这一舆论的目的,是想离间宋殇公同孔父嘉的关系,企图借宋殇公之手将孔父嘉处死。宋殇公对这一传言没有加以追查。

宋殇公十年(前710年),华督见宋殇公对孔父嘉信任如初,极为忌恨。他迫不及待,公然率领亲信将孔父嘉杀死,并夺占他的美妻。

宋殇公听说孔父嘉被华督杀死,大为恼火。华督闻讯十分恐惧,他害怕由此被宋殇公治罪,没等宋殇公发出查办的指令,接着又领兵将宋殇公杀死。

《史记》卷三十八　宋微子世家

---

① 春秋诸侯国,都商丘,位于今河南省商丘市。

中国古代历史风云·宫廷风暴(上)

【简评】

　　孔子说:"政在选臣"(《史记》卷四十七·孔子世家)。华督是个不择手段损人利己的人,宋殇公未能识别他而委以重任。朝廷内外传出要诛杀孔父嘉的谣言后,宋殇公则听之任之,没有认真对待,以致被杀身亡。对辅政大臣用而不察,对事关大是大非的流言飞语充耳不闻,对震动朝野的突发事件坐不应变,如此昏庸之君丢位掉头在所难免。

二、情势失察　御座摇坠

郑厉公误用近臣

郑①厉公四年（前697年）夏天，郑厉公对国卿（宰相）祭仲专权忍无可忍，密令大夫（朝廷中等级别的官员）雍纠刺杀祭仲。但他忽视了雍纠是祭仲的女婿。

雍纠回家后，告诉其妻准备在郊外宴请祭仲。其妻询问为何不在家里设宴，雍纠便把奉郑厉公指令谋杀祭仲的事透露给他的妻子。

雍纠之妻听说后惊恐不安，她想父亲危在旦夕，不能不救，而将此事报告父亲，雍纠则要被杀死。她左思右想，拿不定主意，便跑去向她的母亲询问："父亲和丈夫，哪个更亲一些？"其母回答说："父亲只有一个，可以做丈夫的人却很多很多。"雍纠之妻经母亲这一指点，当即将雍纠的阴谋报告其父亲。

祭仲闻讯大吃一惊，随即率领部众击杀雍纠。郑厉公听说雍纠被祭仲杀死，知道密谋已经败露，匆忙逃往蔡国②。祭仲随即将流亡卫国③的郑昭公（郑厉公异母兄）迎回郑国复位。

当年秋天，郑厉公返至栎邑（郑边邑，位于今河南省禹州市），

---

① 春秋诸侯国名，都郑，位于今河南省新郑市。
② 春秋诸侯国，位于今河南省上蔡县西南。
③ 春秋诸侯国名，都朝歌，位于今河南省淇县。

中国古代历史风云·宫廷风暴（上）

依靠当地人杀死栎邑大夫（行政长官）檀伯，占据栎邑，在宋国①军队的护卫下（郑厉公之母为宋国卿之女）伺机东山再起。

《左传》桓公十五年

《史记》卷四十二 郑世家

【简评】

国君诛杀专权的宰相，是一件非同寻常的大事，应考虑周密。郑厉公的失误在于用人没有注意回避，以致事败逃亡。

---

① 都商丘，位于今河南省商丘市。

二、情势失察　御座摇坠

宋湣公挖苦败将

宋湣公八年(前684年)六月,宋国①军队侵犯鲁国②,在乘丘(位于今山东省兖州市西北)被鲁国军队击败。宋军将领南宫万(又名南宫长万、宋万)中箭被俘。第二年,宋湣公派大臣出使鲁国,请求将南宫万放还。于是,南宫万获释回到宋国。

宋湣公十年(前682年)秋天,宋湣公与南宫万等人去蒙泽(位于今河南省商丘市北)打猎。此间,宋湣公同南宫万赛棋,两人因为棋子抢道而发生争执。宋湣公大为恼火,奚落南宫万说:"从前,我倒是很尊重你。可你打了败仗,当了鲁国人的俘虏,还想在我面前争什么脸面!"

南宫万是个很有力气的人,忌讳别人提及他曾被鲁国人俘虏,宋湣公的话使他觉得受到极大的侮辱,心中燃起怒火。宋湣公没有注意到南宫万的表情变化,嘴上仍然喋喋不休。南宫万一怒之下,抓起棋盘将宋湣公砸死。

大夫(朝廷中等级别的官员)仇牧听说南宫万将宋湣公害死,手持武器冲到宋湣公行宫门前,准备杀死南宫万,反被南宫万击杀。接着,南宫万又杀死太宰(宰相)华督,拥立公子游为宋国

---

① 春秋诸侯国,都商丘,位于今河南省商丘市南。
② 春秋诸侯国,都曲阜,位于今山东省曲阜市。

国君。

当年冬天，宋国发生内乱，新君游被杀，宋湣公之弟御说即位为宋桓公，南宫万逃到陈国①。后来，南宫万被从陈国押回宋国，处以醢刑（剁成肉酱）。

《左传》庄公十年

庄公十一年

庄公十二年

《史记》卷三十八　宋微子世家

【简评】

"君使臣以礼，臣事君以忠"（《论语》第三篇·八佾），此话为君臣相处的准则。宋湣公对南宫万失礼，导致悲剧发生。南宫万仅仅因为一句刺耳的话而打死国君，又杀死大臣，罪不可赦。

---

① 春秋诸侯国，都陈，位于今河南省淮阳县。

二、情势失察　御座摇坠

齐桓公留恋佞臣

齐桓公四十一年(前645年),齐国①国卿(宰相)管仲患了重病。齐桓公即位40年来,管仲一直辅助他执政,并协助他称霸诸侯。眼看将要失去这一栋梁之臣,齐桓公深为忧虑。他向管仲征询今后谁可以接替他的相位。管仲说:"最了解臣下的还是君主。"齐桓公请他推荐具体人选。管仲经过反复比较,慎重地向齐桓公推荐大臣隰朋(其职不详),认为隰朋"好上识而下问","事君不二其心",可以担当大任。接着,齐桓公提及几个人,征询管仲对他们的看法。

齐桓公首先问道:"易牙怎么样?"管仲回答说:"易牙主管君主您的饮食,知道您什么都吃过了,只是还没有尝过人肉的味道,便将其儿子杀掉做成美食献给您。疼爱儿子是人之常情,易牙对自己儿子都这样无情,怎么能够忠诚君主您呢?此人不可重用。"

齐桓公接着问道:"开方怎么样?"管仲回答说:"开方本是卫国②的公子,抛弃在卫国优厚的待遇来侍奉君主您。卫国离齐国并不远,开方十五年一直没有回去看望母亲。他对自己母亲都无孝意,怎么会诚心侍候君主您呢?此人不可亲近。"

齐桓公又问:"竖刀怎么样?"管仲回答说:"竖刀知道君主您不

---

① 春秋诸侯国,都临淄,位于今山东省淄博市东。
② 春秋诸侯国,都朝歌,位于今河南省淇县。

想让别的男人接触您所喜欢的女人,自己阉割以便为您管理内宫。性爱是人之常情,谁人不珍惜?把自身的爱欲都狠心割除了,这样的人,怎么会真心侍奉君主您呢?此人不可亲信。"

齐桓公认为管仲说的有道理。管仲接着说:"臣听说,虚伪的人,其伪装的时间不会很长。愿君主不要把这三个人放在身边。"齐桓公点头同意,随即把易牙、开方、竖刁三人调离出宫。不久,管仲病逝。当年十月,隰朋也病故。

齐桓公把易牙等人调离后,"食不甘,宫不治,苛病起,朝不肃"。为时不长,齐桓公又把他们召回到自己的身边。

齐桓公四十三年(前643年),齐桓公卧病不起。易牙、竖刁合谋把齐桓公禁闭在宫墙之内,并假传诏令,称桓公需要静心休养,没有君主之命,任何大臣不准入视。此间,齐桓公的五个儿子为争夺君位,相互算计攻杀,都不敢擅离其党徒而前往后宫问疾。

有个后妃翻墙进入齐桓公卧室,准备同齐桓公死在一起。齐桓公对她说:"我饿得很,想吃饭。"后妃回答说:"我弄不到饭给您吃。"齐桓公又说:"我渴得很,你就弄点水给我喝吧!"后妃回答说:"我也弄不到水给您喝。"齐桓公问她什么原因,后妃对他说:"易牙、竖刁等人见君主您病重,串通在一起制造祸乱,他们把通往后宫的门封闭了,在后宫又筑起高墙,把君主您同围墙外面完全隔绝开来。易牙等人还下令断绝您的饭食和饮水。所以我无法弄到饭和水。"齐桓公听后妃这么说才恍然大悟。他慨叹欷歔,流着眼泪对后妃说:"圣人真是具有远见卓识啊!如果死者有知,我还有什么脸面去见仲父(管仲)啊!"说罢,齐桓公用衣服蒙住自己的脸面,窒息而死。

齐桓公死后,停尸67天无人过问,以致尸体腐烂,蛆虫爬到门外。当年十二月,公子无诡夺取君位后,才将齐桓公安葬。

《史记》卷三十二 齐太公世家

《绎史》卷四十八 齐五子争立管子、吕氏春秋

二、情势失察　御座摇坠

【简评】

　　齐桓公曾在诸侯中称霸一时。晚年,他没有认真听取宰相管仲的劝告,信赖心术不正的侍臣,以致病重被囚,死后无人收尸。此事永远令人深思。

郑灵公不让子公食鼋

郑①灵公元年(前605年)春天,楚②庄王为祝贺郑灵公即君位,派遣大臣出使郑国,给郑灵公送来一些鼋(鳖)作为贺礼。郑灵公令厨师烹饪,饱尝鼋的美味,十分满意。

一天,国卿(宰相)子公(公子宋)和子家(公子归生)去朝见郑灵公。路上,子公的食指忽然颤动一下。子公当即对子家说:"往常,我这食指只要一颤动,就会吃到不常吃的美味佳肴。"子公和子家入宫后,见郑灵公正在吃鼋羹。子公笑着对子家说:"我没有猜错吧!"郑灵公觉得奇怪,问子公笑什么。子公便把他刚才食指颤动以及与子家说的话,如实奏告郑灵公。郑灵公不以为然,对子公所说的话感到厌恶。

不一会,众大夫(朝廷中等级别的官员)亦都赶来朝见郑灵公。郑灵公让众臣每人都尝尝鼋羹的味道,唯独不让子公沾嘴。子公当众受到侮辱,压着满腔怒火没有发作。他自己走上前,伸出手指沾了一下鼋羹尝尝,然后拂袖而去。

郑灵公对子公自己伸手沾尝鼋羹,又不辞而去,大为恼火,扬言要把子公杀掉。子公听说后胁迫子家,与其策划先对郑灵公动

---

① 春秋诸侯国名,都郑,位于今河南省新郑市。
② 春秋国名,都郢,位于今湖北省荆州市西北纪南城。

二、情势失察　御座摇坠

手。他们随即率领兵士将郑灵公杀死。接着,子公等人拥立郑灵公同父异母弟公子坚即君位,为郑襄公。

《左传》宣公四年
《史记》卷四十二　郑世家

【简评】

尝不尝鼋羹本是一件小事,郑灵公当着众臣的面唯独不让子公尝鼋,其做法显然不妥。子公愤然离去以维护自己的尊严,郑灵公以此扬言要把他杀掉,是错上加错。子公被迫先率众攻杀郑灵公。

晋厉公用人失察

晋①厉公即位后信任其宠爱的胥妃之兄胥童（其职不详）。胥童与将军郤至积怨较深，对大夫（朝廷中等级别的官员）栾书和仲行偃也极力排斥。

晋厉公六年（前575年）春天，郑国②背弃同晋国的盟约，与楚国③结盟。五月，晋厉公亲率大军讨伐郑国。楚共王闻讯领军救援郑国。郤至率领军队在鄢陵（位于今河南省鄢陵县西北）将楚军击败，并击伤楚共王的眼睛。

栾书对郤至没有采纳他的计谋而打败楚军非常忌恨，私下派人去向楚共王赔罪，串通楚国君臣共同陷害郤至。楚共王随即派大臣出使晋国，对晋厉公说："鄢陵这一仗，本来是打不起来的。郑国背叛同贵国的盟约，贵国出兵攻打郑国是合乎情理的。楚国军队当初并不想救援郑国，是贵国将军郤至把我们引过来的。郤至想乘机作乱，企图把公子周从洛邑（周朝都城，位于今河南省洛阳

---

① 春秋诸侯国名，都新田，位于今山西省曲沃县西北。
② 春秋诸侯国，都郑，位于今河南省新郑市。
③ 春秋国名，都郢，位于今湖北省荆州市西北纪南城。

二、情势失察　御座摇坠

市)①接回贵国,取代您的君位。"

晋厉公对楚国使臣的话没有认真思考分析,而将这番话转告栾书。栾书乘机落井下石,对晋厉公说:"很可能有这么回事啊!君主不妨派人去洛邑暗访一下。"晋厉公采纳栾书的意见,借某件事派郤至去洛邑,同时,另派人暗中观察他的动向。

在此期间,栾书派人去洛邑,引诱公子周去会见郤至,并将此事报告晋厉公。于是,晋厉公对楚国使臣的谣言信以为真,决意将郤至以及大臣郤锜、郤犫处死。

晋厉公八年②(前573年)十二月壬午日,晋厉公指令胥童率领800名兵士将郤至、郤锜、郤犫三人杀死。

接着,胥童令人在朝廷将栾书和仲行偃逮捕,称"不杀二子,患必及公",建议晋厉公下令将栾书、仲行偃处死。晋厉公说:"刚刚才杀死三郤,我不忍心再杀大臣。"胥童说:"君主不忍心杀人家,人家却忍心杀君主。"晋厉公没有听取胥童的意见,下令将栾书和仲行偃释放,让他们继续担任大夫,随后又提任胥童为卿(辅政大臣,位同宰相)。

晋厉公提任胥童,引起栾书、仲行偃的忌恨。他们担心胥童当权终究不会放过他们,便决意动手除掉胥童,废黜晋厉公,以消除后患。

闰十二月乙卯日,栾书、仲行偃乘晋厉公去外戚匠骊氏处游玩之机,率领亲信将胥童杀死,并将晋厉公逮捕囚禁,迎立公子周为晋悼公。第二年正月,栾书等人将晋厉公杀死。

《左传》成公十七年
《史记》卷三十九 晋世家

---

① 公子周为晋襄公曾孙,随其祖父桓叔、父亲惠伯谈避难于周朝都城洛邑。

② 《左传》记作成公十七年,即前574年。

中国古代历史风云·宫廷风暴（上）

【简评】

　　大臣之间,争权夺利,钩心斗角,往往是难免的。作为君主应该分清是非,妥善处置,而不能偏听偏信,以邪压正。三郤被冤杀后,胥童与栾书、仲行偃的矛盾突出。晋厉公以宽释栾书、仲行偃,提任胥童,期求平衡其关系,不料此举却将他自己卷入矛盾漩涡,惹祸被杀。

二、情势失察　御座摇坠

赵武灵王被围饿死

赵武灵王九年(前317年),赵国①与韩国②、魏国③联合出兵攻打秦国④,被秦军击败,赵国官兵伤亡8万人。接着,赵国军队在观泽(位于今河南省清丰县南)被齐国⑤军队击败。第二年,秦军夺取赵国的中都(位于今山西省平遥县西南)、西阳(其地不详)。赵武灵王十三年(前313年),秦军攻取赵国蔺地(位于今山西省离石市西)。面临秦国军队的步步威逼,赵国军队难以与之抗衡,赵武灵王决定出兵攻取中山国⑥,向东北方向扩展其势力。为了实现这一计划,赵武灵王力排众议,以"事利国者行无邪","便国不必古"为由,倡导改穿胡服(北方少数民族服装)。

赵武灵王长子名章,系韩夫人所生;次子名何,系惠后吴娃所生。武灵王先将章立为太子,后来,他宠爱惠后及次子何。赵武灵王二十七年(前299年)五月,武灵王自称主父,让何继位为赵惠文

---

① 都邯郸,位于今河北省邯郸市。
② 都郑,位于今河南省新郑市。
③ 都大梁,位于今河南省开封市。
④ 都咸阳,位于今陕西省咸阳市东北。
⑤ 都临淄,位于今山东省淄博市东。
⑥ 都顾,位于今河北省定州市。

王,同时废去章的太子位。

赵惠文王三年(前296年),主父领兵攻灭中山国,封章为安阳君,令他镇守代地(位于今河北省蔚县东北),派田不礼担任他的相(辅佐官)。章一向骄纵奢侈,对何即位为王心中不服。在大庭广众之中,章只是勉强以礼向赵惠文王称臣。大臣李兑看出王室潜伏着危机,对相国(宰相)肥义说:"公子章的亲信党羽很多,野心很大;田不礼为人骄横而又残忍,两个人搞在一起,必然会制造动乱。您位居宰相,责任重大,一旦发生动乱,必然首先身受其祸。您何不称病暂避,把朝政大权交给公子成(赵武灵王之叔)呢?您可不能把众怨引到身上,惹祸上身啊!"肥义回答说:"我既然接受主父的委托,就只能履行诺言,不能考虑自己的安危。临难不退,才能显示我的臣节!"李兑见劝说无效,只好流着眼泪勉励肥义好自为之。

赵惠文王四年(前295年)某日,主父要赵惠文王上朝听政,他从侧面观察群臣及宗室成员是否以礼尊奉年少的新王。主父见公子章向其弟称臣,对章产生同情之心。他想将代地划给章,让章、何两兄弟身居两地,同时称王。他的这一意向尚未来得及实施便发生祸乱。

不久,主父携赵惠文王出游沙丘(位于今河北省广宗县西北),与之分别住宿两处,肥义陪同赵惠文王住在一起。公子章串通田不礼乘机带领其党徒作乱。他假传主父之令,召见赵惠文王,准备将其杀死。肥义先赶到约定地点,当即被公子章党徒击杀。众侍从见情况有变,连忙护卫赵惠文王退回行宫据守。公子成和李兑闻讯后,率兵火速赶来攻打公子章及其部众。田不礼被杀,公子章逃入主父的行宫。公子成和李兑随即率兵围攻主父行宫,将公子章杀死。

平息公子章叛乱后,公子成和李兑没有马上撤兵。二人惧怕因追杀公子章而包围主父行宫,由此会被主父治罪,索性继续实施

二、情势失察　御座摇坠

包围,将主父置于死地。他们令兵士向行宫内喊话说:"谁后出来,就杀死谁全家!"主父随从人员纷纷从行宫逃了出来。主父想出来,公子成和李兑不答应。主父被围困三个月后,饿死在沙丘行宫。之后,公子成和李兑将赵惠文王迎回都城,其二人专断国政。

《史记》卷四十三　赵世家

【简评】

　　赵武灵王是战国时期一个有思想的君王,为改穿胡服,他提出"先王不同俗,何古之法?帝王不相袭,何礼之循?""随时制法,因事制礼","法古之学,不足以制今"等治国主张,很有见地。他主动退称主父,把主要精力用于聚集力量攻打秦国,让嗣子赵惠文王"主治国",且亲自装扮为赵国使臣去秦国窥探其地形及秦王的为人,在其之前的历代君王中亦属稀见。他的失误是易换王嗣酿成祸乱,祸乱发生后,乱中又生乱,这一情况为赵武灵土始料不及。

秦二世偏信赵高

秦①始皇三十七年（前210年），秦始皇出巡到达平原津（位于今山东省平原县西南）时病危。他写信给远在上郡（治所位于今陕西省榆林市东南）监军（监察军事）的长子扶苏，令他赶回都城参加治理其后事。信封好后，他要随行宦官中车府令（主管皇宫车马）兼行符玺令事（负责保管皇帝印章）赵高将信发出。赵高把秦始皇这封信扣压，没有发给扶苏。

七月丙寅日，秦始皇返至沙丘（位于今河北省广宗县西北）时病逝。赵高与随行的秦始皇少子胡亥密谋，取得随行丞相李斯的同意，假传秦始皇遗诏，立胡亥为太子，令扶苏自杀。随后，赵高、李斯等人拥立胡亥承袭皇位，为秦二世皇帝。

秦二世元年（前209年）春天，秦二世提升赵高为郎中令（侍从皇帝、主管宫廷警卫、参议朝政），让其掌握重权。秦二世私下向赵高询问："大臣心里不服我，诸公子亦必然要与我争夺皇位，怎么办？"赵高回答说："我早有话想奏告陛下而没有敢说。我职位低贱，受到陛下信任，大臣们对我表面顺从，内心却不服。陛下既然即位为帝，无需再同大臣们商量什么事情，也不要等到臣下有罪才开杀戒。这样，陛下才能威震天下，国家才能安宁。"秦二世称赞赵

---

① 朝代名，都咸阳，位于今陕西省咸阳市东北。

二、情势失察　御座摇坠

高说得好,于是开始无故诛杀大臣及皇族诸公子。

在此之前,秦二世听信赵高谗言,已下令将上卿(丞相)蒙毅及其兄受命领军戍边的内史(京都地区行政长官)蒙恬处死。此后不久,秦二世以种种罪名,下令将12位王族公子在咸阳杀害,将10位公主押至杜(位于今陕西省西安市南)处死。公子将闾兄弟三人被囚禁在内宫,秦二世派人指责他们"不臣"之罪,将闾不肯屈服,严词反驳。传令官不容他们辩白,逼迫他们自尽。将闾见无法申辩,不禁仰天长叹:"青天啊,我们无罪!"兄弟三人哭喊着被迫举剑自杀。

当年七月,奉命戍守渔阳(位于今北京市密云县西南)的屯长(低级军官)陈胜、吴广率领役卒在蕲县大泽乡(位于今安徽省宿州市东南刘村集)举行反秦武装起义。接着,战国末期被秦国攻灭的原赵、魏、齐、楚等国的贵族,在各地纷纷起兵反秦①。秦二世大为惊恐,与群臣商议对策,并派少府(主管皇宫财物及宫廷事务)章邯等人率军征讨反秦武装势力。

赵高对秦二世与群臣议事提出异议,劝阻说:"陛下何须要与群臣商议事情?事情如果出了差错,追究有关大臣的责任就是。陛下应深居内宫,让群臣很少听到您的声音,这样才更能显示您的权威。"秦二世认为赵高言之有理,从此深居内宫,只听赵高一人进言,依靠赵高决定军政大事。朝廷公卿大臣很少再能与秦二世见面。

秦二世二年(前208年)八月,左丞相李斯上书弹劾赵高"有邪

---

① 当时,原楚国将军项燕之子项梁与其侄项籍(项羽)在会稽(位于今江苏省苏州市)起兵反秦,建国号楚;原齐国王族后代田儋在狄县(位于今山东省高青县东南)起兵,称齐王;原魏国公子咎在陈(位于今河南省淮阳县)起兵,称魏王;原赵国王族后代赵歇聚众在信都(位于今河北省邢台市),称赵王。

佚之志，危反之行"，称"恐其必为变"。秦二世则称赞赵高"洁行修善"，"以忠得进"，要李斯不要怀疑赵高。

接着，右丞相冯去疾和李斯及将军冯劫联名上书秦二世，认为各地纷纷起事，是因为劳役繁多，赋税繁重，建议停修阿房宫，减少四方劳役。赵高看了冯去疾等人的奏书后，不让秦二世与他们接谈，把各地纷纷起事，归罪于冯去疾等三人剿办不力。赵高在秦二世面前诬称冯去疾等三人"不为朕尽忠力"，建议秦二世下令将他们三人逮捕入狱。秦二世听信赵高谗言，随即下令将冯去疾、李斯、冯劫逮捕。冯去疾、冯劫以身为将相不能受辱而自杀。之后，秦二世任命赵高为丞相，下令将李斯处死。

秦二世三年（前207年）七月，秦二世派人责备章邯率部退却，章邯感到恐惧不安。章邯派长史（顾问参谋官）司马欣向赵高报告情况，赵高怀疑司马欣所报之事不实，拒而不予接见。司马欣返回后，对章邯说："赵高在朝中当权，将军领兵在外，无功将要被杀，有功亦要被杀。"二人深感绝望，随即叛离秦朝，投降楚将项羽。

八月己亥日，赵高意欲篡夺秦二世皇位，又惧怕众臣不服从，先进行一次预演。他令人拉着一只鹿来到朝廷，指着鹿对秦二世说："献给陛下一匹马。"秦二世笑着说："丞相搞错了吧？把鹿说成了马。"秦二世转而问左右大臣：丞相所献的是鹿还是马？有的回答说是鹿，有的阿附赵高说是马，有的没有表态。事后，赵高下令把凡是说鹿的大臣都逮捕处死。从此，朝廷文武百官都畏惧赵高。

当月，沛公刘邦率部攻克武关（位于今陕西省丹凤县东南），派人与赵高私下联系。赵高怕此事泄露出去犯罪被杀，称病不再上朝。秦二世派人责备赵高懈怠无能，平叛失误。赵高十分恐惧，便同其女婿咸阳令（京都行政长官）阎乐、弟弟郎中令赵成密谋，决意废黜秦二世，另立秦二世之兄的儿子公子婴为帝。

发难那天，赵高诡称"有大贼"入宫，令阎乐领兵杀入宫廷，射落秦二世座位前的帷幕。秦二世大吃一惊，令左右侍卫上前与之

二、情势失察　御座摇坠

搏斗。冲上去迎战的侍卫被阎乐兵众杀死,众卫士见状,纷纷逃避。

这时,阎乐冲上来,历数秦二世的罪状说:"你恣意骄横,滥杀无道,天下人都背叛了你,你考虑怎样自裁吧!"秦二世问道:"能否见丞相一面?"阎乐回答说:"不可以。"秦二世说:"我只求做某一郡的王。"阎乐没有准许。秦二世又要求说:"我只想做个万户侯。"阎乐仍然没有准许。秦二世最后哀求说:"我和妻子只要求做个平民百姓。"阎乐回答说:"我受丞相之命,为了安定天下,将你处死。你虽然说了这么多,我不敢向丞相回报。"

阎乐指令兵士逼近秦二世。秦二世被迫自杀。随后,赵高召集文武百官,宣布秦二世自杀身亡,立公子婴为君,由帝改称王。

九月,赵高派人向子婴传话,要他在斋宫斋戒(吃素以示虔诚)五日,然后去宗庙举行即位仪式。子婴对赵高专权乱国深恶痛绝,对其两个儿子说:"赵高杀二世皇帝本来想夺取皇位并诛灭我们宗族,因为怕激怒众臣被杀,才假意立我为王。我听说赵高暗下已同楚军订下密约,以灭亡秦宗室向楚军投降求封王。如果我斋戒后去宗庙即位,赵高势必会借机对我谋害。我称病不去,赵高必然会亲自来看视我,等赵高进门后将他杀死。"

到了第六天,赵高派车来接子婴去宗庙,子婴称病不肯动身。不一会,赵高果然来到斋宫要挟子婴。子婴乘赵高不备拔剑当场将他杀死。接着,子婴即秦王位,下令诛灭赵高三族,将赵高的首级在咸阳城示众。

子婴即位后,知道秦朝灭亡的大势已经不可扭转,无意重整旗鼓收复失地,准备向楚军投降。秦王子婴在位第46天,沛公刘邦率军进抵霸上(位于今陕西省西安市以东灞水西岸)。秦王子婴以绳索系颈,乘白马素车向楚军投降,秦朝灭亡。

《史记》卷六　秦始皇本纪
《通鉴纪事本末》卷一　豪杰亡秦

【简评】

清代学者王夫之认为:"秦始皇之宜短祚也不一,而莫甚于不知人。非其不察也,惟其好谀也。托国于赵高之手,虽中主不足以存,况胡亥哉。"(《读通鉴论》卷一·秦始皇)

二、情势失察　御座摇坠

汉武帝行宫遇险

　　西汉征和二年(前91年)七月,直指绣衣使者(负责监察皇亲国戚)江充诬陷太子刘据诅咒其父皇汉武帝。刘据忍无可忍,率领侍卫兵士将江充击毙。汉武帝误以为太子谋反,令丞相刘屈氂率兵围攻太子刘据,将太子追杀。事后,汉武帝令人查清事实真相,方知太子刘据冤枉。于是,汉武帝下令诛杀江充的家族,并追查严惩江充的党羽。

　　侍中仆射(副丞相)莽何罗与江充的关系一向要好,其弟莽通因攻杀太子有功升任侍郎(皇帝侍卫官)。二人害怕受到江充一案株连被处死,暗中策划作乱,想伺机把汉武帝杀死。汉武帝对莽氏兄弟的思想动态疏于审察,对他俩信任如初。

　　侍中驸马都尉光禄大夫(主管皇帝副车的高级侍卫和议政官)金日磾察觉莽氏兄弟举止反常,对他们有所戒备。他侍卫汉武帝十分谨慎,时时不离武帝身边。这样,莽何罗兄弟一直找不到机会下手。

　　后元元年(前88年)六月某日,汉武帝离开京都长安(位于今陕西省西安市)出巡,入居林光宫(位于今陕西省咸阳市)。当天,金日磾身体不舒服,在殿内卧床休息。莽何罗兄弟决定乘机动手。当夜,他们诡称奉武帝之命,要执行一项紧急任务,杀死传令官,发动叛乱。

· 117 ·

第二天天刚亮,汉武帝还没有起床,莽何罗擅自闯进宫来。当时,金日磾去厕所,心里突然怦怦直跳。他猛然意识到可能有情况,立即转身,守护在汉武帝房门前。

这时,袖中藏着利刀的莽何罗突然从东厢房冲过来。他见身高八尺有余的金日磾守卫在房门前,不禁大惊失色。莽何罗见其预谋已经暴露,便不顾一切地直往汉武帝住房里面冲。由于慌张,莽何罗进门时碰到悬挂在门边的一件乐器,发出清脆的声响。他不由得愣怔一下。就在这一瞬间,金日磾扑过来紧紧抱住莽何罗,大声喊道:"莽何罗造反了!"

汉武帝闻声大吃一惊,连忙起身。左右侍卫冲过去要击杀莽何罗,汉武帝怕误伤金日磾,喝令他们住手。金日磾猛然抓住莽何罗的颈脖,将他摔到殿外的台阶下。侍卫兵士冲上去将莽何罗和莽通抓捕。汉武帝随即下令将莽氏兄弟处死。

《汉书》卷六十八 金日磾传

卷六 武帝纪

【简评】

引发此次事件的原因是汉武帝除恶未尽。汉武帝对莽何罗与江充的关系以及莽通因击杀太子刘据得以升迁,不会一无所知。既然下令清除江充的亲族党羽,就不该将莽氏兄弟继续留在身边,委以重任。莽氏兄弟如同惊弓之鸟,终于孤注一掷。

二、情势失察　御座摇坠

王太后误信王莽

西汉黄龙元年(前49年)十二月,汉宣帝去世,太子刘奭继位为汉元帝。汉元帝即位后,将其妃王政君立为皇后。

王皇后受封后,其父兄跟着飞黄腾达。其父王禁受封阳平侯。王禁死后,其长子王凤承袭侯位,受任卫尉侍中(主管宫门警卫、负责侍卫皇帝)。之后,王皇后的诸兄弟皆受封为侯、受任为将军,其二兄王曼早逝,没有等上这份殊遇。王曼之子王莽自然也不能像他的堂兄弟那样凭借父亲权势奢华放纵。但王莽不甘人下,他决意以屈求伸,"折节为恭俭",权且夹着尾巴做人。

王莽以伪善谋取名位

竟宁元年(前33年)五月,汉元帝去世,太子刘骜(王皇后所生)继位为汉成帝。汉成帝尊其母为太后,任命其大舅王凤为大司马大将军(执掌朝廷军政)。从此,王莽着意投靠他这位大权在握的伯父。王凤生病后,王莽伺候最为尽孝,"亲尝药,乱首垢面,不解衣带连月"。由于这样,王凤临终时推荐王莽任黄门郎(皇帝侍从官)。

此后，王莽连续多次被提升职务，升为侍中（侍从皇帝的主官）。王莽"爵位益尊，节操愈谦"。他把自己使用的良马和贵重的衣服，赠送给宾客，以致"家无所余"。他尊敬并招揽名士，广泛结交朝廷大臣。在位大臣都推荐王莽可委以重任，名士则为他四处游说大肆吹捧。于是，王莽的名声一天比一天高，甚至超过他几个叔父。

绥和元年（前8年）冬天，大司马（首席丞相）王根（王莽叔父）久病不愈。当时，侍中淳于长（王太后姐姐之子）以才能受到汉成帝器重，按次序亦应当由他接替王根的职位。王莽对淳于长特别妒忌，暗中搜罗他的过失，向王根密告说："淳于长急于要接替您的职务，对您生病感到高兴；淳于长还与许废后（汉成帝皇后，时已被废）姐姐私通，并许诺帮助许废后恢复左皇后位。"由此，淳于长被处死，王莽获得"忠直"的美称。不久，王莽接替王根任大司马。

王莽升任辅政大臣后，想让自己的名誉超过前任的四位伯叔父王凤、王音、王商、王根，"遂克己不倦"，"愈为俭约"。一次，王莽母亲生病，朝廷高官派其夫人前去探望。王莽让其妻子系着布裙出来迎接。权臣夫人们乍一见王莽之妻，竟把她错认为是王家的奴婢。王莽就是靠这样矫饰做作博取名声。

绥和二年（前7年），汉成帝去世。汉成帝没有生儿子，生前立其侄刘欣为太子。刘欣继位为汉哀帝后，尊其祖母傅氏（汉元帝妃）为太后，尊王太后为太皇太后。一次，宫中举行酒宴，侍宴官员将傅太后安排坐在太皇太后旁边。王莽以傅太后仅为先帝昭仪（后妃名号），不得"与至尊并"，下令将傅太后餐具撤去，另外安排座位。傅太后听说后大为恼怒。王莽知道得罪傅太后亦难以久居权位，便暂时回避，以退为进，请求并获准退休。

王莽回到其封地新野都乡（位于今河南省新野县）后，闭门谢客。他的次子王获杀死家中仆人，王莽令其自杀。由此，王莽又博得一片赞扬声。三年之后，汉哀帝将王莽召回朝廷。

二、情势失察　御座摇坠

王太后委政王莽

元寿二年(公元前1年)六月,汉哀帝去世。此前,傅太后已去世。汉哀帝无子。太皇太后任命王莽为大司马、领尚书事(丞相),让其掌管军政,并同王莽商议,决定让汉元帝庶孙中山王箕子继位,为汉平帝。汉平帝时年9岁,由王太皇太后临朝听政。王太皇太后则"委政于莽"。

王莽当政后,将没有推举他任大司马的前将军何武、后将军公孙禄免职。王莽忌恨红阳侯王立(太皇太后庶弟)成天守在太皇太后身旁,使他"不得肆意",指使大司徒(丞相)孔光弹劾王立当年曾包庇淳于长,犯有大逆罪,建议把王立遣回其封国。太皇太后没有理会。接着,王莽直接出面劝说太皇太后,以"逆大臣议"、"乱从此起"相要挟。王太皇太后迫不得已,只好下令将王立遣返其封国。

此后,王莽委任一批亲信,"欲有所为"。王莽党羽秉承其意旨,经常在太皇太后面前吹捧王莽,而王莽在太皇太后面前,对众人的赞词则"稽首涕泣,固推让焉,上以惑太后,下用示信于众庶"。

元始元年(公元1年)正月,王莽授意益州(治所位于今云南省晋宁县东)官府,要边远地区蛮民向朝廷进献白野鸡。接着,王莽借此建议太皇太后颁发诏令,用白野鸡祭献宗庙。与此同时,王莽暗中指使其亲信向太皇太后奏称:大司马此议,如同周朝初年周公(辅政大臣)献给周成王(时年幼)白野鸡一样,象征吉祥;大司马有安定国家稳固汉室的大功劳,应封为"安汉公"。于是,太皇太后下令尚书(朝廷部门长官)讨论册封王莽为"安汉公"一事。王莽听说后,却称其有病,接连四次上书谦让。太皇太后册封王莽为安汉公的诏令发布后,王莽故作惶恐不安,似乎是不得已而接受册封。他当即表示,只接受"安汉公"封号,坚决辞让给他增封的二万八千户食邑,声称等到天下百姓家家富足以后,才可以考虑给他增加封赏。

王莽想进一步独掌朝政,又指使其亲信劝说太皇太后"不宜亲省小事"。太皇太后没有察觉此议系王莽的阴谋,下诏宣布:由于她年高体衰,今后朝政大事,除封爵以外,一律由"安汉公、四辅①平决"。从此,王莽撇开太皇太后,一人专断朝政,其权力等同皇帝。

王莽欺世盗名图谋称帝

元始二年(公元2年)夏天,青州(治所位于今山东省青州市)等地发生旱、蝗灾害。王莽上书太皇太后,称其"愿出钱百万,献田三十顷,付大司农助给贫民"。之后,地方每有水旱灾害上奏,王莽便不吃荤菜,改为素食,并要其左右侍从告知太皇太后。太皇太后派人慰问王莽说:"听说安汉公忧虑民众疾苦,只吃素菜。安汉公勤于职守固然可嘉,但也应该进肉食,要为国家爱护您的身体啊!"

王莽为了巩固其权位,想把自己女儿许配给汉平帝,上书奏请太皇太后选立皇后。王莽担心王氏家族众女儿与他女儿竞争,又上书自称:"身亡德,子材下,不宜与众女并采。"太皇太后以为王莽"至诚",随即下诏说:王氏是我的娘家,诸女不得入选。这样,使得王莽作茧自缚,其女儿亦被摒除在候选人之外。王莽没有就此罢休。接着,他指使亲信策动千余人上书,称希望安汉公女儿"为天下母"。太皇太后"不得已",只好听取众臣的意见,同意将王莽

---

① 太师、太傅、太保、少傅四位辅政大臣合称。该"四辅"时为名誉职务。

二、情势失察　御座摇坠

女儿立为皇后。这时,王莽却坚持太皇太后不从王氏家族选立皇后的旨意。王莽愈是劝止立其女儿,立其女儿为皇后的呼声愈高。于是,太皇太后于元始三年(公元3年)春天下诏,聘王莽女儿(其名不详)为皇后,于次年春将其立为皇后。

王莽顾忌汉平帝母亲卫氏家族日后势力强盛,会夺去他的权力,奏请太皇太后封汉平帝母亲卫姬为中山孝王后,封汉平帝之舅卫宝为关内侯,要他们留居中山封国(位于今河北省定州市),不得进入京都长安。

王莽长子王宇担心如此隔离卫氏家族,将来平帝长大后,会对他们家族加以惩处,便暗下串通卫宝,要他唆使卫后,上书请求入居京都。卫后两次上书都被王莽压下。于是,王宇与其老师吴章、妻兄吕宽密谋,由吕宽夜间往王莽住处洒血,再由吴章以鬼神怪异吓唬王莽。不久,王莽获悉王宇等人密谋,随即下令将王宇和其妻吕氏以及吕宽、吴章,连同卫氏家族男女一并处死,只留下卫后一人。接着,王莽又以清除吕宽党羽的名义,逼令敬武长公主(汉元帝之妹)、红阳侯王立等人自杀。太皇太后听说敬武长公主死了,要去为她吊丧,王莽以敬武长公主得急病死而加以劝止。之后,王莽又下令将原前将军何武等数百人处死。全国上下为之震惊。

元始五年(公元5年)十二月,汉平帝因与母亲长年隔绝,加之母舅家人被杀,忧思成疾,流露怨言。王莽听说后,借腊日(腊月初八)向汉平帝进献椒酒,在酒中下了毒药。王莽知道汉平帝中毒后不可救治,故意祈祷保全平帝性命,声称"愿以身代"。汉平帝被毒死后,王莽下令俸禄600石以上官员服丧三年。

在此期间,有人从武功县(治所位于今陕西省武功县南)一口水井里挖出一块上圆下方的白石头,上面刻有八个红字:"告安汉公莽为皇帝"。王莽指使亲信拿着这块石头去向太皇太后奏报。太皇太后当即指出:"这是心术不正的人玩弄的法术,以欺骗天下,不可以照此施行!"王莽的亲信太保王舜(王莽堂弟)等人缠着太皇太后强谏,不肯退去。太皇太后"力不能禁",被迫答应让王莽"摄行皇帝之事"。随后,太皇太后发布诏令,立年仅2岁的汉宣帝玄孙刘婴为皇太子,号为"孺子"。

王太后识破王莽真面目为时已晚

居摄二年(公元7年)九月,东郡(治所位于今河南省濮阳市)太守(行政长官)翟义拥立严乡侯刘信为帝,聚众十余万人讨伐王莽。太皇太后听说后,对身边侍从说:"人的心情相差不了多少。我虽然是个妇人,亦知道王莽必然会因为摄皇位而招致危险。"王莽听说翟义起兵拥立刘信,"惶惧不能食"。他在派军队前去镇压的同时,抱着孺子,率领群臣去汉皇宗庙祷告,声称刘信等人反对他扶持孺子,和周朝初年管叔、蔡叔(二人皆为周公之弟,周成王之叔)反对周公辅佐周成王、发动叛乱一样。有人当面讨好王莽说:"如果没有刘信的叛乱,怎么能显示出安汉公的圣德呢!"

王莽派兵攻灭翟义部众后,自以为"威德日盛,获天人助",随即策划即位称帝。居摄三年(公元8年)十一月,王莽上书太皇太后,称天公有言"摄皇帝当为真"。十二月,王莽指使王舜朝见太皇太后,假借一个经常口出狂言名叫哀章的人编造的"金策书",称汉高帝(刘邦)传位给真天子王莽,请太皇太后交出传国玉玺。

太皇太后大为恼火,指着王舜骂道:"王氏宗族,蒙受汉家恩惠,荣华富贵。你们不图报恩,反乘汉皇后代孤幼,图谋夺取皇位。人如果不讲恩义,连猪狗都不如!他既然以金策符命为据,自立为帝,亦应当自己重新制作玉玺,以传之万世,何必要用我这亡国不祥的玉玺,来强逼我呢?我是汉家一个老寡妇,早晚就要死了。我要与这玉玺同葬在一起,你们休想得到!"太皇太后说着,悲伤得痛

二、情势失察　御座摇坠

哭不止。

过了一会,王舜劝慰太皇太后说:"我听从太皇太后之命,没有二话可说,只是王莽一定要得到传国玉玺,太后怎么能不给他啊?"太皇太后觉得王舜的话语真切,担心王莽翻脸胁迫她,愤然将汉传国玉玺,"投之地以授舜"。

始建国元年(公元9年)正月,王莽即位称帝,改国号为"新",废刘婴(孺子)太子位,改封其为定安公。王莽当众宣读完册书后,拉着刘婴的手,流着眼泪抽泣道:"我本想以周公为榜样,等你成年后,把朝政大权交还给你,如今迫于天命,我不能如愿了!"说罢,王莽长吁短叹,悲伤不已。

王莽篡夺皇位后,知道太皇太后怨恨他,想方设法讨好太皇太后。太皇太后反而更加不快。王莽请太皇太后出游。太皇太后见到汉元帝祠庙破烂不堪,一片狼藉,极为悲伤,对其侍从说:"那个人(指王莽)辱慢神灵的事做得太多了,能指望长久得到神灵的保佑吗?"

王莽称帝后,下令侍中冬天改穿黄貂衣服,又改变汉代腊日日期。太皇太后令其侍从仍穿汉朝黑貂衣服,在汉朝原定的腊日那天,"独与其左右相对饮酒食"。

新莽始建国五年(公元13年)二月,王太皇太后去世。太皇太后去世后10年,即新莽地皇四年(公元23年),王莽兵败被杀。

《汉书》卷九十九上、中　王莽传

卷九十八　元后传

《通鉴纪事本末》卷五　王莽篡汉

【简评】

《汉书》作者班固认为:"王莽始起外戚,折节力行,以要名誉,宗族称孝,师友归仁。及其居位辅政,成、哀之际,勤劳国家,直道而行，动见称述。岂所谓'在家必闻，在国必闻'，'色取仁而行违'者邪！莽既不仁而有佞邪之材，又乘四父历世之权，遭汉中微，国统三绝，而太后寿考为之宗主，故得肆其奸慝，以成篡盗之祸。"（《汉书》卷九十九下·王莽传下）

清代学者王夫之认为："亡西汉者，元后之罪通于天矣。论者徒见其吝玺不予、流涕汉庙、用汉伏腊而怜之，妇人小不忍之仁，恶足以盖其亡汉之大憝哉？"（《读通鉴论》卷五·成帝）"王莽之奸奸而愚"，"轻移于衽席之上而莫之禁，莽其何以得此哉？唯民心先溃于死亡，而莽以私恩市之也。"（《读通鉴论》卷五·哀帝）

笔者认为，王莽是历史上罕见的伪君子、阴谋家，他的得势主要凭借其玩弄权术。王太后委政于王莽，系受其蒙蔽。汉元帝去世后，时年18岁的太子刘骜即位为汉成帝，王太后起用其长兄王凤辅政，未尝不可。王凤固然专权，但不致亡汉。王凤病逝后，由王音（王太后堂弟）辅政；王音病逝后，由王商（王太后同父异母弟）辅政；王商病逝后，由王根（王太后同父异母弟）辅政，未见王太后使之亡西汉。"成帝之无道也，足以亡国"（王夫之《读通鉴论》卷五·成帝）。王太后作为汉成帝生母的最大失误是对成帝贪色荒政管教不严，对赵皇后、赵昭仪祸乱后宫未予制裁，致使成帝数子被害，"奉宗庙二十五年"，"未有继嗣"（《汉书》卷十·成帝纪），只好将患有痿痹之症的定陶王刘欣立为太子。汉哀帝刘欣去世后无子继嗣，汉平帝刘衎继位，年仅9岁；王太后临朝听政，时年72岁。没有看清王莽的真相，任用王莽辅政且屡受其欺骗，是王太后的又一重大失误。王莽大权在握后，由辅政要求摄政，由摄政图谋称帝。王太后已"力不能禁"，看不出王太后有心让王莽亡西汉。

二、情势失察 御座摇坠

汉质帝言忤权臣

东汉①永嘉元年(145年)正月,汉冲帝刘炳(时年3岁)去世。临朝听政的梁太后(汉顺帝皇后)和执政大将军梁冀(梁太后之兄)商定,迎立勃海孝王刘鸿之子刘缵继位。刘缵时年8岁,即位为汉质帝。

梁冀为人凶残。他在担任河南尹(京都行政长官)期间,"居职暴恣,多非法"。担任辅政大将军后,他更是"侈暴滋甚"。朝中文武百官对梁冀专权暴虐敢怒不敢言。汉质帝虽然年少却聪明懂事,入宫称帝后,他听人说梁冀专横跋扈,对梁冀产生厌恶。

本初元年(146年)某天早朝,汉质帝看着梁冀,对身边大臣说:"他是个跋扈将军!"梁冀见汉质帝当众指斥他,对汉质帝怀恨在心。他不能容忍让汉质帝长大,决意趁早将他除掉。

闰六月甲申日,梁冀指令侍从官把毒药放入煮饼内,向汉质帝进食。汉质帝吃下毒饼后腹中非常难受,令人急召太尉(丞相)李固。李固赶来时,汉质帝还能说话。李固问他怎么突然生病,汉质帝说:"刚才吃了煮饼,肚内堵闷难受,直想喝水。"梁冀当时也来到汉质帝身边,他以喝水会引起呕吐加以阻止。不一会,汉质帝便昏迷死去。

《后汉书》卷三十四 梁冀传

---

① 都洛阳,位于今河南省洛阳市。

卷五十五 千乘贞王刘伉传
《通鉴纪事本末》卷七 梁氏之变

【简评】

　　梁冀虽是跋扈将军,汉质帝当众指斥亦属冒失。质帝时年9岁,还是稚童。其祖父刘宠受封乐安夷王(王府设地位于今山东省高青县高苑镇西北)。质帝即位后,梁太后改封其父刘鸿为勃海王(王府设地位于今河北省南皮县东北)。质帝远离父母,失去其关爱教养,虽为皇帝,却生活在奸臣监控之下,噩运难以避免。

二、情势失察　御座摇坠

吴帝孙亮密谋被泄

吴①神凤元年(252年)四月,吴大帝孙权病逝,年仅10岁的太子孙亮(孙权小儿子)继承帝位,由大将军、太子太傅(太子辅导老师)诸葛恪等人辅政。第二年十月,武卫将军(主管警卫部队)孙峻诱杀诸葛恪,自任丞相,独揽朝政。太平元年(256年)九月,孙峻病逝。临终前,他让其堂弟偏将军孙綝辅政。吴帝孙亮任命孙綝为侍中(侍从皇帝的主官)、都督中外诸军事(最高军事将领)。

太平二年(257年)四月,吴帝孙亮亲自执掌朝政,多次对孙綝的奏章提出质问。孙綝感到恐惧,与吴帝孙亮的矛盾日益尖锐。

太平三年(258年)八月,吴帝孙亮与将军刘丞(《孙綝传》记作刘承)等人密谋,准备杀死孙綝。孙亮将行动计划告诉黄门侍郎(侍从皇帝的官员)全纪(吴帝孙亮全皇后之兄),要他通知其父太常(主管朝会礼仪)全尚届时配合他们的行动。孙亮令全纪严格保密,不能让其母亲知道,特意叮嘱说:"你母亲是孙綝的堂姐,如果将这一机密泄露给孙綝,那就会毁坏我的大事。"

全纪按照吴帝孙亮的指令承办无误。回家后,他把皇帝的密诏转告其父。全尚却掉以轻心,把皇帝的密谋透露给他的妻子。全尚妻闻讯后,随即派人密告孙綝。于是,孙綝抢先发动政变。

---

① 三国之一,都建业,位于今江苏省南京市。

九月二十七日凌晨,孙綝派兵逮捕全尚,杀死刘丞,包围皇宫。接着,孙綝紧急召集文武百官,宣布"少帝荒病昏乱,不可以处大位,承宗庙",将吴帝孙亮废为会稽王,立琅琊王孙休(孙权第六子)为帝。吴景帝孙休即位后,任命孙綝为丞相。

孙綝受任丞相后,带着牛肉和美酒去拜见吴景帝。吴景帝生怕其投毒,没有接受孙綝的酒肉。之后,孙綝拜访左将军张布,饮酒时流露另立新帝的意向。张布将这一情况奏告吴景帝。当年十二月,吴景帝宴请众臣,借机令张布等人将孙綝斩杀。

永安三年(260年)秋天,会稽郡(位于今浙江省绍兴市)流传谣言,说会稽王孙亮"当还为天子"。会稽王府里亦有人告发孙亮"使巫祷祠,有恶言"。吴景帝得到奏报后,召孙亮入京询问。此后,吴景帝将孙亮贬为候官侯,派人把他遣送回会稽郡。路上,孙亮自杀。也有人说,孙亮是被迫喝下吴景帝送来的鸩酒,中毒而死。

《三国志》卷四十八 吴主孙亮传
吴主孙休传
卷六十四 孙綝传

【简评】

吴帝孙亮谋杀孙綝事败,败在皇后之父全尚手里。孙亮的失误是把绝密计划透露给决策以外的人。《三国志》作者陈寿认为:"孙亮童孺而无贤辅,其替位不终,必然之势也。"(《三国志》卷四十八)

二、情势失察　御座摇坠

汉帝刘粲家破人亡

汉①汉昌元年(318年)七月,汉帝刘聪(刘渊之子)去世,太子刘粲(其母为呼延皇后,已故)继承帝位,立其妻靳氏为皇后,尊父皇右皇后靳氏为皇太后。靳太后时年不到二十岁,姿颜美丽,刘粲迷上其美色,与之淫乱。

靳太后之父靳准时任大司空(主管监察)兼司隶校尉(主管纠察京都百官兼领兵缉捕),他心术不正,觊觎帝位已久。刘粲即帝位后,靳准便开始阴谋篡权活动,把攻击矛头对准皇族中几个掌握实权的大臣。一天,他煞有介事地对汉帝刘粲说:"听说朝中有人想干废黜陛下的蠢事,打算先把太保(宰相)呼延晏和臣下我杀掉,让济南王刘骥统揽政务。陛下可要尽早除去这个祸根啊!"

开始,刘粲对靳准说的这些话不以为然,靳准为此感到恐慌。他害怕事泄被杀,便暗下唆使靳太后和靳皇后(似为靳准女儿或侄女),要二靳向汉帝刘粲进谗言,诬告太宰、录尚书事(宰相)刘景和济南王、录尚书事刘骥等人谋反。汉帝刘粲对靳太后和靳皇后的话信以为真,随即下令逮捕并处死刘景、刘骥和车骑大将军刘逞、录尚书事刘颢、大司徒(宰相)刘勱等人。之后,汉帝刘粲为靳太后

---

① 西晋永嘉二年(308年),匈奴族首领刘渊称帝,国号"汉",都左国城(位于今山西省离石市);后迁都平阳,位于今山西省临汾市西南。

的花言巧语所迷惑,对靳准信赖无疑,任命他为大将军、录尚书事,让其执掌军政大权。

靳准在清除刘氏权臣独揽朝政后,随即发动政变。八月某日,靳准带领兵士登上光极殿,逮捕汉帝刘粲,历数他的罪恶,将他杀死。靳准自称汉大王,下令将刘氏家族的男女老少斩首示众。接着,他又下令把刘渊、刘聪父子的尸骨从坟墓里挖出来,加以斩击焚毁。

《通鉴纪事本末》卷十三 石勒灭前赵

《晋书》卷一百二 刘聪传、刘粲传

【简评】

汉帝刘粲开始虽未识破靳准乱政阴谋,但亦没有相信他的谗言。不久,他被枕边之风吹昏头脑,以致丧命。"声色之害,甚于鸩毒,不可不谨"(朱元璋语,见《明通鉴》第五卷·明太祖洪武七年)。

二、情势失察　御座摇坠

后赵高祖养虎遗患

前赵①光初二年(319年)冬天,镇守襄国(位于今河北省邢台市)的大将军石勒脱离朝廷,另建国号"赵",称赵王,定都襄国,史称"后赵"。

石勒率部攻灭前赵后,于后赵太和三年(330年)称帝,为后赵高祖。接着,后赵高祖立其第二子石弘(字大雅)为太子,同时封其子石宏为秦王、大单于(由皇帝宠信之子担任的主管汉族以外少数民族事务的长官,其地位仅次于太子),封其侄石虎(字季龙)为中山王,让其镇守邺(位于今河北省临漳县西南)。

看重石虎战功而忽视其残忍

石虎年幼时便生长在石勒家里。他"性残忍,好驰猎,游荡无

---

① 西晋永嘉二年(308年),匈奴族首领刘渊建国,号"汉",定都左国城(位于今山西省离石市)。建兴四年(316年),汉国军队攻入长安(位于今陕西省西安市),灭亡西晋。汉帝刘曜将国都由平阳(位于今山西省临汾市西南)迁至长安,改国号为"赵",史称"前赵"。

度,尤善弹,数弹人"。当初,石勒对石虎无故伤人十分憎恶,曾同母亲商量,想把石虎除掉,被其母亲劝止。石虎长大后投入军队,作战十分勇敢,受到石勒赞赏。石勒任命石虎为征虏将军,还为他娶将军郭荣之妹为妻。

后来,石虎宠爱歌女郑樱桃,将郭氏杀死,却没有受到石勒追究。从此,石虎更为骄纵暴戾。他动辄杀人,军中凡是才干和他差不多的人,都被他处死。石虎对部众抓获的俘虏,不论其善恶,亦不分男女,总是下令将他们全部杀死。为此,石勒不只一次对石虎进行批评教育,石虎听不进去,依然我行我素。石勒看重石虎善于打仗,对他十分信赖,把他的滥杀行为视为小毛病,从而滋长了石虎的狂暴。

石虎自以为功高,应当封他为大单于。当他听说石宏被封为大单于时,怨恨得咬牙切齿。

一次,石虎私下对其儿子石邃说:"皇上自从占有襄国以来,坐在家里指挥,而用我的身子去抵挡敌人的箭头刀锋。二十多年来,我带兵南征北战,攻占十三州,成就大赵帝王之业的是我。如今,大单于之位却封给婢女养的黄口小儿,气得我吃不下饭,睡不着觉。等皇上死去以后,休想让他留下一个种!"

拒听忠谏

中书令(主管拟草并发布诏令)徐光发觉石虎对立石弘为太子心怀怨恨,向后赵高祖进言说:"皇太子温和仁义,中山王暴戾多诈。我担心陛下一旦身体不适,国家会出现动乱。应当设法渐渐削减中山王的权力,使太子早日参与朝政。"后赵高祖采纳徐光的部分意见,不久让太子参与朝政,而没有考虑削减中山王的权力。

二、情势失察　御座摇坠

右仆射(副宰相)程遐是太子的舅舅,深为今后的事态而担忧,向后赵高祖进言说:"中山王勇武而又兵权在握,我观察他的心态,除陛下之外,谁也不在他的眼中。陛下健在,当然无事。我担心他如此狂妄,今后不可能辅佐太子。应当早日把他除掉,这样国家才能长治久安。"后赵高祖回答说:"如今天下还没有平定,大雅尚年幼,应当选择有能力的臣子辅助他。中山王辅佐我战功累累,何至于如你所说的那样悖逆?你应当多考虑今后如何辅佐幼主执政才对,不要以帝舅的尊位擅自专权。其他事,你无须过多忧虑。"

程遐受到后赵高祖误解,感到很委屈,流着眼泪申辩说:"我所说的完全出于公心,陛下却以为我出于私心而加以指责。这怎么能让忠臣坦诚真言,以尽其义不容辞的职责呢!我受陛下恩惠很多,与太子有亲缘关系,不向陛下说心里话,又向谁说呢?陛下如果不除掉中山王,我将会看到国家不再后继有人!"后赵高祖对程遐的意见还是不以为然。

一次,徐光与后赵高祖闲聊,有意向他问道:"陛下已经平定中原,拥有天下,为何有时精神还不够愉快?"

后赵高祖回答说:"吴①蜀②两地尚未平定,我每想到这里,不知不觉就忧愁起来。"徐光接着说:"我以为陛下应当忧虑心腹之患,哪里还顾得上去忧虑四肢啊!中山王轻视太子,怀有不臣之心,可陛下一直加以容忍。我担心陛下万年之后,宗庙会长满荆棘。依我看这是陛下心腹重患,衷心希望陛下能认真加以考虑。"后赵高祖默然不语,仍然听不进徐光的逆耳良言。

后赵建平四年(333年)六月,后赵高祖病重,召令太子石弘、

---

① 指东晋,占有淮河以南地区,近似三国时吴国地盘。都建康,位于今江苏省南京市。

② 时称"成",又称"成汉",李氏建立的国家,都成都,位于今四川省成都市。

中山王石虎、中常侍（皇帝侍从官）严震侍候他养病。石虎抢先进入后宫，假传高祖之命，杜绝石弘、严震及群臣进入内宫，致使朝廷众臣不知道高祖的病情。接着，石虎又假传诏令，令都督中外诸军事（最高军事将领）秦王石宏等人从驻地（其似驻守长安）返回襄国。不久，后赵高祖病情好转，见到石宏，不禁大吃一惊，问道："谁召你回来的？我令你去镇守要地，正是为着我有病时防备不测。擅自召你回京的人当斩！"石虎当时在场，大为恐惧，连忙以石宏想念陛下支吾搪塞，并假称让石宏速回。之后，石虎依然把石宏留在襄国。

身后家破人亡

七月，后赵高祖病逝。石虎随即召令石邃率兵控制皇宫，劫持太子石弘入宫，传令逮捕程遐、徐光，将他俩斩首。石弘见此情势非常恐惧，请求让石虎继承皇位。石虎将石弘的请求顶了回去，声称："如果你不胜任当皇帝，天下自有公论奉行大义，你何需过早推辞！"于是，石虎强迫石弘即帝位。随后，后赵帝石弘任命石虎为丞相，石虎假意推辞一番，才接受任命。

后赵高祖皇后刘氏目睹眼前局势，忧心忡忡，对彭城王石堪（后赵高祖之子）说："新皇帝当不了多长时间就会被除掉，你打算怎么办？"石堪回答说："先帝的旧臣都已被排斥夺权，军队中亦没有先帝的将领了。我打算领兵占据廪丘（位于今山东省郓城县西南），以图讨伐国贼。"刘皇后催促石堪快快动身。不久，石虎派兵追杀石堪，并下令将刘皇后杀害。

延熙元年（334年）十月，后赵帝石弘把皇帝玉玺亲自送交石虎，请求让位。石虎说："天下人自然会做出选择，你自己何必要这

二、情势失察　御座摇坠

样做呢!"石弘回到后宫,流着眼泪对程太后(石弘之母)说:"先帝开创的大业真的就要荡然无存了!"此后不久,石虎派丞相郭殷宣布,废黜石弘帝位,改封其为海阳王。石弘被废离京时,"安步就车,容色自若","群臣莫不流涕"。

十一月,群臣劝石虎即帝位。石虎同意即天王位,颁发文书称:"王室多难,海阳自弃,四海业重,故俛从推逼。朕闻道合乾坤者称皇,德协人神者称帝,皇帝之号非所敢闻,且可称居摄赵天王,以副天下人望。"

与此同时,石虎下令将海阳王石弘、程太后以及秦王石宏等人囚禁并杀害。

据《晋书》卷一百五　石勒载记下

石弘载记

卷一百六　石季龙载记上

《通鉴纪事本末》卷十四　赵魏乱中原

【简评】

石勒本是羯族平民,西晋末年,他投附匈奴族首领刘渊,领兵参与攻灭西晋。接着,他率部攻灭前赵,统一了淮河以北广大地区,堪称是叱咤风云的英雄。他的悲剧是没有看到其嗣位潜在危机,也未能听取忠臣劝谏,以致养虎遗患,身后出现动乱。

晋孝武帝戏言遇害

东晋咸安二年（372年），晋简文帝去世，时年10岁的太子司马曜继位为晋孝武帝。晋孝武帝尊其母李氏为淑妃，由崇德太后（晋康帝皇后褚氏）临朝听政。后来，晋孝武帝"溺于酒色"，成天同后妃饮酒取乐，文武大臣很少能见到他。崇德太后去世后，孝武帝虽尊其母为太后，但不受母太后约束，以致沉湎酒色不能自拔。孝武帝后妃众多，其中张贵人最受宠爱，后宫妃女都十分怕她。

太元二十一年（396年）九月庚申日，晋孝武帝同后妃在一起饮宴。酒喝到兴头上的时候，晋孝武帝同坐在身边的张贵人随意开了一句玩笑，逗她说："按你的年龄，亦应当废去了。我喜欢更年轻的妃女。"张贵人年近三十，青春犹在，听晋孝武帝这么说，极为忌恨，当时强忍着没有发作。

当晚，晋孝武帝又喝得酩酊大醉，昏睡在清暑殿内。张贵人将宦官劝醉，支走尚未喝醉的侍从，买通亲信侍女，用被子蒙住晋孝武帝的脸，将他捂死。之后，张贵人谎称皇上"因魇暴崩"。

当时，录尚书事（丞相）司马道子（晋简文帝之子）"专权奢纵"，与孝武帝不和；继位的晋安帝司马德宗（晋孝武帝太子）生来是个痴呆，以致晋孝武帝的死因无人追究，张贵人等凶手没有受到查处。

《晋书》卷九 孝武帝纪

二、情势失察　御座摇坠

卷三十二　康献褚皇后传、孝武文李太后传

《通鉴纪事本末》卷十七　伪楚之乱

【简评】

　　君王同后妃的冲突屡有发生,君王杀死后妃的事例很多,后妃杀死君王则极为罕见。晋孝武帝纵酒荒淫固然误国,但他不该为一句话而死于后妃之手。"因魇暴崩"之说虽然荒谬,却无人追查,此事亦能看出东晋朝廷已腐败不堪。

北凉王段业不辨忠奸

段业是前秦①京兆(位于今陕西省西安市西北)人,早年随骁骑将军吕光远征西部边塞。后来,吕光在姑臧(位于今甘肃省武威市)称王,建国号"大凉",史称"后凉"。后凉王吕光任命段业为建康郡(治所位于今甘肃省高台县西南)太守(行政长官)。

后凉龙飞二年(397年),后凉王吕光听信谗言,下令处死尚书(朝廷部门长官)沮渠罗仇及其弟三河郡(治所位于今青海省化隆回族自治县)太守沮渠麴粥。之后,沮渠罗仇之侄沮渠蒙逊和其堂兄沮渠男成举兵反叛后凉,拥立段业为建康公,建国号"凉",史称"北凉",定都张掖(位于今甘肃省张掖市西北)。段业即位为北凉王后,任命沮渠男成为辅国将军、沮渠蒙逊为张掖太守。

北凉王段业是个书生,"博涉史传","无他权略"。沮渠蒙逊则"雄杰有英略,滑稽善权变"。共事日久,沮渠蒙逊怕段业不能容纳他;段业则顾忌沮渠蒙逊雄才难驭,将他调任西安(治所位于今甘肃省张掖市东南)太守,任命门下侍郎(副丞相)马权接任张掖太守。马权以"武略过人"著称。

沮渠蒙逊对这一职务变动十分恐惧。他一向忌恨马权的才略,在北凉王段业面前调唆说:"天下没有什么可忧虑的,唯一应当

---

① 国名,都长安,位于今陕西省西安市西北。

二、情势失察　御座摇坠

提防的人是马权。"段业听沮渠蒙逊这么说,竟对马权产生怀疑,无故下令将其处死。沮渠蒙逊为如此轻易除掉其劲敌而暗自庆幸。

北凉永安元年(401年)春天,沮渠蒙逊向沮渠男成提议,想除掉北凉王段业,拥立他为王。沮渠男成劝阻说:"段业孤单一人漂泊在这里,当初是我们拥立他为王的。有我们兄弟在,他如鱼得水。人家既然亲近我们,就没有理由背叛他。"沮渠蒙逊只好暂且作罢。

四月,沮渠蒙逊暗中与沮渠男成约定同去兰门山(其地不详)祭祀。同时,他又秘密派其亲信许咸去向北凉王段业报告说:"沮渠男成想叛乱,或许趁假日行动。如果他请假去兰门山祭祀,我提供的情报就应验了。"没过几天,沮渠男成果然请假要去兰门山祭祀。据此,段业便真的以为沮渠男成要发动叛乱,随即下令将沮渠男成逮捕,逼令他自杀。

沮渠男成心中无愧,坦然自若地对段业说:"是沮渠蒙逊想叛乱,前些日子他已跟我说过,我劝止了他。念兄弟情分,我没有告发他。他担心有我在,部众不听他指挥,假意约我同去兰门山祭祀,现在又反过来诬陷我。我如果早晨死去,蒙逊当天晚上必然要作乱。我请求大王发一道假诏令,宣布我的罪恶并诈称已将我处死。蒙逊听说我死,必然要作乱。那时,我奉大王之命去讨伐他,一定会打败他。"沮渠男成这番忠言没有打动段业的心,他坚持认定沮渠男成谋反,下令将其杀害。

沮渠蒙逊听说沮渠男成被杀,随即借题发挥,哭着对沮渠男成的部众说:"男成忠于段公,反而被冤杀,你们难道不为他报仇吗?"沮渠男成平素爱护部下,经沮渠蒙逊这样一煽动,"众皆愤泣而从之"。接着,曾被段业囚禁的右将军田昂亦被沮渠蒙逊拉入其叛乱团伙。

五月某日,田昂之侄田承爱按约打开张掖城门,迎接沮渠蒙逊率军入城。北凉王段业的侍卫官兵纷纷逃走。沮渠蒙逊领兵士入宫,将段业抓捕。段业向沮渠蒙逊哀求说:"我孤单一人漂泊到此地,受到你们一家贵人推举。我只求饶命,让我回到东方故乡,与妻儿团聚!"沮渠蒙逊不想听段业啰嗦,当即将他斩杀。

《晋书》卷一百二十九　沮渠蒙逊传
《通鉴纪事本末》卷十七　蒙逊据张掖

【简评】

北凉王段业开始顾忌沮渠蒙逊而将他调离京都,此后却对他坚信不疑,一再受他诓骗而杀死忠臣。这样糊涂愚昧的君王的下场当然可悲。

二、情势失察　御座摇坠

后燕惠愍帝轻信遇害

后燕①永康二年(397年),北魏②军队包围后燕都城中山。后燕惠愍帝慕容宝(后燕成武帝慕容垂之子)率部退至龙城(位于今辽宁省朝阳市)。

建平元年(398年)二月,后燕惠愍帝集结军队准备讨伐北魏。辽西王慕容农(慕容宝庶兄)、长乐王慕容盛(慕容宝庶长子)认为,魏国军力强大,我军将士疲惫,此时不宜出征。惠愍帝以"敢谏者斩",决意率军南征。

长上(皇帝侍卫军官)段速骨等人畏惧出征。当燕军抵达乙连(位于今辽宁省建昌县)时,段速骨发动叛乱。惠愍帝猝不及防,仓皇逃回龙城。

尚书(朝廷部门长官)兰汗是个隐而不露的野心家,觊觎皇位已久。当时,他率兵驻扎在龙城东郊,暗中勾结段速骨及其党羽,图谋利用他们作乱。三月二日,段速骨领兵攻城。兰汗则将慕容农诱骗出城。慕容农投入兰汗军营后,兰汗将他交给段速骨。第二天,段速骨领军攻入龙城,惠愍帝和慕容盛等人南逃,慕容农被杀。

---

① 都中山,位于今河北省定州市。
② 都平城,位于今山西省大同市东北。

八日，兰汗率部攻灭段速骨部众，拥护惠愍帝太子慕容策代理朝政，并派人追赶惠愍帝，迎接他回龙城复位。

惠愍帝行抵蓟城（位于今北京市区西南部）后，见到兰汗派来的使者。使者说明来意，惠愍帝十分高兴，答应返回龙城。慕容盛劝谏说："兰汗是忠是奸还不知道，如今我们势单力薄而转回龙城，万一兰汗别有用心，后悔就来不及了。"慕容盛建议父皇南行以招募旧将散兵，重整旗鼓。惠愍帝觉得慕容盛说得有道理，率众继续南行。惠愍帝行至黎阳（位于今河南省浚县东南，黄河北岸），听说范阳王慕容德（慕容垂小弟）已在滑台（位于今河南省滑县）称帝（南燕献武帝），畏惧不再南行，转而北返。

四月，惠愍帝一行到达冀州（位于今河北省冀州市），慕容盛很快聚集一批将士。这时，兰汗又派左将军苏超前来迎接惠愍帝返回龙城。惠愍帝想到兰汗在龙城扶持太子，维持燕国社稷，感到他很忠诚。他又考虑兰汗是父皇的小舅、慕容盛的岳父，认为兰汗不会败坏他的大事，决意返回龙城。慕容盛流着眼泪劝阻父皇不要北返，惠愍帝拒不答应。慕容盛只好挥泪与他话别。

当月二十六日，惠愍帝一行抵达距龙城40里的索漠汗陉，兰汗派其弟兰加难率领500名骑兵出城迎接，同时，要其兄兰堤关闭城门。兰加难拜见惠愍帝后，颍阴烈公余崇悄悄对惠愍帝说："我观察兰加难神色举止反常，感觉好像马上就会有祸乱。陛下应当留心，三思而后行啊！为何还要执意向前去呢？"惠愍帝对余崇的话不以为然，随同兰加难继续朝前走。

走了几里路后，兰加难果然凶相毕露。他先下令逮捕处死余崇，随后令人把惠愍帝带到龙城郊外的官邸杀害。接着，兰汗杀死太子慕容策，自称昌黎王。

《晋书》卷一百二十四 慕容宝载记
《通鉴纪事本末》卷十六 魏伐后燕

二、情势失察　御座摇坠

【简评】

后燕惠愍帝的失误在于轻信，拒谏。兰汗身为外戚，率部平息叛乱，又辅助太子监国，并派人迎接皇帝返归，确难看出他的祸心。然而，他也露出了破绽。如果惠愍帝留心考察慕容农是怎么被害死的，或许不会重蹈其覆辙。

宋武帝看错辅臣

南朝宋①永初三年（422年）五月，宋武帝刘裕病重。他自知不久于人世，对年仅 17 岁的太子刘义符继承皇位颇有些放心不下。鉴于历史上太后听政、外戚专权导致皇权旁落的教训，宋武帝亲笔写下遗诏："后世若有幼主，朝事一委宰相，母后不烦临朝。"宋武帝还把太子召到面前，就几位辅政大臣的情况向他交底说："檀道济虽然有才干，但缺少深谋远虑；徐羡之、傅亮二人不会搞阴谋诡计；谢晦多次跟随我征战，善于随机应变，今后如果有情况，只会是他领头起事，对此人要留点心。"

接着，宋武帝召见司空（宰相）徐羡之、中书令（主管拟草并发布诏令）傅亮、领军将军（主管警卫部队）谢晦、镇北将军（将军府设在广陵，位于今江苏省扬州市）檀道济等四位大臣，嘱托他们共同辅助太子执掌朝政。徐羡之等人点头受命。

经过这一番精心安排后，宋武帝以为后事无忧，安然去世。太子刘义符随即继位为宋少帝。宋少帝刘义符有其过失。在为宋武帝治丧期间，他"居丧无礼"，与左右侍从嬉戏如常，很少流露悲哀之情。之后，宋少帝贪于游玩，不常上朝听政。退休的特进（待遇

---

① 东晋元熙二年（420 年），相国刘裕废晋恭帝为零陵王，即位称帝，改国号为"宋"，都建康，位于今江苏省南京市。

二、情势失察 御座摇坠

略低于宰相的大臣)范泰上书劝谏,宋少帝听不进去。对于少帝的过失,徐羡之等人没有加以规劝,却暗下动议将他废黜。

元嘉元年(424年)五月,徐羡之召檀道济回京都,告诉他决定将宋少帝废黜。二十四日晚上,谢晦邀檀道济住进其将军府,聚集将士准备对宋少帝动手。当天,宋少帝却在华林园里无忧无虑地游玩,扮作酒商亲自卖酒,又与左右侍从游船,直到天晚才回宫休息。

二十五日凌晨,徐羡之、檀道济等人领兵进入云龙门。中书舍人(负责拟草诏令)邢安泰作内应,事先撤去宋少帝身边的侍卫官兵。檀道济指令兵士杀死守候在宋少帝身边的两个侍从,击伤宋少帝手指,收缴了皇帝玉玺,将宋少帝押回太子宫。与此同时,徐羡之等人将拟好的诏书递交宋少帝生母张太后,逼迫她发布诏令,将宋少帝废为营阳王。接着,徐羡之等人将营阳王刘义符幽禁于吴郡(位于今江苏省苏州市)。六月二十四日,徐羡之指使邢安泰带人去刺杀营阳王。营阳王挣脱出门。杀手追上去将营阳王刘义符按倒在地,当即把他杀死。在此之前,徐羡之等人已废杀庐陵王刘义真(宋武帝第二子)。

随后,徐羡之等人决定立宜都王(王府设地位于今湖北省荆州市)刘义隆(宋武帝第三子)为帝,并派谢晦出任荆州(治所位于今湖北省荆州市)刺史(军政长官),以监控那里的局势。宜都王刘义隆见徐羡之等辅政大臣如此废杀君王,惶恐不安,不敢赴京都即位。王府南蛮校尉(主管南方少数民族事务的武官)到彦之等人支持并护卫宜都王入京。刘义隆即位为宋文帝后,继续让徐羡之等人辅政,以安定他们的思想。同时,宋文帝任命到彦之为中领军(主管警卫部队和京都驻军)。

元嘉三年(426年)正月,宋文帝以杀害营阳王和庐陵王的罪名,下令逮捕徐羡之、傅亮、谢晦三人,并公布其罪行。徐羡之闻讯出逃,吊死在一个陶窑里。傅亮被捕杀。谢晦在押送赴京途中写下《悲人道》一诗,"哀人道之多险,伤人道之寡安",到京后即被处死。宋文帝考虑檀道济系胁从为逆,当时没有追究他的罪过。后来,宋文帝还是下令将檀道济处死。

《宋书》卷三 宋武帝本纪下

卷四 宋少帝本纪

卷四十四 谢晦传

《通鉴纪事本末》卷十九 徐傅废立

【简评】

清代学者王夫之认为:"营阳王狎群小而耽嬉遊,诚不可以君天下,然其立逾年耳,淫昵之党未固,狂荡之恶未宣,武帝讬大臣以辅弼之任,夫岂不望其捡柙而规正之?乃范泰谏而羡之、亮、晦寂无一言。""武帝于谢晦,知其心挟异同,而犹委以六尺之孤,使二子骈首以受刃,其失较然也"(《读通鉴论》卷十五·营阳王)。

二、情势失察　御座摇坠

北魏太武帝未及除奸

北魏①太平真君十一年(450年)九月,北魏太武帝拓跋焘率军攻打南朝宋②,留太子拓跋晃监国(临时主持朝政)。

太子拓跋晃观察事态敏锐,处理问题精明。中常侍(皇帝侍从官)宦官宗爱"天性险暴,行多非法"。他善于谄媚,受到太武帝宠信。拓跋晃对宗爱为非作歹十分厌恶。给事中(侍从皇帝、负责收纳奏章、协理监察事务)仇尼道盛、侍郎(皇帝侍卫官)任平城同太子拓跋晃亲近,也反对宗爱谋私。太武帝南征期间,宗爱与太子拓跋晃及仇尼道盛、任平城关系恶化。

太平真君十二年(451年)三月,太武帝返回京都平城。宗爱担心其违法行为会受到仇尼道盛等人举报,便诬告仇尼道盛和任平城讨好太子,图谋不轨。太武帝对宗爱的谗言信以为真,下令将仇尼道盛、任平城押往闹市斩首。太子所居东宫许多属官亦株连被杀。由此,太子拓跋晃忧惧成疾,于当年六月含冤去世。

之后,太武帝搞清了事实真相,知道太子等人无罪,对误信宗爱之言十分后悔。太武帝对太子悼念不已,宗爱极为恐惧不安。

宗爱害怕因罪被杀,竟然伺机对太武帝下毒手。正平二年

---

① 都平城,位于今山西省大同市东北。
② 都建康,位于今江苏省南京市。

(452年)二月初五日,宗爱将太武帝害死在内宫。

《魏书》卷四下 太武帝纪下

卷九十四 宗爱传

《通鉴纪事本末》卷十九 宗爱逆节

【简评】

北魏太武帝听信宗爱谗言,冤杀数人,致使太子拓跋晃忧惧而死。后来,他虽然省悟却没有制裁宗爱。由于其见事迟,处事缓,最终为宗爱所杀。

二、情势失察　御座摇坠

北魏孝武帝猜忌失策

　　北魏①太昌元年(532年)四月,冀州(治所位于今河北省冀州市)刺史(军政长官)、东道大行台(朝廷派驻东部地区军政长官)高欢率兵击败尚书令(丞相)尔朱世隆部众,进入京都洛阳,控制朝政。随后,高欢废黜由他自己在信都(即冀州)拥立的北魏后废帝元朗和尔朱世隆在京都拥立的北魏节闵帝元恭,改立平阳王元修(广平武穆王元怀第三子)为北魏孝武帝。

　　元修在尔朱世隆当政时期任尚书左仆射(副丞相)。高欢率军进入洛阳后,元修躲入一户农家。高欢废黜两地并立的元朗、元恭二帝,需要从北魏皇族中寻找一个人当皇帝,便想到元修。高欢派人找到元修,向他说明这一意向。元修担心日后招祸,推辞不肯出任皇帝。高欢"泣下霑襟",一拜再拜,元修才同意即帝位。

　　北魏孝武帝元修任命高欢为大丞相。高欢不住京都,却居守地形险要的晋阳(位于今山西省太原市西南)遥控朝政。于是,孝武帝信赖侍中(侍从皇帝的主官)斛斯椿,加任他为领军(统领警卫部队),与之共同决定军政大事。

　　孝武帝对高欢任意废立皇帝感到憎恶,担心有朝一日自己也会被他废黜。他暗中抚慰握有重兵的关中大行台(朝廷派驻西北

---

① 都洛阳,位于今河南省洛阳市。

地区的军政长官)贺拔岳,将贺拔岳之弟侍中贺拔胜调任荆州(治所位于今河南省邓州市)刺史,都督荆州等七州诸军事(军事统帅),想依靠他们兄弟俩牵制高欢。孝武帝又有意拉拢侍中高乾,同他私下结盟。高乾察觉出孝武帝对高欢另有图谋,便把孝武帝拉他结盟的事报告高欢。

永熙二年(533年)三月,孝武帝获悉高乾向高欢泄露他的机密,派人逼令高乾自杀。接着,孝武帝又指令人去暗杀高乾的弟弟冀州刺史高敖曹。高敖曹闻讯后逃奔高欢。高欢与高敖曹为高乾惨死抱头痛哭。从此,高欢与孝武帝关系破裂。

八月,孝武帝任命贺拔岳为雍州(治所位于今山西省永济市蒲州)刺史,都督雍州等二十州诸军事,并划破前胸,派人将流出的血送给贺拔岳,以此委托他消灭高欢势力,匡扶北魏。之后,贺拔岳起兵进驻平凉(位于今甘肃省平凉市西南),联络西部地区纥豆陵伊利等游牧部族首领,任命行台府司马(主管军事的属官)宇文泰为夏州(治所位于今陕西省横山县西)刺史,镇守边塞。此间,秦州(治所位于今甘肃省天水市)刺史侯莫陈悦等四州将领会师,主动接受贺拔岳指挥。

高欢听说秦州等四州刺史投靠贺拔岳,感到对他构成威胁,便派人去游说侯莫陈悦,诱使他答应伺机对贺拔岳下手。贺拔岳对此毫不知晓。

永熙三年(534年)正月,贺拔岳约侯莫陈悦率部到高平(位于今宁夏区固原县)会师,共同讨伐不肯依附他们的灵州(治所位于今宁夏区灵武市西南)刺史曹泥。两军抵达河曲(位于今宁夏区灵武市西南)后,侯莫陈悦邀请贺拔岳去他的军营讨论军事。谈话间,侯莫陈悦谎称肚子疼起身走开。侯莫陈悦的女婿元洪景随即拔刀将贺拔岳杀死。此后,侯莫陈悦率部退守水洛城(位于今甘肃省庄浪县东南)。宇文泰闻讯火速赶到平凉,接管贺拔岳的部众,率军讨伐侯莫陈悦。侯莫陈悦兵败自杀。

二、情势失察　御座摇坠

五月,孝武帝想讨伐高欢,以准备攻打梁朝①的名义,召令黄河以南各州军队到洛阳阅兵。六月,孝武帝给高欢一封密信,称贺拔胜等人图谋叛逆,所以假借攻梁阅兵,要高欢也做好赴援京都的准备。高欢察觉孝武帝的用意,趁机亲自率领3万兵马南下,同时又从恒州(治所位于今山西省大同市东北)、冀州等地调遣21万官兵,向京都进逼。孝武帝闻讯后,转而写信给高欢,又称贺拔胜等人并无叛乱迹象,劝他退军。

高欢没有理睬。面临高欢大军南下,斛斯椿请求率军渡河阻击,孝武帝听信黄门侍郎(皇帝侍从官)杨宽的谗言,怀疑斛斯椿有变而没有让他领军迎战。斛斯椿见孝武帝坐守待毙,只好仰天长叹。

孝武帝惊慌失措,不知如何摆脱困境。有人劝说孝武帝向西去投奔宇文泰。东郡(治所位于今河南省滑县东)太守(行政长官)裴侠认为,宇文泰如今已羽翼丰满,不可能将权柄交给别人。攻打高欢,固然马上就会惹来祸患;西投宇文泰,将来也必有忧患。那样做,不过是躲开沸水,又投入火中而已。裴侠建议孝武帝暂避关中(位于今陕西省中部地区),以图后计。

七月,高欢率军渡过黄河。孝武帝一行沿着黄河西逃。宇文泰率部将孝武帝迎入长安(位于今陕西省西安市西北)。

十月,高欢进入洛阳,致书请孝武帝回京即位,孝武帝拒不答复。于是,高欢拥立年仅11岁的元善见(清河王元亶之子)为孝静帝,迁都邺城(位于今河北省临漳县西南),史称"东魏"。

孝武帝宠爱其堂妹平原公主明月,引起宇文泰反感。宇文泰令人将明月杀死,孝武帝大为恼恨,"或时弯弓,或时推案"。由此,孝武帝同宇文泰关系恶化。闰十二月癸巳夜,宇文泰指使人将孝武帝毒杀,随后拥立南阳王元宝炬为文帝,定都长安,史称"西魏"。

由道武帝拓跋珪开创的北魏王朝前后经历149年,至此分裂

---

① 都建康,位于今江苏省南京市。

为东魏、西魏。

《通鉴纪事本末》卷二十二 元魏之乱
　　　　　　　　卷二十三 魏分东西
《北史》卷五 孝武帝纪

【简评】

　　北魏后期内战不息,权臣掌握军队,皇权衰微,帝王难以逃脱噩运。孝武帝被杀有其自身的失误。失误之一,他由高欢拥立,却对高欢遥控朝政不满,他召高欢领兵赴京,惹祸上身;失误之二,危急之时,他又怀疑领军斛斯椿,丧失战机;失误之三,落难逃奔宇文泰后,他又因贪恋女色与宇文泰翻脸。"水至清则无鱼,人至察则无徒"(《大戴礼记·子张问入官》)。北魏孝武帝猜忌多疑,最后只能是孤家寡人而不得善终。

二、情势失察　御座摇坠

梁武帝耄耋被囚

南朝梁①太清元年（547年）正月，东魏②丞相高欢病逝，其长子高澄继任丞相。东魏镇守河南的大将军侯景对高澄执政不服，叛投西魏③。西魏封侯景为上谷公。此后，侯景又派其行台郎中（官府部门长官）丁和送信给梁朝廷，称其与高澄"有隙"，愿领函谷关（位于今河南省灵宝市东北）以东、瑕丘（位于今河南省濮阳市东南）以西13州归附梁朝。

梁武帝收纳侯景

梁武帝萧衍就侯景来信征求群臣意见。尚书仆射（丞相）谢举等人认为："我朝与东魏近年关系和好，边境相安无事，不宜接纳其叛臣。"梁武帝则以为得到侯景便可以控制北方，意欲接纳侯景而没有马上拍板。中书舍人（负责拟草诏令）朱异见梁武帝尚有些犹

---

① 都建康，位于今江苏省南京市。
② 都邺，位于今河北省临漳县西南。
③ 都长安，位于今陕西省西安市。

豫,极力劝他不要有任何疑虑。于是,梁武帝决定接收侯景归附,封侯景为河南王,任命他为都督河南河北诸军事(军事长官),并派南司州(治所位于今湖北省安陆市)刺史(军政长官)羊鸦仁率领3万名官兵,赴悬瓠(位于今河南省汝南县)迎接侯景及其部众。

高澄听说侯景叛离,于当年五月派武卫将军元柱率数万大军讨伐侯景,被侯景领兵击败。侯景见羊鸦仁军尚未赶到,率部退居颍川(位于今河南省许昌市)。随后,东魏军队包围颍川,侯景以割让东荆州(位于今河南省泌阳县)等四州为条件请求西魏出兵救援,同时奏报梁武帝,说明其向西魏求援的原因。梁武帝复书认可。西魏丞相宇文泰派兵解除东魏军队对颍川的包围,下令部队撤回。

不久,侯景再次写信请求西魏出兵救援。宇文泰准备出兵,大行台左丞(相当于丞相助理)王悦劝告说:"侯景野心很大,不甘为人之下。他既然反叛高氏,岂能尽忠我朝?如再派兵救援他,只会增加他的势力,给我朝带来后患。"宇文泰听取王悦的意见,回信召请侯景去西魏朝廷,以试探他的态度。侯景回信称:"吾耻与高澄雁行,安能比肩大弟!"

八月,梁贞阳侯萧渊明(梁武帝之侄)等奉命率军攻打东魏。高澄写信给侯景,以其母亲妻子在邺都,劝其回归东魏。侯景回信予以拒绝。梁武帝传令侯景率部配合萧渊明征战。十一月,梁军被东魏军击败,萧渊明等人被俘,侯景逃至马头(位于今安徽省六安市北)。梁朝廷大为震惊。侯景上书梁武帝请求贬降其职务。梁武帝为了安抚侯景,不但没有降其职,反而加任他为南豫州牧(行政长官),让他镇守寿阳(位于今安徽省寿县西)。

光禄大夫(虚职高级文官)萧介提醒梁武帝说:"侯景是高欢一手培养提拔的,高欢死后坟土未干,侯景便背叛他。他反叛力量不足,投靠关西(西魏)。宇文泰不收留他,他才投附我朝。如今,侯景兵败失地,只是一个平民而已,不可因为他而损坏我们同魏国的关系。侯景狼子野心,本性难改,可不能养虎遗患!"梁武帝称赞萧

二、情势失察 御座摇坠

介的话出于忠心,但听不进他的意见。此后,镇守合肥(位于今安徽省合肥市)的鄱阳王萧范和羊鸦仁等人亦多次上书,奏告侯景"有异志",梁武帝不仅不听,反而对侯景"逾加赏赐"。

梁武帝言而无信

太清二年(548年)二月,高澄写信给梁朝廷,请求两国和好,梁朝廷没有同意。之后,高澄要萧渊明写信给梁武帝,转达他再次求和的愿望。萧渊明随即派其侍从夏侯僧辩送信给梁武帝,信上说:两国若和好,东魏许诺将他放回。梁武帝就此征求群臣意见。朱异等人力主同东魏和好。司农卿(主管农业、仓库及宫廷食品供应)傅岐指出:"这是高澄施用的离间之计,意在使侯景心恐不安,酝酿祸乱。如果同意和好,正中其奸计。"梁武帝对傅岐的有识之见未能认真考虑,而是听取多数大臣的意见,决定同东魏和好。夏侯僧辩北返经过寿阳时,侯景向他探听到梁朝廷准备同东魏讲和的情况。他当即上书梁武帝,对同东魏讲和提出异议,称高澄"求盟请和,冀除其患。若臣死有益,万殒无辞,唯恐千载,有秽良史"。侯景又写信给朱异,并送给他300两黄金,请朱异把他的意见奏告梁武帝。朱异收其贿金而没有将他的意见上奏。

不久,侯景听说梁朝廷派使臣去高澄家里追悼其亡父高欢,又上书梁武帝说:"臣与高氏衅隙已深,仰凭威灵,期雪雠耻。今陛下复与高氏连和,使臣何地自处?乞申后战,宣畅皇威。"梁武帝回信给侯景说:"朕与公大义已定,岂有成而相纳,败而相弃乎!今高氏有使求和,朕亦更思偃武。进退之宜,国有常制。公但清静自居,无劳虑也。"侯景看了梁武帝这封回信后,心中的疑惧并没有减轻。他回信向梁武帝再次请战,称"今陛下弃臣遐外,南北复通,将恐微臣之身，不免高氏之手。"梁武帝回信说："朕为万乘之主，岂可失信于一物。想公深得此心，不劳复有启也。"

侯景仍然放心不下，便伪造一封东魏朝廷的书信，派人冒充东魏使臣将该信送到梁朝廷。侯景在信上诡称，请以贞阳侯（萧渊明）换回侯景。梁武帝见信后信以为真。傅岐劝谏说："侯景在困难时投归我朝，如今不可将他抛弃。"梁武帝没有听取傅岐的劝告，回信答称："贞阳旦至，侯景夕返。"侯景见到梁武帝回信后，对其左右亲信说："我早就料到吴地那个老头子薄情寡义！"于是，他决意起兵攻打梁武帝。

梁武帝自食其果

侯景知道临贺王萧正德（梁武帝之侄）对梁武帝怀有怨恨，便派其亲信徐思玉前去串通萧正德。萧正德早年被梁武帝收为养子，一心想当太子。梁武帝立其长子萧统（其已于梁大通三年即531年病逝）为太子后，萧正德一气之下投奔北魏[①]。

此间，他与徐思玉结下交情。后来，萧正德在北魏不得志，又返回梁朝。萧正德返回后，贪婪残暴，私养武士，等待国家发生变乱时起事。对此，梁武帝竟毫无察觉。萧正德接到徐思玉所携侯景书信后，回信称："仆之有心，为日久矣。今仆为其内，公为其外，

---

① 鲜卑族首领拓跋珪所建的国家。北魏太和十七年（493年），孝文帝拓跋宏改名元宏，将都城由平城（位于今山西省大同市东北）迁至洛阳（位于今河南省洛阳市）。永熙三年（534年），丞相高欢领兵攻入洛阳，孝武帝逃往长安。高欢立元善见为帝，迁都邺，史称"东魏"。大都督（军事统帅）宇文泰毒杀孝武帝，在长安拥立元宝炬为帝，史称"西魏"。北魏从此不复存在。

二、情势失察　御座摇坠

何有不济？机事在速,今其时也。"

当年八月初十日,侯景在寿阳起兵,称中领军(统领警卫部队和京都驻军)朱异"奸佞骄贪",以讨伐朱异为名向建康进军。梁武帝闻讯后笑着说:"侯景能怎么样？我折断马鞭也能把他收拾!"随即,梁武帝任命萧正德为都督京都诸军事(京都军事总指挥),让他领兵保卫京都。

梁武帝派侍中(侍从皇帝的主官)邵陵王萧纶率军讨伐叛军。侯景撇开萧纶部主力,率轻骑兵直取历阳(位于今安徽省和县)。萧正德以运芦苇为名,密令接运侯景部队过江。十月二十四日,萧正德引导叛军进入建康。接着,侯景领叛军围攻皇城,萧正德则率部在城外阻击各地前来救援的军队。

太清三年(549年)三月,侯景率叛军攻占皇城,控制政局,将梁武帝软禁在宫中。侯景向梁武帝递交一封信,指责梁武帝的罪过。梁武帝看信后既恼恨又惭愧,心情无法平静。侯景下令减少对梁武帝的膳食供应,对他的其他要求也一概拒绝。此时,梁武帝已86岁高龄,难以承受这从未有过的精神折磨,以致忧愤成疾。五月初二日,梁武帝躺在静居殿,感到口苦,索要蜂蜜而没有得到。他接连发出"荷！荷！"两声,便怅然长逝。

梁武帝一生好学,"虽万机多务,犹卷不辍手",著作诗文千余卷,"草隶尺牍,骑射弓马,莫不奇妙"。他"勤于政务,孜孜无怠"。冬天,他常常四更起床,"把烛看事,执笔触寒,手为皴裂"。他生活简朴,严于律己。"日止一食,膳无鲜腴,惟豆羹粝食而已"。"身衣布衣,木绵皂帐"。"不饮酒,不听音声","五十外便断房室"。梁武帝如此"恭俭庄敬,艺能博学",在历代帝王中是少有的,其结局却是被囚禁饿死。他的悲剧不能不令人掩卷深思。

《梁书》卷三　武帝本纪下
卷五十六　侯景传
《通鉴纪事本末》卷二十三　侯景之乱

【简评】

清代学者王夫之认为：梁武帝"受侯景之降，居之内地，萧介危言而不听；未几，听高澄之绐，许以执景，傅岐苦谏而不从；旋以景为腹心，旋以景为寇雠，旋推诚而信非所信，旋背约而徒启其疑，茫乎如舟行雾中而不知所届，截然与昔之审势度情者，明暗杳不相及；盖帝于时年已八十有五矣，血气衰而智亦为之槁也"（《读通鉴论》卷十七·梁武帝）。

毛泽东阅读《南史·梁武帝纪》批注："萧衍善摄生，食不过量，中年以后不近女人。然予智自离，小人日进，良佐自远，以致灭亡，不亦宜乎"（《毛泽东读书笔记》上·历史篇·读李延寿《南史》卷七《梁本纪·武帝》解析）。

二、情势失察　御座摇坠

北周二帝难防家贼

西魏①恭帝三年(556年)十月,太师、大冢宰(宰相)宇文泰在出巡途中突发重病。返抵泾州(治所位于今甘肃省镇原县东南)时,他召见其侄中山公宇文护,嘱咐他说:"我的儿子都很年幼。如今天下没有平定,我将国家大事托付给你。希望你辅佐我的世子宇文觉,努力实现我的遗愿!"

宇文泰去世后,宇文护辅佐时年15岁的宇文觉(宇文泰第三子)继位为太师、大冢宰,执掌朝政。当年十二月,宇文护改变宇文泰维持西魏王朝的旧制,逼迫西魏恭帝元廓让位,改国号为"周",史称"北周",立宇文觉为北周孝闵帝,接着派人将元廓杀害。北周孝闵帝任命宇文护为大司马(掌管军政)。从此,宇文护控制北周朝政。

北周孝闵帝元年(557年)春天,宇文护下令处死反对他专权的楚公赵贵、卫公独孤信和仪同三司(享受宰相待遇)齐轨等大臣,引起孝闵帝的痛恶。司会(协助宰相考察官吏)李植、军司马(侍卫军官)孙恒、宫伯(皇宫警卫军官)乙弗凤、贺拔提等人奏告宇文护无人臣之节,建议尽早将他除掉。孝闵帝表示同意。

此后不久,宫伯张光洛将李植等人的密奏泄露给宇文护。宇

---

① 都长安,位于今陕西省西安市。

义护随即调任李植为梁州（治所位于今陕西省汉中市）刺史（行政长官）、孙恒为潼州（治所位于今四川省绵阳市）刺史。此后，宇文护哭着对孝闵帝说："我作为皇上的兄长、陛下的辅臣，还能有什么奢望呢？我担心把我除掉，让奸臣的阴谋得逞，不仅对陛下不利，也会危及国家。希望陛下要明辨忠奸，不可听信奸臣的谗言。"之后，孝闵帝对宇文护更加不满，可他没有料到，宇文护竟然会对他下毒手。

当年八月，乙弗凤等人准备乘宴会之机将宇文护抓捕。张光洛再次向宇文护告密。宇文护随即令柱国（主管军队的高级将领）贺兰祥、领军（主管警卫部队）尉迟纲撤走孝闵帝身边的卫士，杀死乙弗凤等人，逼孝闵帝让位，将其幽禁于旧宫之中。然后，宇文护召集群臣开会，称孝闵帝"荒淫无度，昵近群小"，谋杀大臣，危害社稷，将孝闵帝废为略阳公，立宁都公宇文毓（宇文泰长子）为北周明帝。不久，宇文护令人将宇文觉杀害。

北周明帝自幼好学，博览群书，聪明仁厚，有帝王的气度。宇文护对他十分戒备。武成元年（559年），宇文护假意上书请求把执掌朝政的权力交归皇上。明帝主持朝政后，仍让宇文护决定军国大事。宇文护担心明帝日后收回朝政大权对他不利，又起意将明帝除掉。明帝书生气十足，对宇文护的图谋没有察觉。

武成二年（560年）四月，宇文护指使膳部下大夫（主管宫廷饮食的副官）李安在明帝的食物中投入毒药。明帝食后自知中毒，但已无可救治。临终前，他口授遗诏，将帝位传给鲁国公宇文邕（宇文泰第四子）。他说："人的生死合乎自然规律，所恨在位时未能使百姓富足。我死后葬事务必从俭，不要用金玉随葬。"

宇文邕即位为北周武帝后，宇文护继续专断朝政，他凡事先决定后才向武帝奏报。武帝忍耐着性子，听任宇文护擅权，暗中伺机对他下手。

天和七年（572年）三月十八日，武帝诱使宇文护去后宫劝皇

二、情势失察　御座摇坠

太后叱奴氏(宇文邕之母)戒酒。宇文护进入后宫后,武帝乘其不备,从其身后用玉珽(玉板)猛击他的脑袋,将其击倒在地。这时,隐藏在内室的卫王宇义直(北周武帝之弟)冲上来,举刀将宇文护杀死。

《周书》卷三　孝闵帝纪

卷四　明帝纪

卷十一　晋荡公护传

《通鉴纪事本末》卷二十三　宇文篡西魏

卷二十四　宇文护逆节

【简评】

　　宇文泰长期执掌西魏军政,文治武功有所建树。临终时,他没有让赵贵、独孤信等大臣辅政,而将权力遗交给宇文护。他只是想到要保持其家天下的局面,而没有看清宇文护狡诈嗜权的真面目。"权臣专制,政出私门"(《周书》卷四·明帝纪),是北周二帝被杀的主因。

中国古代历史风云·宫廷风暴(上)

唐玄宗轻信酿乱

唐景龙四年(710年)六月,皇后韦氏毒杀唐中宗李显(武则天第三子),祸乱朝政。临淄王李隆基领兵杀死韦皇后,拥其父相王李旦(武则天第四子)复位为唐睿宗(其此前曾被武则天废去帝位)。唐睿宗流着眼泪称赞李隆基说:"国家遭逢祸乱,是你一手平定的。"之后,唐睿宗将李隆基立为太子。延和元年(712年)七月,唐睿宗退称太上皇,将皇位让给太子。李隆基继位为唐玄宗。

唐玄宗即位之初,发布文告称从今以后,"当与亿兆,同此惟新"。唐玄宗在位前期,坚持严于律己,励精图治。经过开元年间(713年—741年)的治理,"贞观之风①,一朝复振"。百姓生活安康,四方为之歌颂。可是,唐玄宗善始而没能善终。

误用奸相李林甫

唐玄宗在位日久,"渐肆奢欲,怠于政事"。吏部侍郎(朝廷主

---

① 贞观为唐太宗年号(627年—649年)。唐太宗即位后,采纳房玄龄、魏征等一批名臣意见,使天下大治。

二、情势失察　御座摇坠

管官吏任免的部门副长官)李林甫投靠唐玄宗宠爱的武惠妃,得以探知玄宗意向,"每奏对常称旨",受到玄宗赏识。

开元二十四年(736年),唐玄宗想起任李林甫为宰相,征求中书令(宰相)张九龄的意见。张九龄说:"宰相一职关系国家的安危,陛下如果任用李林甫为相,我担心此人今后会成为国家的忧患。"唐玄宗不以为然。之后,唐玄宗竟听信李林甫等人的谗言,罢免张九龄的宰相职务,改任李林甫为中书令。"自是朝廷之士皆容身保位,无复直言"。

李林甫当政后,"媚事左右,迎合上意,以固其宠;杜绝言路,掩蔽聪明,以成其奸;妒贤忌能,排抑胜己,以保其位;屡起大狱,逐贵臣,以张其势"。当时,人们称李林甫"口有蜜,腹有剑",唐玄宗对李林甫却信任无疑。

天宝三载(744年)某一天,唐玄宗对其信赖的宦官高力士说:"我将近十年没有离开长安出巡,如今天下无事,我想高居皇位不再直接上朝听政,把日常朝政委托李林甫承办,怎么样?"高力士劝谏说:"天下军政大权,不可授予他人。"唐玄宗听不进高力士的忠言。他满以为"天下无复可忧,遂深居禁中,专以声色自娱",却将朝政事务交由李林甫处理,以致"养成天下之乱"。

唐朝开国以来,一直任用忠正大臣镇守边防,并从其中选拔功绩显著的将领担任宰相。李林甫为了巩固其相位,处心积虑改变由边帅入相的制度。他认为胡人(泛指北方、西方少数民族人群)不懂儒家经书,难以被召任宰相,便以胡人"勇决习战","孤立无党","能为朝廷尽死",奏请任命胡人为边镇守将。唐玄宗赞同李林甫的意见,首先起用营州柳城(位于今辽宁省朝阳市)胡人安禄山。

轻信藩将安禄山

　　安禄山早年从军,后在幽州(治所位于今北京市区)节度使(军政长官)张守珪部下,任营州(治所柳城)都督(军事将领)。安禄山为人"狡黠,善揣人情"。此间,他通过贿赂朝廷往来官员为其美言,得到唐玄宗的信任。天宝元年(742年),唐玄宗任命安禄山为平卢(治所位于今辽宁省朝阳市)节度使。安禄山得以直接入朝奏事,更加受到唐玄宗信赖。此后,唐玄宗加任安禄山为河北采访使(主管民政)、范阳(治所幽州)节度使、河东(治所位于今山西省太原市西南)节度使、御史大夫(名誉最高监察机关长官),把位于京都东北面的三镇全权交给安禄山管理。

　　安禄山身体肥胖,肚皮垂至膝盖。一次,唐玄宗笑着问他:"肚里装着什么,这么大?"安禄山拍着肚皮回答说:"这里面没有别的东西,只有一颗忠于陛下的心!"唐玄宗听后十分高兴。

　　唐玄宗要杨贵妃三姊妹同安禄山"叙兄弟"。于是,安禄山得以出入后宫。安禄山知道唐玄宗最宠爱杨贵妃,便请求做杨贵妃的干儿子。一次,安禄山见玄宗和杨贵妃坐在一起,他先拜杨贵妃,再拜玄宗。唐玄宗问他为何先拜贵妃,安禄山答道:"胡人先拜母亲而后再拜父亲。"唐玄宗听他这么说格外高兴。此后,唐玄宗封安禄山为东平郡王,开了对镇将封王的先例。

　　安禄山重权在握后,"日益骄恣"。他初次会见太子李亨时没有下拜。事后,安禄山想到唐玄宗已经年老,担心太子日后继位不能容忍他,心里感到恐惧不安。

　　安禄山看到天下太平日久,"武备堕弛",逐渐产生轻视朝廷的

二、情势失察　御座摇坠

思想。他私自派人从同罗①、奚②、契丹③等地招募八千多名勇士，私养几万匹战马，又串通其部将史思明等人，准备起兵反叛朝廷。

　　安禄山认为李林甫老谋深算，工于心计，"狡猾踰己"，对李林甫尚有几分畏惧，勉强屈意服从。天宝十一载（752年）李林甫死后，由杨贵妃堂兄杨国忠继任宰相。安禄山蔑视杨国忠，不把他看在眼里。杨国忠看出安禄山有种种谋反的迹象，奏告唐玄宗。唐玄宗则认为杨国忠所奏都是人们误传，不可信以为真。安禄山听说杨国忠告他谋反，哭着对唐玄宗说："我本是胡人，靠陛下信任提拔才有今天。没想到受到杨国忠的忌妒，我的死期不远了！"唐玄宗见安禄山哭得伤心，"赏赐巨万"，加以安慰。从此，唐玄宗"益亲信禄山，国忠之言不能入"。太子李亨亦看出安禄山日后必定要反叛朝廷，奏请父皇留意审察安禄山。唐玄宗同样听不进去。后来，唐玄宗竟厌恶有人说起安禄山谋反，凡是说安禄山造反的人，玄宗都下令将其绑送安禄山处置。由于这样，人们都知道安禄山将要反叛，但没有人再敢提及此事。

　　天宝十四载（755年）二月，安禄山派其副将何千年来朝廷，奏请以30名胡人将领，替换其部所属的汉人将领。对此，唐玄宗当即表示同意。宰相兼武部尚书（朝廷主管军事的部门长官）韦见素劝谏唐玄宗说："安禄山反叛朝廷的迹象已很明显，他的这一要求不可以答应。"唐玄宗见韦见素持不同意见，很不高兴。

　　过了几天，韦见素提请任命安禄山为平章事（宰相），召其入京，任命贾循等人分别接任范阳等镇节度使职务，以削除安禄山兵权，挫败其阴谋。唐玄宗虽然表示同意调安禄山入京，但对拟好的

---

　　①　部族名，原居住地位于今俄罗斯契科伊河以南及蒙古国伊罗河以东，后南迁。
　　②　部族名，居住地位于今内蒙古宁城县西北。
　　③　部族名，居住地位于今内蒙古西拉木伦河、老哈河流域。

诏令扣着不发。他另派中使(宫中侍从官,多由宦官担任)辅璆琳给安禄山送去一些珍果,借以观察其动向。辅璆琳受到安禄山重贿后,回到朝廷奏称:"安禄山竭尽忠诚奉献国家,对朝廷没有二心。"据此,唐玄宗对杨国忠、韦见素等人说:"我对安禄山推心置腹,以诚相待。安禄山绝不会有背叛我的图谋。你们用不着多担心。"于是,唐玄宗将调动安禄山入京一事搁下。

六月,太仆卿(主管皇帝用马及畜牧业)安庆宗(安禄山之子)将要结婚。唐玄宗亲自写信给安禄山,请他来京参加婚礼。安禄山称病不肯来京。不久,安禄山派人奏报,拟派22名胡人将领给朝廷奉献3000匹良马。河南(治所位于今河南省洛阳市)尹(行政长官)达奚珣怀疑安禄山借此起事,提醒唐玄宗提高警惕。唐玄宗"稍寤,始有疑禄山之意"。他采纳达奚珣的意见,以推迟到冬天由地方官送马为由,答复安禄山,并派中使冯神威去范阳传达旨令,顺便邀请安禄山十月赴京尝尝宫中新制作的一种汤。安禄山见到唐玄宗这一旨令后十分不快,说道:"不要我现在献马,我亦没有意见,等到十月我将正大光明入京拜见皇帝。"安禄山下令将冯神威带入馆舍,不再见他,也没有让他带回奏书。冯神威回见唐玄宗时哭着说:"我差一点没能回来见到皇上!"

仓皇出逃国破家亡

安禄山控制三镇,"阴蓄异志,殆将十年"。本来,他以玄宗待他很厚,想等其去世后反叛朝廷。由于杨国忠等人多次告发他谋反,安禄山改变主意,决意立即举兵反叛。

天宝十四载(755年)十一月初九日,安禄山乘其亲信去京奏事返回之机,诡称朝廷密令他入京讨伐杨国忠,策动15万名官兵

二、情势失察　御座摇坠

自范阳南下,向京都进军。安禄山在军中宣布:"有异议煽动军人者,斩及三族。"

当时,天下太平日久,老百姓好几代都没有见过战争,猛一听说范阳镇起兵,无不大为震惊。太原(位于今山西省太原市)和东受降城(位于今内蒙古托克托县南)守将纷纷奏报安禄山举兵叛乱,唐玄宗还以为是憎恶安禄山的人所传的谣言,不肯相信。

当月十七日,唐玄宗听说太原尹杨光翙被叛军杀害,才相信安禄山的确是反叛了。他连忙任命权知(代理)北庭(治所位于今新疆吉木萨尔北破城子)都护(军政长官)封常清为范阳、平卢节度使,率3万名官兵迎击叛军。不久,封常清兵败退回,被诬告处死。

十二月,安禄山率叛军攻占东京洛阳(位于今河南省洛阳市)。

天宝十五载(756年)正月,安禄山自称大燕皇帝,改年号为圣武。

六月,叛军攻陷潼关(位于今陕西省潼关县东北),逼近西京长安。杨国忠召集文武百官,"惶惶流涕,问以策略"。众人皆唯唯诺诺,无人提出平定叛乱的良策。杨国忠说:"人们举报安禄山谋反已经有十年,皇上一直不相信。出现今天这样的情况,不是宰相的过失。"在无计可施的情况下,杨国忠劝唐玄宗去蜀地(位于今四川省)避难,唐玄宗同意。

当月十三日黎明,唐玄宗携杨贵妃等后妃、皇子皇孙及杨国忠等大臣仓皇离京西逃。州县官员闻讯纷纷逃去。唐玄宗一行到达咸阳(位于今陕西省咸阳市东北)便陷入困境。皇孙们用手抓吃百姓送来的粗粮饭,"须臾而尽,犹未能饱"。唐玄宗见此情状,黯然神伤,偷偷流泪。

有个名叫郭从谨的老翁向唐玄宗进言说:"安禄山包藏祸心,不是一天两天的事了。有人上朝廷告发他的阴谋,陛下总是压制,甚至处以刑罚,致使其叛逆得逞、陛下离京颠沛。我这个乡野平民,亦早知道会有今天,但皇上深居九重宫殿之内,我有心奏告皇上,但无路奏达。事情不到这一步,我又怎么有机会亲眼见到陛下,向陛下诉说呢!"唐玄宗回答说:"这都是我的失误,后悔已来不及了!"

十四日,唐玄宗等人行至马嵬驿(位于今陕西省兴平市西),随行将士又累又饿,怨声载道,怒气冲冲。龙武大将军陈玄礼认为,酿成动乱的罪魁祸首是杨国忠,扬言要将杨国忠处死。军士们压在心中的怨气被点燃成怒火,高喊杨国忠与安禄山谋反,冲过来将杨国忠杀死,并肢解他的尸体。御史大夫(最高监察机关长官)魏方进指斥他们怎么能怪罪宰相,亦被军士杀死。韦见素被打得"脑血流地",幸免于难。

接着,起事官兵包围唐玄宗的住所,狂呼乱叫。唐玄宗听到外面人声喧哗,问左右侍从发生了什么事。侍从官奏告外面发生的情况。唐玄宗拄着拐杖步行到门外安抚军士,令他们回到军营。军士不肯答应。唐玄宗派高力士去劝说陈玄礼,陈玄礼回答道:"杨国忠既然谋反,杨贵妃不宜再留在皇上身边,请陛下割爱将杨贵妃正法。"高力士返回奏告后,唐玄宗说:"此事由我自己处置。"唐玄宗转身进门,拄着手杖,呆呆地站着不动,心烦意乱,一筹莫展。

京兆司录(主管京都符印、参议府事)韦谔走到唐玄宗面前奏告说:"眼下众怒难平,安危祸福系于片刻之间,请陛下快快做出决断。"韦谔以头叩地,鲜血直流。唐玄宗说:"贵妃长年居住在深宫,怎么知道杨国忠谋反?"高力士上前劝谏说:"贵妃确是无罪,然而,将士已经杀死国忠,如果把贵妃仍留在陛下左右,贵妃自己亦会感到不安。请陛下认真考虑,只有把将士的情绪安定下来,陛下才能安稳啊!"唐玄宗无可奈何,只好忍痛割爱,下令高力士把杨贵妃勒死,将其尸体陈放厅堂,召陈玄礼等人来看视,事态才得以平息。此后,唐玄宗一行逃往蜀地,太子李亨获准留下。

七月,太子李亨在灵武(位于今宁夏区灵武市西南)即帝位,为

二、情势失察　御座摇坠

唐肃宗,遥尊父皇唐玄宗为上皇天帝。唐肃宗即位后,任命其好友李泌为元帅府行军长史(军事参谋长官),与朔方(治所位于今宁夏区灵武市西南)节度使郭子仪等共商平叛之事,调集部队向长安进发。

安禄山称帝后,身患疾病,双目失明。他性情反常,暴虐无度,引起叛军军官的不满。安禄山宠爱其爱妾段氏所生的小儿子安庆恩,引起其次子安庆绪的恐惧和忌恨。

唐至德二载(757年)正月,安庆绪指使宦官李猪儿将安禄山杀死,自立为帝。从此,叛军逐步走向衰败。当年九、十月,副元帅郭子仪统兵先后收复西京长安、东京洛阳。

十二月,太上皇返回长安。太上皇入蜀后,曾反思自己由于"推心于人,不疑于物",导致安史之乱,认识到这是他"不明之过"。返回京都后,他终日幽居内宫,闭门不出。目睹国破家亡,他悔恨忧伤;念及爱妃杨玉环惨死,更使他丧魂失魄,哀痛不已,以至忧伤成疾。

宝应元年(762年)四月,叛乱尚未完全平息,太上皇李隆基便在无限凄凉中死去。

时人和后人对于唐玄宗的悲剧多有描述,最为著名的有唐代白居易的长诗《长恨歌》和清代洪昇写的戏剧《长生殿》。

《旧唐书》卷八　玄宗本纪上
卷九　玄宗本纪下
卷二百上　安禄山传
《通鉴纪事本末》卷三十一　李林甫专政
安史之乱

【简评】

《旧唐书》作者刘昫认为,唐玄宗在位后期"朝野怨咨,政刑纰缪,何哉?用人之失也。自天宝已还,小人道长"。"故禄山之徒,得行其伪"(《旧唐书》卷九·玄宗本纪下)。

司马光认为:"明皇之始欲为治,能自刻厉节俭如此,晚节犹以奢败。甚哉奢靡之易以溺人也"(《资治通鉴》卷二百一十一·唐纪二十七)。

二、情势失察　御座摇坠

唐德宗逃亡奉天

唐建中三年(782年)二月,朝廷决定对河北南道驻防区划进行调整,将德州(治所位于今山东省德州市)、棣州(治所位于今山东省惠民县南)划归范阳(治所幽州,位于今北京市区西南部)节度使(军政长官)朱滔管辖,令朱滔从深州(治所位于今河北省深州市)返回镇所幽州。朱滔上书请求管辖深州,朝廷没有同意。朱滔由此对朝廷不满,屯兵深州不愿离开。

魏博(治所位于今河北省大名县东北)节度使田悦听说朱滔不服朝廷调动,派人游说朱滔,许诺将他管辖的贝州(治所位于今河北省清河县)让给朱滔,以共谋"子孙万世之利"。朱滔十分高兴,同意与田悦结盟。接着,田悦又派人去游说恒(治所位于今河北省新乐市)、冀(治所位于今河北省冀州市)二州都团练观察使(军政长官)王武俊,鼓吹与朱滔形成"三镇连兵","他日永无患"。王武俊亦欣然同意。于是,朱滔、田悦、王武俊三人公开联兵反抗朝廷。

四月,朱滔派人送密信给其兄凤翔(治所位于今陕西省凤翔县)节度使朱泚,约他共同反叛朝廷。该信在途中被河东(治所位于今山西省太原市西南)节度使马燧部下截获。马燧令人将该信报送朝廷。朱泚对此一无所知。不久,唐德宗召见朱泚,让他与朱滔所派的送信人见面,并将朱滔的信拿给他看。朱泚"惶恐顿首请罪"。唐德宗以朱泚未曾与之同谋,没有给其治罪,而将他软禁在京都长安,仍让他挂名原职。此间,朝廷派军队讨伐田悦等部。

十二月,淮西(治所位于今河南省汝南县)节度使李希烈仗恃其兵多势众,自称天下都元帅、建兴王,屯兵许州(位于今河南省许昌市)。朱滔、田悦、王武俊合议投靠李希烈,劝其称帝。

由此,朱、田、王、李四人串通在一起。

建中四年(783年)八月,李希烈率3万名军士围攻襄城(位于今河南省襄城县)。唐德宗派军救援襄城守军,未能解除襄城之围。之后,唐德宗决定从泾原(治所位于今甘肃省泾川县北)调兵救援。

十月,泾原节度使姚令言率5000名兵士赴援襄城,途经京都长安。军士冒雨急行军,一路十分辛苦疲惫,他们要求增加饷银却一无所得。唐德宗派京兆尹(京都地区行政长官)王翃前往郊外慰劳从泾原开过来的军队,仅仅提供一些粗粮蔬菜而已。众军士大为不满,将饭菜踢翻在地,公开宣称:"我们将要同敌人拼死在战场,连饭都吃不饱,怎么能以生命去抵御敌人的利刀!听说琼林、大盈二库藏有许多金银绸帛,还不如我们自己去把它取过来!"于是,众人鼓噪着向城内狂奔。

当时,姚令言尚在朝廷与唐德宗辞行,闻讯驰马前往劝阻。乱兵朝姚令言射箭。姚令言混入乱军中大呼:"你们搞错了,东征立功回来,何愁不富贵!这样做是要灭族的!"众军士不听,将姚令言裹挟向西。唐德宗听说姚令言指挥失灵,忙派中使(侍从官,多为宦官充任)去乱军中宣布,赐每人二匹帛。众人更为恼火,当即将中使射杀。之后,乱军"喧声浩浩,不复可遏"。

当初,神策军使(警卫部队将领)白志贞对东征死亡官兵隐而不报,接受市井纨袴子弟贿赂,以其冒充兵数领取军饷。司农卿(主管国库及薪俸发放)段秀实发现这一问题后,曾向唐德宗奏告说:"如果警卫部队官兵素质不良,兵员不能足数,一旦有事,将如何应对?"唐德宗不以为然。当此危急时刻,唐德宗召令警卫官兵

二、情势失察　御座摇坠

平乱,竟没有一人肯挺身而出。唐德宗无计可施,只好带着后妃、太子及随从离京出逃。

翰林学士(皇帝顾问兼文秘官)姜公辅拦住唐德宗的乘马奏告说:"朱泚曾为泾原军主帅(陇右节度使),因受其弟牵连废置京都,心里一直不痛快。我曾建议陛下,既然不能再用朱泚,就不如把他处死,以免留下后患。眼下,乱军如果推举他为主,将要带来大的祸难。建议把朱泚召来,带着他一起走。"唐德宗说:"来不及了!"随即率众仓皇向西逃入奉天(位于今陕西省乾县)。乱军入城后,争先恐后进入府库抢劫。姚令言提议尊奉朱泚为主,众军士同意。于是,朱泚从私宅被迎入皇宫,自称权知六军。

唐德宗一行入居奉天后,有人建议说:"朱泚已为乱兵推举为主,将要率兵来攻打奉天城,应尽早修固城防。"宰相卢杞听到人们说朱泚谋反,大为恼火,信誓旦旦地说:"朱泚一向忠于朝廷,群臣比不上他。我愿以百口之家保证他不会反叛!"唐德宗同意卢杞的看法。不久,朱泚自称大秦皇帝,改年号为应天,唐德宗才如梦初醒。

朱泚称帝后率兵围攻奉天。奉天被围一个多月后,城中粮食吃光了。右金吾卫大将军(警卫部队将领)浑瑊率领部众御敌。神策军河北行营节度使李晟、朔方(治所位于今宁夏区灵武市)节度使李怀光受命讨伐朱泚等叛乱,相继率部赴奉天救援,迫使朱泚率部退保长安。

李怀光以解奉天之围居功自负。他不止一次对人说到卢杞等人的奸诈,扬言"出现动乱,都是卢杞造成的。我见到皇上,要奏请将他处死"。卢杞听说后,非常恐惧。他向唐德宗建议派李怀光领军乘胜夺回长安。唐德宗赞同卢杞的意见,随即下令李怀光率部会同李晟等部共同攻打长安。

李怀光接到命令后大为不满,自以为有救驾之功,"而咫尺不得见天子","已为奸臣所排"。李怀光按兵不动,数次上书弹劾卢杞等人的罪恶。为此，朝廷众臣议论纷纷，大多把动乱原因归咎于卢杞。唐德宗迫不得已，于当年（783年）十二月将卢杞贬为新州（治所位于今广东省新兴县）司马（州府属官）。

李怀光自知卢杞被逐，系朝廷受其胁迫，转而"内不自安，遂有异志"。朝廷数次催促李怀光率兵攻打长安，他拒不听从，暗下反而与朱泚串通。李晟担心李怀光叛变，多次奏告唐德宗。唐德宗希望李怀光能回心转意，把李晟的奏书压着不问。

兴元元年（784年）二月，唐德宗为宽抚李怀光，派人赐予他铁券（皇帝赐予可以免除死罪的凭证）。李怀光当着唐德宗所派使臣的面，"投铁券于地"，愤愤地说："皇上怀疑我李怀光不成？只有获知做臣子的要谋反，皇上才赐予铁券。李怀光没有谋反，现在赐予铁券，这是逼着要我造反！"此后，李怀光公然宣称："我已与朱泚联合在一起，皇上的车驾应当远远避离！"

在这种情况下，浑瑊建议唐德宗去梁州（位于今陕西省汉中市）避难。唐德宗令浑瑊戒严。没等浑瑊部署完毕，唐德宗一行已从西门出城而去。抵达梁州后，唐德宗还想逃往成都（位于今四川省成都市），被李晟等人劝止。

四月，李晟、浑瑊收拢各路将士，军威大振。六月，朱泚兵败被杀。七月，唐德宗回到京都。李晟率众迎于郊外，以京城"收复之晚"请罪。唐德宗停下来抚慰李晟，惭愧得流下眼泪。第二年，李怀光在河中（治所位于今山西省永济市西南）兵败自杀。

《通鉴纪事本末》卷三十三　蕃镇连兵

【简评】

清代学者王夫之认为，"唐德宗之初政，举天宝以来之乱政，疾改于旬月之中，斥远宦寺，闲制武人，慎简贤才以在位，其为善也。""乃不一二年而大失其故心，以庇奸臣，听谗贼，而海内鼎沸，几亡

二、情势失察　御座摇坠

其国"。"德宗之所以求治而反乱,求亲贤而反保奸者,无他,好与人相违而已"。他"周视天下,自朝廷以致于四方,无一非可疑者"。"愈疑愈起,愈起愈疑,乃至空腹心之卫,以争胜于东方,忧已深,虑已亟,祸愈速而败愈烈,梁州之奔,斯致之有由,而非无妄之灾矣"(《读通鉴论》卷二十四·德宗)。

后唐闵帝受辅臣牵累

后唐①长兴四年(933年)十一月,后唐明宗李嗣源病重,秦王李从荣(明宗次子)乘机发动叛乱,企图夺取皇位。枢密使(主管拟草并发布诏令,位同宰相)朱弘昭、冯赟等人调动警卫军士杀死李从荣,平息叛乱。不久,后唐明宗病逝。朱弘昭、冯赟等人秘不发丧,按明宗遗命,迎立时年20岁的宋王李从厚(明宗第三子,《新五代史》卷七记为第五子)即帝位,为后唐闵帝。

后唐闵帝即位后,尊奉明宗皇后曹氏为太后(闵帝生母夏氏早逝),加任朱弘昭、冯赟为同平章事(宰相),由朱、冯二人辅政;同时加任河东(治所位于今山西省太原市)节度使(军政长官)石敬瑭为中书令(名誉宰相)。

凤翔(治所位于今陕西省凤翔县)节度使潞王李从珂(其母早年改嫁李嗣源,其随母为明宗养子)年少时便同石敬瑭一起跟随李嗣源征战,屡建功勋。李从珂对后唐闵帝没有给他加官大为不满,对朱弘昭、冯赟身居要职尤为不服,以为是他俩故意让他难堪。朱弘昭、冯赟则对李从珂的功名声望十分忌惧,想方设法削弱他的势力。

应顺元年(934年)正月,后唐闵帝听从朱弘昭、冯赟提议,将

---

① 都洛阳,位于今河南省洛阳市。

二、情势失察　御座摇坠

李从珂长子控鹤指挥使(警卫皇宫将领)李重吉调任亳州(治所位于今安徽省亳州市)团练使(军事长官)。李从珂为此感到惶恐不安。

二月,朱弘昭、冯赟不以闵帝诏令而以枢密院发文,将潞王李从珂调任河东节度使兼北都(位于今山西省太原市)留守(军政长官)。李从珂对于这一调令非常恼火。朱、冯二人派洋王李从璋(后唐明宗之侄)前往接管凤翔事务,更引起李从珂的疑惧。李从璋为人粗鲁,乐于害人。两年前(931年),李从璋奉命去河中(治所位于今山西省永济市西南)接替安重诲节度使职务,称安重诲"有异志",将安重诲夫妻残杀。李从珂担心李从璋来凤翔后,会像对待安重诲一样对待他。他想拒绝朝廷调令,又顾虑自己兵弱粮少。

李从珂同其部将商议对策,部将们都说:"当今皇上年轻,朝政大权掌握在朱弘昭、冯赟手里;大王功高震主,一旦离开镇所就不能保全自己,不可以接受李从璋替代。"李从珂赞同众人的分析,决定起兵反抗朝廷。他公开向邻近镇将发送文告,称"将入朝以清君侧之恶",请求给予支持。

李从珂派人去游说西都(位于今陕西省西安市)留守王思同。王思同当即将李从珂谋叛的情况报告朝廷。朝廷随即任命王思同为西面行营马步军都部署(西线军事总指挥),令他率军讨伐李从珂。王思同虽忠于朝廷,但缺少领兵打仗的经验。潞王李从珂久经战场,善于收拢将士之心。

三月,西面行营都监(军事监察官)安彦威率山南西道(治所位于今陕西省汉中市东)节度使张虔钊等五镇官兵围攻凤翔城。凤翔城墙低矮单薄,城内守备不足,情况十分危急。潞王李从珂登上城楼哭着向城外的将领诉说道:"为着建立今天的国家,我十几岁就跟随先帝出征,身经百战,出生入死,满身创伤,这是你们有目共睹的。如今朝廷听信谗言,猜忌骨肉兄弟,我有什么罪过该要受到讨伐?"攻城将士听李从珂这么哭诉,对他产生同情。

张虔钊挥舞大刀驱赶兵士登城,兵士被激怒,转身反而朝他杀来。张虔钊连忙逃走。随军出征的羽林指挥使(警卫部队将领)杨思权乘势大喊:"潞王才是我们的君主!"于是,王思同全军溃散,多数投附潞王。

王思同败退西都长安,西都副留守刘遂雍关闭城门,拒绝他入城。王思同只好向东奔逃。随后,刘遂雍迎潞王李从珂进入长安。

后唐闵帝闻讯后大为惊慌,"不知所为"。他对朱弘昭等人埋怨说:"我实在无意于同别人争当国主。我年轻即位,朝政大事都委托于各位。我与兄弟之间本来没有矛盾,各位以国家长远之计向我提出建议,我都予以采纳。发兵之初,各位都夸口说叛军不费什么力气就能平定。眼下事态发展到这一步,怎样才能转危为安?我想亲自去迎接潞王,将皇位让给他。如果他不能赦免我的罪过,我亦甘心。"朱弘昭和冯赟见闵帝发火,惊恐万状,不敢对答。

侍卫指挥使(警卫部队将领)康义诚请求并获准率领警卫部队迎战潞王军,借机率军向潞王投降。后唐闵帝听说后大为惊恐,不知如何是好。他派人急召朱弘昭商议对策,朱弘昭以为要给他治罪,投井而死。侍卫马军指挥使(警卫部队骑兵将领)安从进听说朱弘昭已死,领兵闯入冯赟家里将其杀死,并将朱、冯二人首级传示潞王。

后唐闵帝见大势已去,带少数侍卫离京逃至卫州(位于今河南省卫辉市)。随后,潞王李从珂率部进入京都洛阳。曹太后诏令废黜后唐闵帝为鄂王,立潞王李从珂为帝。不久,后唐末帝李从珂派人去卫州将鄂王李从厚勒死。

《新五代史》卷七　废帝从珂本纪
卷十五　唐明宗家人传
卷二十四　安重诲传
《通鉴纪事本末》卷四十一　秦王之乱

二、情势失察　御座摇坠

【简评】

　　后唐闵帝缺少治政经验,依赖朱弘昭、冯赟二人辅佐。朱、冯二人利用职权企图削弱潞王的势力,一开始便将后唐闵帝拖入他们同潞王的矛盾之中,以致即位仅三个月便被潞王攻杀。未能察觉并制止辅臣弄权,是后唐闵帝的悲剧所在。

辽世宗认奸为忠

辽①大同元年(947年)四月,辽太宗耶律德光(辽太祖耶律阿保机次子)率部攻灭后晋②,在返抵栾城(位于今河北省栾城县)时病逝。随同辽太宗南征的永康王耶律阮(辽太祖已故太子耶律倍之子)受众将拥举即帝位,为辽世宗。

此前,述律皇太后(辽太祖皇后)已将她宠爱的小儿子耶律李胡立为皇太弟。皇太后听说永康王在回师途中即帝位,十分恼火,令耶律李胡领兵阻击。随同永康王南征的五院夷离堇(高级军事将领)安端(辽太祖之弟)等领兵将皇太弟部众击败。

辽世宗回到京都控制朝廷军政大权后,以功封安端为明王,让他统领东丹国(都东京,位于今辽宁省辽阳市);同时,封安端之子察割为泰宁王。

察割貌似恭谨而内心狡诈,人们都说他胆小。辽太祖在世时看出察割为人险恶。他曾对其近侍说:"察割为人凶狠,并不是像人们所说的胆小怕事。我独自一人在房间时,不要让他进门。"

天禄四年(950年)二月,察割派人向辽世宗奏告,称他与其父关系恶化,不为其父所容。于是,辽世宗召见察割。察割见到辽世

---

① 国名,又称"契丹",都皇都,位于今内蒙古巴林左旗南。
② 都汴,位于今河南省开封市。

二、情势失察　御座摇坠

宗时,"泣诉不胜哀"。辽世宗很同情他,便把察割留在身边,让他统领女石烈军(其职不详)。从此,察割可以随意出入内宫。

察割侍奉辽世宗格外注意伪装。他随从辽世宗外出打猎,声称其手有毛病,不能操弓射箭,有意使辽世宗对他放松戒备。察割经常同辽世宗谈叙家常,使辽世宗感到他忠诚可靠。

右皮室详稳(警卫部队将领)耶律屋质察觉察割行为奸诈,列举一些事实上书奏告辽世宗。辽世宗不相信耶律屋质的奏告,反而把他的奏书拿给察割看。察割诬称耶律屋质忌妒他,在辽世宗面前痛哭流涕。辽世宗安慰察割说:"我知道你不会那样做的,你何必如此委屈伤心呢!"过了一段时间,耶律屋质再次劝告辽世宗要对察割留心防范。辽世宗回答说:"察割不顾其父年老,来侍奉我,肯定不会有别的图谋。"屋质进一步提醒说:"察割对其父既然不能尽孝,对皇上岂能尽忠!"辽世宗对耶律屋质的话还是听不进去。

天禄五年(951年)九月,辽世宗率军南征后周[①]。癸亥日,军队行抵详古山(位于今河北省宣化县境内)下。辽世宗与其母萧太后同随行官员祭祀让国皇帝(辽世宗即位后追封其父耶律倍为让国皇帝)。当天晚上,文臣武将都喝醉了酒。察割乘机率领兵士冲进行宫,将辽世宗及萧太后杀死,自称皇帝。

耶律屋质听说察割叛乱,随即领兵包围行宫。察割"仓皇出阵",其兵众大多逃散。察割十分恐惧,令其亲信绑架群臣家属,手握弓箭对准他们,以此要挟耶律屋质。林牙(主管文秘)耶律敌猎也被察割拘捕在行宫。他向察割建议拥立寿安王(辽太宗长子耶律璟)为帝,同耶律屋质谈和。察割同意派人出宫联络。于是,双方达成妥协。之后,耶律屋质等人诱杀察割,拥立寿安王即帝位,为辽穆宗。

---

① 都汴,位于今河南省开封市。

《辽史》卷五 世宗本纪
卷七十一 太祖淳钦皇后述律氏传
卷一百十二 耶律察割传

【简评】

辽世宗对察割未加考察即把他留在身边,赋予军权。警卫军将领耶律屋质一再提醒他谨防察割谋乱,他却对察割始终坚信不疑。察割举刀杀来时,辽世宗或许方才省悟,可是为时已晚。

二、情势失察　御座摇坠

宋高宗被迫退位

南宋①建炎三年(1129年)三月癸未日十午,宦官康履飞步入宫向宋高宗奏告:"苗傅、刘正彦造反了!"

当时,金国军队大举南下,宋高宗率领后妃和文武百官刚由扬州退居杭州(位于今浙江省杭州市),尚心有余悸,惊魂未定。这一晴天霹雳使宋高宗大吃一惊,不知如何处置为好。

宋高宗匆忙南撤时,令御营都统制(护卫皇帝转移的军事长官)王渊率部断后掩护。王渊未能及时调集船只安排各路军马南渡,引起江淮制置使(驻守扬州的军事长官)刘光世等将领不满。

杭州人传说,王渊满载十大船财物回杭,是其剿灭陈通②时掠

---

①　北宋靖康元年(1126年)闰十一月,金国(都会宁府,位于今黑龙江省阿城市南)军队攻破北宋都城开封(位于今河南省开封市),于次年4月将宋太上皇(宋徽宗)赵佶、宋钦宗赵桓(太上皇长子)及后妃、皇族子孙等掳至北方。五月,康王赵构(太上皇第九子)在南京(位于今河南省商丘市)即帝位为宋高宗,史称"南宋"。宋高宗畏惧金军的威势,意欲退居南方以自保。他听信中书侍郎(副宰相)黄潜善、副元帅汪伯彦的谗言,罢免力主抗金的宰相李纲职务,起用黄潜善为宰相、汪伯彦为知枢密院事(最高军事机关长官),于当年十月退至扬州(位于今江苏省扬州市)。

②　原为杭州驻军军校(中低级军官)。建炎元年(1127年)八月,陈通聚集万人反抗杭州守将叶梦得克扣军饷,后受招安,为王渊诱杀。

夺富户的家产。此间，康履则指使其亲信强夺民房。扈从统制（侍卫皇帝的将领）苗傅为之愤愤不平，对人说："皇上颠沛流离到今天这种地步，这些人还胆敢为非作歹！"宋高宗入居杭州后，随即提王渊为同签枢密院事（最高军事机关副长官），众人都说是由宦官推荐的。此事更激起苗傅的愤怒。右军副都统制（右翼部队副长官）刘正彦则为平叛和招募义军没有受到重赏而怀怨在心。苗、刘二人憎恶宦官在朝中弄权，中大夫（参与议论朝政的官员）王世修亦怨恨宦官恃宠专权。于是，苗傅、刘正彦、王世修等人串通在一起，策划向朝廷发难。对此，宋高宗毫无察觉。

起事当天早晨，王世修领兵埋伏在杭州城北的一座桥下。王渊退朝路过该桥时，王世修下令兵士将他拉下马，诬称他勾结宦官谋反。刘正彦随即将王渊斩首。接着，苗傅等人领兵冲到宋高宗宫外，将王渊头颅悬挂在宫门前，并捕杀一百多名宦官。

就在宋高宗等人闻讯惊慌失措之时，与苗傅串通一气的中军统制吴湛排开门卫，领着叛军冲入宫廷院内。尚书右仆射兼中书侍郎（宰相）朱胜非急忙从楼上向下发话，责问众人想干什么。吴湛声称："苗傅等人不辜负国家，只是要为天下除害。"

将近中午，叛军尚未退去。杭州知州（行政长官）康允之见事情紧急，请宋高宗上楼安抚军士。宋高宗迟疑一会，登楼同将士见面。苗傅等人"犹山呼而拜"。宋高宗询问苗傅何故起事，苗傅厉声回答："陛下信任宦官，赏罚不公，军士有功得不到奖赏，宦官看上的人就能升官；黄潜善、汪伯彦乱政误国尚未流放远方；王渊遇敌不战，首先渡江。我们已将王渊和宫外宦官斩首，请求皇上交出宦官康履、曾择，以平息将士的怒火。"宋高宗答称已将黄、汪二人贬逐，拟将康、曾二人降职责问，要苗傅等人把军士领回营房。苗傅等人则声称不杀康、曾二人，他们不回军营。

双方相持一段时间后，宋高宗作了让步，把康履交给苗傅，将曾择罢官流放，同时宣布任命苗傅为庆远军（治所位于今广西区宜

二、情势失察　御座摇坠

山县)承宣御营使都统制(军事长官)、刘正彦为渭州(治所位于今甘肃省平凉市)观察使副都统制(军事副长官),劝慰他们退回军营。苗傅当场将康履斩首,仍不退兵。

接着,苗傅等人指责宋高宗不该即帝位,质问如果渊圣皇帝(宋钦宗)一旦回来,他该怎么办;又提出请隆祐太后(宋哲宗皇后孟氏,因皇后位被废流落民间,免遭金军劫难)垂帘听政。宋高宗答应他们的要求,当即宣布请隆祐太后听政。苗傅等人仍不罢休,又进一步要求宋高宗退位,由其太子赵旉继位。宋高宗被迫同意退位,请隆祐太后下达诏令。

隆祐太后下楼,亲自来到现场安抚苗傅等人,叙说大敌当前,由她一个妇人抱着年仅3岁的太子执政,难以号令天下,那样只会助长敌国的气焰,请他们以国家利益为重,迅速退回兵营。苗傅等人执意不答应。刘正彦放声号哭,煽动其部众说:"太后既然不发话,我们只好等着被处死!"苗傅说:"事情再这样拖下去不能决定,我担心会引发将士暴乱。"

朱胜非随隆祐太后返回宫中后,对宋高宗说:"苗傅的心腹王钧甫刚才对我说:'二位将领忠诚有余,学识不足',可以先答应他们的要求,然后再设法制裁他们。"于是,宋高宗宣布退位,让太子即帝位,由隆祐太后临朝听政。苗傅等人随即将部队撤回。当天晚上,宋高宗移居显忠寺。

之后,苗傅派人将曾择杀死在流放途中。他又想劫持宋高宗去徽州(位于今安徽省歙县)等地,被朱胜非劝止。

当月丙午日,镇守平江(位于今江苏省苏州市)的御营中军统制张浚会同江东(治所位于今江苏省南京市)安抚制置司使(军政长官)吕颐浩及刘光世等将领,分别率军开赴杭州,讨伐苗傅等人的叛乱。

丁未日,朱胜非召苗傅、刘正彦二人议复宋高宗帝位,并奏告隆祐太后。

四月戊申朔,宋高宗复位。庚戌日,吕颐浩、张浚率军进抵临平(位于今浙江省余杭市临平山),苗傅、刘正彦惊恐万状,率兵仓皇出逃。

五月,御前左军都统制(警卫部队将领)韩世忠领兵将苗傅、刘正彦等人抓捕。七月,宋高宗下令将苗傅、刘正彦等人处死。

《宋史》卷二十四　高宗本纪一

卷二十五　高宗本纪二

卷四百七十五　苗傅传

《宋史纪事本末》卷六十五　苗刘之变

【简评】

清代学者王夫之认为:"高宗忘父兄之怨,忍宗社之羞,屈膝称臣于骄虏,而无愧怍之色;虐杀功臣,遂其猜妒,而无不忍之心;倚任奸人,尽逐患难之亲臣,而无宽假之度。孱弱以偷一隅之安,幸存以享湖山之乐。""苗、刘,二健卒耳。权藉不重,党类不滋,逆谋不夙,所欲逞志者,王渊、康履而止。浸淫及上,遂敢废人主而幽之萧寺"。"二贼岂有为宋守吴、会之心乎? 始立婴儿以待变,女直至,则弑高宗,执子舆以纳降;女直不至,则徐揽众权,要九锡而规篡"(《宋论》卷十·高宗)。

笔者认为:苗、刘之变系宋高宗畏敌退避所致,对于朝政腐败,在客观上是一次冲击。苗、刘逼高宗退位并没有将他处死,如其起意欲弑高宗,无须等金军到来;其拥太子即位由太后临朝听政,而没有夺取朝廷军政大权,看不出其欲向金军投降,也看不出其欲专权篡夺皇位。

二、情势失察　御座摇坠

皇储赵竑未识女奸细

南宋嘉定十四年(1221年),宋宁宗赵扩久病无子,立赵竑(宋太祖赵匡胤十世孙)为皇子,准备日后让他继承皇位。

当时,右丞相兼枢密使(最高军事机关长官)史弥远专断朝政,朝廷大臣几乎都由他引荐。史弥远顾忌赵竑日后继位会动摇他的相位,想方设法探测赵竑对他的看法。

赵竑喜好弹琴,史弥远便用重金收买一名善于弹琴的美女放入后宫,要该女窥视赵竑的言谈举止,及时向他报告。赵竑不知道这个善琴知书的美女是史弥远安排在他身边的奸细,与她坦诚相处,毫无戒备。

赵竑对史弥远专权十分憎恶。一次,他指着地图上的琼厓(位于今海南省琼山市)对弹琴女说:"我今后当权,将把史弥远流放到这里。"赵竑对史弥远通常不称丞相,而称"新恩",含意是有朝一日,不是将他流放新州(治所位于今广东省新兴县),便将他贬往恩州(治所位于今广东省阳江市)。弹琴女将赵竑的这些话暗下报告史弥远。史弥远大为不安,派人给赵竑送去一件精美的工艺品,以进一步试探他的态度。不久,赵竑乘酒醉将这件工艺品掷到地上,摔得粉碎。史弥远听说后极为恼恨,决意将赵竑除掉。与此同时,他指使国子学录(朝廷主办的最高学府官员)郑清之重点辅导另一名皇族后代赵贵诚(宋太祖十世孙),准备让他日后取代赵竑继承皇位。对此,赵竑却懵然不知,宋宁宗及杨皇后亦一无所知。

嘉定十七年(1224年)八月,宋宁宗病危,史弥远发布宋宁宗诏令,立赵贵诚为皇子,改名赵昀。宋宁宗病逝后,史弥远提议废黜皇子赵竑,立赵昀为帝。派杨皇后之侄杨谷、杨石去向杨皇后奏告这一废立意向。杨皇后断然拒绝说:"皇子赵竑是先帝亲自册立的,怎么能擅自改变?"杨谷、杨石回去报告史弥远,史弥远令他们再去向杨皇后奏告。当天夜里,杨谷兄弟往返7次,杨皇后都没有同意。最后,杨谷流着眼泪劝谏说:"如果不答应改立赵昀为帝,大祸必然要降临到我们头上,那样,我们杨氏家族就再没有人能存活了!"杨皇后沉默良久,只好伪造宋宁宗遗诏,废赵竑皇储之位,改封其为济王,立赵昀继位为宋理宗。

第二天,赵竑在其所居东宫听说宋宁宗去世,踮起脚尖观望朝廷是否派人来迎接他去皇宫。他等了半天,却不见有人来叩门,急得望着墙壁发呆。

当天晚上,史弥远召集文武百官宣布宋宁宗"遗诏"。赵竑被安排站在其原来一直所站的位置。他感到不解,殿帅(警卫部队将领)夏震对他说:"没有宣布遗诏,你当然还站在这里,宣布遗诏后,你便可以即位。"赵竑信以为真。

一会儿,赵竑透过摇曳的烛光,看到一个人坐上皇位。这时,史弥远宣布奉"遗诏",由皇子赵昀即帝位。随后,百官欢呼朝拜新帝,唯独赵竑不肯下拜。夏震按住赵竑的头,强迫他下拜。赵昀即位为宋理宗后,将赵竑安置到湖州(治所位于今浙江省湖州市)。

宝庆元年(1225年)正月,史弥远谎称赵竑患病,派其亲信秦天锡带着医生去湖州为赵竑看病。秦天锡见到赵竑后,逼令他在住所自缢。之后,南宋朝廷宣布赵竑因病去世。

《宋史》卷二百四十三　恭圣仁烈杨皇后传
卷二百四十六　镇王竑传
《宋史纪事本末》卷八十八　史弥远废立

二、情势失察　御座摇坠

【简评】

　　清代学者赵翼认为：史弥远"以先帝预立之储君，擅敢废罢，而所立者，并非先帝所识之人。虽以唐宦官之定策国老门生天子，尚不至如此之恣横，则弥远之罪，上通于天，无可讳饰者。"(《二十二史札记》卷二十三·宋史各传迴护处：史弥远)"其无君之罪，更甚于桧"(《二十二史札记》卷二十六·秦桧史弥远之揽权)。

元英宗留奸未除

元延祐七年（1320年）正月，元仁宗爱育黎拔力八达病逝。皇太后弘吉剌氏①将其宠信的太子太师（太子辅导官）铁木迭儿任命为右丞相，让其执掌朝政。在此之前，铁木迭儿曾多次因罪被贬斥，又多次受到弘吉剌太后保护而委以重任。

二月，铁木迭儿以"违太后旨"的罪名，将曾经弹劾他贪赃枉法的前御史中丞（最高监察机关副长官）杨朵儿只、中书平章政事（丞相）萧拜住处死。

三月，弘吉剌太后诏令时年17岁的皇太子硕德八剌继位为元英宗。元英宗尊皇太后为太皇太后，下令朝廷内外不得非议铁木迭儿，由他全权掌管朝政。

之后，经太皇太后和铁木迭儿推荐，元英宗任命宣徽院使（主管皇帝膳食）铁失为领中都威卫指挥使（驻京部队长官）。接着，元英宗任命铁失为忠翊侍卫亲军都指挥使（警卫部队将领）、领左右阿速卫（由北方迁入中原的阿速部族组建的两支军队的首领）。元英宗如此重用铁失或许是出于无奈，他知道铁失是太皇太后的宠

---

① 元世祖之孙答剌麻八剌之妃、元武宗及其弟元仁宗之母，元武宗即位后尊其母弘吉剌氏为皇太后。元仁宗皇后弘吉剌氏（元英宗生母）此前已病故。

二、情势失察　御座摇坠

臣、铁木迭儿的义子(据《中国历史大辞典》),在太皇太后的授意下,他不得已而为之。

元英宗当太子时就听说金紫光禄大夫(高级虚职文官)拜住贤能。即位不久,他任命时年 25 岁的拜住为左丞相,以限制铁木迭儿的权力。

至治元年(1321 年),司徒(名誉丞相)刘夔贿赂宣政使(主管少数民族及宗教事务)八剌吉思(铁木迭儿之子),要他以兴建僧寺的名义,购买其从浙江收购的吴机等人的"失业之田",并伪造诏令从朝廷金库拨出 650 万贯钞,让八剌吉思购买其收购的田地。其实,刘夔所称这些"失业之田"早已转为他人产业,铁木迭儿父子及铁失等人冒名从这笔款项中贪污巨万。

拜住向元英宗告发刘夔矫诏谋私、铁木迭儿和铁失贪赃枉法。元英宗派人调查属实,下令将刘夔、八剌吉思处死刑。太皇太后则保护铁木迭儿父子不受追究,又"特赦铁失"。由此,铁木迭儿和铁失对元英宗及拜住怀恨在心。

至治二年(1322 年)秋天,铁木迭儿与太皇太后相继去世,铁失的后台不复存在。按说,元英宗此时可以追究铁失的罪过,罢免他的职务。可是,元英宗没有这样做,他继续让铁失身居要职,并加任他为御史大夫(最高监察机关长官)。

十月(《拜住传》记为十二月),元英宗任命拜住为右丞相,没有任命左丞相,让其独掌朝政。拜住对元英宗说:"自古以来,帝王拥有天下,以赢得民心为根本,失去民心则失去天下。钱物和粮食都是民众的膏血,国家如要多征收,民众就会困难,国家也会出现动乱;少征收,则能使民众富足,国家也能安定。"元英宗说:"丞相说得很好。我常常想,一国之中,民众最重要,国君的地位是次要的,离开民众,国君还怎么能称为国君?今后,丞相要深思熟虑,制定切实可行的国策,为民众多办好事。"拜住没有辜负元英宗的重托,执掌朝政后,"振立纪纲,修举废坠,以进贤退不萧为急务"。铁失对元英宗信用拜住非常忌恨。

一次,元英宗对监察官员说:"过去,铁木迭儿贪赃犯罪,你们沉默不言。如今,他虽然死了,也应该抄没其家产,以教育后人。"十二月,八剌吉思被处死,铁失为之惊恐不安。

至治三年(1323年)六月,铁木迭儿的罪行大白于天下。元英宗下令追夺其官衔,推倒其墓碑。铁失等人担心会株连遭祸,极为恐惧。于是,铁失与其弟宣徽使锁南、知枢密院事(最高军事机关长官)也先铁木儿、前平章政事赤斤铁木儿、铁木迭儿之子前治书侍御史(最高监察机关部门长官)锁南等人策划,图谋杀死元英宗,拥立镇守北部边区的晋王也孙铁木儿(元世祖曾孙)为帝。

八月二日,晋王在秃剌(其地不详)打猎。铁失派其亲信斡罗思前去向晋王游说,许诺事成推立晋王为帝。晋王下令将斡罗思扣留,派其部将别烈迷失等人火速飞奔上都(位于今内蒙古正蓝旗东),向元英宗告发铁失的逆谋。别烈迷失到达上都时,元英宗一行已离开上都,启程南返大都。

五日,元英宗一行返至南坡店(位于上都西南三十里处)。当天夜里,铁失等人率兵包围元英宗住处,杀死右丞相拜住。接着,叛军闯入元英宗行宫,铁失冲上前亲手将元英宗杀死。

九月四日,铁失等人迎立晋王也孙铁木儿为泰定帝。十月,泰定帝以谋逆罪将铁失等人一一处死。

《元史》卷二十七 英宗本纪一
卷二十八 英宗本纪二
卷二十九 泰定帝本纪一
卷一百一十六 顺宗后答己传
卷一百三十六 拜住传
卷二百五 铁木迭儿传
卷二百七 铁失传

二、情势失察　御座摇坠

【简评】

　　元英宗和拜住关注民生,爱护老百姓,治国的指导思想是正确的。作为一国之主,他们稍显年轻,缺乏治政经验。元英宗明知铁失系铁木迭儿死党而依然委以重任,与其说是宽容,不如说是糊涂;拜住亦明知铁失奸贪险恶而没有设法处治,失于手软姑息。他们的悲剧说明,国主年少,辅臣亦年轻,很难驾驭错综复杂的政治局面。

明英宗信用宦官

明英宗朱祁镇即位时（1435年）年仅8岁，其祖母张太皇太后（明仁宗皇后）掌管朝政，由大学士（宰相）杨士奇、杨荣、杨溥共同辅政。后来，三杨相继病死老退，张太皇太后亦病逝。明英宗信用掌司礼监（宦官机构头目，拥有协助皇帝批阅奏书等职权）王振（其当年曾侍奉过太子朱祁镇），让他参议朝政，称其为"先生"。

王振为人狡黠残忍，恃权日益骄横跋扈，滥杀持不同政见的朝廷重臣，文武百官敢怒而不敢言，王公贵戚也怕他三分，称呼他为"翁父"。

正统十四年（1449年）七月，瓦剌①太师（宰相）也先率军侵扰大同（位于今山西省大同市）。王振强求明英宗亲率大军迎战，并随明英宗出征。明前锋部队初战失利。八月，明英宗在土木堡（位于今河北省怀来县东）被瓦剌军俘虏，王振被部将怒杀。九月，众臣拥明英宗异母弟郕王朱祁钰即位为明景帝。明景帝遥尊明英宗为太上皇。第二年八月，太上皇获释回国。明景帝将他幽禁于南宫。

景泰八年（1457年）正月，京团营（驻京部队）总兵（军事长官）

---

① 泛指蒙古西部部族，其游牧区位于今蒙古国札布汗河流域至俄罗斯叶尼塞河上游一带。

二、情势失察　御座摇坠

石亨乘明景帝病重之机发动"夺门之变",将太上皇从南宫接出,扶其重登皇位。明景帝闻讯忧惧而死。

明英宗重登帝位后没有汲取信用宦官的教训。经石亨推荐,明英宗将参与"夺门之变"的宦官曹吉祥委任为京团营总监(代表朝廷监察军事),又下令为王振建立祠堂,命名为"旌忠"。之后,明英宗将曹吉祥养子曹钦任命为京团营都督(军事将领),将曹吉祥的侄子曹铉、曹铎、曹濬亦都委任为都督,让他们分别掌握军权。曹吉祥得势后,恃宠擅权,气焰嚣张。时人将曹吉祥、石亨"并称曹、石"。

天顺三年(1459年)八月,明英宗听说大同总兵石彪(石亨之侄)狡诈凶暴,怀有叛逆之心,欲将其调离大同。石彪指使其部属上书,请求在大同留任。明英宗对其欺诈行为极为恼火,下令将石彪逮捕入狱。石亨由此受牵罢官,被遣送回乡。

天顺四年(1460年),石亨以谋反罪被捕,死在监狱。此后,明英宗下诏称,凡攀附石亨而升官的文臣武将,允许其自首改正。这一诏令发布后,曹吉祥和曹钦等人为之惶恐不安。他们"渐蓄异谋",策划叛乱以夺取帝位。

一天,曹钦向其门客冯益询问:"自古以来,有没有宦官子弟当皇帝的?"冯益回答说:"有啊,你们曹家就出了个魏武帝,他就是宦官的后代①。"曹钦听他这么说非常高兴,随即加快谋反的步伐。

天顺五年(1461年)六月,曹钦害怕其门客曹福来泄露他的秘密,诬称曹福来犯了疯病,令人用鞭子抽打他,想把他置死。有人为此弹劾曹钦暴虐。明英宗就此事诏令群臣要奉公守法。曹钦对明英宗这一诏令惊恐万状,他联想到石亨被捕前明英宗亦曾发布过类似的诏令,认为他们的祸难临近了,决定伺机先向明英宗

---

①　东汉晚期魏王曹操的父亲曹嵩,是宦官曹腾的养子。曹操去世后,其子曹丕灭汉建魏称帝,追封其父为魏武帝。

动手。

当时,孛来①率军侵犯甘(治所位于今甘肃省张掖市)、凉(治所位于今甘肃省武威市)二州。明英宗下令怀宁侯孙镗率领团营部分官兵前往迎战,由兵部尚书(朝廷主管军事的部门长官)马昂监军,定于七月初二出征。曹吉祥获悉这一出征日期后,策划于初二日天亮以前打开京都城门,乘孙镗等人率部出城之机,由曹钦率其部众冲入京城,他自己则率领禁军(警卫部队)在宫内接应。

七月初一夜晚,曹钦设宴犒劳参与叛乱的部众头目,布置乘西征军出城之际,先杀死孙镗、吴昂,再进入京城攻打皇宫。半夜时分,曹钦的部将马亮惧怕事败被杀,偷偷从宴席上溜出来,向恭顺侯吴瑾举报了曹钦的阴谋。吴瑾立即报告住在宫中同一房舍的孙镗。吴、孙二人连忙把写有"曹钦反"的纸条从长安右门缝塞入皇宫。

明英宗获悉曹钦造反,大吃一惊,急令关闭皇城及京城九门,火速派人将身居内宫准备举事的曹吉祥逮捕。

曹钦发现马亮不知去向,知道他们的计划已经被泄露,便率领部众攻打东、西长安门,并放火焚烧。京城内外一片混乱。奉命西征的军士不知道发生什么事,纷纷逃散。孙镗令其儿子孙軏等人在街头大喊:"监狱犯人造反了,西征军勇士们,抓到罪犯有赏啊!"这样,很快便聚集2000名西征兵士。孙镗当即向其部众通报曹钦发动叛乱的真相,率领众官兵立即投入平叛战斗。吴瑾、孙軏等人先后战死。

曹钦率叛军从几处攻打城门,都没有攻破,锐气大减。他见败局已定,仓皇逃回家中,企图负隅顽抗。西征官兵穷追不舍,喊着冲进曹钦院宅。曹钦无路可走,投井自杀。叛乱平息后,明英宗下令将曹吉祥押往闹市肢解。

---

① 蒙古哈剌嗔部族首领,当时经常率兵侵扰明朝西部地区。

二、情势失察　御座摇坠

《明史》卷十　英宗前纪

　　　　卷十二　英宗后纪

　　　　卷三百四　王振传

　　　　　　　　　曹吉祥传

《明史纪事本末》卷三十六　曹石之变

【简评】

　　清代学者赵翼认为:"明代宦官擅权,自王振始。""正统之初,三杨当国,振尚心惮之末敢逞。迨三杨相继殁,而后跋扈不可制"(《二十二史札记》卷三十五·明代宦官)。"吉祥招权纳贿,肆无忌"。"使非镗、瑾等刺闺告变,祸几不测矣"(《二十二史札记》卷三十六·曹吉祥、江彬)。

　　《明史》作者张廷玉认为,明英宗"以王振擅权开衅,遂至乘舆播迁。乃复辟而后,犹追念不已,抑何其惑溺之深也"(《明史》卷十二·英宗后纪)。

三、王权旁落　任人摆布

君王一旦失去权势亦即受制于人,失去人身自由,连个平民百姓也不如,想做个平民百姓也不可能。君权丧失的原因是多方面的,亦不完全取决于君王本身的品格和才能,其中许多情况值得研究和思考。

三、王权旁落　任人摆布

鲁昭公客死晋国

鲁文公在位期间(前626年—前609年),鲁国①公族中,季氏、叔氏、孟氏三家势力日益强大,号称"三桓"。鲁宣公即位(前608年)后,季氏开始操纵鲁国国政。鲁成公(前590年—前573年在位)、鲁襄公(前572年—前542年在位)虽居君位,却一直听命于季氏。鲁昭公即位(前541年)后,决意改变长期受制于季氏的局面,结果事与愿违。

鲁昭公二十五年(前517年)秋天,季平子(又名季孙意如,位当宰相)与郈昭伯(鲁公族后代)斗鸡发生争执。季平子借机夺占郈氏土地。此后不久,季平子卷入臧氏内争,与臧昭伯(其职不详)失和。九月,鲁昭公借助郈昭伯、臧昭伯的支持,领兵袭击季平子,包围了他的住宅。

季平子登上高台,请求鲁昭公放他一条生路,让他迁居沂水(位于今山东省东南部沂河)河畔,鲁昭公没有答应。接着,季平子请求把他带到鄪邑(位于今山东省费县西北)囚禁,鲁昭公也没有答应。最后,季平子请求让他带五辆车子到国外去居住,鲁昭公还是不肯答应。

叔氏、孟氏听说季平子被鲁昭公领兵围攻,随即出兵救援。鲁

---

① 春秋诸侯国,都曲阜,位于今山东省曲阜市。

昭公的军队反被三桓联军打败。郈昭伯被击杀,鲁昭公逃往齐国①。季平子完全控制鲁国政局。

第二年,齐国军队攻打鲁国,夺占郓(鲁邑,位于今山东省郓城县东),护送鲁昭公入居郓。齐景公派大臣子将(《左传》记作子犹)出使鲁国,联系欲把鲁昭公送回国都复位事宜。鲁国大夫(朝廷中等级别的官员)申丰等人送给子将价值五千庾(八万斗)粟的贿赂。子将受到鲁国重贿后,回去向齐景公奏称:鲁国群臣不愿再侍奉鲁昭公。齐景公只好作罢。

鲁昭公二十八年(前514年),鲁昭公派人去晋国②,请求晋顷公让他入居晋国都城。季平子听说后,暗下派人给晋国六卿(辅政大臣)③送去厚礼,请他们劝说晋顷公不要让鲁昭公入居其国都。于是,晋顷公没有答应鲁昭公的要求,把他安置到乾侯(晋邑,位于今河北省成安县东南)居住。

鲁昭公不甘心就此在乾侯销声匿迹,时时想着回曲阜复位。鲁昭公二十九年(前513年),鲁昭公去郓地请求齐国帮助。齐景公回信给鲁昭公,自称"主君"。鲁昭公感到耻辱,愤然回到乾侯。鲁昭公三十一年(前511年),晋定公以盟主的名义召见季平子,欲将鲁昭公送回国复位。季平子穿着平民服装赤着脚去向晋六卿赔罪。六卿为之奏告晋定公,称鲁国民众不欢迎鲁昭公回国。晋定公便没有再坚持护送鲁昭公回国复位。

鲁昭公三十二年(前510年),鲁昭公在绝望中死于乾侯。

《左传》昭公二十五年
昭公二十八年
《史记》卷三十三 鲁周公世家

---

① 都临淄,位于今山东省淄博市东。
② 都新田,位于今山西省曲沃县西北。
③ 晋六卿为赵简子、韩宣子、魏献子、中行寅、范吉射、知伯。

三、王权旁落　任人摆布

【简评】

　　鲁昭公去世后,晋国国卿(宰相)赵简子同史墨(即晋国史官蔡墨)讨论鲁昭公为何被逐。赵简子问道:"季氏出其君,而民服焉,诸侯与之,君死于外,而莫之或罪也?"蔡墨回答说:"天生季氏,以贰鲁侯,为日久矣。民之服焉,不亦宜乎?鲁君世从其失,季氏世修其勤,民忘君矣。虽死于外,其谁矜之?社稷无常奉,君臣无常位,自古以然。"(《左传》昭公三十二年)

汉少帝临难悲歌

东汉中平六年(189年)四月,汉灵帝刘宏去世,时年17岁的皇长子刘辩继位为汉少帝。汉少帝即位后,尊其母何皇后为太后,由何太后临朝听政;加任大将军何进(何太后同父异母兄)参录尚书事(丞相),由其辅政。

此前,上军校尉(警卫军将领)宦官蹇硕曾图谋杀死何进,并按灵帝意愿立刘协(汉灵帝次子,其母王美人为何皇后毒杀)为帝。由此,何、蹇二人矛盾激化。何进向来憎恶宦官参政。司隶校尉(主管纠察京都百官兼领军缉捕)袁绍等人追随何进。于是,何进与袁绍及虎贲中郎将(警卫军将领)袁术(袁绍堂弟)等人串通一气,图谋削除宦官势力。蹇硕则与中常侍(皇帝侍从官,多由宦官担任)赵忠等人策划,欲捕杀何进。中常侍郭胜将蹇硕的密谋告知何进。何进当即下令将蹇硕逮捕处死,并收领其部众。

接着,何进向何太后提出欲尽除宦官,何太后没有准许。之后,何进传令屯兵河东(驻地位于今山西省夏县)的前将军董卓等人率部赴京都洛阳(位于今河南省洛阳市),以胁迫太后。董卓对朝廷久怀异志,接到何进的指令后,当即率其部众南下。

八月戊辰日,中常侍张让、段珪等人将何进诱杀。袁绍、袁术闻讯随即率兵将宫中两千多名宦官诛杀殆尽。此时,董卓领兵抵达洛阳近郊。

三、王权旁落　任人摆布

庚午夜,张让、段珪等人携汉少帝刘辩和陈留王刘协逃至小平津(位于今河南省洛阳市东北)。河南(即河南尹府,治所洛阳)中部掾(官府属官)闵贡等人逼令张让自杀,护送汉少帝与陈留王返回。第二天,天还没有亮,董卓领兵来到北芒山下(位于今河南省洛阳市北)迎接少帝。汉少帝见到董卓时"恐怖涕泣","不能辞对"。年仅9岁的陈留王却能不慌不忙地对董卓叙说宫中发生的祸乱。董卓认为陈留王贤能,又考虑他一直由董太后(汉灵帝之母)抚养,且董太后与自己系同姓氏,当即产生废黜少帝改立陈留王的意念。

董卓护卫汉少帝和陈留王回宫后,强求何太后任命他为司空(丞相)。随后,董卓召集文武百官,胁迫何太后颁发诏令,废黜汉少帝为弘农王,改立陈留王为汉献帝。接着,董卓令人将何太后毒死,自称相国,独揽朝政。

当年十二月,袁绍和前典军校尉(警卫军将领)曹操等人分别在渤海(治所位于今河北省南皮县东北)、己吾(治所位于今河南省宁陵县西南)等地起兵讨伐董卓乱政。董卓极为恐惧,决意劫持汉献帝和群臣迁都长安(位于今陕西省西安市)。

初平元年(190年)正月,董卓派郎中令(皇帝侍卫官)李儒等人给弘农王送去鸩酒。李儒对他说:"吃下这服药,你可以消灾避难。"弘农王知道李儒送来的是毒酒,回答说:"我没有病,这分明是要毒杀我!"他坚持不肯饮毒酒,李儒等人强逼要他饮下。弘农王迫不得已,只好吩咐另备酒席,与其妻唐姬和宫人诀别。

席间,弘农王刘辩饮恨悲歌:"天道易兮我何艰!弃万乘兮退守蕃。逆臣见迫兮命不延,逝将去汝兮适幽玄!"弘农王要唐姬起身跳舞,最后看一眼她的舞姿。唐姬甩起衣袖,凄哀而歌:"皇天崩兮后土颓,身为帝兮命夭摧。死生路异兮从此乖,奈我茕独兮心中哀!"歌罢,唐姬泪流满面,痛哭不止。在场的人都跟着流泪。弘农王深情地瞅着唐姬,勉其"自爱",随即饮鸩而死。

《后汉书》卷八 孝灵帝纪
　　　卷十下 灵思何皇后传
　　　　卷六十九 何进传
　　　　　卷七十二 董卓传
《通鉴纪事本末》卷八 宦官亡汉

【简评】

　　汉少帝被董卓废杀,系外戚和宦官争权所致。他年少即位,由母后临朝听政,没有掌握朝廷军政大权。其临难悲歌道出了心中的凄伤和无奈。

三、王权旁落　任人摆布

汉献帝历尽劫难

东汉光和四年（181年），汉灵帝宠爱的王美人（后妃名号）生下皇子刘协。何皇后极为忌妒，随即令人将王美人毒杀。汉灵帝大为恼火，之后只好将刘协送交董太后（汉灵帝之母）抚养。

后来，群臣请求汉灵帝立太子。汉灵帝认为其长子刘辩（何皇后所生）"轻佻无威仪"，心意想立刘协为太子。但他宠爱何皇后，又考虑大将军（何皇后同父异母兄）何进拥有重权，不好弃嫡立庶，便迟迟没有确立太子。汉灵帝知道其亲信宦官上军校尉（警卫军将领）蹇硕一向轻视和忌妒何进，在其身患重病后，嘱托蹇硕日后关照刘协。

生当内乱

东汉中平六年（189年）四月，汉灵帝去世。蹇硕图谋乘百官入宫治丧之机杀死何进、立刘协为帝。他当时守在内宫，假意派人请何进入宫议事。何进赴宫途中，蹇硕的司马（辅助将领统管军务）潘隐迎上来用异常的眼光向他示意。何进大吃一惊，连忙飞马退居其军营。戊午日，何皇后下诏立刘辩为帝。刘辩尊母后为皇太后、加何进参录尚书事（丞相），由何太后临朝听政，何进辅政，封时年9岁的刘协为陈留王。庚午日，何进下令将蹇硕处死，并收编其部众。

接着，何进图谋诛杀宦官。中常侍（皇帝侍从官，多由宦官担任）张让等人获悉何进这一图谋后，于八月戊辰日将何进诱杀。司隶校尉（主管纠察京都百官兼领军缉捕）袁绍等人闻讯后，随即领兵诛杀两千多名宦官。张让等人携汉少帝和陈留王逃出京都洛阳。屯兵河东（治所位于今山西省夏县）的前将军董卓应何进召令，此时领兵抵达京都。当天夜里，董卓将汉少帝和陈留王接回宫中。之后，董卓强求何太后任命他为司空（丞相）。九月甲戌日，董卓胁迫何太后废汉少帝为弘农王，立陈留王刘协为汉献帝。接着，董卓派人将何太后毒杀，自称太尉（丞相）、相国，独揽朝政。

当年十二月，袁绍和前典军校尉（警卫军将领）曹操等人分别在渤海（治所位于今河北省南皮县东北）、己吾（治所位于今河南省宁陵县西南）等地起兵讨伐董卓乱政。董卓极为恐惧，决意劫持汉献帝西逃。

颠沛流离

初平元年（190年）一月，董卓令人毒杀弘农王刘辩。二月，董卓不顾群臣反对，胁迫汉献帝迁都长安。汉献帝及文武百官撤离洛阳时，董卓下令其部众将洛阳皇宫及民宅焚为灰烬。

初平三年（192年）四月，汉献帝再经动乱。司徒（丞相，主管民政）王允串通中郎将（警卫军将领）吕布将董卓杀死。之后，董卓部将李傕、郭汜领兵攻入长安，杀死王允（吕布逃脱）等人，控制朝政。

三、王权旁落　任人摆布

兴平二年（195年）三月，李傕、郭汜二人猜忌争权，分兵对峙。李傕将汉献帝劫持到他的军营，下令焚毁宫室。郭汜率部攻打李傕军营，箭如雨下，直落到汉献帝帷帐中。此间，汉献帝与外界隔绝，吃不饱饭。李傕派人给他送去臭牛骨，汉献帝敢怒而不敢言。不久，李傕、郭汜经人调解和好，汉献帝才从战阵脱身。

七月，后将军杨定、安集将军董承等人率部护卫汉献帝离开长安东返。八月，汉献帝一行抵达新丰（位于今陕西省西安市东北部）。

十月戊戌夜晚，郭汜派人火烧汉献帝住所，胁迫汉献帝乘坐他们的车西返。杨定同兴义将军杨奉等人领兵将郭汜部众击败，护卫汉献帝继续东行。

壬寅日，汉献帝行抵华阴（位于今陕西省华阴市）。护卫将领发生内讧。宁辑将军段煨想把汉献帝接入其军营，杨定与段煨不和，奏称段煨谋反，请献帝下令讨伐段煨。献帝认为段煨没有谋反，不肯答应。杨定遂擅自发兵攻打段煨军营，可接连十几天没有攻下。在这种情况下，杨定才接受献帝诏令，与段煨和解。

十一月庚午日，李傕、郭汜后悔不该让献帝东返，领兵追赶汉献帝车队，在东涧（位于今河南省渑县东）击败朝廷军队，劫持汉献帝去其军营。不久，杨奉等人率军击败李傕部众，将汉献帝迎回。

十二月，李傕率部再次追赶汉献帝车队，将朝廷军队击败。杨奉等人护卫汉献帝逃至陕（位于今河南省陕县），扎营，停止前进。这时，汉献帝警卫兵不满百人。杨奉等人乘李傕部众不备，夜间护送汉献帝北渡黄河，辗转到达安邑（位于今山西省交县西南）。汉献帝打算以安邑为都城，派太仆（主管皇帝车马）韩融去弘农（位于今河南省灵宝市北）与李傕、郭汜讲和。李傕等人才放行让献帝一行东归。

建安元年（196年）七月，汉献帝一行返回洛阳。他们看到，故都洛阳宫殿已荡然无存，民房亦倒闭、破旧不堪。汉献帝只好住进已故中常侍赵忠的私宅，随行官员则只能露宿街头。此时的洛阳，经过战乱破坏，人去楼空。汉献帝向附近郡县发出诏书，镇将却拥兵自守，不肯将粮食运至洛阳。文武百官没有粮食吃，只得动手挖野菜充饥，有些官员饿死在墙壁间。

寄人篱下

建安元年（196年）八月，镇东将军曹操自称司隶校尉、录尚书事（丞相）。他接受其谋士毛玠、荀彧"宜奉天子以令不臣"（《三国志》毛玠传）的建议，领军去洛阳，与议郎（参与议政的皇帝顾问官员）董昭谋划，说服杨奉等将领，把困顿中的汉献帝一行从洛阳接到许（位于今河南省许昌市东）。此后，汉献帝寄居曹操营盘，以许为都城，任命曹操为录尚书事、行车骑将军，由其掌揽朝政。

汉献帝转至许以后，生活虽然安定下来，处境并无实质性改善。他名为皇帝，仅仅是"守位而已"，其侍卫人员，全都是曹操的亲信。随着时间推移，汉献帝对曹操专权日益不满。议郎赵彦私下为汉献帝谋划废除曹操。曹操听说后，派人将赵彦杀死。一次，曹操入见汉献帝，汉献帝对他说："丞相若能辅助汉室，就应厚待寡人，不然的话，就请开恩让我另去别处。"曹操听汉献帝这么说，浑身冒汗，惶恐不安，生怕被杀，慌忙退出，从此不再单独去朝拜汉献帝。

建安五年（200年）正月，车骑将军董承等人接受汉献帝密诏，欲谋杀曹操。曹操获悉此事后，下令处死董承等人并诛灭其三族。董承有个女儿是汉献帝的贵人（后妃名号），曹操派人要杀死董贵人，汉献帝以董贵人身怀有孕为她求情。曹操对汉献帝的话充耳不闻，依然下令将董贵人处死。

三、王权旁落　任人摆布

　　董贵人被杀,使汉献帝皇后伏寿感到恐惧。伏皇后之父伏完多年来一直担任汉献帝侍卫,时任屯骑校尉(警卫军将领)。伏皇后写信给其父,陈述曹操"残逼之状",要其父伺机将曹操杀死。伏完虽憎恨曹操,但一直没敢对曹操动手。建安十九年(214年)十一月,在伏完去世五年之后,伏皇后写给其父的这封信被泄露出去。曹操听说后勃然大怒,当即逼迫汉献帝废黜伏皇后。

　　接着,曹操派兵入后宫收捕伏皇后。伏皇后闻讯躲到夹墙里,兵士砸开壁板将她拖出来。伏皇后披头散发,赤着双脚,边走边哭,向汉献帝哀求道:"皇上不能救我一命吗?"汉献帝悲叹道:"我亦是自身难保啊!还不知道何时要我的命!"曹操下令将伏皇后及其所生的两个皇子处死。第二年,曹操将其二女儿曹节立为皇后。

　　建安二十一年(216年)四月,曹操自称魏王。

　　建安二十五年(220年)正月,曹操去世,其子曹丕继位为魏王。当年十月,汉献帝刘协被迫让位于曹丕,汉朝到此灭亡。曹丕改国号为魏,即位为魏文帝,封刘协为山阳公,将他迁居山阳(位于今河南省焦作市东北)。

　　魏青龙二年(234年),山阳公刘协在山阳病逝,终年54岁。

　　　　　　　　　　《后汉书》卷九　献帝纪
　　　　　　　　　卷十下　献帝伏皇后传
　　　　　　　　　卷七十二　董卓传
　　　　　　　《通鉴纪事本末》卷八　宦官亡汉
　　　　　　　　　卷九　曹操篡汉

【简评】

　　司马光认为,"以桓、灵之昏虐,保养奸回,过于骨肉;殄灭忠良,甚于寇雠;积多士之愤,蓄四海之怒。于是何进召戎,董卓乘衅,袁绍之徒从而构难,遂使乘舆播越,宗庙丘墟,王室荡覆,烝民涂炭，大命陨绝，不可复救。然州郡拥兵专地者，虽互相吞噬，犹未尝不以尊汉为辞。以魏武之暴戾强伉，加有大功于天下，其蓄无君之心久矣，乃至没身不敢废汉而自立，岂其志之不欲哉？犹畏名义而自抑也。"(《资治通鉴》卷六十八·汉纪六十)

清代学者王夫之认为，汉朝末年，"国家积败亡之道以底于乱，狡焉怀不轨之志，思猎得之者众矣，而尚有所忌也。天子不成乎其为君，大臣不成乎其为相，授天下以必不可支之形，而后不轨者公然轧夺无所忌"。"关东起兵以诛卓，而无效死以卫社稷之心，然固未敢逞其攘夺也。至于卓既伏诛，王允有专功之心，而不与关东共功名，可收以为用者勿能用，可制之不为贼者弗能制，而关东之心解矣。允以无辅而亡，李傕、郭汜以无惮而讧，允死，而天下之心遂为之裂尽"。"环视一献帝而置之若存若亡之间，以无难紾其臂而夺之。呜呼！迟之十余年，而分崩之势始成。天下何尝亡汉，而汉自亡"(《读通鉴论》卷九·献帝)。

三、王权旁落　任人摆布

魏帝曹髦不甘坐受凌辱

魏①嘉平六年(254年)九月,大将军、录尚书事(丞相)司马师奏请郭太后(魏明帝曹睿皇后,其无子)废黜魏帝曹芳,立时年14岁的高贵乡公曹髦(魏文帝曹丕之孙)为帝。第二年,司马师病故,由其弟司马昭继任大将军、录尚书事,掌揽朝廷军政。

曹髦自幼好学,即帝位后常与侍臣研读《周易》、《尚书》等儒学经典,时而同群臣赋诗助兴。

甘露三年(258年),人们传说顿丘(治所位于今河南省清丰县西南)、冠军(治所位于今河南省邓州市西北)、阳夏(治所位于今河南省太康县)等县境内井中出现青龙、黄龙。

甘露四年(259年)正月,人们传说宁陵县(治所位于今河南省宁陵县)有口井中亦出现黄龙。魏帝曹髦听说后产生联想,认为龙是君主的象征,龙"数屈于井",意味着他这个做皇帝的受人制约,便写了《潜龙诗》,抒发心中的郁闷。司马昭看了《潜龙诗》后大为不满,认为魏帝曹髦意在影射他专权。魏帝曹髦则认为他的权威一天天丧失,心中的怒火不可压抑。由此,两人之间的矛盾日益加剧。

甘露五年(260年)五月初七日,魏帝曹髦召见侍中(侍从皇帝

---

① 三国之一,都洛阳,位于今河南省洛阳市。

的主官)王沈、尚书(朝廷部门长官)王经、散骑常侍(侍从皇帝、管理谏议)王业,对他们说:"司马昭之心,路人皆知。我不能受其凌辱,坐等他废黜,今天要同你们一起去捉拿他。"王经劝谏说:"司马氏父子多年来一直掌控朝政大权,朝廷上下,文武百官已经不再讲忠逆是非,都追随他们,愿为其效死。陛下身边没有军队,靠谁去捉拿司马昭?如果举事不成,反而会招致祸难。请陛下慎重考虑,三思而后行!"魏帝曹髦再也沉不住气,从怀中掏出书写诏令的玉板,将其掼到地上说:"我的决心已经下定了!即使是死,又有什么可怕的?何况我们不一定就败死!"说罢,魏帝曹髦去后宫奏告郭太后。而王沈、王业则转身跑去向司马昭告密。

不一会,魏帝曹髦挥舞宝剑率领数百名年少的侍从鼓噪而出。司马昭闻讯令中护军(主管警卫部队)贾充率兵迎击。曹髦部众被击溃,太子舍人(太子侍从官)成济奉贾充之命当场将魏帝曹髦杀死。

司马昭听说曹髦已死,故作惊讶。随后,司马昭等人向郭太后奏称:"高贵乡公悖逆不道,自陷大祸。"接着,司马昭迎立时年15岁的常道乡公曹璜(曹操之孙,后改名曹奂)即帝位。

《三国志》卷四　齐王芳纪
高贵乡公髦纪
《通鉴纪事本末》卷十一　司马氏篡魏

【简评】

《三国志》作者陈寿认为:"高贵公才慧夙成,好问尚辞,盖亦文帝之风流也;然轻躁忿肆,自蹈大祸。"(《三国志》卷四·高贵乡公纪)

三、王权旁落　任人摆布

前凉二幼主相继遇害

前凉①建兴四十一年（353年）十一月，时年26岁的前凉王张重华病重。他手书诏令，召任酒泉（治所位于今甘肃省酒泉市）太守（行政长官）谢艾为卫将军（警卫军将领），想把后事托付给谢艾，让他辅佐年仅10岁的世子张耀灵继位为国王。不料，他的这封手令被长宁侯张祚（张重华异母兄）和侍臣赵长、尉缉等人合谋扣下。张重华去世后，赵长等人伪造其遗诏，任命张祚为都督中外诸军事（全国最高军事将领），扶立张耀灵继位为前凉王。

张祚觊觎王位已久，大权在握后便急于想当国王。他与张重华的生母马太后私通，指使赵长、尉缉向马太后进言，声称新王耀灵年幼，国家面临诸多困难，应该改立年长的侯为国王。于是，马太后下令废去张耀灵王位，改封其为凉宁侯，立张祚为前凉王。张祚随即派人将谢艾杀害。

建兴四十二年（354年）正月，张祚称帝，封其妻辛氏为皇后、张天锡（张祚之弟）为长宁侯、张玄靓（张耀灵之弟）为凉武侯。郎中（朝廷部门内设机构长官）丁琪劝阻张祚不要称帝，张祚当即下令将丁琪斩杀于殿下。

建兴四十三年（355年）七月，河州（治所位于今甘肃省临夏

---

① 都姑臧，位于今甘肃省武威市。

市)刺史(军政长官)张瓘痛恶张祚篡位称帝,向各州散发檄文,主张废黜张祚,拥护凉宁侯张耀灵复位为国王。张祚随即派人将张耀灵害死,并派兵攻打张瓘。

闰九月,张瓘在骁骑将军宋混的援助下率部攻入姑臧,杀死前凉帝张祚,拥立年仅6岁的凉武侯张玄靓为前凉王。张瓘自任尚书令(宰相)、都督中外诸军事,掌揽朝廷军政大权。任命宋混为尚书仆射(副宰相)、辅国将军。

张瓘当权后渐渐变得猜忌暴虐,对忠贞耿直的宋混畏惧忌恨,图谋杀死宋混,废黜幼王张玄靓,自立为国王。宋混获悉张瓘这一图谋后,于建兴四十七年(359年)六月抢先率部攻打张瓘。张瓘兵败自杀。宋混随之执掌朝政,辅佐幼王张玄靓。

升平五年(361年)四月,宋混病危,嘱咐其弟宋澄接替他辅政。九月,右司马(参议军政的官员)张邕忌恨宋澄当权,领兵杀死宋澄。此后,张邕任中护军(警卫部队将领),与中领军(警卫部队将领)张天锡共同辅政。十一月,张天锡率兵袭击张邕。张邕兵溃自杀。张天锡独揽朝政。

升平七年(363年)八月,郭太妃(张玄靓庶母)憎恶张天锡专权,暗中与大臣张钦等人策划,准备诛杀张天锡。张天锡获悉他们的图谋后,随即令人将郭太妃和张钦等人杀死。

时年14岁的前凉王张玄靓在血雨腥风中长大,听说郭太妃等人被杀大为惊恐。他想到其兄张耀灵无辜被伯父张祚杀害,对专权的叔父张天锡更加恐惧。张玄靓请求把王位让给叔父,张天锡没有接受。闰八月某天,张天锡派其亲信右将军刘肃领兵夜间入宫,将张玄靓杀死,对外则宣布前凉王张玄靓患急病死亡。随后,张天锡自称西平公,为前凉国主。

《通鉴纪事本末》卷十五 苻秦灭凉
《晋书》卷八十六 张耀灵传
张祚传
张玄靓传

三、王权旁落　任人摆布

【简评】

前凉王张重华去世后,奸臣祸国,国内动乱不息,其年幼的二子虽然先后继位,但都未当权,其命运掌握在乱臣手中,并相继被杀。前凉王朝权争剧烈,削弱了国力。"与治同道,罔不兴;与乱同事,罔不亡"(《尚书·太甲下》)。张天锡在位13年,前凉被前秦(都长安,位于今陕西省西安市)军队攻灭。

晋安帝任人处置

东晋①后期皇权衰落，晋孝武帝司马曜被其宠妃张贵人暗害，继位的晋安帝司马德宗（孝武帝长子）竟是一个不会说话不知寒暑的痴呆，而辅佐朝政的录尚书事（丞相）司马道子则是一个嗜酒成性的庸人。

义兴（治所位于今江苏省宜兴市）太守（行政长官）桓玄是已故都督中外诸军事（最高军事将领）桓温之子，因受到司马道子当众奚落而对其怀恨在心。桓玄感到不受朝廷重用，含愤辞去义兴太守职务，回到其父的封地荆州（位于今湖北省江陵县）伺机起事。

东晋隆安二年（398年）七月，朝廷任命桓玄为广州（治所位于今广东省广州市）刺史（军政长官）。桓玄没有赴任。他追随荆州刺史殷仲堪，讨伐司马道子专权，率兵进逼京都。司马道子采纳左卫将军桓修（桓玄堂兄）的意见，对桓玄加以安抚，任命他为江州刺史，让他驻守夏口（位于今湖北省武汉市），以分化他同殷仲堪的联盟。

隆安四年（400年），桓玄领兵击杀殷仲堪，占据荆州，强求朝廷任命他督（总领）荆、司、雍、秦、梁、益、宁、江八州（位于今江西省九江市以西至云南省昆明市以南地区）及杨、豫等八郡（位于今江

---

① 都建康，位于今江苏省南京市。

三、王权旁落　任人摆布

西省九江市以东沿江地区)军政。桓玄自以为其领地占国土"三分有二",自任官吏,不再接受朝廷调遣。

元兴元年(402年)正月,朝廷任命司马元显(司马道子之子)为骠骑大将军,领兵讨伐桓玄。由于前锋将军刘牢之倒戈,司马元显兵败被杀。刘牢之转而想击败桓玄,图谋自立,其因部众逃散而被迫自杀。随后,桓玄率兵进入京都建康,胁迫晋安帝任命他为丞相(后改任太尉),都督中外诸军事,控制朝廷军政。他下令将司马道子流放安成郡(位于今广西区宾阳县东),随即派人将他毒死。

桓玄操纵国政后,下令削减晋安帝日常生活供给,致使晋安帝衣食不得保。元兴二年(403年)九月,桓玄以晋安帝诏令的名义,自封为楚王。之后,他上表假称要回到封地去,同时又要晋安帝发布诏令把他留下。十一月,桓玄指使散骑常侍(侍从皇帝、管理谏议)卞范之拟草禅让诏书,派临川王司马宝逼迫晋安帝亲笔抄写。之后,桓玄宣布晋安帝自动让位,将他移居永安宫,自称楚帝。接着,桓玄将晋安帝贬为平固王,迁居寻阳(位于今江西省九江市西南)。

桓玄称帝后,骄奢无度,横征暴敛,朝野上下疲于奔命,民众怨声载道,以致"怨怒思乱者十室八九焉"。

元兴三年(404年)正月,中兵参军(将军府参谋主官)刘裕在京口(位于今江苏省镇江市)诛杀由桓玄任命的抚军大将军桓修,起兵讨伐桓玄。桓玄派兵阻击失败。他惊恐万状,率部仓皇逃出京都。刘裕率军沿长江西进,追击桓玄。

三月辛未日,桓玄劫持晋安帝西逃。四月庚寅日,桓玄将晋安帝挟至江陵。不久,桓玄募集兵众,率军挟晋安帝顺江东下。五月,刘裕部将刘道规等率部在峥嵘洲(位于今湖北省黄冈市西北长江中)将桓玄部击败。晋安帝被桓玄等人再次挟至江陵。

桓玄见大势已去,潜入枚回洲(位于今湖北省江陵城西长江中)。壬午日,益州(治所位于今四川省成都市)督护(州府武官)冯迁冲上来,抽出利刀要刺杀桓玄。桓玄连忙从头上取出一块玉给他,问道:"你是什么人,胆敢杀害天子?"冯迁回答说:"我要杀的是天子的叛贼!"说罢,冯迁将桓玄斩首。

闰五月己丑日,扬武将军桓振(桓玄之侄)率部夺回江陵,冲着晋安帝质问道:"我桓氏一门有哪一点辜负国家,而遭到如此屠杀?"琅琊王司马德文(晋安帝同母弟)回答说:"这不是我们兄弟的意愿。"桓振声言要把晋安帝杀死,被桓玄部将桓谦劝止。

义熙元年(405年)正月,桓振挟晋安帝入居江津(其地不详)。不久,桓振兵败逃走。三月甲午日,晋安帝被接回京都复位。刘裕受任侍中(侍从皇帝的主官)、都督中外诸军事,总揽朝廷军政大权。

义熙十四年(418年)十二月,刘裕派中书侍郎(负责拟草诏令)王韶之将晋安帝勒死,立琅琊王司马德文为晋恭帝。

《晋书》卷十　晋安帝纪
　　　卷九十九　桓玄传
《通鉴纪事本末》卷十七　伪楚之乱
　　　卷十九　刘裕篡晋

【简评】

生来痴呆且生活不能自理的皇子,本不该让其继位称帝,当上皇帝亦必然尸位误国。晋朝拘泥于立长为嗣的旧制,先后立惠帝和安帝两个痴呆皇帝。西晋惠帝继位后发生"八王之乱",东晋安帝继位后出现桓玄篡位。二帝最终都被人害死,国家随之灭亡。晋惠、安二帝的悲剧是腐朽制度造成的。

三、王权旁落　任人摆布

东晋恭帝晚景凄凉

　　东晋义熙十四年(418年)十二月,相国刘裕指使人将晋安帝(晋孝武帝长子)勒死,假传晋安帝遗诏,立其同母弟琅琊王司马德文为晋恭帝。

　　晋安帝生来痴呆,其母陈淑媛(后妃名号)早已去世。多年来,琅琊王守着晋安帝,与之形影不离。琅琊王知道刘裕早有篡位称帝之心,认定其兄是刘裕派人暗杀的。由此,他即帝位后,"悬而不乐"。晋恭帝清楚,他的生死命运亦掌握在刘裕手中,迟早有一天,刘裕会对他下毒手。

　　元熙二年(420年)六月,中书令(主管拟草并发布诏令)傅亮秉承刘裕意旨,把事先拟草好的禅让诏书交给晋恭帝,逼迫他答应退位,并按照所拟诏书稿抄写。晋恭帝慨叹说:"晋朝江山早已丧失,时至今日,我还有什么遗恨!"晋恭帝淡然照稿抄写禅让诏书,将帝位让给刘裕。刘裕随即改国号为"宋",即位为宋武帝,将晋恭帝废为零陵王,并废黜皇后褚氏,将他们迁居秣陵县(位于今江苏省南京市南)。

　　晋恭帝被废后,行动受人监视。他深忧祸难,同褚氏相依为命,提心吊胆打发时光。他们自己在床前煮饭,饮食起居由褚氏亲手操办,致使宋武帝派去的人无法对他们投毒。原琅琊王郎中令(主管王宫门卫)张伟奉命毒杀零陵王,他不忍心毒死故主,又无法回去向宋武帝复命,饮毒酒自杀。

南朝宋永初二年(421年)九月丙午朔日,宋武帝令褚氏之兄侍中(侍从皇帝的主官)褚淡之和右卫将军(警卫军将领)褚叔度将褚氏引开。杀手借机翻墙入室,逼迫零陵王司马德文服毒自杀。零陵王拒不服毒。杀手便将零陵王按倒在床上,用被子将他活活捂死。零陵王被害时36岁。

宋武帝害死零陵王司马德文后,率文武百官为之哀悼3天。

《晋书》卷十 恭帝纪

《通鉴纪事本末》卷十九 刘裕篡晋

【简评】

清代学者王夫之认为:"宋可以有天下者也,而其为神人之所愤怒者,恶莫烈于弑君。篡之相仍,自曹氏而已然①,宋因之耳。弑则自宋倡之。其后相习,而受夺之主必死于兵与酖。夫安帝之无能为也,恭帝则欣欣然授之宋而无异心,宋抑可以安之矣;而决于弑焉,何其忍也。"(《读通鉴论》卷十五·宋武帝)

---

① 东汉建安二十五年(220年),魏王曹丕废汉献帝为山阳公,将其迁居山阳(位于今河南省焦作市东北),改国号为"魏",即位为魏文帝。魏咸熙二年(265年),相国司马炎逼魏帝曹奂退位,改国号为"晋",即位为晋武帝,封曹奂为陈留王。

三、王权旁落　任人摆布

宋顺帝遗恨出生帝王家

南朝宋①元徽五年（477年）七月，中领军（主管警卫部队）萧道成指使亲信杀死时年14岁的后废帝刘昱（宋明帝长子，陈贵妃生）。之后，王太后（宋明帝皇后）立时年11岁的安成王刘准（宋明帝第三子，实为宋明帝之弟桂阳王刘休范之子）为宋顺帝。

宋顺帝即位后，萧道成任录尚书事（宰相）、骠骑大将军，执掌朝廷军政。护军将军（主管京都以外的部队）褚渊依附于萧道成。奉命镇守石头（位于今江苏省南京市西清凉山）的中书监（宰相）袁粲看出萧道成有篡位称帝之心，暗中对他加以防备。

升明元年（477年）十二月，车骑大将军、荆州（治所位于今湖北省江陵县）刺史（军政长官）沈攸之声称接王太后"社稷之事，一以委公"的手令，率兵东下，讨伐萧道成。萧道成闻讯后召请袁粲等人商议对策。袁粲推辞不肯会见萧道成，暗中准备对萧道成动手。袁粲将其行动计划告诉褚渊，褚渊却转而密告萧道成。萧道成闻讯随即派兵杀死袁粲，攻打沈攸之部。第二年正月，沈攸之听说部众败溃而被迫自杀。

消灭异己势力后，萧道成完全控制朝廷军政大权，宋顺帝不过是萧道成掌中之丸而已。

---

① 都建康，位于今江苏省南京市。

升明三年(479年)三月,萧道成迫使宋顺帝下令划给他十郡土地,封他为齐公。接着,萧道成又逼迫宋顺帝晋封他为齐王,礼仪比照皇帝,并增封他十郡土地。

四月二十日,宋顺帝被迫将皇位禅让给萧道成。开始,宋顺帝躲在宫中佛盖下,不敢出宫让位。知殿内宿卫兵事(警卫军将领)王敬则诱骗宋顺帝上轿。宋顺帝含着眼泪向王敬则问道:"要杀我吗?"

王敬则回答说:"让位后,你先住到别的宫里去。当年,你们刘家先辈取代司马氏坐天下,也是这样做的。"

宋顺帝吓得浑身颤抖,呜呜恸哭,边哭边说:"但愿今后出生的人,世世代代再不要生在帝王家!"在场的人为之饮泣吞声。事后,人们听说宋顺帝临难哭诉,无不为之感叹悲伤。

萧道成逼宋顺帝退位后,改国号为"齐",即位为齐高帝,改封宋顺帝刘准为汝阴王。五月十八日,齐高帝派人将年仅13岁的汝阴王刘准害死在丹阳宫。接着,齐高帝下令将南朝宋皇族男女一一处死。

《宋书》卷九 后废帝本纪
　　　　　卷十 顺帝本纪
　　　卷四十一 明帝陈昭华传
《通鉴纪事本末》卷二十 萧道成篡宋

【简评】

清代学者王夫之认为:"宋武之篡也,年已耄,不三载而殂,自顾其子皆庸劣之才。""呜呼!躬行弑而欲子孙之得免于弑,躬行弑

三、王权旁落　任人摆布

而欲其臣之弗弑,其可得乎?徐羡之、傅亮、谢晦之刃①,已拟其子之胆而俟时以逞耳。萧道成继起而殄刘氏之血胤,又何怪乎"(《读通鉴论》卷十五·宋武帝)。

---

①　南朝宋永初三年(422年)五月,宋武帝刘裕病危,授命司空(宰相)徐羡之、中书令(主管拟草并发布诏令)傅亮、领军将军(主管警卫部队)谢晦日后辅佐时年17岁的太子刘义符继位执政。元嘉元年(424年)五月,徐羡之等人将宋少帝刘义符废为营阳王。六月,徐羡之派人将营阳王害死。

东魏孝静帝吟诗志哀

北魏永熙三年(534年)十月,大丞相高欢领兵从晋阳(位于今山西省太原市西南)进逼京都洛阳(位于今河南省洛阳市东),孝武帝元修出逃。高欢拥立时年11岁的元善见(清河王元亶之子)为孝静帝。接着,高欢将京都迁至邺城(位于今河北省临漳县西南),史称"东魏"。

高欢执掌东魏朝政期间,对孝静帝尚能恭敬辅佐。他派人教授孝静帝读书练武。由此,孝静帝长大后喜欢吟诗作文,善于射箭。

东魏武定五年(547年)正月,高欢病逝,由其长子大将军高澄执掌朝廷军政。高澄目无孝静帝,称其为"痴人",孝静帝的灾难随之降临。高澄对孝静帝傲慢专横,对他在宴会上常常令群臣即兴作诗尤为忌恨。高澄将他的中兵参军(军事参谋主官)崔季舒提为中书黄门侍郎(侍从皇帝的官员),指令他监视孝静帝的行踪,使得孝静帝言谈举止不敢越雷池一步。

一次,孝静帝同高澄等人去邺城东面游猎。孝静帝骑马飞奔射猎,高澄见孝静帝冲在他前面大为恼火。随行的监卫都督(侍卫将军)乌那罗受工伐急忙骑马追过来,从后面大声呼喊:"皇上不要跑了,大将军发火了!"

又一次,高澄强行劝孝静帝饮酒。孝静帝被逼得毫无办法,发

三、王权旁落　任人摆布

怒道："自古没有不灭亡的国家,我这个做皇帝的活着还有什么用!"高澄听孝静帝这么说,勃然大怒,骂道："什么皇帝?狗皇帝!"他当即指使崔季舒打了孝静帝三拳,扬长而去。第二天,高澄令崔季舒去向孝静帝赔不是,孝静帝亦请崔季舒代他向高澄赔礼道歉,并赐给他们100匹绢。

孝静帝不堪忍受高澄对他的凌辱,常常暗自吟诗以排解心中的愤懑。他吟诵最多的是南朝宋(都建康,位于今江苏省南京市)诗人谢灵运的诗句:"韩亡子房奋,秦帝鲁连耻,本自江海人,忠义动君子。"常侍侍讲(侍从皇帝讲学的官员)荀济等人知道孝静帝的心意,偷挖地道通向高澄住处,准备谋杀高澄。

当年八月,荀济等人的图谋被高澄门卫发觉。高澄随即率军冲入皇宫,指责孝静帝造反,下令将孝静帝软禁,把荀济等人押至闹市投入油锅烹死。不久,高澄与孝静帝达成妥协。此后,高澄退居晋阳,遥控朝政。

武定七年(549年)四月,孝静帝任命高澄为相国,封他为齐王。八月辛卯日,高澄被厨师兰京杀死。其弟太原公高洋接管东魏军政大权。孝静帝任命高洋为相国、都督中外诸军事(最高军事将领),封他为齐王。

武定八年(550年)五月丙辰日,高洋指使襄城王元旭等人逼孝静帝让位。孝静帝板着脸回答说:"这件事我已经推让很久,我应当恭敬让位。"说罢,孝静帝步入后宫与嫔妃告别。嫔妃李氏吟诵魏国陈思王曹植(曹操之子)的诗句"王其爱玉体,俱享黄发期"(《赠白马王彪》),劝慰孝静帝保重身体。

随后,高洋将国号改为"齐",史称"北齐",即位为文宣帝,封元善见为中山王。孝静帝的高皇后(高欢之女)亦被改封为太原公主。太原公主终日侍候在中山王身边,经常为中山王尝食,对他严加保护,使奉命谋害中山王的人无法下手。

北齐天保二年(551年)十二月某日,文宣帝邀请太原公主喝酒,将太原公主引开。同时,他派人给中山王送去毒酒,强行将中山王元善见及其三个儿子毒死。

《通鉴纪事本末》卷二十三　高氏篡东魏
《北史》卷五　孝静帝纪
卷六　世宗文襄帝高澄纪

【简评】

　　东魏孝静帝受制于高澄、高洋,形同囚徒,无可奈何。他同后妃度日如年,只好暗下吟诗志哀,排解积愤。君主落到这一步,还没有一个普通百姓自由自在。

三、王权旁落　任人摆布

唐末二帝难避刀光剑影

唐义德元年(888年)三月,唐僖宗病逝。左右神策十军观军容使(唐后期由宦官担任的警卫军长官)杨复恭等人拥立时年22岁的寿王李杰(后改名李晔,唐僖宗之弟)继位,为唐昭宗。

唐昭宗"攻书好文,尤重儒术,神气雄俊",对于朝纲不振、国力日衰,深为忧虑。他想依靠宰相等大臣,以儒学治政,重振祖先的帝业。可是,唐王朝已经走上末路,唐昭宗回天乏力。此时,镇守各地的将领,大多拥兵自重,朝廷已经失去对他们的控制。藩镇割据势力互相攻战,愈演愈烈。唐昭宗的皇位在血雨腥风中飘摇。

唐昭宗屡受镇将胁迫

唐昭宗即位之初即面临镇将交战。当年二月,河阳(治所位于今河南省孟州市南)节度使(军政长官)李罕之领兵攻打晋州(治所位于今山西省临汾市)。河南尹(河南府行政长官,治所位于今河南省洛阳市)张全义乘机领兵攻占河阳。李罕之逃奔泽州(治所位于今山西省晋城市),向河东(治所位于今山西省太原市)节度使李克用求援。

三月，李克用派其部将康君立率军帮助李罕之攻打河阳。张全义向宣武军（治所大梁，位于今河南省开封市）节度使朱全忠求援。四月，朱全忠派其部将丁会等率部救援河阳，将康君立军击退。李克用与朱全忠本来就积怨很深，由此更加互相敌视。

大顺元年（890年）四月，李克用派兵攻打云州（治所位于今山西省大同市）刺史、大同军防御使（军政长官）赫连铎。卢龙（治所幽州，位于今北京市西南部）节度使李匡威应赫连铎请求，出兵救援。云、幽二镇联军在蔚州（位于今河北省蔚县）击败李克用军。接着，赫连铎、李匡威、朱全忠联名上书，请求朝廷确认他们三人中某一人为主，领兵攻打李克用。唐昭宗犹豫不定。宰相张濬支持朱全忠，接连为之奏请唐昭宗。唐昭宗迫于压力，下令撤销李克用官职，勉强同意以朱全忠为主领兵攻打李克用部。当年十二月，李克用率军击败以朱全忠为主的联军，上书向唐昭宗诉冤。唐昭宗只好恢复李克用官职，待之礼仪如初。

大顺二年（891年）九月，唐昭宗厌恶杨复恭恃权不法，令他以大将军名义致仕（退休）。杨复恭称病不接受这一诏令。之后，天威军使（警卫军将领）李顺节率兵攻打杨复恭。杨复恭的养子玉山军使（警卫军将领）杨守信领兵迎战。唐昭宗登上延喜楼，令卫兵加强防备，并密切注视事态变化。杨复恭乘机逃奔兴元（治所位于今陕西省汉中市）节度使杨守亮处。

景福元年（892年）正月，凤翔（治所位于今陕西省凤翔县）节度使李茂贞、邠州（治所位于今陕西省彬县）节度使王行瑜、华州（治所位于今陕西省华县）节度使韩建等人联名上书唐昭宗，以收纳叛臣杨复恭的罪名，请求让他们出兵讨伐杨守亮。朝廷大臣都不同意他们联合出兵，唐昭宗亦察觉李茂贞有凭借武力动摇朝廷的野心，迟迟不予答复。李茂贞大为恼火，出言不逊，随即自行决定与王行瑜等人联兵攻打兴元。杨守亮、杨复恭兵败被杀。

三、王权旁落　任人摆布

景福二年(893年)七月,李茂贞恃其兵众,上书要求兼领山南①。唐昭宗没有答应,李茂贞便上书诋毁朝政。唐昭宗不能容忍,派京西招讨使嗣覃王李嗣周率部(由蜀地人组建的警卫军)攻打岐阳(即凤翔)。李茂贞率部击败李嗣周部,乘胜进逼京都长安,迫使唐昭宗下令宰相杜让能自杀,并封李茂贞为秦王。

乾宁元年(894年)正月,李茂贞带着大批卫兵来京,送给朝廷30名妓女,对朝廷凌辱示威。

乾宁二年(895年)三月,李克用上书称已故河中(治所位于今山西省永济市西南)节度使王重荣"有功于国",请求让王重荣之子王珂承袭父位。唐昭宗下诏同意王珂承袭父位。此后,李茂贞、王行瑜、韩建三人分别上书,反对王珂承袭河中节度使。唐昭宗基于已批准李克用的奏请,对李茂贞等人的意见没有答复。

五月,李茂贞、王行瑜、韩建三人约定,各率数千名精兵抵达长安,要求入见皇帝。京都官民大为惊恐。唐昭宗站在安福门城楼窗口质问李茂贞等人:"你们身为镇守一方的将军,应当保持大臣的节操,不经奏请获准,擅自领兵入京,想干什么?"李茂贞等人寸步不让,他们借口讨伐朝廷奸臣,逼迫唐昭宗下令将宰相韦昭度、李磎处死。韦、李二相被杀后,李、王、韩三人密谋废黜唐昭宗,改立吉王(唐懿宗之子李保)为帝。此间,李克用领兵南下,讨伐李茂贞等人乱政。李、王、韩三人闻讯才停止其密谋,率兵回撤。李茂贞留其养子阎圭、王行瑜留其弟王行约各领2000名兵士"宿卫"朝廷。神策军中尉(由宦官担任的警卫军将领)刘景宣依附李茂贞,与阎圭等人串通,伺机谋乱。

七月,李克用领兵渡过黄河。阎圭和刘景宣之子刘继晟借机率众纵火焚烧东市,准备劫持唐昭宗出走。唐昭宗听说发生变乱,

---

① 位于今四川省嘉陵江以东、陕西省秦岭以南、湖北省涢水以西、重庆市长江以北地区。

登上承天门,令诸王率领警卫官兵防御。捧日都头(警卫军官)李筠率兵侍卫在唐昭宗身旁。阎圭率其部众攻打李筠,箭矢射落在唐昭宗所在的楼门上。唐昭宗十分恐惧,带着诸王、后妃转移到李筠军营,接着又转至南山(位于今陕西省西安市南终南山)。唐昭宗派延王李戒丕向李克用传达诏令,希望他"以社稷为忧",派兵讨伐阎圭等人。李克用随即率军进讨阎圭。李茂贞闻讯大为惊恐,下令将阎圭斩杀,并上书向唐昭宗请罪。此后,李克用派兵护送唐昭宗返回京都。唐昭宗封李克用为晋王,并为杜让能、韦昭度、李磎等人平冤昭雪,恢复名誉。十二月,李克用率部返回太原。

唐昭宗离京漂泊误入虎口

乾宁三年(896年)七月,李茂贞率军进逼京都。唐昭宗离京准备去太原。行抵富平(位于今陕西省富平县)时,韩建前来拜见唐昭宗,哭着请皇上去华州,称到达华州后再图恢复。唐昭宗流着眼泪答应韩建的请求,随即率领侍从进入华州。李茂贞率军入京后将皇室摧毁殆尽。

九月,朱全忠上书唐昭宗,请求将都城由长安迁至洛阳。唐昭宗答复赞同迁都。十月,李茂贞上书唐昭宗请罪,称愿意改正过错,以臣下之礼事奉皇上。

乾宁四年(897年)二月,韩建指使华州防城将花重武诬称睦王(名不详)等"八王"(皆为唐昭宗之子)"欲谋杀韩建"。唐昭宗听说后大为吃惊,当即召请韩建想向他说明情况。韩建称病不见唐昭宗。唐昭宗要"八王"向韩建当面说清花重武之说纯系诬告,韩建婉言予以拒绝。唐昭宗迫不得已,只好接受韩建提出的要求,下令将"八王"分别囚禁,解散殿后侍卫军士两万多人,并将捧日都头

三、王权旁落　任人摆布

李筠处死。从此,唐昭宗身边再没有亲信部队为其警卫。

接着,唐昭宗听从韩建意见,封长子德王李裕为皇太子。当年八月,韩建与宦官知枢密(主管机要、参议朝政)刘季述假传唐昭宗诏令,派兵包围诸王住所。诸王惊恐万状,披头散发沿着围墙奔跑,有的爬上树,登上屋顶,高呼父皇救儿命。刘季述不管诸王如何呼喊,下令兵士将通王以下及其侍从全部杀死。事后,韩建竟以诸王"谋逆"的罪名向唐昭宗奏告。唐昭宗心如刀绞,但无可奈何。

光化元年(898年)八月,唐昭宗答应各地镇将和文武百官请求,由华州返回京都长安。临行前,唐昭宗被迫写下"忠贞"二字送给韩建。

唐昭宗遭遇兵变废而复立

唐昭宗从华州返京后,恣意饮酒,以酒浇愁,性情变得喜怒无常。他信任宰相崔胤,让其执掌朝政。崔胤忌恨宦官争权,与朱全忠亲近,企图借朱全忠的威力抑制宦官势力。这样,唐昭宗又被拖入新的祸乱之中。

光化三年(900年)六月,崔胤诬告枢密使(主管机要、参议朝政)宦官宋道弼、景务修与宰相王抟勾结谋乱。唐昭宗下令将宋、景、王三人处死,引起众宦官怨愤和恐惧。左右神策军中尉刘季述、王仲先暗中策划废黜唐昭宗。

十一月初五晚上,唐昭宗打猎回宫后喝醉了酒。当夜,唐昭宗亲手杀死数名侍从宦官和侍女。第二天早晨,太阳已升起,内宫的门尚未打开。刘季述对崔胤说:"宫中准是发生了意想不到的事情,我们做臣子的不能坐视不问!"于是,刘季述率领数千名警卫官兵破门冲入后宫。刘季述向宦官问明情况后,随即转回外宫对崔胤等人说："皇上如此酗酒滥杀,不配再当国主。废昏君立明君,是事关国家前途命运的大事,并不是叛逆作乱。"接着,刘季述拿出废黜唐昭宗的文书,强迫崔胤等文武百官在该文书上签字。之后,刘季述与王仲先领兵冲入内宫。

唐昭宗突然看见兵士冲进来,惊慌得从床上跌下来,匆忙起身逃走。刘季述、王仲先上前抓住唐昭宗,要他坐下。何皇后连忙向刘、王二人下拜,替唐昭宗求情。刘季述出示百官签名的文书,声称由太子监国,请陛下入东宫养老。唐昭宗只好交出皇帝玉玺。随后,刘季述将唐昭宗和何皇后幽禁东宫,伪称昭宗退居太上皇,诏令太子李裕即皇位。

十二月三十日夜,崔胤密令左神策军指挥使(警卫军官)孙德昭、周承诲、董彦弼领兵攻打刘季述、王仲先,当场将王仲先击杀,刘季述被捕。随后,警卫官兵打开东宫门锁,将唐昭宗和何皇后接回皇宫。

天复元年(901年)正月初一日,唐昭宗复位,下令将刘季述押至宫楼前用乱棒打死,将皇太子李裕贬为德王,改名李祐。接着,唐昭宗下令处死神策军使李师虔、徐彦回。诏令称李、徐二人在东宫对他实施监禁期间,"凌辱万状,出入搜罗。朕所御之衣,昼服夜濯,凝冽之际,寒苦难胜"。

唐昭宗被迫迁都洛阳

唐昭宗虽然复位,可劫难未了,一难消去,一难又起。新任神策军中尉韩全诲同李茂贞关系密切,宰相崔胤则与朱全忠勾结。此时,朱全忠想要唐昭宗迁都洛阳,李茂贞则要迎接唐昭宗去凤翔,各自打着挟天子以令诸侯的算盘。

三、王权旁落　任人摆布

朱全忠窥视皇室，图谋篡位，由来已久，只是顾虑李克用拥兵太原，害怕他起兵反对，而未敢向朝廷发难。朱全忠决定先攻灭李克用势力，再逼迫唐昭宗迁都。

当年十月，朱全忠率7万军士讨伐李克用。消息传至京都，朝廷上下为之惊恐。十一月初，韩全海串通李茂贞留京"宿卫"的部将李继诲，率兵将唐昭宗劫持至凤翔。朱全忠听说唐昭宗去了凤翔，随即回军攻打华州，韩建率部向朱全忠投降。这时，崔胤派人催促朱全忠赴凤翔迎唐昭宗回京。朱全忠率部进抵岐下（位于今陕西省凤翔县东），派人向唐昭宗奏称："崔胤来信传达皇上密诏，令臣下派兵迎驾回京。"唐昭宗对崔胤假传他的旨令大为恼火，接连致书朱全忠，劝其退还汴州（大梁）。朱全忠转而回军攻打邠州。此前，王行瑜兵败已被部下杀死，继任邠州节度使李继徽向朱全忠投降。

天复二年（902年）春天，朱全忠令其部将朱友宁率5万兵士围攻太原。唐昭宗派人劝朱全忠与李克用和解，朱全忠令朱友宁退兵。五月，李茂贞派兵攻打朱友宁部，被朱友宁击败。朱全忠随即率5万兵士围攻凤翔。李茂贞率部抵抗数月，被朱全忠军击败。

天复三年（903年）正月，唐昭宗慑于朱全忠军威，被迫下令处死韩全海等人，派人告知朱全忠，他同意回京，并答应将朱全忠信赖的蒋玄晖安排在他身边作为侍卫。随后，唐昭宗离开凤翔，进入朱全忠军营。朱全忠见到唐昭宗故作虔诚，"素服待罪，泣下不自胜"。唐昭宗解下身上的玉带赐予朱全忠。

唐昭宗回到京都长安后，朱全忠、崔胤奏请尽诛宦官。唐昭宗被迫下令将宫中700多名宦官及派往各地监军的宦官全部处死。事后，唐昭宗深为悲哀惋惜，亲自撰写祭文为之吊唁。接着，唐昭宗授予朱全忠"回天再造竭忠守正功臣"。

朱全忠急于将都城迁至洛阳，担心崔胤等人加以劝阻。当年十二月，朱全忠以"专权乱国"的罪名，令其部将朱友谅将崔胤等人杀死。

天祐元年（904年）正月，朱全忠上书唐昭宗，"请车驾迁都洛阳"，并令"长安居人按籍迁居"。长安民众为之呼天号哭，怨声载道。

唐昭宗一行离开长安，途经华州时，百姓夹道高呼万岁。唐昭宗流着眼泪对送行的百姓说："不要再呼万岁了，朕已不再是你们的国主！"进入馆舍停歇后，唐昭宗对身边侍臣说："俗话说'纥干山头冻杀雀，何不飞去生处乐'。朕从今以后漂泊，不知最终会流落何方！"

唐昭宗遇害祸连后妃皇子

当年四月，司天监（负责观察天象的官员）王墀向唐昭宗奏称："天象有变化，今年秋天将有灾变，陛下不宜继续东行。"唐昭宗引以为戒，以皇后刚生孩子不宜上路为由，派人告知朱全忠，他暂留陕州（位于今河南省陕县），等到十月才入居洛阳。朱全忠大为恼火，派人急速催促唐昭宗去洛阳，并将王墀以及跟随唐昭宗东行的200多名侍从全部杀死，换上他的亲信作侍从。

唐昭宗自从离开长安后，每天都忧虑会遭受不测祸难。他派人密告李克用、李茂贞等人，请他们率兵匡复国家。闰四月，唐昭宗一行进入洛阳。他不知哪天会被朱全忠谋害，只好与皇后、后妃得过且过，以酒解忧，聊以自慰。朱全忠听说李克用等人将要起兵攻打洛阳，决意将唐昭宗害死，授意左龙武统军（警卫军将领）朱友恭等人施行。

八月十一日夜，龙武衙官（警卫军官）史太受枢密使蒋玄晖指使，声称有急事要奏告皇帝，叩开后宫大门，领百余名兵士进入内宫。贞一夫人对跟在兵士后面的蒋玄晖说:"向皇上奏报急事不应带兵进来。"史太当即将贞一夫人杀死。昭仪(后妃名号)李渐荣劝告蒋玄晖说:"请枢密使大人不要伤害皇上,我们宁愿替他去死!"唐昭宗当时醉意蒙眬,听到李昭仪等人连声哀求,骤然起身。唐昭宗见史太手持利剑进入后殿,大惊失色,"单衣旋柱而走"。史太追上去将唐昭宗杀死。李渐荣以自己的身体护卫唐昭宗,亦被史太杀死。何皇后当时幸免于难。第二天,蒋玄晖等人诬称李渐荣、裴贞一"弑君叛逆",假传何皇后诏令,立年仅13岁的辉王李祚(唐昭宗第九子)为帝。李祚即位后改名李柷,史称"哀帝"。坐镇大梁遥控指挥的朱全忠听说唐昭宗被杀死,故作惊讶,哭喊着倒在地上,口称"奴才们辜负我的信任,让我背上恶名,将要被万代人诅咒!"随后,朱全忠匆匆赶到洛阳,伏在唐昭宗的灵柩上痛哭流涕。为了灭口,朱全忠当即下令将朱友恭等人收捕,押到外地处死。

天祐二年(905年)二月初九日,朱全忠令蒋玄晖邀请唐昭宗诸子去九曲池边游玩饮酒。蒋玄晖令人将他们劝醉,一一勒死,并抛尸九曲池中。十二月,朱全忠下令将蒋玄晖处死以灭口。接着,朱全忠令人将何皇后害死。

唐哀帝被废亡国

大祐四年(907年)正月,朱全忠指使御史大夫(最高监察机关长官)薛贻矩向唐哀帝奏告说:"朱元帅有替代陛下为君的意向,陛下亦深知眼前的势态,宜主动让位,以减去沉重的思想负担。"唐哀帝回答说:"我早有让位的心愿。"唐哀帝随即派薛贻矩去大梁,向朱全忠转达他让位之意。朱全忠当着众人的面故作推辞。

三月,唐哀帝令宰相张文蔚携传国玉玺率领百官赴大梁,举行让位仪式，唐朝灭亡。随后，朱全忠改国号为"大梁"，史称"后梁"，即位为大梁皇帝，史称"后梁太祖"。后梁太祖改封唐哀帝李柷为济阴王，将他迁居曹州（位于今山东省曹县）。后梁开平二年（908年）二月二十一日，后梁太祖派人将济阴王李柷害死。

《旧唐书》卷二十上　昭宗本纪

卷二十下　哀帝本纪

卷一百七十五　昭宗十子传

《通鉴纪事本末》卷三十八　诸镇相攻

朱温篡唐

【简评】

　　《新唐书》作者欧阳修、宋祁认为："自古亡国，未必皆愚庸暴虐之君也。其祸乱之来有渐积，及其大势已去，适丁斯时，故虽有智勇，有不能为者矣，可谓真不幸也，昭宗是已。昭宗为人明隽，初亦有志于兴复，而外患已成，内无贤佐，颇亦慨然思得非常之材，而用匪其人，徒以益乱。"（《新唐书》卷十·昭宗本纪、哀帝本纪）

　　清代学者王夫之认为："唐自宣宗以小察而忘天下之大恤，懿、僖以淫虐继之，民怨盗起，而亡唐者非叛民也，逆臣也。奔窜幽辱，未酬其怨，而昭宗死于朱全忠之手，十六院之宗子，骈首而受强臣之刃，高祖、太宗之血食，一旦而斩。君不仁以召百殃，既已酷矣，而岂徒其君之酷哉。"（《读通鉴论》卷二十七·僖宗）

三、王权旁落　任人摆布

明英宗的皇位沉浮

明正统十四年（1449年）七月，瓦剌①太师（宰相）也先率军侵犯大同（位于今山西省大同市）。明英宗朱祁镇受掌司礼监（宦官头目，协助皇帝批阅奏章兼管刑狱）王振裹挟，亲率大军迎战瓦剌军。明军出师失利。八月，明英宗一行撤至土木堡（位于今河北省怀来县东），瓦剌军围上来将明英宗俘虏。

明英宗被俘后，也先没有将他杀害，而是把他当做一张牌拿在手上，借以要挟和变乱明朝廷。

当月二十三日，也先将明英宗带到大同城下，派人给城内官府送信，声称只要付给他一万两金银，他就将明英宗放回。大同守将答应如数交付金银，也先没有将明英宗放回，而把他带回北方，羁押在伯颜帖木儿军营。

九月，孙太后（明英宗养母）立郕王朱祁钰（明宣宗吴贤妃生、明英宗异母弟）即帝位，为明代宗，同时立明英宗之子朱见深为皇太子。明代宗即位后，遥尊明英宗为太上皇。

十月，也先以送明太上皇回国为名，率军进逼明都城北京（位于今北京市区），太上皇被也先押至土城（位于今北京市区西北）。

---

①　泛指蒙古西部部族，其游牧区位于今蒙古国札布汗河流域至俄罗斯叶尼塞河上游一带。

兵部尚书(朝廷主管军事的部门长官)丁谦、右都督(驻京部队将领)石亨率兵击退瓦剌军,也先将明太上皇押回北方。

景泰元年(1450年)正月,太上皇派人回国送信,要朝廷派大臣前去迎接他回国。明代宗同意派人出使瓦剌,群臣畏惧,没有人主动愿赴此任。

七月,也先派参政(副宰相)完者脱欢出使明朝,许诺让明太上皇回国。礼部尚书(朝廷主管礼仪教育的部门长官)胡濙奏请迎太上皇回国,明代宗却改口不同意迎回太上皇。吏部尚书(朝廷主管官吏任免的部门长官)王直坚持认为应该迎太上皇回国,明代宗大为恼火,板着面孔质问道:"我不是贪图这个皇位,当初是你们推举我的,如今你们又这样议论纷纷,到底是什么意思啊?"于谦见朝会气氛紧张,调解说:"当今皇位早就定了,谁还敢有其他议论!大家主张派大臣出使瓦剌,只是想解除边患而已。"明代宗听于谦这么说才渐渐息怒,同意选派使臣。从此,朝廷大臣只谈论同瓦剌议和,不再提及迎接太上皇回国之事。

此后不久,明代宗任命礼部侍郎(礼部副长官)李实为正使、大理寺少卿(最高审判机关副长官)罗绮为副使出使瓦剌。李实等人到达也先大营后,反复说明要迎接太上皇回国。也先却坚持要明朝派大臣来议和,不肯放还明太上皇。

李实等人只好向太上皇辞行。太上皇流着眼泪对李实等人说:"也先想放我回国。你们回国后将此事奏告朝廷,妥善争取也先放行。我如能回国,甘愿当个平民,余生守护祖先陵墓就满足了。"太上皇要李实带回三封书信,一封是写给孙太后的,一封是写给明代宗的,一封是写给朝廷众臣的。接着,明代宗派遣右都御史(最高监察机关长官)杨善等人出使瓦剌。杨善一行抵达瓦剌后与也先反复论辩,也先才同意放还太上皇。

八月,太上皇在熬过一年俘囚生活后,返回明朝都城。明代宗率领众臣去东安门迎拜,假意同太上皇逊让一番,然后令人将太上

三、王权旁落　任人摆布

皇送居南宫,并规定百官不得私自朝拜太上皇。

十一月,胡濙上书明代宗,请求让百官祝贺太上皇万寿节(生日),明代宗没有准许。年末,胡濙奏请明年正月初一让百官朝贺太上皇,明代宗又没有同意。太上皇实际被明代宗幽禁南宫。

景泰三年(1452年)五月,明代宗下令将太子朱见深废为沂王,将自己的儿子朱见济立为皇太子。第二年十一月,太子朱见济病逝。

景泰五年(1454年)五月,礼部郎中(礼部内设机构长官)章纶、御史(最高监察机关官员)钟同联名奏请复立沂王朱见深为皇太子。明代宗看过奏书后勃然大怒,下令将章、钟二人逮捕入狱。

景泰六年(1455年)八月,南京(明故都,位于今江苏省南京市)大理少卿(虚职)廖庄奏请复立沂王为太子。明代宗更为恼火,当即下令用棍杖将廖庄打死于宫殿台阶下,同时下令用棍杖将章纶、钟同二人打死在狱中。

景泰八年(1457年)正月,明代宗身患重病。群臣奏请立太子,明代宗不答应。石亨认为,与其恢复沂王太子位,还不如恢复太上皇的皇位。于是,石亨与都督张𫐐、太监曹吉祥、太常卿(主管朝会礼仪)许彬、左副都御史(最高监察机关副长官)徐有贞等人密谋,决定乘明代宗病重之机恢复太上皇皇位。

十六日晚上,石亨令人收了京城九门的钥匙。当夜四更时分,石亨等人率千名兵士撞开南宫大门,摧毁南宫围墙,叩见太上皇,声称请陛下再登皇位,将太上皇扶上车,直驰皇宫内殿。

当太上皇登上奉大殿时,受到守殿武士持械阻拦。太上皇喝退武士,进入殿中,看见当年自己坐过的御座还摆放在角落里,令众人把它重新摆放在殿堂中央。

此时,天已大亮。太上皇坐上御座,下令鸣钟击鼓,召见百官。众大臣以为是明代宗召令早朝,进入殿门后,见太上皇坐在御座上,无不为之一惊。徐有贞大声宣布:"太上皇恢复帝位了!"众臣依次向复位的明英宗拜贺。

明代宗躺在病榻上听见奉天殿传来钟鼓声,不禁大吃一惊。当他得知太上皇进入奉天殿复帝位,才如梦初醒,只得连声说:"好,好。"随后,孙太后发布诏令,废明代宗为郕王,将其移居西宫。明英宗复位,史称"夺门之变"。

明代宗朱祁钰被废后病情急剧加重,当月便在忧惧中死去。

《明史》卷十 英宗前纪
　　卷十一 景帝本纪
　　卷十二 英宗后纪
《明史纪事本末》卷三十二 土木之变
　　卷三十三 景帝登极守御
　　卷三十四 南宫复辟

【简评】

《明史纪事本末》作者谷应泰认为,"英宗身受祖宗重器,轻信宵小,被絷北庭,幸而脱还,亦已得罪祖宗矣。辟之阃外之吏,弃师而归,封疆之吏,委城而走。高帝之法,尚当引绳批根,况在至尊,短垣而自踰之乎!""即至景帝宾天,群臣力请,英宗亦宜开谕至诚,明予惭德,嗣王可辅,大统有人"。"而乃暮夜仓皇,驱车践位,逼景帝于弥留,假阉弁于翊戴。'夺门'二字,英皇不得正始,景皇不得正终"(《明史纪事本末》卷三十五·南宫复辟)。

三、王权旁落　任人摆布

清光绪帝变法被囚

清同治十三年(1874年)十二月,同治帝病逝,年仅4岁的载湉继位,为光绪帝,由其姨母慈禧太后(咸丰帝妃、同治帝母)垂帘听政。载湉之父醇贤亲王奕譞是咸丰帝之弟,载湉之母叶赫那拉氏是慈禧太后之妹。当初,慈禧太后见同治帝不育,同其妹妹、妹夫商议,将载湉过继到她身边,内定为同治帝的继承人。

光绪十五年(1889年)三月,慈禧太后宣布让光绪帝亲掌朝政。其实,她仍然控制朝政实权。

光绪二十一年(1895年)春末夏初,清朝廷在北洋海军抗击侵华日军失败的情况下,被迫向日本政府求和。光绪帝审阅率团赴日本谈判的大学士(宰相)李鸿章发回的《马关条约》草稿,不禁放声痛哭,挥泪在草约上签字批准。痛定之后,光绪帝告诫众臣:"我君臣上下惟期坚苦一心,痛除积弊。"

为了洗刷中华民族的耻辱,摆脱落后挨打的局面,光绪帝思考如何才能富国强兵。他召见曾在日本、美国、英国担任外交官的道员(介于省级与州县之间的长官)黄遵宪,向他询问西方政治为何比中国先进。黄遵宪回答说:"我在伦敦听当地老人说,一百年前,英国没有中国强大。西方各国之所以富强,是由于实施了变法。"光绪帝思想受到很大启发,提升黄遵宪为湖南按察使(主管司法监察)。

光绪二十三年(1897年)冬天,德国军队强占胶州湾(位于今山东省胶州湾)。之后,俄国舰队驶入旅顺口(位于今辽宁省大连市旅顺口海域)。目睹民族危机日益加深,工部主事(朝廷主管百工建造部门的文秘官员)康有为第五次向光绪帝上书,提出"尽革旧俗,一意维新","效法俄日,毅然变法以图强"的建议。随后,康有为向光绪帝呈献其所著的《日本变政考》和《俄彼得变政记》。

光绪二十四年(1898年)四月,光绪帝决意变法维新。他请庆亲王奕劻转奏慈禧太后说:"我不能做亡国之君,如果不授予我权力,我宁愿让位。"慈禧太后大为恼火,对庆亲王说:"由他去办,等办得不好再说。"

当月二十三日,光绪帝颁布由协办大学士(副宰相)翁同龢拟草的《定国是诏》,开始实施变法。

在此后的100余天内,光绪帝陆续发布诏书,令研制新式枪炮子弹、军队改练洋操,废除八股,改试策论选拔人才,设立译书局翻译介绍西洋各类书籍,设立京师大学堂广育人才,设农工商总局以振兴农工商业,不准稽压士民上书言事,裁撤京内及外省冗官,在政治、经济、军事、文化领域进行了一系列改革。

变法一开始就受到以慈禧太后为首的守旧势力的反对和扼杀。《定国是诏》颁布第四天,慈禧太后即下令光绪帝将翁同龢罢官。接着,康有为建议设立制度局作为变法的议事机构,受到军机大臣(参与议论军政大事)世铎等人反对而泡汤。

光绪帝意识到变法阻力很大,于七月二十七日向全国发布诏书,称"朕夙夜孜孜,改图百度,岂为崇尚新奇?乃眷怀赤子,皆上天之所畀,祖宗之所遗,非悉使之康乐和亲,朕躬未为尽职。加以各国环处,陵迫为忧,非取人之所长,不能全我之所有"。"今将变法之意,布告天下","上下同心,以成新政,以强中国"。

之后,康有为奏请开懋勤殿作为变法的办公场所,又被慈禧太后否决。为此,光绪帝十分忧虑,他在给军机章京(最高军政机关

三、王权旁落　任人摆布

文秘官员)杨锐的信中写道:"朕仰窥皇太后圣意,不愿将法尽变,并不欲将此辈老谬昏庸之大臣罢黜。""朕亦岂不知中国积弱不振,至于阽危,皆由此辈所误;但必欲朕一旦痛切降旨,将旧法尽变,而尽黜此辈昏庸之人,则朕之权力实有未足。果使如此,则朕位且不能保,何况其他?今朕问汝,可有何良策,俾旧法可以全变,将老谬昏庸之大臣尽行罢黜","使中国转危为安,化弱为强,而又不致有拂圣意?""朕实不胜十分焦急翘盼之至"。杨锐知道光绪帝手中无权,对变法遇到的重重阻力亦感到无计可施。光绪帝维新变法陷入困境。

此间,宫内盛传太后将于九月去天津(位于今天津市)阅兵,至时将要废黜光绪帝。光绪帝与慈禧太后之间由变法与反变法引发的矛盾,出现剑拔弩张的态势。

八月三日,慈禧太后诏令,取消光绪帝独立处理政务的权力,一切章奏均须呈经她审阅之后方可决定。与此同时,军机章京康有为、谭嗣同则密谋围困住在颐和园的慈禧太后,企图胁迫她放权让光绪帝变法。康、谭等人没有兵权,只好求助于刚刚接受光绪帝任命为侍郎在天津小站编练新建陆军的袁世凯。

当天夜里,谭嗣同密访袁世凯,请他在初五那天,乘拜见光绪帝之机杀死慈禧太后的宠臣直隶(治所位于今北京市)总督(军政长官)荣禄,并透露他将带人囚禁慈禧太后。袁世凯借口他的部队在天津没有答应。

四日黎明,慈禧太后从颐和园突然返回皇宫,当即召见光绪帝,怒斥道:"我养你二十余年,你竟然听信小人之言,谋害我!"光绪帝吓得浑身发抖,辩解道:"我没有这种思想。"慈禧太后冲着光绪帝唾了一下,骂道:"傻孩子,今天如果把我除掉,明天难道容许你存在吗?"慈禧太后随即令人将光绪帝带入四面环水的瀛台幽禁。接着,慈禧太后宣布光绪帝有病,"不能理万机",恢复由她临朝训政。

此后，清朝廷虽然仍以光绪帝名义发布诏令，但仅仅是挂他的名字而已。每逢召见大臣，光绪帝与慈禧太后亦依然并坐，但光绪帝"嘿不发言"，有时，慈禧太后指着要他表态，光绪帝只说上一两句话，便闭口不言。

光绪二十五年（1899年）十二月，慈禧太后立端郡王载漪之子溥儁为皇子。她对外宣称，光绪帝"气体违和"，"总未康复"。各国驻华公使再三交涉才获准派医生为光绪帝看病。外国医生诊断后对人说："光绪帝血脉正常，没有病。"慈禧太后听说后很不高兴。

当年年底，慈禧太后与大学士徐桐等人密谋废黜光绪帝，改立溥儁为帝。徐桐等人拟就废立奏稿，慈禧太后看过后，令徐桐与荣禄商量。荣禄反对废立皇帝，并将徐桐的奏稿烧毁。李鸿章对废立皇帝也持不同意见。慈禧太后宴请各国公使夫人，将欲改立溥儁为帝向她们吹风，以求得支持。各国公使却不支持慈禧太后废黜光绪帝。由此，载漪和慈禧太后迁怒于各国公使，图谋报复外国驻华使节。

五月，慈禧太后和载漪放纵义和团入京，焚烧教堂和攻打外国使馆。英、俄等八国联军以此为借口，于七月攻入北京。慈禧太后带着光绪帝逃至西安（位于今陕西省西安市）。一年后，光绪帝随同慈禧太后返回京都，但他仍被幽禁于瀛台。

光绪三十四年（1908年）十月二十一日，光绪帝在忧郁中去世，终年37岁。有学者研究认为，光绪帝系慈禧太后令人用砒霜毒杀。紧接着，慈禧太后立醇亲王载沣之子溥仪为帝，令载沣为摄政王。做好上述安排后，当天，慈禧太后亦寿终正寝，其时与光绪帝去世相距不到24小时。

《清通鉴》卷二五二　清德宗光绪二十一年
　　　　　卷二五三　清德宗光绪二十二年
　　　　　卷二五四　清德宗光绪二十三年
　　　　　卷二五五　清德宗光绪二十四年

三、王权旁落　任人摆布

　　卷二五六　清德宗光绪二十五年
　　卷二五七　清德宗光绪二十六年
　　卷二六五　清德宗光绪三十四年

【简评】

　　光绪帝是清朝晚期一位忧国忧民怀有治国抱负的君王,他目睹外国军队入侵中国、民族危机日益严重,决意仿效日、俄变法图强,是卓有眼光的重大举措。光绪帝变法失败,由无权皇帝变成被囚皇帝,这既是其个人的悲剧,亦是中华民族的悲剧。

四、变更王储　父子相逼

君王从其诸子中选立太子,准备日后让其嗣位,这是关乎皇位继承的大事。有些君王册立太子后,因故又要改立其他儿子为太子,由此导致君王同其所立太子之间关系急剧恶化,演出一幕幕君王父子相残的悲剧。

四、变更王储　父子相逼

卫宣公暗杀太子

卫宣公原先宠爱夫人夷姜,夷姜生下儿子伋,卫宣公把伋立为太子,令右公子辅导他学习。太子伋长大后,右公子为他从齐国①物色一个美女为妻。齐女来到卫国②后,卫宣公看中了他这个未婚儿媳,将她夺占为妻。尔后,卫宣公为太子伋另娶别的女子为妻。时人对卫宣公强占儿媳一事嗤之以鼻。《诗经·新台》一诗对卫宣公进行了辛辣的讽刺,嘲笑他是个鸡胸驼背的老丑(参阅上海辞书出版社《先秦诗鉴赏辞典》)。

后来,卫宣公同齐女生下两个儿子,大儿名子寿,小儿名子朔,由左公子辅导他俩学习。卫宣公有了新宠后,冷落了夷姜,致使夷姜郁闷早逝。卫宣公随即将齐女立为夫人。

卫宣公自从夺占齐女后,心中一直不安。他怀疑太子伋忌恨他,反而对太子伋产生憎恶,暗自打算要将太子伋废黜。齐夫人亦厌恶太子伋,想让子朔取代伋的太子位,常同子朔在卫宣公面前讲太子伋的坏话。卫宣公听了齐夫人的谗言后,对太子伋更为恼恨,决意将太子伋处死。

卫宣公十八年(前701年),卫宣公对太子伋设下陷阱。他派

---

① 春秋诸侯国,都临淄,位于今山东省淄博市东。
② 春秋诸侯国,都朝歌,位于今河南省淇县。

太子伋出使齐国，令他走到边境莘地（卫邑，位于今山东省曹县西北）时，出示画有牦牛尾巴作为标志的白旗，以告知边防官兵放行。与此同时，卫宣公又指派一批杀手埋伏在莘地，命令他们见到手持白旗上画有牦牛尾巴的人，便把他杀死。

　　对于父君的阴谋，太子伋毫不知晓。子寿知道这一内幕，他不忍心让异母兄无辜被杀，将情况偷偷告诉太子伋，劝他不要去齐国。太子伋认为，违背父命求生不可取，坚持要按期去齐国。子寿见劝阻无效，便偷取配给太子伋的白旗，抢先奔向莘地，去为太子伋替死。埋伏在莘地的杀手，见子寿举着画有牦牛尾巴的白旗走过来，一起冲上去把他杀死。

　　接着，太子伋亦赶到莘地。他见子寿被误杀，对杀手说："你们弄错了，应当杀死的是我，而不是他。"于是，杀手又将太子伋杀死。

　　卫宣公听说太子伋已被杀死，随即将子朔立为太子。第二年，卫宣公去世，太子子朔继位，为卫惠公。

《史记》卷三十七　卫康叔世家

【简评】

　　管仲说："为人父者慈惠以教，为人子者孝弟以肃"，"少长贵贱不相逾越，故乱不生而患不作。"（《管子·五辅》）卫宣公夺太子伋之妻，又设计将其杀害，丧失做人的伦理道德，难怪当时就为人们所不齿。

四、变更王储　父子相逼

晋献公偏信宠姬

晋①献公原先有 8 个儿子,其中太子申生和重耳、夷吾三兄弟贤能,受到晋献公宠爱。太子申生的母亲齐姜是晋献公的正妻,已经去世。

晋献公十二年(前 665 年),晋献公宠爱的骊姬生下儿子奚齐。晋献公偏爱奚齐,随之疏远太子申生、公子重耳和公子夷吾。

骊姬想让奚齐取代申生为太子,碍于申生、重耳、夷吾三兄弟关系亲密且行为端正而不敢提及。她向与之私通的宫中艺人施吐露心曲,施为她谋划说:"对申生三兄弟,表面上要看重他们,使他们离开都城,各自去镇守一个地方,再暗中设法把他们整垮。"骊姬采纳施的计策,向大夫(朝廷中等级别的官员)梁五和东关五行贿,要他们向晋献公建议,把太子申生、重耳和夷吾三兄弟分别派到地方任职。

梁五和东关五顺应骊姬要求向晋献公进谏说:"曲沃(位于今山西省闻喜县东北部)是君主宗庙所在的地方,蒲地(位于今山西省隰县东北部)和屈地(位于今山西省吉县北部)是边防要地。这些地方只有派太子申生和公子重耳、公子夷吾去镇守,主上才能放心啊!"晋献公觉得他们俩说得有道理,对卿相(宰相)大臣说:"曲

---

① 春秋诸侯国名,都绛,位于今山西省翼城县东南。

沃是我祖宗传下来的地盘,蒲地西面是秦国①,屈地与翟国②接壤,不把太子和重耳、夷吾派到那里去镇守,我不放心。"于是,晋献公派太子申生镇守曲沃,重耳镇守蒲地,夷吾镇守屈地。

晋献公十七年(前660年)冬天③一天夜里,骊姬哭着对晋献公说:"我听说太子申生在民众中很有声望。太子对人说,父君被骊姬迷惑了,国家将要遭殃。君公您就把我杀掉吧,这样做才能消除后患啊!"晋献公大为惊讶,随口说道:"这怎么可能!"他见骊姬哭得伤心,对她抚爱一番。骊姬说:"要不然,君公您就把君位让给太子,我情愿同您过普通百姓生活,免得担当罪名。"晋献公说:"这亦不可能!让我想办法来教训太子。"骊姬说:"与其无故处罚太子,还不如让他去讨伐狄国④。他如打了胜仗,国家会得到好处;如果打了败仗,再处罚他也不迟。"晋献公听信骊姬的话,决定派太子申生领兵攻打东山(位于今山西省昔阳县东南)。

国卿里克就此事向晋献公进谏说:"太子的职位是朝夕侍奉君主。君主出行,太子通常是留在京都代行君主权力。太子如果随从君主出行,也只是为了安抚将士。率领军队出征,这不是太子的事情。万一打了败仗,今后还怎么扶持太子?"晋献公回答说:"寡人有许多儿子,还不知道这太子之位今后会立谁。"

里克听晋献公这么说,没有再说什么。之后,里克约见太子申生。申生早察觉父君有废黜其太子位之意,听说派他领兵出征,向里克问道:"我将要被废黜,是吗?"里克安慰他说:"太子应当自勉自励,君主让你领军出征,正是相信你,怎么会废你?做太子的,应当害怕背上不孝的恶名,而不应担心能不能继承君位。严于律己,

---

① 春秋诸侯国,都雍,位于今陕西省凤翔县南。
② 春秋诸侯国,辖地位于今陕西省延安市东至黄河以西地区。
③ 下文申生伐东山,《左传》闵公二年(前660年)记为十二月。
④ 晋国北方部族,亦称翟、戎。东山是其部族的一支。

四、变更王储　父子相逼

宽以待人,就能避免祸难。"

太子申生接受里克的劝慰,率兵打败东山皋落氏。晋献公十九年(前658年),某天,晋献公私下对骊姬说:"我想废黜申生太子位,让奚齐取代他。你看怎么样?"骊姬故作惊异,流着眼泪说:"君公把申生立为晋国太子,这是各国诸侯都知道的。太子数次带兵打仗,在民众中威信很高。君公怎么能因为我这个贱妾,而废掉正房生的嫡子,改立偏房生的庶子?如果君公执意要这样做,我只好自杀!"晋献公听骊姬这么说,把废立太子之事暂且搁下。

晋献公二十一年(前656年)冬天,骊姬派人向申生传话说:"君上梦见了齐姜,太子近日须祭祀母亲的魂灵,然后把祭肉献给君上。"太子申生信以为真,特意去新城(曲沃)齐姜祠庙祭祀去世多年的母亲,接着派人将祭肉送往京都绛,献给父君。

晋献公当时正在郊外打猎,听说太子申生献来祭肉,令人将祭肉存放宫中。骊姬乘机在祭肉中放入毒药。晋献公回宫后,厨师把祭肉端上宴席。晋献公伸筷准备食用,骊姬连忙制止说:"这祭肉是太子从老远的曲沃派人送回来的,需要检验以后才能吃。"晋献公随手拈了一块祭肉丢在地上,肉块下的地面立刻隆起。晋献公大吃一惊,又投了一块祭肉给狗吃,狗吃下立即倒毙。他又令人送一块祭肉给一个小宦官吃,小宦官吃下当即死亡。晋献公勃然大怒,认定是太子申生投毒害他。这时,骊姬当着众侍臣的面号哭道:"太子好残忍啊!连自己亲生父亲都要谋害,何况别人!明知父君已经是垂暮老人,竟然等不及了,急于想取代君位,要把君主害死哟!"

转而,骊姬向晋献公哭诉说:"太子所以要对君公您下这个毒手,都是因为我和奚齐啊!请求君公让我母子俩到别的国家去躲一躲吧!要不然,就让我母子俩自杀,免得我母子俩遭太子残害!当初,君公想废掉太子,我还极力劝阻。万万没有想到,今天我差一点反而遭到太子暗害!"晋献公怒不可遏,下令将太子的老师杜原款处死。

太子申生闻讯后，十分忧惧。他知道事情一时难以说清楚，只好去新城母庙哭诉。有人开导太子说："毒药是骊姬投放的，你为何不去向君主说明事实真相呢？"申生回答说："父君老了，没有骊姬，睡不安神，吃不香甜。如果把真相说清楚，父君会同骊姬翻脸，这对父君没有好处。"有人劝太子投奔他国，申生回答说："背上弑父恶名，逃到别的国家去，有谁愿意收留？我想好了，只有自杀这一条路。"于是，太子申生在其母庙自杀。

此后不久，重耳和夷吾从蒲、屈两地回到京都，拜见父君。有人对骊姬说："二位公子回来，会在其父君面前怨怪您害死申生。"骊姬感到恐惧，又在晋献公面前谗毁重耳、夷吾说："太子往祭肉里放毒，重耳和夷吾事先知道。"重耳和夷吾听说骊姬又在父君面前谗害他俩，非常害怕，各自逃回驻地，加强防守。晋献公对重耳、夷吾不辞而别大为恼火，竟真的相信他们与申生同谋。

晋献公二十二年（前655年），晋献公派军队去攻打蒲。重耳逃奔其母亲的故国翟国。晋献公又令军队去攻打屈，夷吾据城固守，朝廷军队一时没有攻下。

晋献公二十三年（前654年），晋献公派大夫贾华领兵攻打屈，夷吾兵败，逃到梁国①。

晋献公二十五年（前652年），晋献公怨恨翟国收留重耳，派兵攻打翟国，在龁桑（又名采桑，位于今山西省吉县）被翟军击败。

晋献公二十六年（前651年）九月，晋献公病逝。里克乘机率兵杀死奚齐及其母骊姬。之后，秦国军队护送夷吾回国，里克等人拥立夷吾为晋惠公。

《史记》卷三十九 晋世家
《国语》晋语一 优施教骊姬远太子

---

① 春秋诸侯国，都少梁，位于今陕西省韩城市南。

四、变更王储　父子相逼

优施教骊姬谮申生
申生伐东山
晋语二　骊姬谮杀太子申生

【简评】

　　这是一起典型的后妃乱政事件。晋献公宠爱偏信骊姬，疏远迫害太子等三子，以致身后家破人亡，令人触目惊心。后妃乱政固然祸国殃民，但决定因素还是君王自己。

楚成王被迫自缢

楚①成王即位后,打算将其儿子商臣立为太子。为此,他向令尹(宰相)子上征求意见。子上劝谏说:"君王的年纪还不算大,受你宠爱的妻妾公子又很多。今天如果立了太子,将来一旦要改立,就会出乱子。楚国立太子的传统做法,是从年少的公子中挑选。至于公子商臣,两只眼睛长得像蜂,说话声音似豺狼,是一个性格残忍的人,不可以立为太子。"楚成王没有听取子上的意见,不久将商臣立为太子。

过了许多年以后,楚成王意识到当初把商臣立为太子是个错误。他决意废黜商臣太子位,改立公子职为太子。

楚成王四十六年(前626年)秋天,楚成王将改立太子的意向在很小的范围内吹风。此后,太子商臣隐约听到一点风声,却无法证实。太子商臣向他的辅导老师潘崇请教,问他怎样才能把听到的这一信息核实。潘崇给他出了个主意,要他单独宴请成王的宠姬江芈,见面后故意以不恭敬的言语激怒她,江芈在一气之下或许会有口无心地吐露点真情。

太子商臣觉得这个主意不错,随即便遵照潘崇的计谋宴请江芈。席间,太子商臣故意显得傲慢无礼,讲了许多难听的话刺激江

---

① 春秋国名,都郢,位于今湖北省荆州市西北纪南城。

四、变更王储 父子相逼

芈。江芈气得愤然离席,指着商臣骂道:"君王早就看透了你!难怪要把你杀掉,立职为太子。"

商臣验证了他将要被废的信息后,立即去报告潘崇。潘崇知道太子商臣面临生死抉择,向商臣问道:"你今后愿意不愿意臣服于公子职?"商臣回答说:"那不可能!"潘崇转而问道:"你能逃到外国去避难吗?"商臣回答说:"这也不可能。"潘崇接着问道:"你能干大事吗?"商臣领会他的意思,爽然回答:"能!"

之后,商臣紧急动员太子宫的卫士。十月丁未日,太子商臣率领卫兵包围楚成王的寝宫,逼令父王自杀。

楚成王猝不及防,要求吃过熊掌才死,企图拖延时间,等待救援。

商臣不答应,逼之更紧。楚成王痛悔莫及,知道大难临头,无法逃遁,只好自缢而死。

太子商臣弑父后,自立为楚穆王。

《左传》文公元年

《史记》卷四十 楚世家

【简评】

楚成王不听子上劝告,把立废太子看做随心所欲的事情,将商臣立为太子,而后又想将他废杀,其父子之间由王位传承关系转化为你死我活的敌对关系。楚成王临难之际后悔莫及,不得不自缢而死。

楚平王听信谗言

楚公子弃疾早年率军攻灭陈国[①]、蔡国[②],在其任陈蔡公期间,曾纳郹阳(位于今河南省新蔡县)一个姓封的女人为妻,生下儿子建。后来,公子弃疾夺取王位,为楚平王,把建立为太子。楚平王任命伍奢为太子太傅(太子辅导老师,主管太子所居东宫事务)、费无极(《史记》记作费无忌)为太子少傅(太子辅导老师,协助太傅管理东宫事务),让伍、费二人共同辅导太子。

费无极为人狡诈,两面三刀,太子建十分讨厌他。日久天长,费无极对太子建也积怨在心,便想方设法陷害太子建。

楚平王六年(前523年),费无极向楚平王进言说:"太子渐渐长大了,应当给他娶个妻子。"楚平王同意费无极这一建议,并派他到秦国[③]去为太子建聘妻。费无极从秦国选了一个嬴氏美女带回楚国,劝说楚平王把这个嬴氏美女娶为后妃,为太子另择佳人,存心制造楚平王同太子建之间的矛盾。楚平王竟然接受费无极的劝告,把这个秦国美女纳为后妃。楚平王获得新欢后,便疏远了太子建及其母亲封氏,将嬴氏立为夫人。

---

① 春秋诸侯国,都陈,位于今河南省淮阳县。
② 春秋诸侯国,都蔡,位于今河南省新蔡县。
③ 春秋诸侯国,都雍,位于今陕西省凤翔县南。

四、变更王储　父子相逼

当年夏天，楚平王准备率领军队进攻濮地（位于今四川、云南、贵州等省少数民族聚居地区）。费无极建议同时加强北面防御，借此对太子建加以排斥。他对楚平王说："晋国①是北方诸国的盟主，楚国难以与之争雄。应当在城父（位于今安徽省亳州市东南城父集）修筑高大的城墙，派太子到那里镇守，让太子负责联合北方各国，君王亲率大军收取南方，这样便能得到整个天下。"楚平王认为费无极的主意很好，随即派太子建驻守城父。

太子建被排挤出王宫后，费无极仍不肯罢休。他担心太子建日后继位会找他算账，决意将太子建置于死地。

楚平王七年（前522年）春天，费无极在楚平王面前诋毁太子建说："自从我费无极把嬴夫人献给君王，太子便开始怨恨我了。我察觉太子对君王也有怨恨，君王应当稍加留心防备。我听说太子已同齐国②和晋国联络好了，准备靠他们出兵帮助，发动叛乱，很快就要带兵打回都城来了。"

楚平王对费无极的话信以为真，随即召见伍奢严加责问。伍奢知道楚平王偏信费无极的谗言，十分痛心地对平王说："君王为何听信小人之言疏远骨肉啊！"楚平王听伍奢这么说更为恼火，下令将伍奢逮捕斩杀，并指令城父司马（军事将领）奋扬将太子处死。

奋扬知道太子建冤枉，奉命执刑前，先派人通知太子建赶快逃跑。太子建闻讯后逃到宋国③。不久，太子建转入郑国④。

楚平王九年（前520年），郑国君臣以楚太子建同晋国人合谋乱郑的罪名，下令将太子建处死。

《左传》昭公十九年

---

① 春秋诸侯国，都新田，位于今山西省曲沃县西北。
② 春秋诸侯国，都临淄，位于今山东省淄博市东。
③ 春秋诸侯国，都商丘，位于今河南省商丘市。
④ 春秋诸侯国，都郑，位于今河南省新郑市。

中国古代历史风云·宫廷风暴(上)

昭公二十年
《史记》卷四十　楚世家
　　　卷四十二　郑世家

【简评】

　　君王听信奸臣谗言废杀太子的事屡见不鲜。楚平王偏信费无极,杀死伍奢,迫使太子建及伍奢之子伍子胥出逃,导致后来伍子胥领吴国(都吴,位于今江苏省苏州市)军队攻入楚国都城,掘开楚平王之墓鞭尸雪恨。至今谈起此事,人们仍然感到沉重。

四、变更王储　父子相逼

冒顿发愤练响箭

匈奴①单于头曼原先将其长子冒顿立为太子。之后,头曼宠爱阏氏,阏氏为他生下小儿子(其名不详)。头曼想废黜太子冒顿,改立小儿子为太子,但找不到冒顿的过错,不好开口提出。

后来,头曼单于想了个办法,他派太子冒顿去月氏②做人质,接着派军队去攻打月氏,企图借月氏人之手除掉太子冒顿。月氏王听说匈奴骑兵入侵,大为恼火,下令杀死匈奴人质。太子冒顿闻讯后大吃一惊,他悟出父君此时出兵月氏,是想置他于死地。冒顿骑马飞奔,随即逃回匈奴。

头曼见太子冒顿逃回,称赞他勇敢,让他统领一支拥有万名骑兵的部队。冒顿上任后,下令制作一种称作鸣镝的响箭,严格训练他的部队。他对其部众下达指令说:"看我的响箭射什么,你们就得跟着射什么。不跟着我发射的,一律斩首!"之后,冒顿率领部下去打猎,有人没有跟着他射猎,他当场下令将其斩首。

一次,冒顿用响箭射击他心爱的良马。有人不敢跟着射击,又

---

① 秦朝(都咸阳,位于今陕西省咸阳市东北)北方的游牧部族。单于(国王)庭设地位于今蒙古国乌兰巴托。

② 部族名,游牧地位于今祁连山以西、甘肃省敦煌市以东,后受匈奴骑兵攻击,大部西迁至塞种(位于今新疆及其以西伊犁河流域)。

被冒顿斩首。又一次,冒顿用响箭射击其爱妻,又有人不敢跟着射击,冒顿当即下令将他们统统斩首。从此,冒顿的部众再也没有人敢不执行他的命令。一天,冒顿用响箭射击父君头曼的良马,左右侍从都跟着一起射击。冒顿大为兴奋,认为他的部众训练好了,可以利用了。

秦二世元年(前209年)某一天,冒顿率领部众随同父王头曼出猎。在此期间,冒顿乘机用响箭射击其父,他的部众跟着一齐射击。头曼当即被万箭射死。接着,冒顿率领部众又用响箭射杀其后母阏氏及其儿子,同时射杀不肯依附他的大臣,自立为匈奴单于。

《史记》卷一百十　匈奴列传
《通鉴纪事本末》卷二　匈奴和亲

【简评】

头曼想改立小儿为太子,欲将太子冒顿置于死地,父子关系由爱转为恨。冒顿弑父虽属残忍,却亦是头曼应得的报应。

四、变更王储　父子相逼

汉武帝误杀太子

西汉元狩元年(前122年)四月,汉武帝刘彻将时年7岁的皇子刘据(卫皇后所生)立为太子。

太子刘据长大后,性格仁厚,处事谨慎。汉武帝虽然嫌他"才能少,不类己",但并无改立太子之意。汉武帝后妃众多。后来,他所宠爱的王夫人生下皇子刘闳,李姬生下皇子刘旦、刘胥,李夫人生下皇子刘髆。卫皇后和太子刘据渐渐感到皇上不像从前那样宠爱他们母子俩,心中时常不安。汉武帝察觉后,特意要卫皇后之弟大将军卫青转告他们,说他终日忙于治理天下,虽然和皇后、太子见面稀少,但对他们一如当初,请他们放心,并称赞"太子敦厚稳重,将来必定能安定天下,朕丝毫不为此而担忧,要挑选治理天下的王子,贤能没有超过太子的!"太子刘据曾劝谏父皇不要连年出兵征伐四方。汉武帝笑着对太子说:"我应当多操劳一些,为你今后坐天下打好基础,这不是很好吗?"

太子刘据屡受中伤

汉武帝晚年宠爱钩弋夫人。钩弋夫人怀孕14个月生下皇子刘弗陵。汉武帝以传说尧的母亲怀孕14个月生下尧,将钩弋夫人的房门取名"尧母门",对钩弋夫人和刘弗陵格外宠爱。侍从官员总是时时留心观察皇帝的意向,他们见武帝宠爱幼子刘弗陵,便常常在武帝面前夸赞刘弗陵而非议太子刘据,以讨好武帝。一次,太子刘据进宫拜见母后,到下午才离开后宫。之后,黄门(侍从皇帝的宦官)苏文报告汉武帝,说太子调戏宫女。为此,汉武帝给太子所居东宫增加200名宫女。太子刘据听说苏文在父皇面前讲他坏话,对苏文怀恨在心。一次,汉武帝生了小病,令小黄门常融召太子刘据入见。常融回来报告武帝说:"太子听说皇上龙体不适,脸上流露喜色。"汉武帝为之不快。不一会,太子刘据来到。汉武帝见太子脸上有泪痕,查明常融系诬告太子,当即下令将常融处死。

赵王[①]刘彭祖(汉武帝异母兄)的太子刘丹与其妻兄江充(原名江齐)关系破裂,江充向汉武帝告发刘丹淫乱。汉武帝见江充"容貌甚壮",又善于谈论国事,便将江充留在身边,任命他为直指绣衣使者,让他负责督察皇亲国戚和近臣的言行。江充受到汉武帝信任后,"举劾无所避",汉武帝认为他忠诚正直。

太始三年(前94年),有一天,江充随汉武帝去甘泉宫(位于今陕西省淳化县西北甘泉山),发现太子刘据的侍从官乘坐马车在汉武帝专用的驰道上行驶,便下令将其逮捕。太子听说后,派人去向江充请求宽恕,不想让父皇知道此事而责备他对侍从缺少管教。江充断然拒绝,并将此事奏告汉武帝。汉武帝当众称赞江充说:"做臣子的就应当像你这样。"由此,太子刘据与江充结怨。

---

① 王府设在邯郸,位于今河北省邯郸市。

四、变更王储 父子相逼

汉武帝听信江充谗言

当时京都长安聚集许多方士巫婆。宫中美人争风吃醋,常常利用巫婆搞巫蛊之术①,诬陷对方诅咒皇帝,大逆不道。汉武帝年事已高,特别忌恨有人诅咒他早死,一旦风闻有人用巫蛊之术诅咒他,一概下令捕杀。此间,有数百名后宫妃女和侍臣,因此而被处死。

征和元年(前92年)十一月,在押犯人朱安世告发,称在押犯人公孙敬声(丞相公孙贺之子,因擅用巨额军费被捕入狱)与阳石公主(卫皇后所生)私通,在皇上前往甘泉宫的驰道上埋有木偶,诅咒皇上。汉武帝令人严加核查。

征和二年(前91年)春天,汉武帝听说朱安世举报属实,下令将公孙贺及其妻卫君孺(卫皇后之姐)、公孙敬声、阳石公主、诸邑公主(卫皇后所生)、卫青之子卫伉等人处死。此后不久,汉武帝午睡,梦见有几千个木头人手持棍棒要袭击他。汉武帝惊醒后心烦意乱,身体不适,精神恍惚,记忆力大减。

江充见汉武帝已进入暮年,害怕太子刘据日后继位不会放过他,便借机向汉武帝进谗言,诡称皇上的病是巫蛊作邪引起的,企图陷害太子。江充指使来自西方的巫师檀何等人在太子所居东宫偷偷埋下许多木偶,然后向汉武帝谎奏,称"宫中有巫蛊之气,不将这蛊气除掉,皇上的病不会好转"。汉武帝信以为真,于是下令江

---

① 方士巫婆用以诅咒人的邪术,仿照被诅咒人的形象制成木偶,埋于被诅咒人居住或常去的地方,对其加以诅咒,谎称这样就能给被诅咒的人带来灾祸。

充负责查处由其编造的巫蛊案件。

江充领人横行宫中,大肆搜挖木偶,从汉武帝的御座下,到卫皇后的床下,到太子刘据的居处,无不挖土三尺。卫皇后和太子被搅得无处放床休息。江充带人从太子宫中将檀何等人所埋木偶挖出后,公开宣称:"在太子宫中挖出的木头人最多,太子写在丝帛上的文字亦属大逆不道。"

太子刘据起事被杀

太子刘据知道江充存心陷害他,听到江充上述流言非常害怕。他向少傅(太子辅导老师,主管东宫事务副长官)石德询问该怎么办。石德建议他设法将江充处死,以消除祸患。太子开始有点犹豫。他转而又想,父皇已经受到江充等人迷惑,此时即使求见父皇,也难以说清自己无辜。于是,太子刘据决定采纳石德的建议,设计杀死江充。

七月初九日,太子刘据派侍从假传父皇诏令,将江充逮捕。太子指着江充狠狠地骂道:"你这个赵国的奴才,当年祸害赵王父子还嫌不够,如今又来祸害我们父子!"说罢,太子令人将江充杀死,并烧死巫师檀何等人。与此同时,太子刘据派人报告母后,又率众打开武器库,准备自卫。人们纷纷传说太子造反,京都一片混乱。

这时,苏文逃到甘泉宫向汉武帝奏告太子造反。汉武帝闻讯态度尚冷静,对身边侍臣说:"太子一定是害怕了,又愤恨江充等人,才这样做的。"他派侍臣(其名不详)去召太子来甘泉宫。侍臣不敢进入长安城,半路返回奏告汉武帝说:"太子已公开领兵造反,要杀我,我逃了回来。"汉武帝信以为真,大为恼火,随即下令丞相刘屈氂率军平息太子叛乱。太子刘据则下令释放关在京都的囚犯

四、变更王储 父子相逼

抵抗朝廷军队。

双方激战五天,长安城内"死者数万人,血流入沟中"。当月十七日,太子兵败,从覆盎门逃出京都。汉武帝下令收缴卫皇后印玺。卫皇后含愤自杀。接着,汉武帝下令将放纵太子出逃的司直(丞相助理)田仁、闭门观战的护北军使(警卫部队将领)任安处以腰斩;同时下令严查涉案人员,对凡是跟随太子起事的人,或灭族,或处死,或流放敦煌郡(位于今甘肃省敦煌市)。

汉武帝痛悔莫及

汉武帝一连多天怒火不息,群臣无不为之忧虑和恐惧,不知如何是好。壶关(位于今山西省长治市)三老令狐茂上书汉武帝说:"太子是皇上的亲子,法定的皇位继承人,无须发动叛乱。江充本是布衣平民,受到重用,口称皇上之命而迫害太子。太子进则不能面见皇上,退则受乱臣包围,愤而杀江充,却又害怕皇上治罪,被迫逃亡。请陛下放宽心怀,不要让太子长时间流亡在外。"汉武帝看了令狐茂的奏书后有所感悟,但还没有下令赦免太子。

太子刘据逃匿到湖县(位于今河南省灵宝市西北)一个穷人家里。八月八日,当地官府接到举报,派人围捕太子。太子刘据被迫自缢而死。

征和三年(前90年)九月,汉武帝令人查清事实真相,方知太子诛杀江充,是因为受到江充诬陷逼迫,别"无他意","乃大感悟",随即下令将江充家族诛灭,将苏文烧死。

汉武帝痛惜太子无辜遭害,特意下令修建思子宫,又在湖县建造一座归来望思台。人们为汉武帝同太子刘据之间的悲剧而喟然长叹。

中国古代历史风云·宫廷风暴（上）

《汉书》卷六 武帝纪
卷六十三 戾太子刘据传
卷九十七 孝武卫皇后传
卷四十五 江充传
《通鉴纪事本末》卷三 巫蛊之祸

【简评】

司马光认为，"为人君者，动静举措不可不慎，发于中必形于外，天下无不知之。当是时也，皇后、太子皆无恙，而命钩弋之门曰尧母，非名也。是以奸臣逆探上意，知其奇爱少子，欲以为嗣，遂有危皇后、太子之心，卒成巫蛊之祸，悲夫。"（《资治通鉴》卷二十二·汉纪十四）

笔者认为，君王在位日久到了年老有病精力不济之时，当自行引退，继续当政，势必误国。汉武帝文治武功虽然声名赫赫，但其晚年迷信方术，猜忌多疑，以致让江充等人有机可乘，造成其家破人亡。这是帝王终身制结出的恶果。

四、变更王储　父子相逼

后赵天王父子相残

后赵①天王石虎（字季龙）的太子石邃性格残暴。他经常深夜出入大臣私宅，奸淫其妻女。有一次，某美女没有顺从石邃，他竟将该女的头砍下来，洗去血污，放在盘内，让侍从互相传看，并下令把她的肉煮熟让众人分吃。

太子石邃虽然也性格残暴，却不堪忍受父王的暴虐。后赵天王荒淫无道，喜怒无常。他令太子石邃批阅尚书台（最高行政机关）呈递的奏章，太子对有些事拿不准，向他请示，他总是不耐烦地训斥道："这样的小事还要奏告吗？"有些小事，太子没有向他奏告，后赵天王听说后，又总要训斥他为何不向他奏报。后赵天王对太子石邃发起怒来则连骂带打，每月都要爆发好几次。

太子石邃感到在父王面前无所适从，曾私下对太子中庶子（主管太子所居东宫文秘）李颜等人说："父王太难侍候，我想做冒顿单于做过的事②，你们随从我吗？"李颜等人把身子伏在地上，不敢回答。

---

①　都邺，位于今河北省临漳县西南。
②　冒顿为匈奴（秦朝北方游牧国家）头曼单于（国王）太子，头曼欲废杀冒顿，父子关系恶化。秦二世元年（前209年），冒顿率众射杀头曼，自立为匈奴单于。

后赵天王尊奉天竺(位于今印度)僧人佛图澄为国师。佛图澄察觉太子石邃对后赵天王怀有杀机,劝谏他不要轻易到太子那里去。

后赵建武三年(337年)七月,太子石邃称病不再过问政事。后赵天王去东宫探视太子病情,路上突然想起佛图澄的话,随即转身回宫,改派他亲信的女尚书(姓名不详,后宫女官)去探望太子。太子石邃要女尚书靠近些,向她问话。女尚书向太子靠近。太子乘其不备,拔出宝剑将她杀死。

后赵天王听说女尚书在东宫被杀,勃然大怒,下令逮捕李颜等人审问。李颜如实供出太子石邃谋害天王的计划。后赵天王随即下令将太子石邃囚禁,将李颜等30多名侍从官员处死。

不久,后赵天王下令赦免太子石邃的罪过,将他释放。太子获释后没有向父王谢恩,也没有去朝拜母后。后赵天王大为气恼,转而将太子石邃废为平民。当天晚上,后赵天王下令将石邃及其妻妃儿女共26人全部处死。随后,后赵天王将其次子石宣立为太子,废石邃之母郑王后为东海太妃,立石宣之母杜昭仪为王后。

后赵天王宠爱其第三子石韬,任命石韬为太尉(丞相),让他同太子石宣轮流在尚书台主管政务。后来,后赵天王想改立石韬为太子,又考虑石宣比石韬年长而犹豫不决。太子石宣对父王偏爱石韬十分忌恨。一次,太子石宣处理某事违背了父王意旨,后赵天王大为恼火,愤恨地说:"真后悔当初没有立石韬为太子!"这样,太子石宣与父王及石韬之间的矛盾日趋尖锐。

石韬仗恃父王宠爱,对太子石宣不肯礼让。他在太尉府修建一座殿堂,取名宣光殿。石宣听说后,认为石韬所修殿名冒犯了他的名字,非常恼恨,带人前去杀死工匠,截断大梁,拂袖而去。石韬听说太子截断其长梁,又令人运来长梁,继续建造宣光殿。石宣咽不下这口气,与其亲信杨杯、牟成、赵生等人谋划,打算先杀死石韬,再乘朝廷为其治丧之机杀死父王,然后自立为王。

四、变更王储 父子相逼

建武十四年(348年)八月某日,太子石宣乘石韬醉酒入佛精舍就宿之机,指派杨柸等人杀死石韬。第二天早晨,石宣向父王奏告石韬被杀。后赵天王大吃一惊,悲伤得当场昏死过去。此后,后赵天王接连许多天都沉浸在悲痛中。他准备亲自参加石韬的葬礼,司空(名誉丞相)李农以凶手"恐在萧墙之内"加以劝谏。后赵天王听从李农的意见,没有参加石韬的葬礼,避免了一场杀身之祸。

后赵天王听说太子石宣对石韬遇害毫不悲伤,怀疑是石宣杀死石韬。他想召石宣进宫,担心他借故不来,便派人诈称杜王后因悲哀过度,病情危急,召太子入宫看视母后。石宣没有料到父王已经怀疑是他杀死石韬,连忙赶到后宫看望其母。后赵天王当即下令将他扣留。

宫中有个叫史科的人,知道太子石宣暗杀石韬的阴谋,上书告发太子。后赵天王下令将赵生等人抓捕。赵生被捕后供出谋杀石韬的经过。后赵天王听说后悲痛欲绝,放声大哭。

后赵天王决定用酷刑处死石宣,以解心头之恨。他下令在京都北郊用木柴垒成平台,台上立一木架,木架后部安装辘轳,穿上绳索,由石韬亲信宦官郝稚等人行刑。

郝稚等人奉命先拔掉石宣的头发,割下他的舌头,用绳索贯穿石宣下颔,转动辘轳把石宣吊在柴堆平台上,再截断他的手足,挖去他的眼珠,剖开他的肠肚,最后点燃木柴,将石宣烧为灰烬。

接着,后赵天王下令将石宣的妻子儿女全部杀掉,东宫几百名侍从太子的属官,也都处以车裂、肢解等酷刑。

经过这场骨肉相残,后赵天王精神受到严重创伤,从此病魔缠身。

《晋书》卷一百六 石季龙载记上
卷一百七 石季龙载记下
《通鉴纪事本末》卷十四 赵魏乱中原

中国古代历史风云·宫廷风暴(上)

【简评】

　　石虎本来就是一个惨无人道的恶魔。后赵高祖石勒(石虎之叔)去世后,石虎利用其手中掌握的军权控制朝政,废杀继位为帝的石弘(石勒第二子)等人,自称天王。他对其先后所立的两个太子同样暴虐无道,导致父子相杀,兄弟相残。暴君当政,既是国家的灾难,也是其家庭的灾难。

四、变更王储　父子相逼

宋文帝向宠妃泄密招祸

南朝宋元嘉六年(429年),宋文帝刘义隆将时年6岁的皇长子刘劭(袁皇后生)立为太子。宋文帝对太子刘劭特别宠爱,太子想要什么,他就给他什么。宋文帝还破例在太子所居东宫设置警卫部队,其配备与皇宫警卫部队等同。

后来,宋文帝不再宠爱袁皇后,潘淑妃"爱倾后宫"。袁皇后受到冷落后,怨恨在心,称病不再会见宋文帝。元嘉十七年(440年),袁皇后含愤去世。为此,太子刘劭对潘淑妃及其所生的皇子刘濬非常愤恨。刘濬担心将来会受到刘劭谋害,便曲意奉承太子。于是,太子刘劭转而对刘濬特别亲近。

宋文帝有志于兼并北魏,统一天下。他十分重视农业,在诏书中称"国以民为本,民以食为天"。为了激励农民耕织,宋文帝下令后宫养蚕。东阳公主(太子刘劭同母姐)刘英娥的侍女王鹦鹉,结识一个名叫严道育的巫婆。经王鹦鹉引荐,东阳公主召见严道育。严道育自称"通灵,能役使鬼物",东阳公主信以为真。之后,东阳公主向父皇谎称严道育"善蚕",请求把她召入后宫。宋文帝点头同意。

太子刘劭和始兴王刘濬骄纵放肆,多行不法,不止一次受到宋文帝训斥。他们听说东阳公主身边有个"通灵"人物,便主动与之结识。刘劭、刘濬要严道育为他们向神灵祈求,使他们所犯过失不会让父皇知道。严道育对他们说:"我去上天那里为你们请求,获得上天准许,今后你们所做的事,别人不会知道。"于是,太子刘劭和刘濬对严道育敬若神灵,称她为"天师"。后来,刘劭、刘濬二人竟听信严道育的邪说,随同她搞起巫蛊之术,把宋文帝的玉像埋在含章殿前,诅咒宋文帝早死。参与这一阴谋活动的还有王鹦鹉、王鹦鹉的情夫陈天兴(《资治通鉴》卷一百二十六宋纪八记作陈天与。太子刘劭将其由东阳公主奴仆召任为侍卫队长)、黄门(太子侍从宦官)陈庆国。

元嘉二十九年(452年),东阳公主刘英娥病逝,王鹦鹉按规定应当出嫁。太子刘劭和刘濬商量,将王鹦鹉嫁给刘濬的亲信沈怀远为妻。王鹦鹉出嫁后与陈天兴不再联系,她害怕陈天兴因忌恨告发她与严道育的巫蛊活动,劝太子刘劭将陈天兴处死。刘劭随即令人将陈天兴杀掉。陈天兴无过被杀引起陈庆国的恐惧。他清楚,只有他同陈天兴知道太子等人的阴谋,杀死陈天兴显然是为了灭口。陈庆国惧怕被杀,便将巫蛊一事奏告宋文帝。

宋文帝听了陈庆国密奏,大为"惊惋",当即下令逮捕王鹦鹉、严道育等人。严道育闻讯逃匿。有关官员从王鹦鹉家中搜出太子刘劭和刘濬书写的数百张字据,"皆咒诅巫蛊之言"。他们对宋文帝不称父皇或皇上,称他为"彼人"或"其人"。依据王鹦鹉、陈庆国等人的口供,有关人员从宫内挖出宋文帝的偶像。

宋文帝大为恼火,召见太子刘劭和刘濬严加斥责。太子和刘濬"惶惧无辞",只好向父皇认罪。宋文帝没有对太子和刘濬深究。此事过后,宋文帝心中虽然还存在一些疑虑,但并无改立太子之意。他在同江夏王刘义恭谈及巫蛊一事时说:"刘劭的行为虽然有失道义,但未必便能亡国。"为了安抚太子刘劭,宋文帝下令增加太子的卫兵,致使太子的护卫兵士多达万人。

元嘉三十年(453年)二月,刘濬由镇守京口(位于今江苏省镇江市)奉调镇守江陵(位于今湖北省荆州市)。返经京都时,刘濬将

四、变更王储　父子相逼

藏于京口平民张旿家的严道育带回东宫,准备再将严道育转移到江陵。刘濬回京后,有人告发京口张旿家有个尼姑,"似是严道育"。

宋文帝开始不大相信,派人暗访张旿家两个侍女,证实该尼姑确系严道育,并已随刘濬回到都城。宋文帝想到太子和刘濬曾当着他的面痛斥严道育,暗下却仍与她往来密切,不禁"惆怅惋骇",决意废黜太子刘劭,将刘濬处死。

宋文帝同侍中(侍从皇帝的主官)王僧绰、尚书仆射(宰相)徐湛之、吏部尚书(朝廷主管官吏任免的部门长官)江湛等人密商废立太子,对改立谁为太子,一时尚未决定。这时,宋文帝却轻率地把这一机密透露给刘濬的母亲潘淑妃。潘淑妃随即转告刘濬。刘濬飞驰报告太子刘劭。刘劭当即决定策动警卫部队叛乱。

当月二十日深夜,太子刘劭谎称奉皇上诏令讨伐叛贼,带领东宫卫兵冲入皇宫。当时,宋文帝和徐湛之密谈刚刚结束,蜡烛还没有熄灭。太子刘劭指使其亲信东宫警卫军将领张超之等人冲进门,将宋文帝和徐湛之杀死。接着,刘劭又令人杀死中书舍人(负责拟草诏令)顾嘏、江湛、王僧绰和潘淑妃等人,派人急召住在西洲(位于今江苏省南京市西)的刘濬入宫。

第二天一早,太子刘劭盗用宋文帝名义召集文武百官,声称徐湛之、江湛等人谋反,他奉皇上诏令入宫平叛;入宫时,皇上已被徐湛之等人杀害,他当即将徐湛之等人斩首。刘劭说着,悲痛不已,泣不成声。接着,刘劭宣布即帝位,任命刘濬为骠骑将军。

此后,刘劭称病不再露面。他不敢出面主持父皇葬礼。白天,刘劭手中不离快刀;夜里,他则不敢熄灭灯火,时时提防有人暗杀他。

刘劭担心驻守五洲(位于今湖北省浠水口与巴河口之间的长江中)的武陵王刘骏(宋文帝第三子)对他称帝不服,暗中指令正在那里部署讨伐五水蛮(居住地位于今湖北省东部及豫、皖两省交界地区的少数民族)的太子步兵校尉(太子东宫警卫军将领)沈庆之杀死刘骏。沈庆之没有听从,反而拥戴刘骏起兵讨伐刘劭。

刘骏听说刘劭弑帝自立,极为愤恨。三月二十日,刘骏率兵顺长江东下,讨伐刘劭,并向四方发布檄文。扬州(治所建康)刺史(军政长官)南谯王刘义宣、都督会稽(治所位于今浙江省绍兴市)等五郡诸军事(军事长官)随王刘诞、原徐(治所位于今江苏省徐州市)兖(治所位于今山东省兖州市)二州刺史萧思话等人,纷纷起兵响应刘骏。

四月二十七日,众将拥护武陵王刘骏在新亭(位于今江苏省南京市西南郊)即帝位,为宋孝武帝。刘劭部属纷纷投奔宋孝武帝。

五月四日,刘劭、刘濬兵败被俘。宋孝武帝下令将刘劭及其四个儿子、刘濬及其三个儿子斩首,悬首朱雀桥示众。接着,宋孝武帝下令将严道育、王鹦鹉逮捕处死,焚尸扬灰于长江。

《宋书》卷五 文帝本纪
卷四十一 文帝袁皇后传
卷九十九 元凶刘劭传
始兴王刘濬传
《通鉴纪事本末》卷十九 太子劭弑逆

【简评】

宋文帝对于太子刘劭不法,迁就多,批评少,发现其搞巫蛊之术,不仅不严加追究,反而给他增加卫兵。当其准备废黜太子刘劭时,优柔寡断,议而不行。他最大的失误是,明知刘劭与刘濬早已勾结在一起,却把废黜太子的意向泄露给刘濬之母潘淑妃,以致招来杀身之祸。

四、变更王储　父子相逼

隋文帝临终省悟

北周①相国杨坚当初曾与其结发之妻独孤氏誓约,不计别的女人为他生儿子。杨坚没有食言,他的五个儿子杨勇、杨广、杨俊、杨秀、杨谅全是独孤氏亲生。

北周大定元年(581年),杨坚废杀年仅9岁的北周静帝,改国号为"隋",即帝位,为隋文帝。接着,隋文帝封独孤氏为皇后、杨勇为太子、杨广为晋王、杨俊为秦王、杨秀为越王、杨谅为汉王。隋文帝曾十分欣慰地对群臣说:"从前有一些帝王,立了皇后所生的嫡子为太子,后来又宠爱姬妾及其所生的儿子,以致发生废立太子的事。我没有姬妾,五个儿子都是皇后所生,他们是真正的亲兄弟。这就从根本上消除了因为后妃争宠、不肖之子纷争,而导致亡国的祸患。"

隋文帝即位称帝后自称"小心励己,日慎一日。以黎元在念,忧兆庶未康,以庶政为怀,虑一物失所"。他不光说得很好,做得也不错。隋文帝每天一早上朝听政,直到太阳偏西也不知疲倦。他衣食住行,务求节俭。然而,隋文帝亦有弱点,他很少读书,心怀多疑,不善于抓大事,"唯妇言是用"。

---

① 都长安,位于今陕西省西安市。

隋文帝废立太子

隋文帝将杨勇立为太子后,让他参加讨论军国大事,但不允许树立太子的权威。有年冬至,文武百官去东宫朝贺太子。太子杨勇令侍从鸣奏音乐,接受百官朝贺。隋文帝听说后大为不快,质问群臣:"朝贺太子,出于何种礼制?"他下令文武百官今后冬至日不得再去朝贺太子。由此,隋文帝对太子杨勇"恩宠始衰,渐生疑阻"。

独孤皇后一向看重太子妃元氏。太子杨勇宠爱云昭训(太子妃名号,品级较低),不再爱恋元妃,引起母后的反感。

隋开皇十一年(591年)正月,太子妃元氏生了两天病即去世,独孤皇后怀疑"有他故",对太子杨勇加以责难。此后,云昭训宠倾东宫,独孤皇后更为恼火。她派人暗中监视太子杨勇的言谈举止。

晋王杨广(字阿㦮)听说父皇母后对太子杨勇(字睍地伐)不满意,便注意掩饰自己的行为过失。隋文帝和独孤皇后去杨广住处时,杨广把众多的宫女掩藏起来,只让萧妃出面陪侍。他还故意折断乐器上的弦,表示不听音乐。隋文帝和独孤皇后认为杨广不近声色,德行很好,对他产生特殊好感,而逐渐对太子杨勇另眼相看。

后来,杨广出任扬州(治所位于今江苏省扬州市)总管(军政长官)。一次,他从扬州返回京都长安,哭着对母后说:"儿臣愚笨,一向看重兄弟情义,不知什么原因得罪了太子。太子对我怀恨在心,想谋害我。我时常担心太子在父皇面前谗害我,时时提防他暗中派人往我的杯盘中下毒药。"独孤皇后听杨广这么说大为气恼,对杨广说:"睍地伐愈来愈不像话!我为他娶回元氏女,他竟然不愿

四、变更王储 父子相逼

同她做夫妻,专宠云氏那种如同猪狗一样的贱女人。元妃本来没有病,是他指使人投毒害死的!如今,他为何又要对你下毒手?我活着,他尚敢如此,我死后,你们几个做弟弟的不就成为他宰割的鱼肉了!我每想到东宫没有正妻,皇上万岁以后,你们还得向云氏女下拜,心里就很难过。"杨广和母后悲伤地一起哭泣。从此,独孤皇后决意废去杨勇太子位,改立杨广为太子。

杨广摸清母后的心意后,开始谋划夺取太子位。他首先想到可以利用的人是尚书右仆射(宰相)杨素。当年,杨素随晋王出征时,杨广"卑躬以交素",彼此结下交情。眼下,杨素深受皇上信任,"言无不从"。杨广认为,只要能得到杨素帮助,他的计划就能实现。于是,杨广派其亲信寿州(治所位于今安徽省寿县)刺史(行政长官)宇文述去京都游说杨素之弟大理少卿(最高审判机关副长官)杨约。杨素听从杨约劝说,答应为晋王效力。

有一天,杨素陪侍皇后入宴,小声称赞晋王孝顺恭俭,风度和气质很像皇上,"用此揣皇后意"。独孤皇后流着泪说:"宰相说得不错啊!我广儿确实很孝顺,我那媳妇萧氏女也很可爱,哪像睍地伐成天和那个云氏女厮混在一起!我就是喜欢阿䗪,常常担心有人会暗害他。"杨素摸清皇后的心意后,又大讲太子杨勇的不是。独孤皇后听了很高兴,此后,独孤皇后派人给杨素送去金子,要他劝说皇上废立太子。

太子杨勇获知杨广和杨素暗中陷害他,非常忧惧,却又想不出好办法应对。他令人在东宫后园建一平民村,"室屋卑陋"。太子常常穿着布衣,盖着草褥,躺在其中。隋文帝听说太子情绪有些反常,派杨素去东宫观察情况。太子杨勇得知杨素要来东宫,穿好礼服等待。杨素故意迟迟不入见,以激怒杨勇。杨勇见到杨素时,果然流露怒色。杨素回报隋文帝,称太子杨勇怨气很大,"恐有他变,愿深防察"。隋文帝听了杨素的谗言后,对太子杨勇的疑虑加深。

杨广又买通东宫一个名叫姬威的侍从,要他注意搜集太子的过失,向杨素报告。于是,姬威上书隋文帝,诬告太子杨勇曾对他说:"皇上忌在位18年,眼下日期快到了!"隋文帝看到此处,泫然流泪说:"谁人不是父母所生,太子竟如此绝情!"杨素则奏告太子杨勇牢骚满腹,诬称太子埋怨"父皇做天子,待我反不如待几个弟弟好"。在此期间,隋文帝几乎每天都能听到太子杨勇图谋不轨的谗言,以致"严备仗卫,如入敌国","不解衣卧"。

开皇二十年(600年)九月,隋文帝对杨素等人说:"我早就看出太子不配继承皇位了。皇后坚持要我废去他的太子位,我念他是我们贫贱时所生,又是长子,劝说皇后耐心,希望他能逐步改过自新,所以一直暗暗忍耐到今天。我虽然称不上尧舜那样的圣君,但也不能将天下百姓交给不肖之子。我时常畏惧他加害于我,如同防备仇敌一样。现在,我决定把他废黜,以安定天下。"杨素连连称是。

十月初九,隋文帝传令太子杨勇入宫。杨勇听说父皇召见,大为惊恐,向父皇派来的使臣问道:"不是要杀我吧?"使臣摇了摇头,杨勇只好带着儿子跟随其入宫。

隋文帝身穿军装坐在御座上,令警卫部队陈列在武英殿外面,文武百官站在殿内东边,皇族宗亲站在殿内西边,太子杨勇和他几个儿子站在殿外庭院里。内史侍郎(主管机要副长官,负责发布诏令)薛道衡宣读诏令,称皇太子杨勇"仁孝无闻,昵近小人","朕恭天命","岂敢以不肖之子,而乱天下?勇及其男女为王、公主者,并可废为庶人"。杨勇听诏后,当即跪拜答道:"我的罪过该当押往闹市斩首,使后人引以为戒。有幸受到皇上哀怜,才得以保全性命。"说罢,杨勇"泣下流襟",踉跄而去。

随后,隋文帝立晋王杨广为太子,将杨勇囚禁于东宫。杨素因废立太子有功,获得价值三千段帛绸的奖赏,不久转任尚书左仆射(首席宰相)。左卫大将军(警卫部队长官)元旻、太子左庶子(主管东宫事务)唐令则等7人,因劝阻废立太子被处死。

四、变更王储　父子相逼

太子杨广残害兄弟

杨勇被废后，交由太子杨广看管。杨勇自以为无罪过，多次请求拜见父皇，以当面申诉冤屈。太子杨广极力压制，不准他向父皇奏告。杨勇无路可寻，只好爬到宫内一棵大树上，大声喊冤，希望有人转奏父皇，以求得父皇召见。杨素就此奏告隋文帝说："杨勇神经错乱，中了邪气，不可以召他入见。"隋文帝对杨素的话坚信不疑，一再拒绝废太子杨勇求见。

蜀王（由越王改封）杨秀时任益州（治所位于今四川省成都市）总管，他对废黜太子杨勇，改立杨广为太子，"意甚不平"。太子杨广担心杨秀终将成为他的后患，暗下勾结杨素搜罗杨秀的罪状加以陷害。

仁寿二年（602年），隋文帝召令杨秀回京，由原州（治所位于今宁夏区固原县）总管独孤楷接替他的职务。杨秀满腹狐疑，迟迟不敢上路，没有按时回到京都。杨秀入京拜见父皇时，隋文帝不理睬他，当即下令杨素等人给杨秀治罪。开府（警卫军将领）庆整劝谏说："杨勇已被废为庶人，秦王已经去世，陛下儿子不多，何必这样处置蜀王呢？蜀王性情耿直，受到重罚后，恐怕不能自全。"隋文帝听庆整这么说勃然大怒，叫嚷要割断庆整的舌头，要将杨秀押往闹市斩首，以平民愤。

太子杨广令人密制形似隋文帝和汉王杨谅的木偶，分别写上他们的名字，并将两偶像制成双手被缚、铁钉钉心，以杨秀的名义将两木偶埋在华山脚下。接着，太子杨广令人向杨素举报杨秀搞巫蛊之术。杨素派人将木偶挖出来，以此定杨秀犯巫蛊之罪。隋文帝信以为真，随即下令将蜀王杨秀废为庶人，幽禁于内侍省（主管宫廷内务的机构)。

当年八月,独孤皇后病逝。隋文帝封其宠爱的陈贵人(后妃名号)为宣华夫人,让宣华夫人"主断内事"。

隋文帝悔悟已晚

仁寿四年(604年)七月,隋文帝病重。宣华夫人和太子杨广同在文帝身边侍候。十三日早晨,宣华夫人从隋文帝寝室出来更衣。太子杨广欲对宣华夫人强施奸淫,受到宣华夫人拒绝。宣华夫人回去后,隋文帝见她神情恍惚,感到奇怪,询问她是否发生什么事。宣华夫人流着眼泪说:"太子对我无礼!"隋文帝大为恼火,手拍床架骂道:"这个畜生!大事怎能交给他?独孤后误了我!我错废了勇儿!"

当即,隋文帝呼召兵部尚书(朝廷主管军事的部门长官)柳述、黄门侍郎(负责呈递奏章、出宣诏令)元岩,对他们说:"快召我儿来!"柳述将要去传召太子杨广,隋文帝更正说:"是勇儿!"可是,隋文帝省悟已晚。

柳述将隋文帝传召杨勇一事报告杨素。杨素马上转告太子杨广。杨广随即伪造诏令,将柳述、元岩二人逮捕,令东宫卫兵封锁隋文帝所居仁寿宫,将宣华夫人等人赶到别的房间,随后令人将隋文帝害死。当天夜里,太子杨广奸淫宣华夫人。接着,太子杨广假传父皇诏令,将杨勇处死。

二十一日,太子杨广发布隋文帝去世的讣告,即位为隋炀帝,并假传父皇遗令,召汉王杨谅回京参加治丧。杨谅时任并州(治所位于今山西省太原市)总管。当初,杨谅听说太子杨勇被废而为之闷闷不乐。蜀王杨秀被废后,杨谅更为惶恐不安。接到父皇"遗

四、变更王储　父子相逼

诏",杨谅发现该文书与父皇同他秘密约定的款式不一样,断定内中有诈,随即举兵与隋炀帝对抗。不久,杨谅兵败,被幽禁而死。

当初,隋文帝以其"五子同母",不会出现"孽子忿诤"的预言,此时已化作历史的泡影。

《隋书》卷一　高祖纪上
　　　　卷二　高祖纪下
　　　　卷三　炀帝纪上
　　　　卷三十六　文献独孤皇后传
　　　　　　　　　宣华夫人陈氏传
　　　　卷四十五　房陵王勇传
　　　　　　　　　庶人秀传
　　　　　　　　　庶人谅传
《通鉴纪事本末》卷二十五　隋易太子

【简评】

《隋书》作者魏征认为,隋文帝"听哲妇之言,惑邪臣之说,溺宠废嫡,托付失所。灭父子之道,开昆弟之隙,纵其寻斧,剪伐本技。坟土未开,子孙继踵屠戮,松槚才列,天下已非隋有。惜哉"(《隋书》卷二·高祖纪下)。

司马光认为,"隋高祖徒知嫡庶之多争,孤弱之易摇,曾不知势钧位逼,虽同产至亲,不能无相倾夺"(《通鉴纪事本末》卷二十五·隋易太子)。

唐太宗为立太子恼恨欲绝

唐太宗李世民同长孙皇后生下李承乾、李泰、李治三个儿子。

唐武德九年（626年）十月，唐太宗把年仅8岁的嫡长子李承乾立为太子。他耳闻目睹隋文帝由于废立太子不当而家破国亡，又刚刚经历兄弟间争夺皇位继承的生死决斗，深知选立好太子关系国家的长治久安，特意指派德才兼备的大臣去辅导太子李承乾，希望太子能成长为称心如意的继承人。

太子李承乾长大后，"好声色，慢游无度"。他怕父皇及百官知道其劣迹，每次上朝时"必言忠孝之道"。由于太子李承乾"智足饰非"，唐太宗认为他贤明。

贞观十六年（642年）正月，魏王李泰奏呈由著作郎（主管碑志、祝文等写作）萧德言等人编著的《括地志》书稿，受到唐太宗青睐。唐太宗每月赏给李泰的物品比太子李承乾的还要多。他又让李泰住武德殿，靠近太子所居的东宫。为此，谏议大夫（主管谏议朝政得失）褚遂良和侍中（侍从皇帝的主官）魏征都劝谏不可这样等同看待魏王和太子。唐太宗听取褚遂良、魏征等人的意见，取消给予李泰的特殊待遇。

太子李承乾看到父皇偏爱李泰，担心父皇将他废黜，改立李泰为太子，对李泰十分忌妒。李泰则自恃才高，见李承乾的脚有毛病，怀有夺取太子位的欲望。于是两兄弟各自拉帮结派，互相攻

四、变更王储　父子相逼

击。宫中有个十多岁的小艺人,善于歌舞,人长得亦很漂亮。太子李承乾与之同宿,喊他为"称心"。唐太宗听说后大为恼火,下令将这个小艺人处死。李承乾认为这件事是李泰告发的,由此对李泰更为怨恨。太子李承乾重赏刺客纥干承基等人,密令他们伺机暗杀李泰。一些对唐太宗心怀不满的王公大臣,察觉太子李承乾对父皇心怀怨恨,则唆使他把攻击矛头直接指向皇上。吏部尚书(朝廷主管官吏任免的部门长官)侯君集自以为功高而未受到重用,对唐太宗耿耿于怀。

他提示太子李承乾不可忘记隋太子杨勇被废①的历史教训,如遇皇上召见入宫要多加防备。李承乾则要侯君集密切注视皇上的意向,一有情况便向他报告。汉王李元昌(唐太宗异母弟)曾因犯法受过唐太宗责备,亦在暗中鼓动李承乾谋反。洋州(治所位于今陕西省西乡县)刺史(行政长官)赵节(唐太宗外甥)参与李承乾等人的阴谋。李元昌、侯君集等人拿刀割破臂膀,用布擦血,再将血布烧成灰,和酒而饮,发誓同生共死。

贞观十七年(643年)正月,齐王李祐(唐太宗第五子,阴氏所生)在齐州(治所位于今山东省济南市)举兵反叛朝廷。太子李承乾听说后对纥干承基进行煽动,称他居处离皇宫围墙只有二十几步,用不着等齐王下手。附马都尉(由皇帝女婿担任的侍从武官,其妻为太宗之女城阳公主)杜荷为太子出谋划策,要他谎称得了急病,诱骗皇上前往东宫探视,借机动手。

就在太子李承乾等人密谋策划之际,李祐叛乱被平定,纥干承基受其牵连被逮捕。纥干承基为求活命,供出太子李承乾谋反一事。唐太宗大吃一惊,当即下令有关部门调查。

---

① 杨勇为隋文帝杨坚长子,起先被立为太子。后来,杨勇受到其弟杨广等人谗毁,失去父皇母后的宠爱,被废为庶人。杨广立为太子后,将隋文帝和杨勇杀害。

当年四月，有关部门查清太子李承乾谋反属实。唐太宗下令废黜李承乾为平民，将其流放黔州（位于今重庆市彭水苗族土家族自治县）；将李元昌、侯君集、赵节、杜荷等人处死。

李承乾被废黜后，唐太宗当着李泰的面，许诺立他为太子。李泰（小字青雀）则向父皇承诺，将来他临死之前，把其唯一的儿子处死，将皇位传给晋王李治。褚遂良觉得李泰此话言不由衷，建议唐太宗如果立李泰为太子，必须先安排好李治，才能保持日后政局稳定。司徒（名誉宰相）长孙无忌（长孙皇后之兄）则极力主张立李治为太子。

此后不久，李泰以李治曾与李元昌关系密切，对李治加以威胁。唐太宗听说后不由得茫然若失，后悔不该当面许诺立李泰为太子。一时间，唐太宗极为苦恼，精神反常。一次，唐太宗恼恨已极，当着长孙无忌等大臣的面，以头撞床，长孙无忌冲上去将他扶住。转而，他又抽出佩刀想自杀，褚遂良夺下他的佩刀，交给李治。

等唐太宗镇定下来后，长孙无忌问他决定立谁为太子。唐太宗明确回答立李治为太子，长孙无忌等大臣都表示赞同。

李泰听说父皇要立李治为太子，带领一百多名骑兵冲到永安门前。唐太宗当即下令驱散李泰护卫骑兵，将李泰幽禁于北苑。

《旧唐书》卷二　太宗本纪上
　　　　　　卷三　太宗本纪下
　　　　　　卷七十六　恒山王承乾传
　　　　　　　　　　　濮王泰传
《新唐书》卷八十　常山王承乾传、濮王泰传
《通鉴纪事本末》卷二十八　太宗易太子

【简评】

清代学者王夫之认为，"立子以适，而适长者不肖，必不足以承

四、变更王储　父子相逼

社稷,以此而变故起于宫闱,兵刃加于骨肉,此人主之所甚难",唐太宗"自投于床,抽刀欲刎,呜呼"(《读通鉴论》卷二十·太宗)。

笔者认为,唐太宗的失误在于立储过于急躁。立李承乾为太子时,他刚即位才两个月,年方27岁。废黜太子李承乾后,他马上放话要立李泰为太子,不久听说李泰对其弟李治不善,转而又决意立李治为太子。李承乾、李泰先后反叛,客观上虽然受到隋文帝废立太子的影响,主要还是唐太宗处理不当所致。

唐高宗数废太子

唐贞观二十三年（649年）五月，唐太宗李世民去世，太子李治继位，为唐高宗。第二年，唐高宗立王妃为皇后。王皇后没有生儿子。永徽三年（652年）七月，唐高宗将刘妃生的长子陈王李忠立为太子。

当初，李治当太子时，看上唐太宗的才人（后妃名号）武则天。唐太宗去世后，武才人被迁入感业寺为尼。后来，唐高宗去感业寺烧香，将武则天带回后宫。武则天先后为唐高宗生下四个儿子：李弘、李贤、李哲、李旦。

永徽六年（655年）十月，唐高宗不顾众臣劝谏，将王皇后废为庶人，立武则天为皇后。此后3个月，唐高宗废去李忠太子位，改封李忠为梁王，将武皇后所生长子年仅4岁的代王李弘立为太子。

李忠改封梁王后，被派到房州（治所位于今湖北省房县）任刺史（行政长官）。他害怕遭到暗害，公事之余常常穿着女人衣服，以防备刺客。他多次做噩梦，日夜不得安宁，只好占卜求神灵保佑。有人以此诬告李忠。显庆五年（660年），唐高宗将李忠废为庶人，流放黔州（位于今重庆市彭水苗族土家族自治县）。

麟德元年（664年），唐高宗听说武皇后召道士郭行真在后宫施邪术诅咒害人，大为恼火，密召同东西台三品（宰相职衔）上官仪商谈。上官仪建议废黜武皇后，唐高宗同意并令上官仪拟草诏令。

四、变更王储　父子相逼

武皇后闻讯跑去向高宗哭诉，唐高宗随即改变废黜武皇后的决定，把此事推到上官仪身上。上官仪早年曾经担任过太子李忠的谘议（参谋官）。武皇后以此指使人诬告上官仪同李忠谋反。唐高宗竟下令将上官仪及其儿子处死，并令李忠在房州囚所自杀。

太子李弘长大后仁义礼让，严格遵守各项法规。他对于母后左右朝政、变乱章法十分反感，每向父皇奏事，常与母后的意见有抵触。由此，武皇后不再宠爱太子李弘。

武皇后忌杀唐高宗宠爱的萧良娣后，一直将其两个女儿义阳公主和宣城公主幽禁于后宫，两位公主年近三十仍未能出嫁。太子李弘对两位异母姐十分同情，向父皇奏请将她俩出嫁。唐高宗点头同意。武皇后听说后大为恼火，决意要把太子李弘除掉。

上元二年（675年）三月，太子李弘随父皇母后去合璧宫。入宫后，李弘中毒而死。当时，人们都认为李弘是其母毒死的。六月，唐高宗将武皇后所生次子李贤立为太子。

太子李贤"处事明审，为时论所称"。唐高宗称赞他"家国之寄，深副所怀"。后来，宫内有人私下议论，说太子李贤不是武皇后亲生之子，其生母是武皇后姐姐韩国夫人。李贤听到这一传闻后深感不安。正议大夫（虚职文官）明崇俨善于符劾之术（道教所称驱鬼压邪之术），受到武皇后的信用。明崇俨对武皇后说："太子不堪承继，英王①貌类太宗"，"相王相最贵"。武皇后信以为真，不再宠爱太子李贤，而偏爱英王李哲、相王李旦。此间，太子李贤多次受到母后责难，心里更加惶恐不安。

调露二年（680年），明崇俨"为盗所杀"。武皇后怀疑是太子李贤指使人将他杀死的，令人暗中对太子李贤进行调查。不久，从太子李贤马房搜出数百件黑色铠甲，太子侍从赵道生供称，明崇俨系太子指使他所杀。据此，武皇后认定太子李贤"谋反"。

---

① 英王李哲，武皇后第三子。相王李旦，武皇后第四子。

唐高宗向来喜爱太子李贤,想宽赦他。武皇后坚持不同意,对高宗说:"为人子怀逆谋,天地所不容;大义灭亲,何可赦也!"

当年八月,唐高宗只好下令将太子李贤废为平民,改立英王李哲为太子。

后来,李贤被流放到巴州(位于今四川省巴中市)。文明元年(684年),武皇后派人去巴州逼令李贤自杀。

《旧唐书》卷四　高宗本纪上
　　　　卷五　高宗本纪下
　　卷八十六　高宗诸子李忠传
　　　　　　李弘传
　　　　　　李贤传
《新唐书》卷八十一　李弘传
　　　　　　李贤传
《通鉴纪事本末》卷三十　武韦之祸

【简评】

唐高宗接连废杀3个太子,均系武皇后操纵。唐高宗每上朝让武后"垂帘于后,政无大小,皆预闻之。天下大权,悉归中宫,黜陟生杀,决于其口,天子垂拱而已"(《通鉴纪事本末》卷三十·武韦之祸)。由此看出,唐太宗当年立李治为太子并不恰当。唐高宗贪色懦弱,如同傀儡,一手断送唐太宗的帝业。他死后,武则天将国号改为"周",成为中国历史上独一无二的女皇帝。

四、变更王储　父子相逼

后梁太祖欲立养子

后梁①太祖朱晃（原名朱温，又名朱全忠）晚年"纵意声色"，竟与其儿媳乱伦，即使儿媳随其夫住在外地，他也常常把她们召至身边。

后梁太祖的养子博王朱友文之妻王氏长得很美，最受后梁太祖宠爱。朱友文由此亦格外受到器重，被任命为建昌宫使（主管财政军费）。后梁太祖每去西都（位于今河南省洛阳市）巡视，总是令朱友文留守东都。虽然后梁太祖没有明确立朱友文为太子，但其内心想传位给朱友文。对此，左右控鹤都指挥使（主管警卫部队）郢王朱友珪（朱全忠早年与某女野合而生）看在眼里，为之愤愤不平。

后梁乾化二年（912年）五月，后梁太祖在西都病重，要侍候在他身边的王氏去通知留守东都的朱友文赶赴西都，想把后事托付给他。

当时，朱友珪的妻子张氏亦侍候在后梁太祖身边，她获悉这一情况后，随即转告时在西都的朱友珪说："皇上已把传国宝玺交给

---

① 唐天祐四年（907年），宣武（治所汴，位于今河南省开封市）节度使（军政长官）朱全忠逼唐哀帝让位，即位为后梁太祖，定都汴，又称"东都"，改国号为"大梁"，史称"后梁"。

王氏带往东都，我们死期不远了！"夫妻二人相对而泣。左右亲信劝说他们另想办法，称情况紧急，时机不可错过。

六月初一日，后梁太祖任命朱友珪为莱州（治所位于今山东省莱州市）刺史（行政长官），并要他立即就去上任。朱友珪更加恐惧不安，决意伺机对父皇动手。

朱友珪对父皇和百官谎称即日赴莱州上任，实则改换服装隐藏于左龙虎军统军（警卫部队将领）韩勍处。韩勍亦担心日后不为朱友文所容，便与朱友珪合谋，派500名亲兵随朱友珪混入控鹤军（宫中侍卫亲军）。初二日半夜时分，朱友珪领着500名亲兵攻入后梁太祖寝宫。侍卫人员见势不妙纷纷逃走。后梁太祖听到有人冲进门来，惊得一骨碌从病床上爬起来，大声喝道："谁造反了？"朱友珪回答道："不是别人！"后梁太祖骂道："我早就怀疑你这个贼，只恨没有杀死你！"朱友珪回骂道："你这个老贼，罪该碎尸万段！"这时，朱友珪的侍从冯廷谔冲上前去，一刀刺入后梁太祖腹部，刀尖穿出他的后背。

朱友珪杀死后梁太祖后秘不发丧，假传太祖诏令，称朱友文谋叛朝廷，密令东都马步都指挥使（东都驻军统帅）均王朱友贞（朱全忠已故正妻张氏生）将朱友文杀死。然后，朱友珪发布太祖死讯，伪造遗诏，在西都即位称帝。

朱友珪弑父自立引起朝廷内外权臣的痛恶。驸马都尉（后梁太祖女婿、侍从武官）赵岩、侍卫亲军都指挥使袁象先（后梁太祖外甥）等人与朱友贞密谋，策划讨伐朱友珪。

凤历元年（913年）正月十七日清晨，袁象先等人率领数千名兵士冲入西都宫中。朱友珪听说发生兵变，与妻张氏仓皇出逃，逃至北边楼墙下受到兵士阻拦。朱友珪自知难以逃脱，令随行的冯廷谔将他和张氏杀死。

随后，袁象先、赵岩拥立朱友贞在东都即位，为后梁末帝。

《新五代史》卷二 梁太祖本纪下

四、变更王储 父子相逼

卷十三 博王朱友文传
《通鉴纪事本末》卷三十八 郢王篡弑

【简评】

　　清代学者王夫之认为,"君臣、父子,人之大伦也。世衰道丧之日,有无君臣而犹有父子者,未有无父子而得有君臣者也"。朱温"父子之恩,以名相假,以利相蒙,其与禽兽之聚散也奚别?如是而犹望天下之有君臣也,必不可得之数矣"(《读通鉴论》卷二十八·五代上)。

辽萧皇后改变皇嗣

辽①太祖耶律阿保机皇后萧氏②共生3个儿子：长子耶律倍、次子耶律德光、三子耶律李胡。契丹神册元年（916年）三月，辽太祖将耶律倍立为太子。

天显元年（926年）正月，辽太祖率太子耶律倍和大元帅耶律德光等领兵攻克渤海国都忽汗城（位于今黑龙江省宁安市西南东京城）。之后，辽太祖改渤海国为东丹国，封太子耶律倍为人皇王、东丹国王。当初，辽太祖曾对萧皇后说："德光能兴大业。"萧皇后亦偏爱德光，劝太祖把太子安置到皇都以外的地方任职。于是，辽太祖留太子镇守东丹国。

当年七月，辽太祖回师至扶余府（位于今吉林省松原市）时猝然病逝。辽朝廷宣布，由萧皇后临朝听政，暂时全权处理军国大事。萧皇后没有顺理成章让太子耶律倍继承皇位，她想让德光继位，又感到名不正言不顺，不好开口。大臣们看出萧皇后的意愿而心照不宣。

太子耶律倍赶回皇都参与治丧期间，察觉母后无意让他继承

---

① 国名，又名"契丹"，都皇都，位于今内蒙古巴林左旗南。
② 《辽史》太祖本纪、太宗本纪、义宗倍传、章肃皇帝李胡传，皆写作萧氏；后妃传写作述律氏。

四、变更王储　父子相逼

皇位,便奏请母后立德光为帝。萧皇后对太子的谦让表示认同,但又感到不让太子继位而改立德光,于情理不合,不好向大臣提出。她左思右想,想出个办法,要大臣主动表态。一天,萧皇后令太子和德光一起骑马停在帐篷前,召集文武大臣说:"这两个儿子,我都喜爱,不知道让哪个继承帝位为好。你们看谁可以立为皇帝,就拉一下他的马缰。"太子耶律倍当即对众人说:"大元帅德高望重,应该拥立他为皇帝。"众臣知道萧皇后的心意,都表态说:"我们愿意事奉大元帅!"萧皇后随即附和众臣说:"大家都想拥立德光,我亦不能违反众意!"于是,萧皇后确定耶律德光继承帝位,为辽太宗。

辽太宗即位后,废去耶律倍太子位,保留他人皇王王号。辽太宗怀疑耶律倍对他即位为帝不服,不久把东平郡(治所位于今辽宁省辽阳市)升格为南京,将耶律倍及其部属迁移到南京,派人暗中监视他的言行。

耶律倍喜爱读书,善于写文章、画人物画,对未能继承皇位淡然处之。迁至南京后,他在西宫建造书楼,以读书为乐。他写了《乐田园诗》,抒发其退隐思想。

天显五年(930年)十一月,耶律倍应后唐①明宗邀请,从海路投奔后唐避难。耶律倍临走前,对左右侍从说:"我把天下让给皇帝,反而受到怀疑。如今,我只好远去外国,走吴太伯②的路子。"耶律倍在海边树立一块木牌,上面刻写这样一首诗:"小山压大山,大山全无力。羞见故乡人,从此投外国。"表明他是被迫无奈出走他乡。耶律倍入居后唐后,时常思念故国亲人。后来,他在后唐内乱中被杀。

《辽史》卷三　太宗本纪

---

① 都洛阳,位于今河南省洛阳市。
② 《史记》卷三十一,吴太伯世家载:吴太伯及其弟季历都是周太王之子,周太王欲立季历为王,太伯"奔荆蛮,文身断发,示不可用,以避季历"。

卷七十一　太祖淳钦皇后述律氏传
　　　卷七十二　义宗倍传
《辽史纪事本末》卷三　东丹建国

【简评】

辽萧皇后不让太子倍继位，欲立次子德光，引而不发，诱使大臣表态。她这样做虽然没有造成流血冲突，但其长子倍还是被迫离走，最终在异国他乡丧命。

四、变更王储　父子相逼

康熙帝不再立储

清康熙十四年（1675年）十二月，康熙帝（清圣祖玄烨）将年仅两岁的嫡长子允礽（赫舍里皇后生允礽时难产而死）立为太子。他在诏书中称，为了国家"长治久安，必建立元储"，"以绵宗社无疆之祥，慰臣民之望，系四海之心"。

太子允礽牙牙学语时，康熙帝亲自教他识字。太子稍长大一点，康熙帝委托侍讲学士（皇帝学术顾问）张英等人辅导他读书。康熙帝还多次带太子出巡，向他传授治国之道。由于受这样特殊的熏陶教育，太子允礽成长很快，年少便"通满、汉文字，娴骑射"。

太子允礽失宠

康熙二十九年（1690年）七月，康熙帝亲率大军迎击率部南下的噶尔丹①。出古北口（位于今北京市密云县东北）第三天，行抵古鲁富尔坚嘉浑噶山（此地不详），康熙帝生病不能继续前进，亦不

---

①　蒙古准噶尔部首领。该部游牧区位于今新疆西部至哈萨克斯坦国伊犁河流域。

肯回撤，传令太子允礽等人前往他的临时驻地。太子允礽赶到后，见到父皇卧病在床，没有流露焦急忧伤的神情。康熙帝很不高兴，大为失望，没有将太子留下侍候他养病，很快便打发太子回京都（位于今北京市）。从此，康熙帝不再像从前那样宠爱太子允礽。

康熙三十三年（1694年）三月，礼部尚书（朝廷主管礼仪教育的部门长官）沙穆哈奏报要在奉先殿举行祭祀仪式的安排意见，拟将太子跪拜的褥垫放置在奉先殿内，康熙帝要他将其移到殿门槛外。沙穆哈害怕这样调整有伤太子允礽体面，日后会受到太子怪罪，请求将皇上这一指令记录在案。康熙帝大为恼火，随即下令将沙穆哈革职。

康熙三十六年（1697年）秋天，康熙帝出巡塞外，令太子允礽随行。此间，有流言飞语传到康熙帝耳边，说太子亲近一些行为不正的人，举止反复无常。康熙帝令内务府总管（主管宫廷事务）海喇孙将侍从太子的厨师花喇等三人以"悖乱"罪处死。从此，康熙帝对太子允礽的态度更加冷淡。

康熙四十一年（1702年）九月，康熙帝出巡治河工程，令太子允礽随行。行至德州（治所位于今山东省德州市）时，太子患病。康熙帝召令已经致仕（退休）的原大学士（宰相）索额图前来德州侍奉太子。索额图是太子母亲的叔父。当年十一月，太子病愈回京。第二年五月，康熙帝以"背后怨尤"、"结党妄行"等罪名，下令将索额图逮捕。不久，索额图死于狱中。

太子允礽被废

康熙四十七年（1708年）八月，康熙帝带领诸皇子出巡塞外。途中皇十八子允祄病得很厉害。允祄系密妃王氏所生。康熙帝宠

四、变更王储　父子相逼

爱王氏，对允祄亦格外看重。不久，允祄病故，康熙帝大为伤心。

九月四日，康熙帝在行宫召见文武大臣，令太子允礽跪地，流着眼泪训示道："允礽不法祖德，不遵朕训，惟肆恶虐众，暴戾淫乱。""朕包容二十年矣"。"尚冀其悔过自新，故隐忍优容至于今日"。"朕自允礽幼时，谆谆教训，凡所用物皆系庶民脂膏，应从节俭，乃不遵朕言，穷奢极欲"。"十八阿哥患病，众皆以朕年高，无不为朕忧虑。伊系亲兄，毫无友爱之意，因朕加责让，伊反忿然发怒。更可异者，伊每夜逼近布城裂缝向内窃视。从前，索额图助伊潜谋大事，朕悉知其情，将索额图处死。今允礽欲为索额图复仇，结成党羽，令朕未卜今日被鸩，明日遇害，昼夜戒慎不宁。似此之人，岂可付以祖宗弘业！"康熙帝说着，"痛哭扑地"。众臣上前将他扶起。康熙帝接着说："朕治平之天下，断不可以付此人！"当即，康熙帝下令将太子允礽拘捕。允礽被幽禁后，申辩道："父皇若说我别样的不是，事事都有，只是弑逆的事我实无此心。"

此后，康熙帝"六日未曾安寝"。当月十六日，康熙帝返回京都，下令废黜允礽皇太子位，并"诏告全国"，将允礽幽禁咸安宫。康熙帝明确告诫诸皇子及大臣说："今允礽事已完结，诸阿哥中倘有借此邀结人心，树党相倾者，朕断不姑容。""诸皇子中如有谋为皇太子者，即国之贼，法所不宥。"

康熙帝复立允礽为太子

康熙帝下令拘禁允礽时，皇庶长子允禔趁机奏称："相面人张明德曾相允禩后必大贵。今欲除允礽，不必出自皇父之手。"康熙帝对允禔所说的话极为不安，下令将张明德逮捕审问。

九月二十五日，康熙帝特意召诸皇子训示说："朕思允禔为人凶顽愚昧,不知义理,倘果同允禩聚集党羽,杀害允礽,其时但知逞其凶恶,岂暇计及于朕躬有碍否耶?似此不谙君臣大义,不念父子至情之人,洵为乱臣贼子,天理国法皆所不容也。"

不久,皇三子允祉奏告直郡王允禔同蒙古喇嘛巴汉格隆等三人往来密切。巴汉格隆受审时供称:"直郡王欲诅咒废皇太子,令我等用术镇魇是实。"办案人员按其交代,从十余处挖出镇魇物件。据此,康熙帝认为允禔"行事比废皇太子允礽更甚,断不可轻纵",随即下令革去允禔王爵,在其府内幽禁。

张明德案查清后,康熙帝以允禩(皇八子)知道张明德口出狂言而不奏告,下令革去其贝勒位(清前期贵族爵位,为八旗某一旗首领)。接着,康熙帝召见众臣及诸皇子训示说:"当废允礽时,前已有旨,诸阿哥中如有钻营谋为皇太子者,即国之贼,法断不容。""允禩乘间处处沽名,欺诳众人,希冀为皇太子。"称其"柔奸性成,妄蓄大志,朕素深知,其党羽早相要结,谋害允礽,今其事皆已败露。著将允禩锁拿,交与议政处审理"。

皇九子允禟和皇十四子允禵闻讯,求见父皇为允禩辩解,允禵信誓旦旦,言语不逊。康熙帝勃然大怒,拔出佩刀向允禵训斥道:"你要死,如今就死!"皇五子允祺跪抱父皇双膝,苦苦哀劝,众皇子叩头恳求父皇息怒,康熙帝才收起佩刀。他举起板杖要痛打允禵,允禟上前抱住板杖。康熙帝随手朝允禟嘴巴打了两下,又令众皇子打了允禵二十大板。

康熙帝为废黜太子及与几个儿子的冲突而气恼成疾。十月二十三日,他先后召见众皇子,包括仍被囚禁的允禩、允礽。康熙帝对身边侍臣说:"自此以后,不复再提往事。"并称允礽如"尽去其奢费虐众种种悖谬之事,改而为善,朕自另有裁夺"。

十一月十四日,康熙帝召集群臣公推皇太子。康熙帝对众臣说:"朕躬近来虽然照常安适,但渐觉虚弱,人生难料。""因踌躇无代朕听理之人,遂至心气不宁,精神恍惚"。宣称"皇太子所关甚

四、变更王储 父子相逼

大",除大阿哥允禔外,"众议谁属,朕即从之"。其实,康熙帝"欲复允礽太子之位",对众臣当天串通推举允禩为皇太子,"颇为不悦"。

十六日,康熙帝召集诸皇子王公大臣,当众宣布释放允礽。康熙帝说:"今朕体违和,每念皇太子被废之事,甚为痛惜,因奏之皇太后,奉皇太后懿旨云:'余意亦惜之',朕闻之心始稍慰。"

康熙四十八年(1709年)正月,康熙帝下令追查举荐允禩为皇太子一事,怪罪于大学士马齐和皇舅佟国维(康熙帝生母小弟)。随后,康熙帝召见大臣时指出:"今马齐、佟国维与允禩为党,倡言欲立允禩为皇太子,殊属可恨!""朕原因气忿成疾,昨日一怒,遂不御晚膳,今日晨餐,所食尚少"。康熙帝下令将马齐以"交允禩"收捕拘禁,痛斥佟国维"结党",同时向众臣表明:"皇太子立已三十余年,并无他故。"

三月九日,康熙帝宣布复立允礽为皇太子。他诏示众臣说:"允礽前忽患暴戾狂易之疾,故予退废。""后乃确得病源,亟为除治,幸赖皇天眷祐,平复如初"。

康熙帝再废允礽太子位

允礽复立为太子后,仍无意改善同父皇的关系。他"广植党羽,笼络人众"。都统(八旗组织中某一旗军政长官)鄂缮、迓图,刑部尚书(朝廷主管刑事部门的长官)齐世武、兵部尚书(朝廷主管军事部门的长官)耿额等人与康熙帝貌合神离,皆依附于太子允礽。

康熙五十年(1711年)十月,康熙帝发现鄂缮等人与太子结党,下令将鄂缮等人逮捕。齐世武、耿额另犯有受贿罪,被处以绞刑,缓期执行。

此后,康熙帝与太子允礽之间的矛盾日愈尖锐,朝廷内外流传

"两处总有一死"之说,意思是说,要么效忠康熙帝,日后太子当政被处死;要么追随太子,甘愿被康熙帝发觉处死。

康熙帝五十一年(1712年)九月三十日,康熙帝下令将皇太子允礽再次废黜。他召见诸皇子训称:"皇太子允礽自复立以来,狂疾未除,大失人心,祖宗弘业断不可托付此人,朕已奏闻皇太后,著将允礽拘执看守。"接着,康熙帝下令将允礽禁锢于咸安宫。他告诫文武众臣说:"嗣后众等各当绝念,倾心向主,共享太平。后若有奏请皇太子已经改过从善,应当释放者,朕即诛之。"

后来,康熙帝再没有议立太子。康熙六十一年(1722年)十一月,康熙帝病逝。临终前,他留下遗诏,传位给皇四子允禛。随即,允禛即位为雍正帝。

《清通鉴》卷三十二 清圣祖康熙十四年
　　　　卷五十四 清圣祖康熙三十六年
　　　　卷五十九 清圣祖康熙四十一年
　　　　卷六十 清圣祖康熙四十二年
　　　　卷六十五 清圣祖康熙四十七年
　　　　卷六十六 清圣祖康熙四十八年
　　　　卷六十九 清圣祖康熙五十一年
　　　　卷七十九 清圣祖康熙六十一年
《清史稿》卷二百二十 贝子品级允禔传
　　　　　　　　　　理密亲王允礽传

【简评】

皇子恃贵骄纵,且彼此争宠争嗣,多子的皇帝往往都会遇到这一难题。康熙帝为立太子伤透脑筋,立而废,废而立,立而再废,以致精神受到极大刺激,决意不再立储。

中国古代历史风云

宫廷风暴(下)

叶秀松 编著

安徽大学出版社

五、争夺王位　兄弟相残

君王的后妃众多,通常王子亦众多。君王的嫡子与嫡子、嫡子与庶子、庶子与庶子(包括君王死而无子、其兄弟)之间为争夺王位继承,往往展开生死搏斗而不可调和,最终只有靠智力和武力决定胜负。

五、争夺王位　兄弟相残

郑庄公平叔段之乱

郑①武公的夫人武姜先后生下两个儿子,大儿子出生时难产,武姜吃了不少苦头,取名寤生;小儿子出生时顺利,取名叔段。武姜不喜欢寤生而偏爱叔段,多次提请郑武公把叔段立为太子,郑武公一直没有答应。

郑武公二十七年(前744年),郑武公去世,众臣按照他的遗命拥立其长子寤生继位为郑庄公。武姜大为恼恨,叔段心中不服。

郑庄公元年(前743年),武姜要郑庄公把制地(又名虎牢,位于今河南省荥阳市西北)封给叔段。郑庄公回答说:"制地地势险要,从前虢叔②以此地易守难攻反叛,死在那里。除了制地,其他地方都可以听从母亲。"武姜转而提出将京地(位于今河南省荥阳市东南)封给叔段,郑庄公点头同意,并封叔段为太叔。国卿(宰相)祭仲劝谏郑庄公说:"京地比国都还要大,是不可以封给别人的。否则,日后难以控制。"郑庄公回答说:"这是国母的意旨,我不敢不照办。"祭仲说:"国母和叔段的欲望怎么能满足呢?不如趁早将叔段除掉。如果让他的势力滋长蔓延,今后必然会给国家造成祸难。"郑庄公说:"多行不义必自毙,姑且等等再说吧!"

---

① 春秋诸侯国名,都郑,位于今河南省新郑市。
② 周文王之弟,当初受封于东虢国,位于今河南省荥阳市。

叔段去京地后，招募兵士，又擅自对西部和北部边境地区发号施令。大夫（朝廷中等级别的官员）公子吕向郑庄公进言说："一国不能有两个君主并存，您打算怎么办？如果您想把君位让给太叔，就请准许我去侍奉他；如果您不想把君位让给他，就得把他除掉，以免让百姓怀有贰心。"郑庄公回答说："您用不着这样焦急，他会自己走向绝路。"

此后，叔段公然把西部和北部边境地区占为己有，并将势力逐步扩展到廪延（位于今河南省延津县北）一带。他积聚粮草，制作战车武器，操练军队，准备攻打郑庄公。武姜则派人与叔段密谋，在都城组织人员作为内应。郑庄公密切注视叔段的动向，并做好了平息其叛乱的准备。

郑庄公二十二年（前722年），叔段经过20年苦心经营，以为稳操胜券，便策动部众去攻打京都。郑庄公获悉这一情报后，下令公子吕率领200辆战车进攻京地。京地人纷纷叛离叔段。叔段兵败逃奔鄢地（位于今河南省鄢陵县西北）。郑庄公率军在鄢地击溃叔段残部，叔段仓皇逃往共国①。

郑庄公恼恨其母武姜偏心。平息叔段叛乱后，他将其母迁居城颍（位于今河南省临颍县西北），发誓说："不到地下见到黄泉，决不再见母亲！"

过了一年，郑庄公思念母亲，后悔不该对母亲讲永不见面的话。颍谷（位于今河南省登封市北）有个名叫考叔的人向郑庄公进献礼品，郑庄公宴请他。考叔说："我家中尚有老母亲，请君主允许我把您赐给的食品，带回去给我母亲吃！"

郑庄公听考叔这么说，颇为感触，对考叔说："先生如此孝敬母亲，使我很受感动。如今我很想念母亲，痛悔曾经发誓不到黄泉不见她，怎么办？"考叔回答说："您可以去城颍找个地方，令人从两

---

① 春秋诸侯国，位于今河南省辉县市。

五、争夺王位 兄弟相残

边相对挖洞,挖到能见到泉水的深度,挖通后,你们母子俩在地下相见。这样,您亦没有改变誓言。"郑庄公接受考叔的意见,随后令人挖通地道,在地卜见到母亲,把她接回都城养老。

《左传》隐公元年

《史记》卷四十二 郑世家

【简评】

　　武姜为母偏心,导致其两个儿子相互残杀,令人痛心。公正处事,是做人的准则,为人父母、在职官员尤其要身体力行。

中国古代历史风云·宫廷风暴(下)

齐公子小白以智取胜

齐①襄公继位后暴虐无道,其诸弟害怕遭祸,纷纷流亡国外:大弟公子纠投奔其母亲的故国鲁国②,其导师管仲随行;二弟公子小白投奔莒国③,其导师鲍叔随行。

齐襄公十二年(前686年)冬天,公子无知(齐襄公堂弟)杀死齐襄公,自立为国君。第二年春天,齐国大夫(朝廷中等级别的官员)雍廪杀死齐君无知。齐国君位出现空缺。

齐国国卿(宰相)高傒是公子小白的好朋友,他暗下派人去莒国,请小白回国继位。与此同时,鲁庄公发兵护送公子纠回国继位,并安排管仲率兵拦截从莒国回国的公子小白。管仲看到公子小白一行人马飞奔过来,发箭射击,射中小白腰带上的钩子。小白就势假装被射死,令其随从抬着他退走。管仲以为小白已死,派人向鲁庄公报喜。鲁庄公信以为真,传令护送公子纠的军队可以放慢速度。公子小白乘机从小道潜回齐国。高傒等人随即拥立小白继位,为齐桓公。过了6天,鲁国军队才护送公子纠进入齐国。公子纠听说小白已继位,只好随鲁国军队退至乾时(齐邑,位于今山

---

① 春秋诸侯国名,都临淄,位于今山东省淄博市东。
② 春秋诸侯国,都曲阜,位于今山东省曲阜市。
③ 春秋诸侯国,都莒,位于今山东省莒县。

五、争夺王位　兄弟相残

东省博兴县南）。

当年秋天,齐桓公率军在乾时击败鲁国军队,胁迫鲁庄公将公子纠处死。

《左传》鲁庄公八年、鲁庄公九年
《史记》卷三十二　齐太公世家

【简评】

齐公子纠和公子小白原来同受齐襄公威逼而各自逃散国外。为争夺君位,公子纠与公子小白反目成仇。小白以智脱险,抢先回国继位。关键时刻智慧决定生死成败。

周惠王偏爱遗患

周①惠王夫人生下王子郑后去世。之后,周惠王将郑立为太子,续娶惠后。惠后生下王子叔带。后来,周惠王宠爱叔带,想废黜太子郑,改立叔带为太子。伯(一方诸侯之长)齐桓公及其他诸侯对周惠王变易太子的意向持有异议。

周惠王二十二年(前655年),齐桓公召集宋、郑、鲁、陈、卫、许、曹等诸侯国君主在卫国首止(位于今河南省睢县东南)开会,邀请周太子郑参加,与太子郑结盟,以确保他的太子之位。周惠王慑于众诸侯国的压力,没有废去太子郑。然而,他的偏爱却给两兄弟留下了日后争夺王位的祸根。

周惠王二十五年(前652年),周惠王去世,太子郑继位为周襄王。叔带对太子郑继承王位不服。

周襄王三年(《左传》记为鲁僖公十一年,即前649年)夏天,叔带串通戎②人进攻周朝都城,火烧东门,企图夺取王位。周襄王在

---

① 朝代名,都成周,位于今河南省洛阳市。
② 位于周朝西北方的游牧部族。

五、争夺王位　兄弟相残

秦①、晋②联军的支援下,击败戎人。叔带逃到齐国③。

周襄王十二年(前 640 年),周襄王念及兄弟情义,派人将叔带从齐国接回成周。周襄王没有料到,他这样做等于引狼入室。

周襄王十六年(前 636 年),周襄王发现其夫人狄后与叔带私通,便下令废黜狄后。周襄王此举引起狄后之父狄④侯的恼怒。狄侯当即派军队攻打周襄王。叔带的母亲惠后则串通狄军,充当内应,并派她的亲信为狄军带路。周襄王无力抵御,逃奔到郑国⑤。惠后随即立叔带为周王。

第二年,晋文公应周襄王之请,发兵护送周襄王回到成周复位,并诛杀叔带。周襄王重登王位后,封晋文公为伯,并把河内地区(位于今河南省黄河以北地区)让给晋国。

《左传》僖公五年
　　　　僖公十一年
《史记》卷四　周本纪

【简评】

周惠王同惠后生下叔带后,欲废除其已故夫人所生太子郑,造成叔带对太子郑骄横无礼。太子郑继位为周襄王后,叔带叛乱失败,逃奔齐国。后来周襄王派人将他接回成周,叔带却不思悔改,再次叛乱,周襄王只好借助诸侯力量除掉叔带。由此看来,王子间的王位之争如果不以某一方的善良意愿而休止,是不可调和的。

---

① 春秋诸侯国名,都雍,位于今陕西省凤翔县南。
② 春秋诸侯国名,都曲沃,位于今山西省闻喜县东北。
③ 春秋诸侯国名,都临淄,位于今山东省淄博市东。
④ 又称"翟"。游牧地位于今河北、山西、河南、陕西等省。当时势力强大。
⑤ 春秋诸侯国,都郑,位于今河南省新郑市。

齐桓公诸子争立

齐桓公的三位夫人王姬、徐姬、蔡姬都没有生儿子。六位"如夫人"各给他生下一个儿子,即公子无诡、公子元、公子昭、公子潘、公子商人、公子雍。

齐桓公四十一年(前645年),齐桓公自感年老体衰,考虑要确定一个儿子继承其位。他和国卿(宰相)管仲商量,决定立公子昭为太子。齐桓公见管仲已老,便把太子昭托付给其盟友宋襄公,请他日后帮助扶立太子昭为齐国①国君。

之后,齐桓公听信其宠臣易牙、竖刀的意见,又许诺立公子无诡为太子。不久,管仲病逝。公子无诡等五公子都要求立自己为太子,并各自组织信徒,鼓噪争立太子。

齐桓公四十三年(前463年)十月,齐桓公去世。无诡等六公子各拉一批人马,相互攻打。文武百官纷纷避走,没有人敢于出面为齐桓公治理丧事,致使"桓公尸在床上六十七日,尸虫出于户"。十二月,易牙、竖刀发动政变,拥立公子无诡即君位,对不顺从的人格杀勿论。太子昭逃往宋国②。

宋襄公没有忘记齐桓公的嘱托。第二年(前642年)三月,宋

---

① 春秋诸侯国,都临淄,位于今山东省淄博市东。
② 春秋诸侯国,都商丘,位于今河南省商丘市南。

五、争夺王位　兄弟相残

襄公率领军队攻打齐国。齐国大臣担心国家遭殃,杀死君主无诡,将太子昭迎回齐国,准备拥护他继位。

不久,宋国军队撤走。公子元等四公子率其党徒联合攻打太子昭。太子昭被迫再次投奔宋国。当年五月,宋国军队击败公子元等四公子的军队,扶立太子昭继位,为齐孝公。

齐孝公十年(前633年)夏天,齐孝公去世。公子潘指使其亲信开方[①]杀死孝公的儿子,自称齐君,为齐昭公。

公子商人对未能即君位一直不甘心,暗中聚集力量,等待时机,图谋夺取君位。

齐昭公十九年(前614年)五月,齐昭公去世,其子舍继位。公子商人乘舍服丧之机,于当年十月带领党徒冲到齐昭公墓地,将齐君舍杀死。随后,公子商人自称齐君,为齐懿公。

齐桓公诸子争夺君位的斗争,前后持续长达30年,至此才算结束。

《左传》僖公十七年
《史记》卷三十二　齐太公世家

【简评】

齐桓公依靠管仲辅佐称霸诸侯,威震一时。生前却未能解决好继嗣问题,以致身后诸子相残,无人治丧,国内陷入长期动乱。可见,君王能否安排好继嗣,关乎国家治乱盛衰。

---

① 原为卫国(都朝歌,位于今河南省淇县)公子,入齐后为齐桓公宠臣。

楚弃疾制造恐怖

楚^①郏敖四年（前541年）十二月，楚令尹（宰相）公子围杀死楚王郏敖员，自立为楚灵王。楚灵王大弟公子比逃奔晋国^②。

楚灵王三年（前538年）六月，楚灵王邀请各诸侯国君主到申地（位于今河南省唐河县西北）会盟。盟会期间，楚灵王侮辱越国^③大夫（朝廷中等级别的官员）常寿过，杀死蔡国^④大夫观起。观起的儿子观从逃亡到吴国^⑤。

后来，观从在吴国做官。他与越国大夫常寿过串通，伺机起兵攻打楚国，以报楚灵王杀父和凌辱之仇。

楚灵王十年（前531年），公子弃疾（楚灵王三弟）奉命领兵攻灭蔡国，任陈蔡公镇守蔡。

楚灵王十二年（前529年）春天，楚灵王离开郢都去乾溪（位于今安徽省亳州市东南）游玩，乐而不肯回返。观从、常寿过乘机派人串通公子弃疾，并以弃疾的名义，将公子比从晋国召至蔡。接

---

① 春秋国名，都郢，位于今湖北省荆州市西北纪南城。
② 春秋诸侯国，都新田，位于今山西省曲沃县西北。
③ 春秋国名，都会稽，位于今浙江省绍兴市。
④ 春秋诸侯国，都蔡，位于今河南省上蔡县西南。
⑤ 春秋国名，都吴，位于今江苏省苏州市。

五、争夺王位　兄弟相残

着,观、常二人扬言欲领兵攻蔡,胁迫公子比同公子弃疾在邓(位于今河南省漯河市东南)会面结盟。随后,观起、常寿过领兵攻入郢,杀死楚灵王太子禄,拥立公子比为楚王。

公子比即王位后,任命公子皙(楚灵王二弟)为令尹、公子弃疾为司马(主管军队)。与此同时,观从率军抵达乾溪,派人向楚灵王随行官兵大声呼喊:"楚国已有新王,先回到京都的可以保留现有职位,后回去的人一律流放远方。"楚灵王随行官兵大为惊慌,纷纷逃散。楚灵王只身逃入山中,不久饿死。

当时,人们不知道楚灵王的下落,郢都民众纷纷谣传灵王很快就要回来。公子弃疾借助人心不稳,制造恐怖气氛,企图乘乱夺取王位。他指使其亲信常在夜里喊叫:"灵王回来了!"城中军民被搅得人心惶惶。

观从察觉弃疾是制造动乱的危险人物,建议楚王比将弃疾处死。楚王比不忍心对弃疾下手。观从看出楚国很快就要发生祸乱,随即率众离去。

五月乙卯夜,弃疾派人乘船在江上狂喊乱叫:"灵王回来了!"人们闻声心惊肉跳。与此同时,弃疾指使其亲信曼成然奔告楚王比和令尹皙,谎称:"灵王回来了!京都民众要杀死大王。司马带领兵士杀过来了!众人怒火升天,不可阻挡,大王和令尹还是早作打算吧!以免受到凌辱。"楚王比和令尹皙以为弃疾真的迎接灵王杀回来了,惊慌失措,相继自杀。

丙辰日,弃疾自立为王,改名"熊居",为楚平王。

《史记》卷四十　楚世家

【简评】

楚国受到外部势力颠覆,楚灵王只身逃走,国内人心惶惶。公子弃疾利用人们的恐惧心理制造恐怖气氛,乘机不动声色地将其三个兄长害死而夺取王位,司马迁称其"以诈弑两王而自立"。

周景王庶子相争

周①景王十八年（前527年），周王后所生的太子圣病故。后妃生的庶子子猛、子朝、子丐都争着想立为太子。周景王比较宠爱子朝，想把他立为太子，但未能作出决定。

周景王二十五年（前520年）四月，周景王病逝。之后，子丐在其亲信支持下，同子朝争着要继位称王。王公贵族则拥立子猛继承王位，为周悼王。子朝对子猛即位为王不服，网罗失势的旧臣发动叛乱，于当年十一月杀死周悼王，自立为王。子丐害怕被杀，逃亡到晋国②。

晋顷公不能容忍子朝弑兄自立，于当月派兵护送子丐回到成周郊外，拥立子丐为周敬王。子朝率众据守都城抗御，晋军未能将成周攻破。周敬王子丐退居泽地（位于今山西省晋城市）。

周敬王四年（前516年）十一月，晋国军队会同诸侯联军护送周敬王进入成周继位，贬周王子朝为臣。子朝随即同其亲信携带周朝典籍逃到楚国③。

---

① 朝代名，都成周，位于今河南省洛阳市。
② 春秋诸侯国，都新田，位于今山西省曲沃县西北。
③ 春秋国名，都郢，位于今湖北省荆州市西北纪南城。

五、争夺王位　兄弟相残

周敬王十五年（前505年）春天，周敬王派刺客去楚国将子朝杀死。

《史记》卷四　周本纪
《左传》昭公二十二年
　　　　昭公二十六年

【简评】

春秋晚期，东周王朝势力衰微，争夺王位的斗争仍很激烈。周景王身后的王位之争说明，周王子要取得和巩固王位，已经离不开诸侯军队的扶持。

汉帝刘渊诸子不相容

西晋建武元年（304年），匈奴①五部大都督（军事统帅）刘渊（字元海）在左国城（位于今山西省离石市东北）建立汉国，称汉王。

汉永凤元年（308年）十月，刘渊称帝（史称前赵高祖②），之后迁都平阳（位于今山西省临汾市西南）。

河瑞二年（310年）七月十八日，汉帝刘渊病逝。刘渊临终之前，遗命皇太子刘和继承帝位。同时对另外几个儿子也委以重任，任命楚王刘聪为大司马（主管军队）兼录尚书事（宰相）、齐王刘裕为大司徒（宰相，主管司法、户籍、财税）、鲁王刘隆为尚书令（宰相）、北海王刘义（《晋书》记作刘乂）为抚军大将军兼司隶校尉（负责纠察京都百官兼缉捕、刑狱）。

太子刘和为人猜忌多疑，寡义少恩。即帝位后，他对其几个兄弟身居要职心有疑忌。宗正（主管皇族事务）呼延攸（刘和之舅）对先帝没有提升他职务心怀怨愤；卫尉（主管宫门警卫）西昌王刘锐对先帝没有委托他辅政大为不满；侍中（侍从皇帝的主官）刘乘向

---

① 位于汉朝北方的游牧部族。东汉建武二十四年（公元48年），匈奴部族分化，南匈奴依附汉朝，得以内迁。

② 汉光初二年（319年），刘曜（刘渊之侄）即帝位，将都城迁至长安（位于今陕西省西安市），改国号为赵，史称"前赵"，立刘渊庙号为高祖。

五、争夺王位　兄弟相残

来憎恶楚王刘聪。于是，呼延攸、刘锐和刘乘三人串通一气，谋划利用新帝刘和多疑，制造事端。

呼延攸对新帝刘和说："先帝没有分清轻重缓急。让齐、鲁、北海三王在京都内掌握重兵，令大司马拥有十万兵众屯于近郊，陛下虽即帝位，实系寄人篱下，应当早作打算！"刘和对其舅说的这番话深以为是，决定对刘聪等人采取行动，收回其兵权。

当月二十日夜，汉帝刘和召见领军（警卫部队将领）刘盛、刘钦等人，向他们说明情况，并指令他们逮捕刘聪、刘裕、刘隆、刘义四人。刘盛劝解说："先帝刚刚去世，尚没有发现四王有违逆言行，如果马上收捕他们，天下人会对陛下作何种评论！陛下忏重谨远，不可听信谗言而怀疑兄弟；兄弟尚不可信，还能相信其他什么人！"呼延攸、刘锐当时在场，他们见刘盛持不同意见，大为恼火，当即令左右侍卫将刘盛杀死。刘钦见刘盛被杀十分恐惧，连忙声称从命。接着，汉帝刘和连夜对呼延攸、刘锐等人的行动作了分工。

二十一日，刘锐率众攻打楚王刘聪，呼延攸率众攻打齐王刘裕，刘乘率众攻打鲁王刘隆，武卫将军刘璿率众攻打北海王刘义。四王对于突如其来的袭击毫无防备。齐王刘裕、鲁王刘隆被杀。刘璿临阵反戈，护送北海王刘义归附刘聪。刘聪随即命令部众进行反击。

二十四日，刘聪率部攻入光极殿，将汉帝刘和及呼延攸、刘锐、刘乘等人杀死。文武百官拥刘聪继帝位，刘聪以刘义系单皇后（刘渊皇后）所生嫡子，推举刘义继位。刘义流着眼泪坚持要刘聪继位。于是，刘聪继位称帝（史称"前赵武帝"）。

汉帝刘聪尊奉单氏为皇太后，尊奉生母张氏为帝太后，封其妻呼延氏为皇后，将刘义立为皇太弟，任命他自己的儿子刘粲为都督中外诸军事（最高军事将领），并封其为河内王。刘聪猜忌其亲兄刘恭不服，派人将刘恭杀死。单太后年轻貌美，刘聪继位不久与她私通。为此，刘义多次埋怨母太后，致使单太后羞愧含恨而死。汉帝刘聪对单太后去世十分痛心,从此对皇太弟刘乂有所疏远,但尚未打算废去其皇太弟之位。呼延皇后对立刘乂为皇太弟持不同意见,她对汉帝刘聪说:"自古以来,都是由儿子继承父亲的皇位。陛下继承先帝大业,皇太弟有什么功劳?日后如让皇太弟继位,刘粲兄弟必将满门灭种!"刘聪回答说:"你的话有道理,让我认真考虑后再说。"

光禄大夫(主管议论朝政)单冲(刘乂之舅)看出汉帝刘聪无意让刘乂日后继位,深为其命运担忧,流着眼泪对刘乂说:"我看皇上今后是让河内王继位,你还是设法退避为好!"刘乂对其舅的提醒不以为然,回答说:"天下是先帝开创的,兄长做皇帝去世后,皇弟继位有什么不可以?何况皇子与皇弟之间,亲疏又有多大区别?皇上恐怕没有像你说的那种意向吧!"

嘉平四年(314年)正月,汉帝刘聪任命刘粲为丞相、领大将军、录尚书事,进封他为晋王,对其他诸子亦各有封任,唯独不授予皇太弟刘乂实际权力。此后,刘聪沉溺后宫淫乐,不再过问朝政。

刘粲担任丞相后,"骄奢专恣,远贤亲佞"。太傅(即太子太傅、东宫辅佐官)崔玮、太保(即太子太保、东宫辅佐官)许遐看到皇太弟处境危险,为之焦虑。嘉平五年(315年)三月某日,崔、许二人对刘乂说:"当初,皇上以殿下为皇太弟,是为了安抚众人之心。如今形势不一样了,殿下不但日后不能继位,反而朝夕都会有不测之祸。请殿下认真考虑,尽早想出应对的办法。"崔、许二人分析认为,刘粲举止轻佻,每天都要离开其兵营出行,只需要物色一个刺客就能将他杀死;眼下太弟如聚集两万精兵,召之即来,只要领兵夺占刘粲兵营,即可收取其兵权。他们劝刘乂不要再犹豫,尽快动手。刘乂没有听从。

不久,东宫舍人(侍从官)荀裕告发崔玮、许遐劝说皇太弟谋反之事。汉帝刘聪当即下令将崔、许二人处死,并派冠威将军卜抽领兵监控东宫,禁止刘乂参加朝会。刘乂"忧惧不知所为",上书请求汉帝刘聪将他废为平民,改立晋王刘粲为嗣,卜抽将他的奏书扣压

五、争夺王位　兄弟相残

不报。

麟嘉二年(317年)三月,刘粲派其亲信王平对刘义说:"刚刚接到皇上诏令,闻报京都有人造反,皇太弟要换穿军装以应对事变。"刘义信以为真,令东宫属官都穿上铠甲。与此同时,刘粲派人速奏父皇,称"皇太弟将要叛乱,东宫里的人都已披甲准备上阵!"汉帝刘聪大吃一惊,当即下令刘粲领兵包围东宫。

四月,汉帝刘聪下令废黜皇太弟刘义,改封他为北部王。随后,刘粲派中护军(警卫部队将领)靳准将刘义暗杀。汉帝刘聪听说刘义遇害,哭着说:"我的兄弟只剩下刘义一人,这一来,天下人会怎样评论我啊!"

据《通鉴纪事本末》卷十三　刘渊据平阳
《晋书》卷一百一　刘元海载记
　　　　　　　　刘和载记
卷一百二　刘聪载记

【简评】

君王诸子之间起初未必都是势不两立,汉帝刘渊诸子相互攻杀就是由近臣挑唆引起的。刘聪夺取帝位后似无害死刘义之意,呼延皇后与刘粲密谋除掉刘义,而刘义身处险境却拒听近侍劝谏,以致被杀。

后凉太祖难料身后之事

后凉①龙飞四年(399年)十二月,后凉太祖吕光病重。吕光退称太上皇帝,对后事作如下安排:立王后所生的太子吕绍(字永业)为天王,任命妃妾所生的长子吕纂为太尉(主管军事)、次子吕弘为司徒(宰相)。后凉太祖希望几个儿子相互提携,把由他开创的帝业发扬光大。

后凉太祖嘱咐天王吕绍说:"如今国家面临许多困难,三个邻国②伺机对我侵犯。我死之后,让吕纂统领军队、吕弘主管朝政,你要严于律己,依靠二位长兄,才可以把国家治理好。如果你们弟兄之间互相猜忌,我们家族内部发生矛盾,灾祸很快就会发生。"吕绍跪拜受命。

后凉太祖转而对吕纂、吕弘说:"永业才智不足以平乱,因为是王后所生而让他继位。如今,国家受到邻国威胁,人心不安,你们兄弟只要和睦相处,我吕氏帝业就能流传万世;兄弟如不齐心,祸难便会跟着而来!"吕纂、吕弘流着眼泪答道:"孩儿不敢。"

后凉太祖病逝后,吕纂没有流露多少悲哀。天王吕绍知道吕

---

① 都姑臧,位于今甘肃省武威市。
② 后凉三邻国指:后秦,都长安(位于今陕西省西安市);南凉,都西平(位于今青海省西宁市);北凉,都张掖(位于今甘肃省张掖市)。

五、争夺王位 兄弟相残

纂心怀怨愤,不禁有些恐惧,谦让要吕纂继承王位。吕纂推辞不肯接受。于是,吕绍继位为后凉国王。

骠骑将军吕超(吕绍堂兄)担忧吕纂另有图谋,建议吕绍趁早除掉吕纂,吕绍回答说:"先帝临终说的话还在耳边回响,我怎能无端将他毁弃!我年轻担当大任,正要依赖二位兄长安定国家。即使他对我另有图谋,我亦视死如归,不忍心对他下手。"

当天夜里,吕纂率众攻打皇城广厦门,吕弘率众攻打皇城洪范门。警卫兵士一向惧怕吕纂的威严,不战自溃。吕绍闻变自知无力平息,转入紫阁自杀。吕超逃奔广武(位于今甘肃省永登县东南)。

吕纂、吕弘合谋杀死天王吕绍后,面临权力如何分配。吕纂顾忌吕弘在宫中的势力,假意推让吕弘即王位,吕弘则劝吕纂继位。吕纂同意即王位,并要吕弘向百官宣布,他废立天王系先帝临终前"受诏如此"。

吕纂即天王位后,任命吕弘为都督中外诸军事(最高军事将领)、录尚书事(宰相)等职务,封他为番禾郡公。接着,吕纂恢复吕超的官爵。

吕弘谦让王位并非出于诚意,他同吕纂之间貌合神离,互相猜忌,没过多久便演变为生死搏斗。

咸宁二年(400年)三月,吕弘发动兵变,进攻天王吕纂。吕纂派兵还击。吕弘兵败逃至广武,被追兵捕杀。

咸宁三年(401年)春天某日,后凉天王吕纂召见番禾郡(治所位于今甘肃省永昌县)太守(行政长官)吕超,责备他仗恃其兄弟的势力威慑朝廷,声言要将他斩杀。吕超兄弟害怕被杀,决意先下手除掉吕纂。

当天,吕超之兄中领军(主管警卫部队)吕隆将吕纂劝醉。吕纂借着酒兴领着吕超乘车游览宫中庭院。吕超乘吕纂不备拔剑将他刺死。随后,吕超拥立吕隆继位为后凉后主。

中国古代历史风云・宫廷风暴(下)

《通鉴纪事本末》卷十七・秦灭后凉
《晋书》卷一百二十二・吕光载记
　　　　　　　　　　　吕纂载记
　　　　　　　　　　　吕隆载记

【简评】

　　吕氏兄弟相互残杀，削弱了后凉的国力，使后凉太祖临终遗愿化为泡影。后凉神鼎三年(403年)七月，南凉、北凉联合出兵攻灭后凉。后凉后主吕隆被迫率一万名骑兵投降后秦。后来，吕隆以谋反罪被后秦处死。

五、争夺王位　兄弟相残

后秦广平公争位谋乱

后秦①高祖姚兴继位后,将长子姚泓立为太子,其他诸子封为公。在众多儿子中,后秦高祖偏爱其第三子广平公姚弼,任命他为尚书令(宰相)、侍中(侍从皇帝的主官)、大将军,让他执掌军政大权,对其"所欲施行,无不信纳"。

姚弼对姚泓被立为太子心中不服。左将军姚文宗受到太子姚泓信任,引起姚弼忌恨。姚弼诬告姚文宗"有怨言",后秦高祖大为恼火,下令将姚文宗处死。从此,文武百官无人再敢说姚弼的不是。

在排斥太子亲信的同时,姚弼大力培植自己的势力,以谋取姚泓太子位。给事黄门侍郎(侍从皇帝的副主官)尹冲、治书侍御史(最高监察机关内设机构长官)唐盛、大司农(主管农业及皇宫供应)窦温、司徒府长史(名誉宰相府事务长官)王弼等人投靠姚弼,为其亲信。窦温、王弼竟然上书劝说后秦高祖改立姚弼为太子。后秦高祖虽然没有采纳,但亦没有责怪窦温等人。

朝廷中有识之士都能看出这样的态势蕴藏着祸端。右仆射(副宰相)梁喜、侍中任谦、京兆尹(京都地区行政长官)尹昭等人瞅到一个适当机会,一齐向后秦高祖进言说:"君臣之间的情义,不薄

---

① 都长安,位于今陕西省西安市西北。

于父子，我们作为臣下心里有话不能不说。广平公久有取代太子之心，陛下对他宠爱过分，人们纷纷传说陛下打算废立太子，我们不大相信。"

后秦高祖说："哪有这回事啊！"梁喜等人接着说："如果没有这个打算，陛下这样宠爱姚弼，恰恰对他有害。建议陛下削减其权力，清除其身边险诈之徒，这样不仅能使姚弼避免祸难，国家也会得以安定。"后秦高祖对梁喜等人的忠告默然不作表态。

后秦弘始十六年（414年）五月，后秦高祖患病。广平公姚弼暗下召集数千名武装兵士图谋作乱。姚裕（后秦高祖第十一子）获悉此情后，派人通报驻守各地的兄弟。于是，姚懿（后秦高祖第二子）在蒲阪（位于今山西省永济市）、姚洸（后秦高祖第四子）在洛阳（位于今河南省洛阳市）、姚谌（后秦高祖第六子）在雍城（位于今陕西省凤翔县）分别调集军队，准备率部赴京讨伐姚弼，救援太子姚泓。姚懿流着眼泪对将士们说："眼下，皇上卧病，姚弼在其家中埋伏兵士准备作乱。我当为国舍身赴义，诸位都是忠烈之士，应当跟随我一起赴义啊！"将士一呼百应，挽袖振臂高呼："愿与殿下同生共死！"

后秦高祖闻讯，召集群臣商议对策，称"朕家教不严，致使诸子不和睦，有愧于天下。请各位发表意见，以安定国家"。尹昭、梁喜等人建议将姚弼处死。后秦高祖不作表态。尹、梁二人退一步说："即使陛下不忍心处死姚弼，亦应当削夺其权力。"后秦高祖只好免去姚弼尚书令等职务，令其回家闲居。姚懿等人听说父皇下令免去姚弼职务，随即停止向京都发兵。

不久，姚懿、姚洸、姚宣（后秦高祖第五子）、姚谌相约，一起来京都求见父皇。后秦高祖以姚懿等人所要陈说姚弼之事他已经知道，不肯接见他们。姚裕劝谏说："父皇还是听听他们说些什么为好，如果他们揭发姚弼有违法行为，就应当查办姚弼；如果他们说的违背忠义，就应当处治他们。父皇为何拒而不见呢？"后秦高祖

五、争夺王位 兄弟相残

这才接见姚懿等人。姚宣流着眼泪请求父皇给姚弼谋乱定罪,后秦高祖以"吾自处之,非汝等所忧",将姚懿等人打发回去。

姚弼听说此事后,对姚宣等人深恶痛绝,随即在父皇面前谗毁姚宣。之后,姚宣官府的司马(主管军事的属官)权丕因事去京都,后秦高祖责怪他辅佐姚宣失职,要把他处死。权丕为人刁巧,乘机诬告姚宣犯罪。于是,后秦高祖下令将姚宣关入杏城(位于今陕西省黄陵县西南)监狱,同时令姚弼率三万名兵士镇守秦州(治所位于今甘肃省天水市)。

尹昭对姚弼重新被起用深感不安,他瞅准机会向后秦高祖进言说:"广平公对太子一向不服气,让他掌握强兵在外,陛下一旦身体不适,国家恐怕就危险了。"后秦高祖对于尹昭的忠告听不进去。

弘始十七年(415年)九月,后秦高祖服药后有不良反应。广平公姚弼声称自己有病没有去探视父皇,又在自己官府集结军队。后秦高祖听说后十分气恼,下令将姚弼的党羽唐盛等人处死,将姚弼囚禁,准备处死。这时,太子姚泓流着眼泪为姚弼求情,后秦高祖发话赦免姚弼。对此,姚弼不仅没有幡然省悟,反而加快谋乱步伐。

永和元年(416年)二月,后秦高祖病重,从华阴(位于今陕西省华阴市)返回京都。尹冲策划乘太子姚泓出宫迎接皇上之机将他刺杀。姚泓本来准备去迎接父皇,其身边侍从以"主上疾笃,奸臣在侧",若贸然前往会有不测之祸,加以劝止。

后秦高祖回到皇宫后,任命太子姚泓为录尚书事(宰相),让他主持朝政;令东平公姚绍和右卫将军胡翼度负责皇宫警卫,防范非常事变;派殿中上将军(警卫部队统帅)敛曼嵬领兵收缴广平公姚弼府中的武器。

之后,后秦高祖病情转重,处于间断昏迷状态。南安长公主(后秦高祖之妹)前去探视问候,后秦高祖没有应声。姚耕儿(后秦高祖小儿子)从寝宫出来,见到其兄姚愔(后秦高祖第七子),谎称父皇病逝。

姚愔暗中已和姚弼结为死党,他对姚耕儿的话信以为真,随即同尹冲率领武士攻打端门。敛曼嵬、胡翼度等人闻讯,指挥警卫官兵关闭端门,迎击叛军。姚愔领着武士登上端门,越过屋顶,跃入马道,受到太子右卫率(负责太子警卫的军官)姚和都领兵阻挡。姚愔等人无法入宫,便放火焚烧端门。

后秦高祖听说宫中起事,强撑病体让人扶到前殿,当即下令姚弼自杀。警卫军士见到皇帝后欢呼雀跃,一齐杀向叛军。叛军溃败,尹冲逃奔东晋[①],姚愔逃入骊山后被抓回处死。

第二天,后秦高祖病逝,太子姚泓继位为帝。

《晋书》卷一百十八 姚兴载记下
《通鉴纪事本末》卷十八 刘裕灭后秦

【简评】

后秦高祖诸子分为相互对立的两派,主要原因在于高祖偏爱放纵其第三子姚弼。由于他没有摆正姚弼的位置,致使一些奸邪之徒追随姚弼谋乱。危急时刻,幸有警卫军官兵奋起平叛,才避免了一场大乱。

---

① 朝代名,都建康,位于今江苏省南京市。

五、争夺王位　兄弟相残

夏国王子拼杀

夏①真兴元年(419年)十一月,夏王赫连勃勃(又名屈丐)率军攻占东晋控制的长安(位于今陕西省西安市),称帝。第二年,夏王在长安设置南台(主管南方军政的官府),任命其子赫连璝为领大将军、录南台尚书事(军政长官)。之后,赫连勃勃将赫连璝立为太子。

真兴六年(424年)冬天,夏王赫连勃勃动议废黜太子赫连璝,改立其小儿子酒泉公赫连伦为太子。

赫连璝听说后,从长安率领70000名兵士向北攻打赫连伦。赫连伦随即率领30000名兵士迎战。双方在高平(位于今宁夏区固原县)展开决战,赫连伦兵败身亡。

这时,平原公赫连昌(赫连勃勃第二子)奉命率领10000名骑兵赶来救援赫连伦部,同赫连璝部展开激战。赫连璝战败被杀。赫连昌收拢赫连璝、赫连伦部众,率领85000名官兵回到统万城。

赫连勃勃对赫连昌平息动乱大为赞赏,把他立为太子。第二年,赫连勃勃去世,赫连昌继位为夏国国王。

据《资治通鉴》卷一百一十八　晋纪四十

卷一百二十　宋纪二

---

① 国名,都统万城,位于今陕西省靖边县北白城子。

中国古代历史风云·宫廷风暴(下)

《北史》卷九十三 屈丐传

【简评】

　　这是夏国王子之间的一场大血战,由夏王赫连勃勃引发,争战的焦点是王位继承权。夏王和太子的目的都没有达到,却为此付出了惨重的代价。

五、争夺王位　兄弟相残

陈始信王磨刀霍霍

南朝陈①太建十四年(582年)正月,陈宣帝陈顼病重。太子陈叔宝(柳皇后生)、始兴王陈叔陵(彭贵人生)、长沙王陈叔坚(何淑仪生)奉命一同侍候父皇养病。

陈宣帝宠爱陈叔陵,让他担任中军大将军、侍中(侍从皇帝的主官)、扬州(治所位于今江苏省南京市)刺史(军政长官)。陈叔陵骄横霸道,恃宠常常干预朝廷事务。他觊觎帝位,与侍中新安王陈伯固"密图不轨"。在入侍父皇养病期间,陈叔陵怨怪切割草药的刀太钝了,要人把刀磨快些,准备伺机向太子下手。

初十日,陈宣帝病逝。陈叔陵当即令左右侍从取剑。侍从没有领悟陈叔陵的用意,从他的朝服上取来佩以装饰的木剑。陈叔陵大为恼火。在场的陈叔坚把这一切看在眼里。陈叔坚怀疑陈叔陵将要作乱,密切注视他的举动。

十一日,陈宣帝遗体入殓后,太子陈叔宝俯伏痛哭。陈叔陵乘机抽出切药刀向太子猛砍过去,砍伤他的颈部。太子当即昏倒在地。柳皇后连忙冲过来救护太子,陈叔陵举刀朝她乱砍。太子乳母吴氏从陈叔陵身后抱住他的胳膊,太子得以从地上爬起。陈叔陵转身推开吴氏,抓住太子的衣角。太子拼力挣脱而去。

---

① 都建康,位于今江苏省南京市。

这时，陈叔坚冲过来卡住陈叔陵的脖子，夺下他手中的切药刀，扯下他的衣袖，将其绑在柱子上。陈叔坚转身寻找太子，请太子准许他将陈叔陵处死。陈叔陵随即挣开衣袖，冲出皇宫，逃回其官府。接着，陈叔陵同陈伯固召集千名兵士，以东府为据点，与朝廷对抗。

陈叔坚奏告柳皇后，以太子陈叔宝的名义传令右卫将军肖摩诃火速入宫受命。肖摩诃奉命率兵围攻东府。陈叔陵非常恐惧，派其亲信戴温等人去拉拢肖摩诃，被肖摩诃斩首。

陈叔陵自知不能夺取皇位，无法在京都立足，便将其妃子张氏和7名宠妾沉入井底，率百余人奔往新林（位于今江苏省南京市西南），准备投向隋朝①。肖摩诃闻报，领兵将陈叔陵、陈伯固等人击杀。

十三日，太子陈叔宝继位为陈后主，任命陈叔坚为骠骑将军、开府仪同三司（享受宰相待遇）、扬州刺史。陈后主由于伤势较重，将朝廷日常事务交由陈叔坚处理。

陈叔坚当政后骄纵放肆，不按法规办事，引起陈后主猜忌。至德元年（583年）夏天，陈后主调任陈叔坚为江州（治所位于今江西省九江市）刺史。没等陈叔坚赴任，陈后主改任他为司空（名誉宰相），罢免其实权。当年十二月，陈后主免去陈叔坚官职。

陈叔坚被免职后心中惶恐不安，以厌魅之术祷告日月求福。有人将此事告发，陈后主下令将陈叔坚囚禁，准备将他处死。

陈后主派人向陈叔坚宣读处死他的诏令，陈叔坚说："我本来没有别的意图，只是想以此求得陛下亲近。既然触犯朝廷法令，罪该万死。我死后，在九泉之下会见到陈叔陵，希望能向他宣读陛下诏令，谴责他谋反。"传令官将陈叔坚的话奏告皇帝。陈后主为陈叔坚这番话所触动，感念他当初护卫之功，下令赦免他死罪，不久

---

① 都长安，位于今陕西省西安市。当时拥有长江以北地区。

五、争夺王位　兄弟相残

重新起任他为官。

《通鉴纪事本末》卷二十五　始兴王谋逆
《陈书》卷三十六　始兴王陈叔陵传
　　　　卷二十八　长沙王陈叔坚传

【简评】

陈宣帝(高宗)去世后,王宫发生的这场动乱,根子在陈宣帝身上。陈叔陵一向骄横不法,"高宗素爱叔陵,不绳之以法",而怪罪其侍从;"道路籍籍,皆言其有非常志",陈宣帝仍让他掌握军权,又任命他为侍中,让其同太子一起侍候在身旁。

唐高祖诸子势不两立

隋义宁二年（618年）五月，隋恭帝杨侑（隋炀帝之孙）将皇位让给大丞相唐王李渊。李渊改国号为唐，继位为唐高祖。唐高祖追封其去世的正妻窦氏为太穆皇后，封窦氏所生长子李建成为太子、次子李世民为秦王、四子（三子李玄霸早逝）李元吉为齐王。

当初，隋朝天下大乱之际，李渊以右骁卫将军（警卫部队将领）留守太原（位于今山西省太原市）。李世民哭着苦劝其父领兵进驻都城长安。李渊接受李世民的提议，对他说："如果大事能成功，是因为你出的主意，我将把你立为太子。"李渊领兵进入长安拥代王杨侑为帝。受封唐王后，应众将领请求，李渊准备立李世民为世子。李世民坚决推辞而没有接受。

秦王李世民功高受忌

李世民善于用兵打仗，受封秦王后，他率军先后消灭宋金刚、王世充、窦建德、薛仁杲、刘武周、刘黑闼等武装割据势力，平定黄河南北的广大地区，为唐朝的巩固和扩展立下大功。

由于上述功绩，秦王的声名在太子和齐王之上，唐高祖又多次

五、争夺王位 兄弟相残

许诺改立秦王为太子。太子李建成本来就担心日后控制不了秦王,听说父皇私下动议要改立秦王为太子,极为惶恐不安。齐王李元吉暗中觊觎帝位,他认为搞垮太子李建成易如反掌,而秦王李世民才是他谋取帝位的最大障碍。于是,太子和齐王串通一气,共同对付秦王。

唐高祖晚年后妃很多,又生下20多个皇子。后妃们争相交结太子等嫡王,以巩固自己的地位。太子和齐王则曲意事奉诸妃嫔,以讨取父皇的欢心。

当时,国内战乱尚未完全平定,秦王长年累月领兵在外,唐高祖的众后妃极少能见到他。秦王领兵攻下隋东都洛阳后,唐高祖要众后妃去洛阳观看宫殿。后妃们向秦王索要宫内服饰古玩,秦王没有答应。唐高祖宠爱的张婕妤为其父向秦王索要田地,秦王亦没有答应。于是,张婕妤等人在唐高祖面前谗毁秦王。唐高祖大为恼火,称李世民不像从前他所看重的那个儿子了。

由此,高祖后妃对秦王多有怨恨而偏向太子。一次,唐高祖宴会诸皇子和后妃,秦王感念母亲早逝,没有见到父皇坐天下,独自悲伤哭泣。后妃们为了维护太子,乘机向高祖进谗说:"秦王为母后悲泣,是因为忌恨我们这些贱妾。如果让秦王得志,将来陛下万岁以后,我们都会被他杀掉啊!"说着,"皆悲不自胜"。唐高祖大为忧伤,从此无意于改立太子。

太子和齐王谋划除掉秦王

齐王李元吉劝说太子李建成除掉秦王李世民,他对太子说:"秦王功绩和名声愈来愈高,受到父皇宠爱,兄虽然立为太子,可地位并不稳固,如果不早作打算,日后将会有祸难。我请求为兄把他杀掉！"太子表示同意。于是，二人密谋害死秦王。

唐武德七年（624年）春天，唐高祖携秦王去齐王府。齐王埋伏杀手，准备乘机杀死秦王。太子不忍心下手，将齐王制止。事后，齐王气冲冲地埋怨道："我是为兄考虑啊，此事对我又有什么好处！"

七月，唐高祖率太子、秦王、齐王等人去城南围猎。太子特意挑一匹喜欢翘起后蹄的烈马给秦王骑，企图把他从马上摔死。秦王骑着这匹烈马接连摔下三次，却安然无恙。他知道太子起心不善，对身边的侍从说："他想借这匹马把我摔死，人的死生是命运注定的，他怎么能伤害得了！"有人将秦王此话传到太子耳边，太子指使高祖妃以此诬告秦王，称"秦王扬言他奉天命，将为天下主"。唐高祖信以为真，召见李世民责备道："天子是由天命决定的，不是靠耍聪明就能谋取天子之位，你的欲望太急迫了吧！"秦王弄清楚父皇之所以发火，是有人编造谎言对他陷害，极为愤慨。他当即向父皇说明事实真相，并要求当面对质。唐高祖对秦王的辩解听不进去，从此对他疏远。

武德九年（626年）夏天，一天晚上，太子邀请秦王饮酒，在酒中下了鸩毒。秦王饮酒后，腹中突然疼痛，吐了几升血。唐高祖知道这是建成存心谋害世民，却没有追究此事，只是想把他们分开了事。他对李世民说："我看到你们兄弟似乎不相容，都住在京都势必会有纷争，你还是回到洛阳行台（行政官府）去吧。"

太子和齐王听说父皇要将秦王派往洛阳，大为惊恐不安。他们在一起密商认为，秦王此去洛阳，将重新拥有土地和兵众，今后再也不能对他加以控制；如果让他留在长安，他只不过是单枪匹马，容易制裁。于是，他们指使亲信上书唐高祖，诡称秦王及其左右侍从听说去洛阳，无不欢喜欲狂，观察其动向，今后恐怕不会再回来了。于是，唐高祖随即改变主意，不再派秦王去洛阳。

太子、齐王和后妃日夜诋毁秦王，使唐高祖对秦王产生疑忌。

五、争夺王位 兄弟相残

齐王暗下向父皇请求处死秦王,唐高祖未作训斥,只是淡淡地说:"他有平定天下之功,没有明显的罪行,以什么理由让人心服?"唐高祖这种暧昧态度,助长了太子和齐王谋害秦王的气焰。

太子和齐王改变策略,决定先除去秦王的得力助手,以便对秦王下手。他们忌恨秦王府考工郎中(主管考核官员)房玄龄和王府属官杜如晦智谋超人,向父皇诬告房、杜二人。唐高祖便对房玄龄、杜如晦严加斥责,下令将他们调离秦王府。太子和齐王又用重金收买秦王府左二副军(侍卫副长官)尉迟敬德,遭到尉迟敬德断然拒绝。

不久,突厥①军队南侵。太子推荐让李元吉率兵迎战。李元吉借机把尉迟敬德抽出来同他一道北征,以削弱秦王府侍卫力量。唐高祖知道李元吉的用意而没有制止。

太子等人密谋,准备乘为李元吉饯行之机,令杀手在军营帐幕中将秦王害死,对外则宣称秦王系"暴卒"。率更丞(主管太子东宫报时、礼仪等事务)王晊获悉他们这一密谋后,随即密告秦王。

秦王率部击杀太子和齐王

秦王闻报,当即同王府比部郎中(主管司法事务)长孙无忌和尉迟敬德商量对策。秦王叹息说:"骨肉之间相互残杀,自古以来都是令人痛心的事。我亦知道早晚会发生祸乱,想等待他们先发难,然后名正言顺去讨伐他们,这样做可能更合适一些。"长孙无忌和尉迟敬德认为不能等待太子和齐王发难,主张先动手除掉他们。秦王一直犹豫不决,经长孙无忌和尉迟敬德再三劝说,他才接受他

---

① 唐北方邻国,可汗庭设在郁督军山(位于今蒙古国杭爱山东段)。

俩的意见,并要他俩把房玄龄、杜如晦二人秘密召回王府,商量具体行动计划。

当年(626年)六月初三日,秦王向父皇奏告太子和齐王淫乱后宫嫔妃,哭诉说:"我没有丝毫对不起太子和齐王的地方,他们却谋划要把我杀掉,为王世充、窦建德等人报仇。我今天如果含冤被他们害死,在地下亦耻与王世充等人见面!"唐高祖听李世民这么说,大吃一惊,对世民安抚一番,说他明天就召建成和元吉来宫中询问明白,要世民早点到朝廷来旁听。

当夜,张婕妤获悉秦王向高祖奏告的大致内容。四日一早,她急忙派人转告太子。太子立即召齐王商议。齐王主张加强兵力防备,称病不去上朝,以静观形势。太子认为军队防备已很严密,应入朝拜见父皇,亲自了解情况。于是,太子和齐王一同前去参加朝会。

在此之前,秦王已指令尉迟敬德在玄武门埋伏兵士。

太子和齐王行至临湖殿前察觉情况反常,便勒马回返。这时,秦王出现在他们身后,向他俩呼喊。齐王一声不响,拉起弓朝秦王连射三箭,都没有射中。秦王一箭射去,将太子射死。此刻,尉迟敬德率领骑兵冲上来,将齐王射死。随后,尉迟敬德提着太子和齐王的头颅,领兵击溃东宫和齐王府卫兵。此事被后人称为"玄武门之变"。

接着,秦王李世民令尉迟敬德奏报唐高祖。正在湖里划船的唐高祖听说太子和齐王谋乱被杀,大惊失色,向侍奉在他身边的尚书右仆射(副宰相)肖瑀等人问道:"今天这件事如何处理?"肖瑀等人劝慰高祖说:"当断不断,反受其乱。建成、元吉无功于天下,忌妒秦王功高望重,共为奸谋。如今秦王已将他们诛杀,对此,陛下宜宽释秦王,让他主管国事,这样就不会再出什么乱子了。"唐高祖觉得肖瑀说得有道理,回答说:"就这样定,让秦王当政,正是我多年的心愿!"

五、争夺王位　兄弟相残

唐高祖回宫后当即召见李世民，自称一时糊涂，差一点误了大事。李世民跪在父皇面前恸哭良久。

初七日，唐高祖将秦王李世民立为太子，发布诏令说："从今以后，军国大事一概交由太子处理决定，然后再向我奏告。"

《通鉴纪事本末》卷二十八　太宗平内难
《旧唐书》卷一　高祖本纪
卷二　太宗本纪上
卷六十四　隐太子建成传
巢王元吉传
《新唐书》卷七十九　隐太子建成传
巢王元吉传

【简评】

"建成以长，世民以功，两俱有可立之道"（王夫之《读通鉴论》卷二十·唐高祖）。唐高祖开始有立李世民为太子的许诺，后以立长为由将李建成立为太子。立嗣避贤，是一个失误。太子忌恨秦王的才能，齐王欲假太子之手除掉秦王，再除去太子，以承袭皇位，三嫡子之间势不两立。唐高祖已经看出这一势态而没有认真设法解决，以致酿成玄武门流血事变。

辽太祖诸弟谋乱

唐天祐三年(906年)十二月,契丹①可汗(国王)痕德堇去世,遗嘱让于越(主管军政,位同宰相)耶律阿保机(父名撒剌的)继位②。第二年正月,耶律阿保机称帝③,史称"辽太祖"。

后梁④乾化元年(911年)五月,辽太祖之弟惕隐(主管皇族事务)剌葛串通其弟迭剌、寅底石、安端等人策划叛乱,企图夺取帝位。安端的妻子粘睦姑告发了他们的阴谋。辽太祖派人查证属实,不忍心将他们处死,与诸弟登山对天盟誓,赦免他们的罪过,只是把剌葛调离京都,让他出任迭剌部夷离堇(军事首领)。

乾化二年(912年)秋天,辽太祖亲自率兵攻打术不姑(似为某

---

① 部族名,游牧区位于今内蒙古西拉木伦河、老哈河流域。

② 李锡厚《辽金史》认为,阿保机继位称王"实为强取"。见他与白滨合著《辽金西夏史》,上海人民出版社2003年版。

③ 此据《辽史》卷一·太祖本纪上。《中国历史大辞典》·辽太祖,记为耶律阿保机于后梁贞明二年(916年)建契丹国,称帝,建都皇都(位于今内蒙古巴林左旗南)。辽太宗在位时,契丹改国号,称"辽国"。

④ 唐天祐四年(907年),宣武(治所位于今河南省开封市)节度使(军政长官)朱全忠灭唐朝,建国号大梁,史称"后梁"。

五、争夺王位　兄弟相残

部族或部族首领),并令刺葛攻打平州(位于今河北省卢龙县)。十月,刺葛与迭刺、寅底石、安端等人再次谋反,率兵拦截凯旋的辽太祖。辽太祖领兵将他们击败。刺葛等派人向辽太祖请罪。辽太祖再次宽赦刺葛等人,让他们改过自新。

乾化三年(913年)三月,辽太祖巡视芦水(其地不详),其弟迭刺哥与安端率千余名骑兵,突然来到辽太祖行宫前。迭刺哥声称要当奚(部族名,游牧地位于今河北省怀来县)王。辽太祖大为恼火,随即下令将迭刺哥和安端逮捕,并分编其部队。

与此同时,刺葛率领其部众抵达乙室堇淀(契丹部族),打起天子旗号,准备自立为帝。辽太祖闻讯,领兵攻打刺葛。刺葛乘机派寅底石领兵焚烧辽太祖行宫,"纵兵大杀"。辽太祖率部坚决痛击叛军,追至柴河(其地不详),刺葛兵败溃逃。五月,刺葛等人被抓获。辽太祖把刺葛改名为暴里。

乾化四年(914年)正月,有关部门将刺葛叛乱案件查清,涉案共300余人。辽太祖宽宏大量,仍然把刺葛等人视为亲弟,没有将其处死。契丹神册二年(917年)六月,刺葛带其儿子逃入幽州[①](位于今北京市)。后唐同光元年(923年)十月,刺葛(撒刺阿拨)以叛逆罪被后唐处死(见《资治通鉴》卷二七二后唐纪一)。

《辽史》卷一　太祖本纪上

《辽史纪事本末》卷一　太祖肇兴

卷二　刺葛等之叛

---

① 当时为晋王李存勖控制。契丹天赞二年(923年),晋王李存勖建国号大唐,史称"后唐",继位为后唐庄宗。

中国古代历史风云·宫廷风暴(下)

【简评】

《辽史》作者脱脱对辽太祖的大度十分赞赏,称"周公诛管、蔡①,人未有能非之者。剌葛、安端之乱,太祖既贷其死而复用之,非人君之度乎"(《辽史》卷二·太祖本纪下)!

---

① 周武王三年(前1044年),周武王去世,其弟周公旦辅佐时年13岁的太子姬诵继位为周成王。周武王另外两个弟弟管叔鲜、蔡叔度对周公旦辅政不满,串通商纣王之子武庚发动叛乱。周公旦领兵平息了他们的叛乱。

五、争夺王位　兄弟相残

南汉中宗尽杀兄弟

南汉①大有十五年(942年)四月,南汉高祖刘䶮病逝。此前,南汉高祖长子刘耀枢、次子刘龟图已去世。按照立长为嗣的传统制度,南汉高祖遗诏由其第三子秦王刘弘度继帝位,由其第四子晋王刘弘熙辅政。

刘弘度(改名刘玢)即帝位后荒淫无度,不理朝政。晋王刘弘熙与越王刘弘昌(南汉高祖第五子)合谋,决意除掉新帝刘玢。

光天二年(943年)三月丙戌日,朝廷举行晚宴,南汉帝刘玢喝得酩酊大醉。刘弘熙指令其亲信指挥使(警卫军官)陈道庠、力士刘思潮扶皇帝退席,在黑暗处将他杀死,并杀死其随身侍卫。第二天早晨,刘弘昌拥立刘弘熙即帝位,为南汉中宗。南汉中宗改名为刘晟。

南汉中宗刘晟弑兄篡位后,生怕其诸弟以他为先例,争夺他的皇位,决意将他们斩尽杀绝。

首先遇难的是循王刘弘杲(南汉高祖第十子)。南汉帝刘玢被杀后,朝野上下议论纷纷。循王刘弘杲请求将凶手刘思潮斩首以向国人谢罪。刘思潮反诬刘弘杲"谋反"。据此,南汉中宗便指使刘思潮将正在宴请客人的刘弘杲杀害。

---

① 国名,都兴王府,位于今广东省广州市。

越王刘弘昌一向忠正贤良,其德才在众兄弟中出类拔萃。南汉高祖病重时本想立越王为嗣,崇文使(负责教授皇子的官员)肖益称"立嫡以长,违之必乱"加以劝止。南汉中宗虽然有感于刘弘昌拥立他称帝,任命刘弘昌为太尉(宰相)、中书令(主管拟草并发布诏令)、诸道兵马都元帅,让他掌管朝廷军政大权,但内心却对他深怀戒备。刘弘昌公正处事,深孚众望,更引起南汉中宗的忌恨。

乾和二年(944年)三月,南汉中宗诱骗越王刘弘昌去海边拜谒烈宗刘隐(南汉高祖刘䶮之兄)的陵墓,指使刺客将刘弘昌杀死。

此后,南汉中宗大杀其弟,几乎近于疯狂。同年十月,他指使人去邕州(位于今广西区南宁市南),将镇王刘弘泽(南汉高祖第八子)毒死。第二年八月,他派人杀死韶王刘弘雅(南汉高祖第七子)。

乾和五年(947年),南汉中宗担心还有几个弟弟日后会争夺其王权,派人于同一天将齐王刘弘弼(南汉高祖第六子)、贵王刘弘道(南汉高祖第十六子)、定王刘弘益(南汉高祖第十九子)、辩王刘弘济(南汉高祖第十五子)、同王刘弘简(南汉高祖第十三子)、益王刘弘建(南汉高祖第十四子)、恩王刘弘伟(南汉高祖第十一子,《新五代史》记作息王洪暐)、宜王刘弘昭(南汉高祖第十七子,《新五代史》记作宣王洪昭)等8个弟弟及其诸子杀死。

万王刘弘操(南汉高祖第九子)已于早年随父出征战死。最后,南汉中宗对仅存的两个弟弟也不放过。乾和十二年(954年),南汉中宗指使人将高王刘弘邈(南汉高祖第十二子)杀死。第二年,南汉中宗又指使人将通王刘弘政(南汉高祖第十八子)杀死。

《通鉴纪事本末》卷三十九 刘氏据广州
《新五代史》卷六十五 南汉世家

五、争夺王位　兄弟相残

【简评】

　　南汉中宗刘晟是个杀人不眨眼的恶魔。他双手沾满兄弟的鲜血,以致精神失常,自称知天象,其命不长久。他尽诛兄弟,仅过3年即病死,时年39岁。

楚文昭王诸弟争斗

南唐①保大五年(947年)五月,楚②文昭王马希范去世。群臣按照开国君主马殷(马希范之父)"兄弟相继"的遗令,讨论由谁继承王位。都指挥使(统军将领)张少敌、天策府学士(楚王学术顾问)拓跋恒等人主张立文昭王最年长的弟弟武平(治所朗州,位于今湖南省常德市)节度使(军政长官)马希萼;长直都指挥使(侍卫皇帝的将领)刘彦瑫等人坚持要立武安(治所长沙)节度副使马希广(马希范同母弟),称有文昭王遗命。于是,马希广被立为楚王。张少敌叹息祸乱从此开始,与拓跋恒称病隐退。

刘彦瑫知道马希萼对马希广继位为王不服,指使其亲信侍从都指挥使周廷诲向楚王马希广建议,乘马希萼来京奔丧之机把他杀死。楚王答称:宁愿与马希萼分国而治,亦不忍心加害兄弟。

马希萼以其年长未能继承王位忌恨在心。天策左司马(警卫军官)马希崇(马希广异母弟)为人狡诈阴险,暗中与马希萼勾结,图谋除掉马希广。

保大七年(949年)八月,马希萼在朗州组建静江军,准备进攻潭州(即长沙)。他的妻子苑氏劝阻说:"兄弟之间相互攻战,无论

---

① 国名,都金陵,位于今江苏省南京市。
② 国名,都长沙,位于今湖南省长沙市。

五、争夺王位 兄弟相残

谁胜谁负都会被人们取笑。"马希萼不听劝告,率兵向长沙进击。马希广闻讯后情愿把王位让给马希萼,刘彦瑫等人则认为不能退让,领兵将马希萼军击败。

苑氏见马希萼大败而归,哭叹大祸临头,投井自尽。静江(治所位于今广西区桂林市)节度使马希瞻担忧这样下去会导致全族覆灭,多次派人劝说二位兄长停战,但劝解无效,后因背上生疮而死。

保大八年(950年)十一月,马希萼率兵攻入长沙,控制朝政,下令将马希广处死,自称楚王。

马希萼称王后成天酗酒取乐,把军政事务交给马希崇处理。马希崇觊觎王位已久,他的本意是想借助马希萼的力量除掉马希广,进而由他取而代之。大权在握后,马希崇决意伺机对马希萼动手。

保大九年(951年)九月,马希崇与马步都指挥使徐威等人合谋,乘马希萼宴请文武百官之机将其逮捕,押往衡山县(位于今湖南省衡山县)幽禁。随后,徐威等人拥立马希崇为武安留后(军政长官)。

马希崇当政后同样纵酒荒淫。辰州(治所位于今湖南省沅陵县)刺史(军政长官)刘言等人起兵讨伐马希崇篡位。马希萼则在衡山聚众称王,准备东山再起。徐威等人害怕祸及自己,酝酿杀死马希崇以谢罪。在这种情况下,马希崇派人向南唐求援。

当年十月,南唐主李景派信州(治所位于今江西省上饶市)刺史边镐领军进入楚国。马希崇向南唐军投降。边镐欲将马氏家族全部迁往金陵。马希崇请求将其家族留居长沙。边镐微笑着对他说:"我国与你们楚国对峙六十年,未敢冒犯,如今是你们王公兄弟发生内讧,陷入穷途末路,自己主动投附我国的,还有什么可说的呢?"马希崇无言以对。

十一月辛酉日,马氏宗族及文官武将千余人"号恸登舟"东去,楚国灭亡。

《通鉴纪事本末》卷四十 马氏据湖南
《新五代史》卷六十六 楚世家

【简评】

　　孟子说:"家必自毁,而后人毁之。"(《孟子·离娄上》)楚国马氏兄弟为争夺王位相互攻战,导致亡国。

五、争夺王位　兄弟相残

宋太宗废黜秦王

北宋建隆二年(961年)六月,杜太后病危,召宋太祖和宰相赵普接受遗命。太后向太祖问道:"你想过没有,你是怎么得到天下的?"太祖只是伤心哭泣不能回答。太后认定要他回答这个问题,太祖答道:"这全靠祖上和太后的积德。"杜太后断然否定说:"你说错了,是周①世宗让幼儿继位②造成的。当初,周氏如果有年长的君主,天下怎么会为你所有?你百年之后,应当将皇位传给你的弟弟。天下如此之大,百姓亿万之众,只有立年长的国君,国家才能长治久安。"

宋太祖哭拜道:"儿不敢不照母后的教导办。"杜太后转而对赵普说:"你在场亲耳听到,要记下我的话,不可违背。"杜太后看了赵普的记录,要他在记录后面签名,在她床前发誓日后照办,并令他将该遗令稿妥为收藏。

---

① 朝代名,史称"后周",都汴,位于今河南省开封市。
② 后周世宗柴荣继位后,治政得法,疆域扩大,经济发展,社会稳定。后周显德六年(959年)六月,后周世宗去世,由其年仅7岁的儿子柴宗训继位为恭帝。第二年正月,原殿前都点检(警卫部队长官)、归德军(治所位于今河南省商丘市)节度使(军政长官)赵匡胤乘奉命出征之机,发动政变,领兵攻入汴,废后周恭帝,改国号为宋,即位为宋太祖。

开宝九年（976年），宋太祖病逝①。临终前，他遵照母太后的遗训，把皇位传给其大弟赵光义（杜太后第三子，宋太祖为杜太后第二子，其长子赵光济早逝）。赵光义继位为宋太宗后，任命其弟赵廷美②为中书令（主管拟草并发布诏令）兼开封尹（京都地区行政长官），封他为齐王，并颁布诏书称"太祖子及齐王廷美子并称皇子，女并称皇女"。后来，宋太宗又将赵廷美封为秦王。

太平兴国七年（982年）三月，如京使（虚职武官）柴禹锡、东上阁门使（主管宫廷礼仪）杨守一告秦王赵廷美"骄恣，将有阴谋窃发"。据此，宋太宗下令将赵廷美由开封尹调任西京（位于今河南省洛阳市）留守（主管军政事务）。

不久，赵普复任宰相，告宰相卢多逊与秦王赵廷美暗中勾结。宋太宗大为恼火，罢免卢多逊宰相职务，保留其兵部尚书（朝廷主管军事的部门长官）职务，接着又下令将卢多逊逮捕入狱。卢多逊在狱中供称，他多次派中书守当官（机要官员）赵白向赵廷美透露朝廷机密，又曾要赵白传话给秦王，希望皇上驾崩，以便尽力事奉大王。秦王府小吏樊德明供称，秦王曾派他向卢多逊答复："你说的正合我意，我也愿皇上早日驾崩。"另查，秦王还私下赠给卢多逊弓箭。

依据上述材料，宋太宗令文武大臣讨论处理意见。太子太师

---

① 关于宋太祖死因及晋王继位，历来说法不一。宋太祖病重后，晋王深夜入其寝宫，"酌酒对饮。宦官、宫妾悉屏之，但遥见烛影下，太宗时或避席"，"禁漏三鼓，殿雪已数寸，帝引柱斧戳雪"，"将五鼓，周庐者寂无所闻，帝已崩矣"（中华书局 宋·文莹《湘山野录》续录）。陈振《宋史》（上海人民出版社2004年版）认为：宋太祖病重，其帝位被他的二弟晋王赵光义所夺。宋太祖可能是被晋王杀死的。杜太后临终遗训系赵普为讨好宋太宗而编造的。

② 《宋史》卷二百四十二·杜太后传，记赵廷美为杜太后生，该书卷二百四十四·魏王廷美传，记宋太宗称赵廷美母为陈国夫人耿氏。《中国历史大辞典》·赵廷美，记赵廷美为宋太祖、宋太宗异母弟。

五、争夺王位　兄弟相残

(太子辅导老师,宋太宗此时尚未立太子,为虚职)王溥等74人奏称:"多逊及廷美顾望呪诅,大逆不道,宜行诛灭,以正刑章。赵白等处斩。"宋太宗最后下令,将"廷美勒归私第"、卢多逊及其家属流放崖州(位于今海南省三亚市西北崖城镇)、赵白等人处以斩首。

赵普认为不宜让赵廷美留居西京,指使开封知府(行政长官)李符上书宋太宗,称赵廷美不肯悔过,怀有怨气,应将他流放到边远地区去,以免其作乱。于是,宋太宗下令废赵廷美秦王位,将他贬为涪陵县公,迁居房州(位于今湖北省房县)。

雍熙元年(984年),赵廷美抵达房州不久,"因忧悸成疾而卒",时年38岁。

此后,宋太宗向宰相等大臣披露:赵廷美的母亲耿氏是他的乳母,耿氏改嫁先帝后生赵廷俊。他让赵廷俊侍从左右,赵廷俊却将宫禁秘密泄露给赵廷美。西池水心殿修成后,他准备乘船去水心殿,赵廷美与其亲信密谋,想借机起事,没有得逞。接着,赵廷美又谎称有病,企图等待他去看望时动手,此事又被人告发。宋太宗说:"赵廷美罪该杀头。我不想公开他的丑行。我对于赵廷美问心无愧!"宋太宗说到这里很伤心,"为之恻然"。

对于赵廷美被废逐,还有另一种说法。杜太后和宋太祖本意,是要宋太宗传位给赵廷美,由赵廷美再传位给燕懿王赵德昭(宋太祖次子,其兄早死)。后来,宋太宗听说有人谋立赵德昭为帝,借故怒斥赵德昭,致使赵德昭自杀。

此后,秦惠康王赵德芳(宋太祖第四子。宋太祖共生四子,其第三子赵德林早死)一觉突然睡死。赵廷美因德昭、德芳之死而"始不自安"。接着,柴禹锡等人便告发赵廷美谋逆。赵普密奏杜太后临终遗命之事。宋太宗令人打开金柜,觉视赵普当年所记杜太后遗命。赵普奏称:"太祖已经失误,陛下岂能再失误啊!"于是,赵廷美获罪。

《宋史》卷一 太祖本纪一
卷四 太宗本纪一
卷二百四十二 杜太后传
卷二百四十四 魏王廷美传
燕王德昭传
秦王德芳传

【简评】

　　清代学者王夫之认为："杜后之命非正也。""传弟者，非太祖之本志，受太后之命而不敢违耳。迨及暮年，太宗威望隆而羽翼成，太祖且患其偪，而知德昭之不保"（《宋论》卷二·太宗）。

六、觊觎君位　王族内戈

　　君王即位后,通常封其父为上皇、母为太后、伯叔兄弟及子侄为王、姐妹及女儿为公主,这即是凌驾于臣民之上的王族。诸王的爵位和封地有世袭的特权,他们在朝廷或地方都有一定的职权。可是,有些封王对此并不满足,他们千方百计谋取君位,把家族亲情抛入残酷无情的血战之中。

六、觊觎君位　王族内戈

晋侯族君位之争

晋①穆侯二十七年（前785年），晋穆侯去世。晋穆侯之弟殇叔驱逐穆侯太子仇，自立为晋国国君。四年后，太子仇率众从外地攻回京都翼，杀死殇叔，夺取君位，为晋文侯。殇叔篡立和太子仇攻夺君位，拉开了晋宗族君位争夺的序幕。

晋文侯三十五年（前746年），晋文侯去世，其子伯继位为晋昭侯。晋文侯有个弟弟名叫成师，时年58岁，在晋国民众中享有威望。晋昭侯认为成师留在京都对他不利，想把曲沃（位于今山西省闻喜县东北）封给成师。曲沃的面积比翼都还要大，晋国大臣担心这样"末大于本"会出乱子，认为还是把成师留在京都为好。晋昭公没有听取大臣的意见，将成师移居曲沃，称他为桓叔。

桓叔早就想承袭其兄晋文侯之位，他虽然去了曲沃，心里仍然想着翼都的君位，暗中策划动乱。

晋昭侯七年（前739年），晋大臣潘父与桓叔串通，派人杀死晋昭侯，迎接桓叔回翼都继承君位。翼都众臣率兵将桓叔部众击败，拥立晋昭侯之子平继位，为晋孝侯，并杀死潘父。

桓叔退守曲沃后，自行任命官吏，发展自己势力，与朝廷分庭抗礼。桓叔去世后，其子鳝承袭曲沃封地，自号庄伯。

---

① 春秋诸侯国名，都翼，位于今山西省翼城县西。

晋孝侯十五年（前725年），曲沃庄伯带领杀手潜入翼都，杀死晋孝侯，企图夺取君位。翼都守兵围攻庄伯部众。庄伯率众逃回曲沃。众臣拥立晋孝侯之子郄继承君位，为晋鄂侯。

晋鄂侯六年（前718年），曲沃庄伯听说晋鄂侯去世，乘朝廷为之治丧之机，领兵攻打翼都。周①平王②听说庄伯叛乱，下令虢③公率军讨伐庄伯。庄伯兵败退保曲沃。众臣拥立晋鄂侯之子光继承君位，为晋哀侯。

晋哀侯二年（前716年），曲沃庄伯去世，其子称袭位为曲沃武公。

晋哀侯九年（前709年），曲沃武公联合陉廷（晋邑，位于今山西省曲沃县东北）的势力，与朝廷军队在汾水之滨交战，击败朝廷军队，俘虏并杀死晋哀侯。

众臣率兵护卫翼都，并立晋哀侯之子小子继位，为晋小子侯。从此，曲沃的势力日益强大，晋朝廷对曲沃武公无可奈何。

晋小子侯四年（前705年），曲沃武公诱杀晋小子侯，图谋取而代之。周桓王令虢仲（周文王之弟，封地位于今河南省荥阳市东北）的后人讨伐曲沃武公。武公退据曲沃。晋众臣拥立晋哀侯之弟缗为晋侯。

晋侯缗二十八年（前679年），曲沃武公领兵攻入翼都，击杀晋侯缗，控制朝政。武公将晋侯室的宝器"贿献于周釐王"。周釐王随即诏令曲沃武公继承君位，为晋武公，名列诸侯。

至此，晋宗族长达100多年的君位之争告一段落，晋国重归统一。

《史记》卷三十九 晋世家

---

① 朝代名，公元前770年，周平王将都城由镐（位于今陕西省长安县沣河以东）迁至洛邑（位于今河南省洛阳市）。此前史称"西周"，此后史称"东周"。

② 应为周桓王，周平王已于公元前720年去世。

③ 春秋诸侯国名，都上阳，位于今河南省三门峡市东南。

六、觊觎君位　王族内戈

【简评】

春秋前期发生在晋国的这场侯族内争,经过多次生死较量,持续 100 多年,在历史上是较为罕见的。此事证明,要维护中央集权,就不可放纵地方发展其势力,尾大不掉势必会动摇中央政权。

公子庆父乱鲁

鲁①庄公从齐国②娶的正妻哀姜没有生儿子。他的三个儿子都是妾所生：党氏女孟任生公子斑，哀姜之妹叔姜生公子开、公子申。此外，鲁庄公还有三个弟弟，大弟庆父，二弟叔牙，三弟季友。就是这么几个人，在鲁庄公去世前后，围绕由谁继承君位问题攻心斗智，展开了一场生死搏斗。

鲁庄公三十二年（前662年），鲁庄公得了重病。他深为继承人尚未确定而忧虑，向叔牙探询该由谁继承君位。叔牙回答说："国君去世由其正妻生的嫡子继位，国君如果没有嫡子，则由其弟弟继位，这历来是鲁国的常规。如今诸弟俱在，君主如有不测，庆父可以继位，何必多加忧虑？"

鲁庄公宠爱孟任，他的本意是想把公子斑立为太子，而生怕叔牙在他身后拥立庆父为君。叔牙的主张使鲁庄公大为失望。叔牙刚刚离开，鲁庄公随即召见季友，向他透露立公子斑为太子的意向。季友当即表态说："我愿拼死拥立公子斑为国君。"鲁庄公问道："刚才叔牙说要拥立庆父，怎么办？"季友提出应立即将叔牙处死，以免后患，鲁庄公表示同意。

---

① 春秋诸侯国名，都曲阜，位于今山东省曲阜市。
② 春秋诸侯国，都临淄，位于今山东省淄博市东。

六、觊觎君位　王族内戈

接着,季友以鲁庄公的名义通知叔牙,要他去大夫(朝廷中等级别的官员)鍼季家里有事商量,又通知鍼季至时将叔牙毒死。叔牙不知道季友要置他于死地,按时赶到鍼季家,被其家丁围住。鍼季强迫叔牙喝下鸩酒,将他毒死。

当年八月,鲁庄公去世,季友按照鲁庄公的意愿,拥立公子斑为国君。

庆父与哀姜早有奸情,他想拥立叔姜的儿子公子开为国君。庆父对于季友拥立公子斑继承君位极为恼恨,暗中策划要将新君斑除掉。

公子斑爱恋梁氏的女儿。一次,他去看望梁氏女,发现他的养马人荦在墙外与梁氏女调情。公子斑大为恼火,用鞭子狠狠抽打荦一顿。病入膏肓的鲁庄公听说此事后,对公子斑说:"荦的力气很大,应该就此杀掉他。你既然打了他,就不能再把他留在身边。"之后,公子斑尚未来得及处置荦,便忙于为父君治丧并接承君位。庆父知道荦对斑怀恨在心,唆使他伺机对斑下手,荦满口答应。

当年十月,庆父获悉国君斑要去党氏家,指令荦乘机拦截,将斑杀死。季友听说国君斑被杀,逃到陈国^①避难。庆父随即拥立公子开继位为鲁湣公。

从此,庆父与哀姜公开姘居,纵情淫乱。庆父最终目的不是辅佐鲁湣公执政,而是要除掉湣公,取而代之。当时,鲁国大臣对庆父的图谋都看得很清楚。受命访问鲁国的齐国大夫仲孙湫回国后对齐桓公说:"不去庆父,鲁难未已。"(《左传》湣公元年)。庆父成为鲁国国难的同义语,民众对庆父深恶痛绝。

鲁湣公二年(前660年),庆父与哀姜密谋,指派大夫卜齮在武闱(由卫士守卫的宫殿门口)将鲁湣公杀死。鲁国官员和民众舆论哗然,群情激奋,一致要杀死庆父。庆父本想自立为君,没想到由

---

① 春秋诸侯国,都陈,位于今河南省淮阳县。

此引起众人怨愤。他惊恐万状,仓皇逃到莒国①躲避。哀姜逃到邾国②。

流亡国外的季友闻讯后,带着鲁湣公的弟弟公子申,从陈国转经邾国,回到鲁国,拥立公子申继位,为鲁釐公。接着,季友派人去莒国,把庆父引渡回鲁国。庆父请求流亡国外,季友不准许。庆父被迫自杀。齐桓公听说哀姜与庆父私通乱鲁,从邾国把哀姜召回齐国处死。

据《史记》卷三十三 鲁周公世家
《左传》庄公三十二年

【简评】

"庆父不死,鲁难未已"。庆父在鲁庄公去世后先后杀害两个国君,图谋自立为君。其不义之行遗臭千古,"庆父"亦成为制造动乱的代名词。

---

① 春秋诸侯国,位于今山东省莒县。
② 春秋诸侯国,位于今山东省曲阜市东南。

六、觊觎君位　王族内戈

吴王僚防不胜防

吴国①国王寿梦有四个儿子：诸樊、余祭、余眜、季札，其中小儿子季札最为贤能。寿梦曾想把季札立为太子，季札坚持不接受，寿梦只好按老规矩办事，将长子诸樊立为太子。

吴王寿梦二十五年（前561年），寿梦病逝，太子诸樊继位为吴王。吴王诸樊十三年（前548年），诸樊领兵出征，中箭身亡。临终前，吴王诸樊遗令传位给余祭，并令将王位在兄弟中依次相传，直至季札。

吴王余祭四年（前544年），余祭视察战船时被守船越②军俘虏杀死，其弟余眜继位为吴王。

吴王余眜四年（前527年），余眜病逝。他在临终时传位给季札，季札不愿承继王位，隐匿而去。吴国大臣按照父死子继的常规，拥立吴王余眜之子僚为王。

诸樊之子公子光对僚继位为王不服，认为按次序不应立僚，而应由他承接王位。于是，公子光暗中收买刺客，准备伺机除掉吴王僚。吴王僚察觉公子光心怀异志，平时对公子光严加防备，使得公子光找不到机会下手。

---

① 春秋国名，都吴，位于今江苏省苏州市。
② 春秋国名，都会稽，位于今浙江省绍兴市。

中国古代历史风云·宫廷风暴(下)

吴王僚十三年(前515年)春天,楚①平王去世。吴王僚乘楚国朝廷为平王治丧之机,派其弟公子盖余和公子烛庸领兵攻打楚国,同时,派季札出使晋国,以观察北方诸侯国的动向。不久,吴军退路被楚军切断,难以回撤。公子光认为吴王僚在国内势力单薄,决定乘机起事。

四月丙子日,公子光埋伏好杀手,邀请吴王僚去他家中会宴。吴王僚不便推辞,应邀前往。为防备不测,吴王僚在路边、公子光住宅内外以至宴席旁都安排有卫兵防护,卫兵身上全挂着两刃尖刀。

公子光见此情状,十分恐惧。他担心事发时被杀,谎称脚有毛病,向吴王僚敬酒后便借故离席,躲进地下室。杀手专诸按照事先安排,端着一盘烧鱼上席。专诸乘众人不备,随即从鱼腹中取出匕首,将吴王僚刺死。吴王僚的卫兵一齐冲上来杀死专诸。这时,埋伏在地下室的杀手冲出来,将吴王僚的卫兵杀死。

接着,公子光领兵控制王宫,继位为吴王阖庐。

《左传》昭公二十七年
《史记》卷三十一 吴太伯世家

【简评】

吴王余眛传位其弟季札,季札兼让,公子僚和公子光继位都无不可。吴王僚已经察觉公子光谋篡王位,也严加防备,后来还是为公子光所杀。作为一国之主,不设法处置政敌,只是消极防范,岂能确保万无一失?

---

① 春秋国名,都郢,位于今湖北省荆州市西北纪南城。

六、觊觎君位　王族内戈

西汉吴王刘濞之乱

刘邦建立汉朝继位为汉高帝后,逐步剪除当初他同项羽争夺天下之时以汉王名义所封的异姓王,陆续将其亲族成员封到各地为王,以便巩固刘家的一统天下。

汉高帝十二年(前195年),汉高帝将时年21岁的沛侯刘濞(刘邦兄刘仲之子)封为吴王,封地为三郡五十三城①。封令制发后,汉高帝要看相先生给刘濞看相。看相先生对汉高帝说:"吴王状貌有反相,将在建国五十年之后乱于东南。"汉高帝为之感到后悔,然而册封吴王的命令已下,他只好拍着刘濞的后背告诫他说:"建国五十年后,东南有人发动叛乱,难道是你么?如今统治天下的同为我刘姓一家,你可要慎之又慎,永远不能反叛朝廷!"刘濞连忙向高帝叩头说:"孩儿不敢。"

刘濞到了吴封地后,召集流亡人员,开采豫章郡(治所位于今江西省南昌市)铜矿并私自铸钱,又煮海水制盐,使得"国用富饶"。

汉文帝刘恒(汉高帝之子)在位(前180～前157年)某年,吴王刘濞派其太子刘贤去京都长安朝拜皇上。一天,刘贤与皇太子刘启在一起饮酒赛棋,因出手棋子抢道,与皇太子发生争执,态度

---

① 吴国都广陵,位于今江苏省扬州市,辖境位于今江苏省淮河以南、安徽省南部、江西省东部、浙江省瓯江以北地区。

很不恭敬。皇太子大为恼火,抓起棋盘朝吴王太子头上砸去,不料竟将他砸死。

吴王听说此事后非常恼恨。汉文帝按照礼仪,派人将吴王太子遗体护送回吴国。灵柩抵达吴都广陵时,吴王埋怨说:"汉朝天下同是一个祖宗,太子既然死在长安,就葬在长安好了,何必送回来安葬!"吴王令人将其太子的遗体又运回长安。

从此,吴王背离藩臣的礼节,称病不再去朝廷拜见汉文帝。汉文帝知道吴王是因为其太子的缘故不肯入朝,派人查实他并没有生病,下令将吴王派来的使臣拘留。吴王害怕由此被治罪,派使臣向朝廷陈述愿意悔过自新。汉文帝宽释吴王的过失,赐予他手杖。文帝考虑吴王年老,允许他可以不按照常规来京朝拜。

汉文帝后七年(前157年)六月,汉文帝病逝,太子刘启继位,为汉景帝。

不久,御史大夫(最高监察机关长官)晁错上书汉景帝,建议削减诸王封地。晁错在奏书中指出:吴王刘濞并未"改过自新。乃益骄溢,即山铸钱,煮海水为盐,诱天下亡人,谋作乱。今削之亦反,不削之亦反。削之,其反亟,祸小;不削,反迟,祸大"。汉景帝认同晁错的观点,但当时没有做出削藩的决定。

汉景帝三年(前154年)正月,楚①王刘戊入朝拜见景帝。晁错弹劾楚王在参与治理薄太后(汉文帝之母,于汉景帝二年去世)丧事期间奸淫宫女,请求将他处死。汉景帝赦免楚王死罪,随即发布削藩令,削除楚王东海郡(位于今山东省东南部)封地,同时削除吴王豫章郡、会稽郡(治所位于今江苏省苏州市)封地,削除赵②王

---

① 汉初封国,都彭城,位于今江苏省徐州市。辖境位于今江苏省淮河以北及山东省南部、安徽省东北部等地区。

② 汉初封国,都邯郸,位于今河北省邯郸市。辖境位于今河北省太行山以东、邯郸市以北地区。

六、觊觎君位　王族内戈

刘遂河间郡（位于今河北省河间市及其以南地区）封地，削除胶西①王刘卬的六县封地。

吴王由于其太子死于非命，对汉文帝及其太子刘启一直怀恨在心。汉文帝在位时，他称病拒不入朝，已经另有图谋。太子刘启继位为汉景帝后，他念念不忘杀子之仇，与景帝更是势不两立。吴王注重发展炼铜业和产盐业，注意减轻民众税赋，经过40多年经营，积累了丰厚的物质基础。他之所以迟迟没有举兵反叛，是考虑天下安定，需要寻找由头，等待时机。

当朝廷削减诸王封地的命令下达后，吴王终于找到起事的理由，他当即决定"以此发谋"，联合诸王势力以谋取帝位。经过认真排比，吴王认为，诸王多为平庸之辈，不值得与之谋划，唯有胶西王尚敢于顶事。于是，他随即派其中大夫（负责王府外交事务）应高去游说胶西王刘卬。

胶西王虽对朝廷削藩不满，并无反叛之心。当应高以吴王口信约他"同欲相趋"时，胶西王不禁大吃一惊，回答说："我哪敢这样做？皇上削藩令纵然再急，为臣我至多被逼死，怎么能不拥戴皇上？"应高进一步诱骗胶西王说："吴王准备以讨伐晁错为名义，跟随大王您后面起兵，天下谁敢不服从？江山打下来，大王和吴王可以分而治之。"

胶西王经应高反复劝说，勉强答应起兵。应高回报后，吴王仍担心胶西王不肯参与其行动，又亲自去游说胶西王，才把事情说定。

接着，吴王又煽动胶东②王刘雄渠、菑川③王刘贤、济南④王刘辟光、楚王刘戊、赵王刘遂等人，称"汉有贼臣"，"侵夺诸侯地"，"诖

---

① 汉初封国，位于今山东省高密市西南。
② 汉初封国，都即墨，位于今山东省平度市东南。
③ 汉初封国，都剧县，位于今山东省寿光县南。
④ 汉初封国，都东平陵，位于今山东省章丘市西。

乱天下,欲危社稷",并以"匡正天子,以安高庙"为托词,于当月甲子日在广陵起兵。吴王刘濞发动的这场叛乱,史称"吴楚七国之乱"。

汉景帝听说吴王等七王起兵叛乱,令太尉(主管全国军事)周亚夫统率36位将军分兵进行讨伐。军队尚未出发,原吴国丞相袁盎密奏汉景帝,称只要斩杀晁错一人,派使臣去赦免吴楚七王的罪过,恢复其原来的封地,便可以避免流血而平息事态。汉景帝"嘿然良久",竟下令将晁错骗至闹市处死。

接着,汉景帝派袁盎速去会见吴王,告之晁错已被处死,劝其退兵。吴王拒而不见袁盎,付之一笑说:"我已经在东南称帝,还要朝拜谁?"

汉景帝听说吴王拒不退兵,对错杀晁错深为痛悔,称刘濞等人"为逆无道,起兵以危宗庙",当即下令诸路将领迅速进军平叛,鼓励将士为平息叛乱立功。

当年三月,吴楚等国叛军全线溃败。吴王刘濞逃至东越(位于今浙江省温州市),被其部属诱杀,时年62岁。楚王刘戊、胶西王刘卬、赵王刘遂被迫自杀。胶东王刘雄渠、菑川王刘贤、济南王刘辟光先后败死。

《史记》卷一百六 吴王濞传

【简评】

司马迁认为,"吴王之王,由父省也。能薄赋敛,使其众,以擅山海利。逆乱之萌,自其子兴"(《史记》卷一百六·吴王濞传)。

笔者认为,吴王刘濞反叛朝廷的思想根源,是其太子当年被皇太子刘启(汉景帝)误杀,其雄厚的财力使之忘乎所以,汉景帝削减其封地,只是他发动叛乱的由头。国家要集权统一,人民要安居乐业,这是人心所向。刘濞从一己私怨出发逆历史潮流而动,只能是自取灭亡。

六、觊觎君位　王族内戈

西晋赵王谋篡帝位

西晋车骑将军（高级将领）赵王司马伦（晋武帝叔父）才能低下却利欲熏心，有觊觎皇位的野心。晋武帝司马炎去世后，由其太子司马衷继位为晋惠帝。晋惠帝生来痴呆，皇后贾南风设计害死录尚书事（丞相）杨骏等人，控制朝政大权。赵王司马伦极力讨好贾皇后，受到贾皇后青睐。

贾皇后没有生儿子，忌惧太子司马遹（晋惠帝谢妃所生）日后会夺去她的权力，便诬陷太子欲谋害皇帝而将其废黜。贾皇后此举引起朝廷百官愤怒。左卫督（警卫军将领）司马雅等人谋废贾皇后，以恢复太子位。司马雅与执掌军权的赵王串通，赵王点头同意。但其谋士孙秀劝告说："时下舆论认为大王与贾后是同党。如让废太子返回东宫，对大王并不利。不如等贾后害死太子以后，再以为太子洗冤的名义起兵废黜贾后，这样更有利于大王建立功名。"司马伦赞同孙秀的主意，转而劝说贾皇后尽早除掉废太子，"以绝众望"。

西晋永康元年（300年）三月，贾皇后令人将废太子司马遹害死。四月三日，赵王宣称讨伐贾皇后害死太子，领兵攻入后宫，胁迫晋惠帝下令废黜贾皇后。接着，赵王令人将贾皇后等人杀死，假传晋惠帝诏令，自命为相国、都督中外诸军事（最高军事将领），掌揽朝廷军政大权。

中护军（警卫军将领）淮南王司马允（晋惠帝之弟）知道赵王怀

有篡夺帝位之心,暗中招募杀手,准备除掉赵王。对此,赵王和孙秀有所察觉,深为忧惧。当年八月,赵王将司马允提升为太尉(名誉丞相),以罢免他的兵权。司马允以有病为托词不服调任。孙秀指使御史(最高监察机关官员)刘机弹劾司马允"拒诏,大逆不敬",并持诏书收捕其属官。

司马允见诏书系孙秀手笔,勃然大怒,大声向其部众发话说:"赵王谋反,要篡夺帝位。我马上就去捉拿他,愿意跟我走的,举起左臂!"众人举手响应。于是,司马允率众包围赵王的相府,乱箭直射到赵王面前。

太子左率(太子所居东宫警卫军官)陈徽率兵呼应司马允。中书令(主管拟草并发布诏令)陈淮(陈徽之兄)为了打开宫门让陈徽率部接应司马允部众,向晋惠帝建议派大臣持白虎幡(画有白虎用以显示诏令的旗帜)出宫制止双方争斗。晋惠帝派司马督护(宫殿卫士长官)伏胤持白虎幡赴命。

途中,伏胤受赵王之子侍中(侍从皇帝的主官)司马虔收买。伏胤见到淮南王司马允,谎称有诏援助淮南王。司马允听说有诏,跪下接受诏书。伏胤乘机抽刀将他杀死。司马允部众顿时溃散。之后,赵王借机大肆屠杀异己,朝廷内外因受司马允株连而被杀害的有数千人。

永宁元年(301年)正月初九日,赵王司马伦逼迫晋惠帝让位,自立为帝,称晋惠帝为太上皇,将其迁居永昌宫。

三月,齐王司马冏派人联络成都王司马颖、河南王司马颙,联合出兵讨伐司马伦。司马伦派兵分头迎战,被三王联军击败。这时,朝廷官员议论纷纷,扬言要诛杀司马伦和孙秀,"以谢天下"。司马伦和孙秀惊恐万状,"不知所为"。

四月,左卫将军王舆杀死孙秀,劝司马伦发布诏书为自己洗刷。司马伦自称"为孙秀等所误",愿迎太上皇复位,自愿"归老于农亩"。众将士当即迎晋惠帝复位。

六、觊觎君位　王族内戈

晋惠帝复位后,诏令将司马伦处死。司马伦的四个儿子同时被杀。

据《晋书》卷五十九　赵王伦传

《通鉴纪事本末》卷十二　西晋之乱

【简评】

晋武帝传位给痴呆太子司马衷为身后动乱埋下祸根。贾皇后乱政固然不得人心,司马伦谋害废太子司马遹、废惠帝自立为帝,更是触怒天下人心,称帝仅3个月,其父子即被杀死,是其自取灭亡的结果。

代国王族磨难

西晋①建兴四年（316年）春天，代国②国王拓跋猗卢欲传位其小儿子拓跋比延，率众攻打其长子拓跋六修，反被杀死。拓跋普根（拓跋六修堂弟）闻讯率兵攻杀拓跋六修，随即称王。

四月，代王拓跋普根去世，其母惟氏把拓跋普根刚出生的儿子立为王。十二月，小王亦去世。代国大臣立小王堂叔拓跋郁律为王。

东晋③太兴四年（321年），惟后指使人害死代王拓跋郁律，立她自己所生的儿子拓跋贺傉为代王。拓跋郁律之妻王氏将襁褓中的儿子拓跋什翼犍藏在裤裆里，祷告说："老天如让你活下去，你就别哭。"拓跋什翼犍没有哭，逃过死难。拓跋什翼犍随其兄拓跋翳槐逃入其舅所在的贺兰部（游牧区位于今宁夏区与内蒙古交界贺兰山一带）。

---

① 都洛阳，位于今河南省洛阳市。

② 西晋建兴三年（315年），西晋朝廷封鲜卑族首领拓跋猗卢为代王，拓跋猗卢建代国。开始，王府无定点，国无年号。

③ 西晋建兴四年（316年），汉国（都平阳，位于今山西省临汾市）军队攻占长安（位于今陕西省西安市），晋愍帝投降，西晋灭亡。第二年，琅琊王司马睿在建康（位于今江苏省南京市）称晋王，次年称帝，史称"东晋"。

六、觊觎君位　王族内戈

太宁三年(325年)十二月,代王拓跋贺傉去世,其弟拓跋纥那继位为王。咸和四年(329年),贺兰部出兵攻打代王拓跋纥那。拓跋纥那逃奔宇文部(位于今辽宁省朝阳市西北)。贺兰部拥立拓跋翳槐为代王。代王拓跋翳槐见宇文部与后赵[①]友好,亦将其弟拓跋什翼犍派到后赵作人质,请求和好。

咸康四年(338年),代王拓跋翳槐去世。代国大臣欲立代王小儿拓跋孤继位,拓跋孤谦让,于是迎拓跋什翼犍回国继位为王。拓跋什翼犍继位后建立法令制度,定都盛乐,代国开始强盛。

代建国三十四年(371年),将军长孙斤刺杀代王拓跋什翼犍未遂,代王世子拓跋寔将长孙斤击杀,自己亦被对方刺伤。不久,拓跋寔因伤势过重不治而死。拓跋寔死后,其妻生下遗腹子拓跋珪。

当初,拓跋什翼犍回国即王位时,曾将国土的一半划归其弟拓跋孤。拓跋孤去世后,代王拓跋什翼犍没有让拓跋孤之子拓跋斤继承其领地。为此,拓跋斤对代王拓跋什翼犍非常怨恨。

代建国三十九年(376年)十二月,拓跋斤在拓跋寔君(拓跋什翼犍庶长子)面前调唆说:"大王将要把你杀死,立慕容妃生的儿子。"拓跋寔君信以为真,随即率领其党徒将父王拓跋什翼犍杀死,同时将慕容妃所生的几个异母弟杀死。拓跋珪随其母逃奔其舅贺讷家,代王妃慕容氏几个儿媳逃到前秦[②]。

前秦王苻坚听说代国内乱,派兵进入代国,将拓跋斤和拓跋寔君抓到长安,处以车裂。苻坚控制代国后,将代国以黄河为界一分为二,河东地区由部族长刘库仁管理,河西地区由部族长刘卫辰管理。拓跋珪随其母依附刘库仁。刘库仁称拓跋珪"有高天下之志",待之以厚礼。

[①]　都邺,位于今河北省临漳县西南。
[②]　都长安,位于今陕西省西安市。

后来，苻坚领军南征被东晋军队击败，无力控制河东地区。刘库仁被后燕①兵击杀，刘库仁之弟刘头眷代领部众。

东晋太元十一年（386年），刘库仁之子刘显杀死刘头眷，接着准备杀死拓跋珪，图谋称王。拓跋珪闻讯，在代国旧臣长孙犍等人护卫下逃回贺兰部。十二月，原代国诸部首领共请贺讷推举拓跋珪为主。第二年正月，拓跋珪在牛川（位于今内蒙古兴和县西北）重建代国。拓跋珪继位后改称"魏王"，改国号为"魏"，史称"北魏"。之后，拓跋珪定都盛乐（位于今内蒙古和林格尔西北），称帝，为北魏道武帝。

《通鉴纪事本末》卷十六 拓跋兴魏
《魏书》卷一 序纪
卷二 太祖纪

【简评】

北魏建国前，其王族鲜卑拓跋氏在血与火中备受磨难。这种磨难造就了代王拓跋珪的才干。他继位后很快统一鲜卑各部，接着率部击溃后燕主力，迁都平城（位于今山西省大同市东北），开创了北魏的帝业。

---

① 都中山，位于今河北省定州市。

六、觊觎君位　王族内戈

北燕王宫兵变

北燕①太平二十二年（430年）九月，北燕太祖冯跋病重。他强撑着病体上朝召集文武百官，当众授命太子冯翼（冯跋已故孙夫人所生）摄国事（代掌朝政），"勒兵听政，以备非常"。

北燕太祖宋夫人对太子冯翼摄政十分痛恶，极力谋求由她生的儿子冯受居继承帝位。她私下责备太子说："皇上的病都快要好了，你为什么要这样急于代替父皇管理天下啊！"太子冯翼仁厚软弱，听宋夫人这么说，便住回东宫，不再主管朝廷军政大事，只是每天照例去看望父皇而已。

接着，宋夫人假传北燕太祖诏令，不准太子及文武大臣入宫侍候皇上养病，只让中给事（侍从皇帝的宦官）胡福一人出入内宫。

胡福看出宋夫人包藏祸心，向北燕太祖之弟录尚书事（宰相）冯弘告发宋夫人的阴谋。冯弘对皇位觊觎已久，借机带领兵士冲入后宫。宫中卫士不战而散。宋夫人见势不妙，下令关闭东阁。冯弘令兵士翻墙进入内宫。

北燕太祖听到人声嘈杂，知道有人叛乱。他令一宫女出门探视，宫女走到门口便被飞箭射死。北燕太祖当即惊吓而死。

随后，冯弘召集文武百官，宣布他即天王位，称"天降大祸使皇

---

① 都龙城，位于今辽宁省朝阳市。

上不幸去世,太子不肯侍疾,有人乘机谋乱,我以皇上亲弟的名义临时继位,以确保国家安宁"。

太子冯翼闻讯后,带领东宫卫队攻打冯弘,兵败被擒。冯弘派人逼迫太子自杀,接着下令将北燕太祖100多个儿子全部处死。

《通鉴纪事本末》卷十八 魏灭北燕

【简评】

北燕太祖病重后只想到让太子摄政,没有察觉宋夫人会干政、冯弘会篡政。由于他对势态的失察,从而导致诸子被杀。

六、觊觎君位　王族内戈

南齐明帝尽杀先帝诸子

南齐①永明十一年(493年)七月,南齐武帝萧赜(齐高帝萧道成长子)病危。太子萧长懋不久前去世,齐武帝决定让皇太孙萧绍业(萧长懋长子)继位,委托竟陵王萧子良(萧长懋同母弟)和西昌侯萧鸾(齐高帝之兄始安贞王萧道生之子)共同辅助年少的皇太孙执政。

南齐武帝去世后,中书郎(主管拟草诏令的副官)王融伪造武帝遗诏,称有诏立竟陵王继位,拦截皇太孙进入皇宫。西昌侯萧鸾闻讯后,奔入皇宫,令人将萧子良扶出,拥立皇太孙萧绍业即位,为郁林王。郁林王随即下令将王融处死,任命萧鸾为尚书令(宰相),让他总揽朝政。郁林王念及年少时由萧子良后妃袁氏抚养,没有给萧子良治罪。第二年,萧子良病故。

当初,郁林王为南郡王时,受到其父严格管束,他感到不如生长在富民家自在。称帝后,郁林王松了一口气,望着钱说:"过去,我想得到你,却一文都不能到手;今天,看我好好用你!"他拿着金钱任意赏赐百官,常常是数以百万计。一年之内,"库储钱数亿垂尽"。郁林王宠信中书舍人(负责拟草诏令、传递奏章)綦母珍之、朱隆之和直阁将军(负责侍卫皇帝)曹道刚、周奉叔以及宦官徐龙

---

① 都建康,位于今江苏省南京市。

驹等人，对他们的要求"事无不允"。

郁林王纵淫荒政，把其父宠妃霍氏改姓徐，充为后妃；他不理朝政，成天和宠妃嬉戏游乐。萧鸾多次向郁林王劝谏，郁林王拒不讷谏，两人由此产生矛盾。

萧鸾与原镇西将军谘议参军（军事参谋官）萧衍密谋，又与卫尉（主管警卫部队）萧谌、原东宫直阁（太子侍从武官）萧坦之等人串通，图谋废黜郁林王另立新帝。

溧阳（治所位于今江苏省溧阳市西北）县令杜文谦原是萧绍业为南郡王时侍读（辅导学习的官员），他看出萧鸾的图谋，对綦母珍之说："天下之事难以预料，好端端的权位朝夕之间就可以灰飞烟灭。不趁早动手除去祸根，我们就将被别人斩尽杀绝！"綦母珍之问道："你看该怎么办？"杜文谦回答说："由周奉叔派人杀死萧谌，控制宫中警卫部队，再派兵将萧鸾斩杀，便可以转危为安。如果再迟疑不决，我们这些人灭族之灾就在眼前！"綦母珍之不以为然，没有采纳杜文谦的意见。不久，萧鸾借故将周奉叔、杜文谦、綦母珍之、徐龙驹等人处死。

周奉叔等人相继被杀后，宫中传说萧鸾要叛乱，人心惶惶，气氛十分紧张。郁林王密令中书令（主管拟草并发布诏令）何胤（郁林王何皇后叔父）设法将萧鸾处死。何胤含含糊糊不敢答应。郁林王随即改变主意，准备把萧鸾调出京城任职，以缓和事态，朝廷大事不再同他商量。

隆昌元年（494年）七月二十日，萧鸾指使萧谌领兵入宫，杀死曹道刚、朱隆之及当班警卫队长徐僧亮。郁林王逃入徐妃房间自杀未遂，被萧谌抓住杀死。随后，萧鸾假传王太后（郁林王亡父之妃）诏令，迎立郁林王之弟时年15岁的新安王萧绍文即位，为海陵王。

九月，萧鸾派人将反对他专权篡政的鄱阳王萧锵（齐高帝之子）、随王萧子隆（齐武帝之子）、庐陵王萧子卿（齐武帝之子）、晋安

六、觊觎君位　王族内戈

王萧子懋（齐武帝之子）等人杀死。

接着，萧鸾派平西将军王广之等人领兵杀死齐高帝之子湘州（治所位于今湖南省长沙市）刺史（军政长官）南平王萧锐、郢州（治所位于今湖北省武汉市）刺史晋熙王萧銶、南豫州（治所位于今安徽省和县）刺史宜都王萧铿、桂阳王萧铄、江夏王萧锋，同时杀死齐武帝之子南兖州（治所位于今江苏省扬州市西北）刺史安陆王萧子敬、建安王萧子真、巴陵王萧子伦，以及衡阳王萧钧（齐高帝之侄）等人。

十月十日，萧鸾逼迫王太后发布诏令，称新帝萧昭文年少多病，难负重任，令萧昭文将皇位让给萧鸾。随后，萧鸾继位称帝，为南齐明帝。

十一月，南齐明帝以给海陵王治病为名，派人将海陵王萧昭文害死。

此后，南齐明帝又下令将齐武帝之子西阳王萧子明、南海王萧子罕、邵陵王萧子贞、临贺王萧子岳、西阳王萧子文、衡阳王萧子峻、南康王萧子琳、湘东王萧子建、南郡王萧子夏、永阳王萧子珉，以及郁林王之弟桂阳王萧昭粲、巴陵王萧昭秀等诛杀。南齐高帝、武帝和故太子萧长懋在世的儿子，几乎全被南齐明帝杀死。上述诸王被杀时大多只有十几岁，最小的年仅7岁。

永泰元年（498年），南齐明帝在尽诛高帝、武帝诸子孙之后，久病不治而死。

《通鉴纪事本末》卷二十　萧鸾篡弑
《南齐书》卷二　高帝本纪下
　　　　　卷四　郁林王本纪
　　　　　卷六　明帝本纪
　　　　　卷四十　武十七王传

【简评】

　　清代学者赵翼认为,"齐高、武子孙,则皆明帝一人所杀。其惨毒自古所未有也。明帝本高帝兄子,早孤。高帝抚之,恩过诸子。历高、武二朝,爵通侯,官仆射,至郁林王时辅政。因郁林无道,弑之而立海陵,不数月,又废弑之而夺其位。自以得不以正,亲子皆幼小,而高、武子孙日渐长大,遂尽灭之无遗种"。"齐明之残忍惨毒,无复人理,真禽兽之不若矣"(《二十二史札记》卷十二·齐明帝杀高武子孙)。

六、觊觎君位　王族内戈

梁王族厮杀

梁①中大通三年(531年)四月,太子萧统去世。梁武帝萧衍没有从太子诸子中选立太孙,而将萧统同母弟萧纲(梁武帝第三子)立为太子。萧统之子萧誉、萧詧等人为之不满;梁武帝其他儿子对此尤为愤愤不平,他们拥兵各据一方,不肯甘居太子萧纲之下,且彼此之间亦互相猜忌。梁王族蕴藏着严重危机。

侯景叛乱引发梁王族内战

太清二年(548年)十月,叛投梁朝的原东魏②大将军侯景在寿阳(位于今安徽省寿县)发动叛乱,领兵攻入建康,控制朝政。

太清三年(549年)五月,时年86岁的梁武帝被囚禁而死。侯景立太子萧纲即位,为梁简文帝。六月,上甲侯萧韶从建康逃至江陵(位于今湖北省江陵县),声称奉梁武帝遗诏前来征兵,任命荆州(治所江陵)刺史(军政长官)湘东王萧绎(梁武帝第七子)为假黄钺

---

① 都建康,位于今江苏省南京市。
② 都邺,位于今河北省临漳县西南。

(代替皇帝发号施令)、大都督中外诸军事(最高军事将领),要萧绎组织各路军马平息侯景叛乱。

不久,萧绎征调湘州(治所长沙,位于今湖南省长沙市)刺史河东王萧誉的兵马和粮食。萧誉拒绝说:"同为镇守一方的官府,我们何时突然隶属于别人!"

萧绎大为恼火,派其世子萧方等领兵讨伐萧誉。萧方等兵败溺水而死。之后,萧绎又派信州(治所位于今重庆市奉节县东)刺史鲍泉领兵讨伐萧誉,将萧誉部击败,并包围长沙。

萧詧引西魏军队南下加重国难

萧誉被围后派人向其弟雍州(治所位于今湖北省襄樊市)刺史岳阳王萧詧告急。萧詧随即率兵攻打江陵,以解长沙之围,同时派人向西魏①求援。11月,西魏丞相宇文泰派将军杨忠领军救援。杨忠率部乘机占领南梁汉水以东地区。之后,杨忠乘胜欲攻打江陵,萧绎派人将其子萧方略送至杨忠军营为人质以求和。

大宝元年(550年)春天,镇守郢州(位于今湖北省武汉市)的邵陵王萧纶(梁武帝第六子)想救援萧誉而兵粮不足,写信劝解萧绎说:"天时地利不如人和,何况是手足之亲怎么能相互残杀!如今国家处于危难之中,诸王应化解小的怨愤,泣血枕戈一致平叛。不消除外患且家族内战不息,自古以来没有不灭亡的。从国家利益考虑,我希望能尽快解除对湘州的包围。"萧绎回信予以拒绝。

---

① 都长安,位于今陕西省西安市。西魏恭帝三年(556年)十二月,中山公宇文护逼迫西魏恭帝让位,改国号为周,立已故太师宇文泰之子宇文觉为孝闵帝。

六、觊觎君位 王族内戈

四月,湘东王萧绎派左卫将军王僧辩率兵攻克长沙,将萧誉斩杀。

九月,萧绎令王僧辩、鲍泉率军攻打郢州。萧纶流着眼泪对其部将说:"我只想消灭国贼,没有其他奢望。湘东王总是以为我在与他争夺帝位,今日竟派兵来攻打我。顺从他,就得交出储备的粮食;与他抗战则取笑天下。我不能无故受他囚禁,只有避而远之。"于是,萧纶率部退居齐昌(位于今湖北省蕲春县),派人向北齐①投降。不久,西魏将领杨忠领兵将萧纶击杀。

益州(治所位于今四川省成都市)刺史武陵王萧纪(梁武帝第八子)接受湘东王萧绎节制,派其世子萧圆照率3万军士东征平叛。萧圆照率部行抵白帝城(位于今重庆市奉节县东)后,萧绎不让他们继续东下。

大宝二年(551年)六月,萧绎派人用酒劝醉西阳(治所位于今湖北省黄冈市东)太守(行政长官)萧圆正(萧纪次子),收编其一万名精兵。萧纪闻报大为恼火,荆、益二州从此开始争战。

侯景称帝败亡后两度出现二帝并立

当年八月,侯景废梁简文帝为晋安王,并将他囚禁。接着,侯景将梁简文帝太子萧大器及其弟萧大心等兄弟20人全部处死,假称梁简文帝诏令,将皇位让给豫章嗣王萧栋(萧统长子萧欢之子)。十月,侯景令人将梁简文帝萧纲杀死。十一月,侯景逼迫萧栋让出帝位,自称汉帝。

---

① 东魏武定八年(550年)五月,丞相高洋废东魏孝静帝,自立为帝,改国号为齐,史称"北齐",都邺。

大宝三年(552年)二月,湘东王萧绎讨伐侯景称帝,派遣江州(治所位于今江西省九江市)刺史王僧辩、平东将军豫章(治所位于今江西省南昌市)内史(行政长官)陈霸先率兵攻入建康。侯景仓皇出逃,途中被其部下杀死。

三月,王僧辩劝萧绎继帝位,萧绎没有答应。宣猛将军朱买臣将废帝萧栋沉入水中害死。四月,萧纪在益州称帝。十一月,萧绎在江陵即帝位,为梁元帝,令王僧辩镇守建康。

承圣二年(553年)二月,梁元帝听说萧纪出兵东下,十分害怕,写信请求西魏丞相宇文泰出兵攻蜀(位于今四川省),以牵制萧纪东进。西魏大将尉迟迥乘萧纪主力东征之机,率军围攻成都。七月,梁元帝萧绎令游击将军樊猛等人率部击败萧纪部众,在西陵(位于今湖北省宜昌市)附近江中将萧纪抓俘斩杀,萧纪的几个儿子同时被杀。

萧纪势力覆灭后,占据雍州的萧詧感到生存受到威胁。他听说西魏大军准备进攻江陵,便请求与西魏联兵攻打萧绎。

承圣三年(554年)九月,西魏柱国大将军于谨率5万军士攻打江陵,萧詧率部迎接西魏军。十一月,西魏军队攻入江陵,梁元帝自杀未遂,被西魏军士俘虏。萧詧去梁元帝萧绎囚禁的密室,当面对萧绎进行责问和侮辱。之后,萧詧派人用土袋把萧绎压死,同时把梁元帝太子萧元良(原名萧方矩)及其兄弟杀死。

接着,西魏军队立萧詧为帝,史称"后梁"。西魏夺去萧詧原来拥有的雍州领地,只在荆州划出一块方圆300里的地方供他称帝,同时派将领驻守江陵西城,对他进行监控。

梁元帝被杀后,王僧辩等人在建康拥立年仅13岁的梁元帝之子晋安王萧方智继位,为梁敬帝。

六、觊觎君位　王族内戈

北齐干涉导致梁朝灭亡

绍泰元年(555年)二月，北齐文宣帝高洋以萧方智年龄幼小不能治理国事为借口，派兵护送当年被东魏军士俘虏的萧渊明(梁武帝之侄)回国即帝位。王僧辩等人阻止失败，只好迎萧渊明回建康继位为梁闵帝，将梁敬帝萧方智改立为太子。

镇守京口(位于今江苏省镇江市)的征西大将军陈霸先对王僧辩废立皇帝大为不满，怀疑王僧辩与北齐暗通，且另有图谋。当年九月，陈霸先领兵攻入建康，派人勒死王僧辩父子，胁迫萧渊明退位，拥护萧方智复位，自任丞相。接着，陈霸先率部平息王僧辩的亲戚谯州(治所位于今安徽省全椒县)刺史徐嗣徽等人投靠北齐而发动的叛乱，稳定京都局势。

太平二年(557年)十月，丞相陈霸先迫使梁敬帝萧方智让位，继位称帝，改国号为陈，梁朝灭亡。

第二年四月，陈武帝陈霸先派人将萧方智杀害。

《通鉴纪事本末》卷二十三　侯景之乱
　　　　　　　　　卷二十四　梁氏乱亡
　　　　　　　　　　　　　　西魏取蜀
《梁书》卷四　简文帝本纪
《南史》卷五十三　昭明太子统传

【简评】

清代学者王夫之认为："父子兄弟之恩，至于武帝之子孙而绝灭无余矣。""内自相图，骨肉相吞，置帝之困饿幽辱而不相顾也。"

(《读通鉴论》卷十七·梁武帝)"元帝忌岳阳王詧而欲灭之,遂失襄阳,襄阳失而江陵之亡可俟矣。及武陵王纪称帝於成都,复请于宇文泰使袭纪,而成都又入于周,则江陵未有不亡者。非宇文能取之,皆自亡也"(《读通鉴论》卷十七·元帝)。

六、觊觎君位　王族内戈

北齐二帝残害幼侄

北齐①天保十年(559年)十月,北齐文宣帝高洋(娄太后第二子,其兄高澄被杀身亡)病危。文宣帝对李皇后说:"人活在世上总有一死,我死没有什么遗憾。唯一放不下心的是正道(文宣帝太子高殷,字正道)年纪还小,恐怕将来有人要夺他的皇位!"文宣帝话中所指是他的同母弟常山王高演,怕他日后伤害太子高殷。

临终前的某一天,文宣帝把高演召到面前,直截了当地对他说:"我死后,夺不夺太子的皇位,由你自己考虑;但你千万不要杀害他!"高演当面表态请皇上放心,文宣帝还是怀着这一忧虑去世。受命辅政的尚书令(丞相)杨愔、领军大将军(警卫部队长官)高归彦等人遵照文宣帝遗诏,拥立时年14岁的太子高殷为帝,辅佐他执掌朝政。

娄太皇太后(高演之母)本来想立高演为帝。太子高殷继位后,她授意任命高演为录尚书事(丞相)、高湛(高演同母弟)并省录尚书事(丞相)。

杨愔感到常山王高演、长广王高湛权力太大,对少帝高殷构成威胁,策划想把二位皇叔调离京都。领军大将军可朱浑天和认为,不杀常山、长广二王,少帝的皇位就坐不稳。

---

① 都邺,位于今河北省临漳县西南。

之后,杨愔奏报李太后(少帝高殷之母)同意,调任高湛为并州(治所晋阳,位于今山西省太原市西南)刺史(军政长官),暂留高演在朝廷任职。李太后宠爱的宫女李昌仪将这一情况密奏太皇太后。

常山王高演的友人王晞极力想排斥杨愔,他劝告常山王说:"皇上年少,如果放任外姓人传达诏令,朝政大权就会旁落。殿下想过没有,照这样下去,高家的天下还能千秋永存吗?"

高归彦开始和杨愔等人一条心,后来又倾向常山、长广二王,把杨愔等人的密谋告诉二王。于是,常山王和长广王决定先对杨愔等人下手。

乾明元年(560年)二月二十三日,高演借为高湛饯行的名义宴请朝廷文武百官。散骑常侍(皇帝侍卫官)兼中书侍郎(主管拟草诏令的副官)郑颐劝告杨愔不要轻率去赴宴。杨愔自以为诚心为国,对郑颐的劝说没有在意。杨愔等人进入宴会厅后,当即被高湛埋伏的兵士抓捕。常山、长广二王下令将杨愔、可朱浑天和、郑颐等人处死。太皇太后指责少帝高殷放纵杨愔等人谋害二王,令少帝任命高演为大丞相、都督中外诸军事(最高军事将领),让他掌揽朝廷军政大权。

八月,娄太皇太后依照高演意愿发布诏令,废少帝高殷为济南王,立高演为帝。高演随即在晋阳继位为孝昭帝,改称其母为太后。娄太后告诫高演说:"你即大位后可要记住,不能让济南王有不测之难!"高演当面应诺。但为时不长,他便把母太后的告诫和文宣帝的遗嘱抛之脑后。

皇建二年(561年)九月,北齐孝昭帝派人将济南王高殷从邺都押至晋阳,给他送去毒酒。高殷不肯服毒,执刑人员用手卡住其喉咙直至其死亡。

当初,高演、高湛合谋诛杀杨愔等人时,高演曾经向高湛许诺,他一旦即帝位,便将他立为皇太弟。高演继位后没有兑现这一诺

六、觊觎君位　王族内戈

言,却将自己年仅5岁的儿子高百年立为太子。为此,高湛心中愤愤不平。

当年十月,孝昭帝出猎,从受惊的奔马上摔下来,折断肋骨,损伤内脏。他自知不久于人世,遗命由高湛继承皇位。他写信给高湛,特意嘱咐他说:"百年无罪过,你要好好照料他,不能效仿前人那样做!"

十一月,北齐孝昭帝去世,高湛继位为北齐武成帝。此后不久,武成帝便下令废太子高百年为乐陵王,将自己的儿子高纬立为皇太子。同样,北齐武成帝把孝昭帝临终嘱咐亦抛在一边。

河清三年(564年)六月,武成帝指令侍从毒打高百年,然后将他斩杀。

《通鉴纪事本末》卷二十四　齐显祖狂暴

【简评】

娄太后偏爱其第三子高演,将少帝高殷废为济南王,改立高演为帝。高演称帝后,抛弃对母后的承诺,违背其兄高洋临终嘱咐,将高殷杀害。高演病危时嘱咐其弟高湛不要仿效前人。高湛继位后又将高演之子高百年害死。"上下无义则乱"(《管子》·五辅第十)。高演不讲道义,最终自食其果。

中国古代历史风云·宫廷风暴(下)

唐太平公主谋篡

唐景龙四年(710年)六月,唐中宗李显(已故女皇武则天第三子)被皇后韦氏毒死。韦皇后(其独子李重润被武则天杖杀)将时年16岁的温王李重茂(唐中宗后妃所生)立为皇帝,以皇太后的名义临朝听政。不久,韦太后想除掉相王李旦(武则天第四子)和太平公主(武则天之女),废黜少帝李重茂,像武则天那样继位称帝。

临淄王李隆基(李旦第三子)获悉韦太后的这一阴谋后,决意立即动手将韦太后除掉。为避免其父担当风险,他与其姑母太平公主商议,领兵将韦太后及其亲信杀死。接着,太平公主说服少帝李重茂让位,把相王李旦重新扶上帝位,为唐睿宗①。随后,唐睿宗发布诏令把李隆基立为太子。

唐睿宗复位后,太平公主自恃功高,干预朝政。她每次入朝奏事,总是占用很长时间,且所奏之事都得依从照办。朝廷军政大事,没有太平公主参与研究就定不下来。一时间,太平公主的权力威震天下,以致任免大臣,都得由太平公主定夺。"时宰相七人,五

---

① 唐嗣圣元年(684年),武太后专断朝政,废唐中宗李显为庐陵王,立李旦为帝。载初元年(690年),武太后称帝,将唐睿宗李旦改为皇嗣。神龙元年(705年),武则天病危,宰相张柬之逼其传位于太子李显,唐中宗复帝位。

六、觊觎君位　王族内戈

出主门下",其实际权势已超过唐睿宗。

太平公主忌恨太子李隆基聪明英武,想废掉李隆基,另立一个糊涂懦弱的侄子为太子,以便长期控制朝政。她指使人散布流言说:"太子不是皇上的嫡长子,不该被立为太子。"她又在太子身边安插许多耳目,使太子李隆基"深不自安"。

景云二年(711年)正月,太平公主邀集宰相,示意议论改立太子。宰相宋璟质问道:"太子为天下立有大功,公主为何突然提出这样一个议题?"之后,宋璟等人告发太平公主与宋王李成器(唐睿宗嫡长子)等人勾结动摇太子地位,向唐睿宗建议安排李成器和太平公主离开京都长安。宰相张说建议睿宗让太子监国(代理主持朝政),以稳定太子地位。二月,唐睿宗采纳宋、张二相的意见,任命宋王李成器为同州(治所位于今陕西省大荔县)刺史(行政长官),将太平公主安置到蒲州(位于今山西省永济市西南)居住,令太子李隆基监国。

太平公主得知这一决定出于宋璟等人的谋划,大为恼火。唐睿宗只好收回对李成器的任命,将太平公主召回京都,而将宋璟贬为楚州(治所位于今江苏省淮安市)刺史。

先天元年(712年)七月,唐睿宗不顾太平公主及其党羽极力劝阻,决意将皇位传给太子李隆基。太子听说后,跪在父皇面前坚辞不受。唐睿宗对太子说:"国家能够重新安定,我能够恢复皇位,都是出于你的功劳。你是一个孝子,何必非要等到我死后,你才继位呢!"八月,唐睿宗退称太上皇,太子李隆基继位为唐玄宗。

先天二年(713年)夏天,太平公主与宰相窦怀贞、岑羲、萧至忠、崔湜及左羽林大将军(警卫部队将领)常元楷、知右羽林将军事(代理警卫部队将领)李慈等人策划,谋废唐玄宗。太平公主又与宫女元氏密谋,将放有毒药的赤箭粉(即中药天麻粉)送给唐玄宗服用。

太平公主谋篡行径愈来愈明显,引起朝廷内外有识之臣的忧虑。中书侍郎（主管拟草诏令的副官）王琚对唐玄宗说："太平公主为人阴险凶残，朝中许多大臣都听她的，我私下为此而担忧！如今，势态已经十分紧迫了，不可不立即改变这种局面！"

荆州（治所位于今湖北省荆州市）长史（事务长官）崔日用入朝奏事，乘机对唐玄宗说："太平公主谋篡皇位已有很长时间了。万一她的阴谋得逞，陛下将后悔莫及！"唐玄宗说："情况确实如你说的这样。我只是怕惊动太上皇。"崔日用说："天子对上皇的孝心在于安定天下。如让奸臣得志，国家遭受毁坏，还怎么能谈得上对太上皇尽孝！建议陛下先控制警卫部队，再收捕逆党，这样就不会惊动太上皇了。"唐玄宗赞同崔日用的意见。

七月二日，侍中（侍从皇帝的主官）魏知古向唐玄宗密奏，称"太平公主准备在本月四日发动叛乱，安排由常元楷、李慈率领警卫兵士袭击武德殿，窦怀贞、肖至忠、岑羲等人同时率南营警卫兵士配合其行动"。唐玄宗闻奏大吃一惊，决定在他们未动手之前出击。

七月三日，唐玄宗部署妥善后，召见常元楷和李慈二人，当即下令将他俩斩首。接着，唐玄宗下令逮捕并处死萧至忠和岑羲等人。窦怀贞闻讯逃至池塘边树下，自缢而死。太平公主匆忙逃入山中一座寺庙里，三天后被逮捕归案。唐玄宗令太平公主在自己家中自杀。接着，唐玄宗下令对太平公主谋篡案彻底清查，将太平公主党羽一网打尽。

《通鉴纪事本末》卷三十 武韦之祸

太平公主谋逆

《新唐书》卷八十三 太平公主传

【简评】

太平公主受其母武则天影响，权欲熏心、阴险狠毒。武则天自

六、觊觎君位　王族内戈

称太平公主"类我"。武则天称帝期间乃至中宗复位后,为太平公主设置官府,配备官员,视同亲王。睿宗复位后,太平公主的三个儿子都受封为王。她拉拢宰相,控制朝政。尽管如此,太平公主仍不满足。她的欲望是仿效其母即位称帝。她把太子李隆基视为其谋取皇位的最大障碍,极力加以诋毁。谋废太子失败,她仍不罢休。太子即位为玄宗后,她竟然与其党羽谋杀玄宗以自立。唐玄宗果断挫败其阴谋,从而结束唐高宗继位后朝政长期混乱的局面。

辽兴宗失言酿乱

辽①太平十一年（1031年）六月，辽圣宗去世，时年15岁的太子耶律宗真继位为辽兴宗，其生母萧元妃自立为太后，临朝听政。不久，萧太后诬称齐天皇后（辽圣宗皇后，辽兴宗养母）"谋逆"，将齐天皇后迁至上京害死。为此，辽兴宗同母太后翻脸。

重熙三年（1034年），萧太后密谋废黜辽兴宗，立其少子耶律重元为帝。重元将此事密告辽兴宗。辽兴宗查实后，将母太后迁至庆州（位于今内蒙古巴林右旗西北）。为感激重元的救助，辽兴宗将重元立为皇太弟。

重熙十七年（1048年）十一月，辽兴宗赐给皇太弟重元金券，并设宴招待重元。酒喝到兴头上时，辽兴宗许诺，他死前将皇位传给太弟。重元为之大喜。后来，辽兴宗见重元"骄纵不法"，对许诺让重元继位有些反悔。

重熙二十四年（1055年），辽兴宗病逝。辽兴宗没有兑现让重元继位的承诺，遗诏让皇长子耶律洪基继位为辽道宗。重元大为不满。

辽道宗为了安抚他这位叔父，尊称重元为皇太叔，免去其见到

---

① 国名，又称"契丹"，都皇都，位于今内蒙古巴林左旗南；后改称"上京"，又建都中京，位于今内蒙古宁城县。

六、觊觎君位　王族内戈

皇帝时行跪拜礼,将重元由北院枢密使(非汉族地区军政长官)提升为天下兵马大元帅。接着,辽道宗又任命重元之子涅鲁古为武定(治所位于今陕西省西乡县)节度使(军政长官)、知南院枢密使事(汉族地区军政副长官)。重元父子兵权在握后,谋划伺机夺取帝位。

清宁九年(1063年)七月,辽道宗一行去太子山(位于今内蒙古宁城县境内)打猎,重元父子随同前往。戊午日,重元父子密谋起事。涅鲁古策划让其父谎称有病,骗辽道宗前来看望其父,以乘机令伏兵将辽道宗杀死。

敦睦宫使(其职不详)耶律良察觉重元父子的阴谋,向辽道宗秘密奏告。辽道宗采用耶律良的计策,速召涅鲁古来行宫。涅鲁古猜疑他们的计划已被人告发,拒绝辽道宗召见,转而率领400多名兵士前来攻打辽道宗行宫。南院枢密使耶律仁先随即率领数千名警卫军士迎击涅鲁古叛军。涅鲁古中箭身亡,叛军败溃。重元负伤逃入沙漠,在绝望中自杀。

《辽史》卷二十二　道宗本纪二
卷七十一　圣宗仁德皇后肖氏传
　　　　　圣宗钦哀皇后肖氏传
《辽史纪事本末》卷二十八　重元父子之乱

【简评】

孔子说"不可与言而与之言,失言"(《论语》第十五篇·卫灵公)。帝位承嗣是件大事,辽兴宗竟然在酒桌上当面许愿日后将皇位传给太弟,不慎失言,以致酿乱。

明太祖身后皇族内乱

明洪武元年（1368年），贫民出身的朱元璋率领部众经过多年征战夺取天下，建立明朝，在应天（位于今江苏省南京市）称帝，为明太祖，封其长子朱标为太子。

明太祖册封诸子为王

洪武二年（1369年），明太祖编撰《祖训录》，确定分封诸子为王的制度。此后，明太祖于洪武三年（1370年）、洪武十一年（1378年）、洪武二十四年（1391年），先后将其众多的儿子分封为王，希望如此分封能使天下长治久安。

朝廷内外有识之士鉴于汉朝和晋朝初年封王引起战乱的历史教训，对明太祖分封诸王感到担忧。洪武九年（1376年），平遥县（治所位于今山西省平遥县）训导（主管教育的副官）叶伯巨应"求直言"的诏令，就诸王配置卫士太多，上书称"臣恐数世之后，尾大

六、觊觎君位 王族内戈

不掉。然后削之地而夺之权,则起其怒,如汉之七国①,晋之诸王②"。叶伯巨建议对诸王"节其都邑之制,减其卫兵,限其疆里"。明太祖看了叶伯巨的奏书后勃然大怒,以"间吾骨肉"的罪名,下令将叶伯巨处死。从此,朝野上下对明太祖分封诸王没有人再敢说一个"不"字。

洪武二十五年(1392年),皇太子朱标病逝。朱标长子朱雄英早死。明太祖将朱标次子朱允炆立为皇太孙。皇太孙朱允炆"性聪颖,善读书,然仁柔少断"。他受命考订建国初年制定的法律,对73处处罚偏重的条款作了修改,受到广泛好评。

明太祖喜欢写诗,皇太孙却不擅长诗作。一次,明太祖同子孙在一起对对联,他出了一句上联,要皇太孙对下联。皇太孙对过后,明太祖对他对的下联很不满意,转而要燕王③朱棣(明太祖第四子)对下联。燕王以妙语相对,受到太祖称赞。

燕王朱棣"智勇有大略",曾奉命率军追击元朝将领乃儿不花部众,大胜而归。之后,他又多次领军出征,在朝廷内外享有威名。

---

① 汉高祖刘邦建立汉朝后,逐步剪除此前所封的异姓王,将其兄弟子侄分封各地为王。汉高祖去世后,各地封王积聚势力游离于朝廷集权之外。汉景帝继位后采纳御史大夫(最高监察机关长官)晁错的建议,决定削减藩王的封地,引起诸王不满。汉景帝三年(前154年),吴王刘濞串通楚王刘印等六王,以诛晁错清君侧为名发动叛乱,历时三个月被朝廷军队平息,史称"吴楚七国之乱"。

② 晋武帝司马炎建立晋朝后大封其皇族成员为王,并让其拥有兵权。晋武帝去世后,生来痴呆的太子司马衷继位为晋惠帝。不久,诸王即开始皇权争夺。先后参与其间的有楚王司马玮、赵王司马伦等八王,史称"八王之乱"。从西晋元康元年(291年)惠帝贾皇后与楚王谋杀录尚书事(丞相)杨骏(武帝杨皇后之父)开始,至永兴三年(306年)东海王司马越毒杀晋惠帝为止,"八王之乱"历时16年,大大削弱了西晋的国力,直接导致了西晋衰亡。

③ 王府在北平,位于今北京市区。

由此，明太祖曾想废去朱允炆太孙位，改立燕王为太子。翰林学士（皇帝学术顾问，主管拟草诏令）刘三吾劝谏说："如果改立燕王为太子，秦王（朱樉，明太祖第二子）、晋王（朱㭎，明太祖第三子）怎么摆平？"明太祖觉得刘三吾言之有理，便放弃废立继嗣的念头。后来，秦、晋二王早逝。

皇太孙继位与诸叔王势不两立

洪武三十一年（1398年）闰五月，明太祖朱元璋病逝，遗诏称"皇太孙允炆仁明孝友，天下归心，宜登大位。内外文武臣僚同心辅政，以安吾民"，同时令诸王一律留守封国，"毋至京师"。

皇太孙朱允炆继位为明惠帝后，传达太祖遗诏，令诸王不要来京参与吊丧，引起"诸王不悦"。当时，燕王奔丧已行抵淮安（位于今江苏省淮安市），收到令其返回的诏令，心里尤为恼恨。于是，诸王相互串通，埋怨朝廷，出言不逊。明惠帝大为忧虑，向兵部尚书（朝廷主管军事的部门长官）齐泰和太常卿（主管朝会、祭祖礼乐）黄子澄询问对策。

齐泰和黄子澄称当务之急是削减诸王封地和兵员，明惠帝赞同他们的意见。齐泰认为燕王握有重兵，向来有称帝的野心，首先应当从燕国削减。黄子澄则认为燕王久有准备，难以先从他开始，应先削减周王①等诸王的实力，以剪除燕王的手足，然后削减燕国的势力就有把握了。明惠帝决定采用黄子澄的方略。

周王朱橚（明太祖第五子）与燕王同为明太祖马皇后所生。明惠帝继位后，周王"亦时有异谋"。周王次子朱友㸓向朝廷告发其

---

① 王府设在汴，位于今河南省开封市。

六、觊觎君位　王族内戈

父的阴谋。

七月，明惠帝令掌左军都督府事（警卫部队将领）李景隆率军包围周王府，将周王逮捕，押至京都。明惠帝以叛逆罪将周王朱橚废为平民，流放云南（位于今云南省）。燕王听说周王被废，大为惊恐，加强防卫。

明惠帝与燕王明争暗斗成为矛盾焦点

同年十一月，明惠帝派工部侍郎（朝廷主管百工建造的部门副长官）张昺出任北平左布政使（行政长官），调河南卫指挥佥事（军事副长官）谢贵为北平都指挥使（军事长官），以监察燕王的动静。

建文元年（1399年）正月，燕王派长史（王府事务长官）葛诚入朝廷奏事。明惠帝单独接见葛诚密问燕王府事，葛诚如实告发燕王反常的种种迹象。明惠帝令葛诚返回燕王府充作朝廷内应。燕王察觉葛诚从京都返回后神态和从前不一样，对葛诚产生怀疑。

二月，燕王来京都窥探朝廷动向。他从皇帝专用道路入宫，见到明惠帝没有行下拜之礼。监察御史（最高监察机关官员）曾凤韶弹劾燕王不恭敬。明惠帝说："燕王是我的亲叔父，此事可以放下不问。"户部侍郎（朝廷主管户籍财税的部门副长官）卓敬建议乘机将燕王改封，迁往南昌（位于今江西省南昌市），以杜绝祸难之源。明惠帝回答说："燕王是我的骨肉至亲，我怎么能这样对待他呢？"燕王返回封国后便称病不出。

在此前后，有人分别告发岷王①朱楩（明太祖第十八子）、湘

---

① 王府设在云南。

王①朱柏(明太祖第十二子)、齐王②朱榑(明太祖第七子)、代王③朱桂(明太祖第十三子)及燕王朱棣等人不法或谋反。明惠帝下令将齐王、代王、岷王逮捕,废为平民。湘王拒捕自杀。

六月,有人告发燕王府军官于谅、周铎等人谋反。明惠帝下令将于、周二人逮至京都处死,并就此事责问燕王。燕王索性装疯,"走呼市中,夺酒食,语多妄乱,或卧土壤,弥日不诞"。张昺、谢贵去王府看望燕王,时值盛夏,燕王围着火炉浑身颤抖说:"好冷!好冷!"张、谢二人将此情状报告朝廷,明惠帝以为燕王真的疯了。

不久,燕王府派护卫百户(警卫军官)邓庸去朝廷奏事,齐泰将邓庸逮捕审问,邓庸供出燕王即将举兵叛乱的全部情况。明惠帝随即传令谢贵、张昺准备收取燕国,令北平都指挥张信逮捕燕王。

张信接到明惠帝指令后,惶恐不安,将此密令告诉其母亲。其母大惊,声称她曾听说"燕王当有天下",劝他不要从命。张信随即向燕王告密。燕王感激张信,向他下拜说:"幸亏你,我一家人才能活命啊!"

燕王领兵夺取皇位

当年七月,张昺、谢贵领兵包围燕王府,声言要逮捕王府官员。燕王府去人向他们献出其所索要的官员名单,将张、谢二人诱入王府。燕王下令将张昺、谢贵、葛诚等人逮捕,甩掉手中的拄杖说:"我有什么病?完全是被你们这些奸臣逼迫的!"他当即下令将张

---

① 王府设地荆州,位于今湖北省江陵县。
② 王府设地青州,位于今山东省青州市。
③ 王府设地大同,位于今山西省大同市。

六、觊觎君位　王族内戈

昺等人斩杀。接着，燕王上书明惠帝，称齐泰、黄子澄包藏祸心，致使橚、榑、柏、桂、楩五王"并见削夺"，并援引《祖训录》"朝无正臣，内有奸逆，必举兵诛讨，以清君侧之恶"的训示，以讨伐齐泰、黄子澄为名，誓师南下。

明惠帝获悉燕王朱棣起兵反叛，发布诏令削除燕王封号，称朱橚、朱榑谋乱牵连朱棣，"朕以棣于亲最近，未忍穷治其事。今乃称兵构乱，图危宗社，获罪天地祖宗，义不容赦。"八月，明惠帝令大将军耿炳文率30万大军北上讨伐朱棣。

耿炳文率部与燕军战于滹沱河（今河北省滹沱河）北，被燕军击败。朝廷改任李景隆为征虏大将军取代耿炳文赴前线指挥平叛。十一月，燕军又击溃李景隆部。

第二年（1400年）二月，燕军攻打大同，李景隆率部赴援，燕军退回北平。十二月，平燕将军盛庸率部在东昌（位于今山东省聊城市）击败燕军。

建文三年（1401年）七月，都督（军事将领）平安率军攻打北平，被燕军击败。

建文四年（1402年）五月，燕军击败朝廷军，进抵六合（位于今江苏省六合县）。明惠帝派人去燕军军营以割地请求停战，被燕王拒绝。

六月乙丑日，燕军渡过长江，攻打京都。李景隆令部下打开城门投降燕军，燕军攻入京都应天。宫中燃起大火，明惠帝不知下落。

当月，燕王朱棣在应天即帝位，为明成祖。

《明史》卷二　太祖本纪二
　　　　卷三　太祖本纪三
　　　　卷四　恭闵帝本纪
　　　　卷五　成祖本纪一
　　　　卷一百三十九　叶伯巨传

《明史纪事本末》卷十五 削夺诸藩
　　　　　　　卷十六 燕王起兵

【简评】

　　明太祖身后皇族内乱,祸根是其封诸子为王并授予兵权。明太祖太子去世,儿孙众多,立谁为嗣都会有矛盾,宜择善而从。立皇太孙就应削去燕王等诸王兵权。改立燕王为太子,则应妥善安排皇太孙,且亦应削去其他诸王兵权。明太祖既决定让皇太孙嗣位,又保留燕王等诸王兵权,以致身后子孙争权相杀。

六、觊觎君位　王族内戈

明汉王意欲称帝

　　明建文元年(1399年)七月,燕王朱棣(明太祖朱元璋第四子)以讨伐奸臣的名义举兵南下,反叛朝廷,令其长子朱高炽(明太祖将他立为燕王世子)留守王府(设在北平,位于今北京市区)、次子朱高煦随军南行。

　　此间,朱高炽率领万名兵士坚守北平,挫败掌左军都督府事(警卫部队将领)李景隆所率50万朝廷讨燕大军;朱高煦率部与朝廷军作战,多次扭转战局,屡建战功。建文四年(1402年)六月,燕军攻陷京都应天(位于今江苏省南京市),明惠帝(明太祖之孙)不知去向。燕王朱棣在应天即位为明成祖。

　　永乐二年(1404年)四月,明成祖召集大臣议立太子。淇国公丘福等人认为朱高煦功高,推举立朱高煦为太子。明成祖说:"守卫王府之功高于随军作战。议立太子,应当立嫡长子。世子高炽仁义贤能,且世子之位是太祖亲自立的,将来作为社稷之主当之无愧。"于是,明成祖立朱高炽为太子,封朱高煦为汉王、朱高燧(明成祖第三子)为赵王。汉王朱高煦居功骄傲,自称"我文武双全,难道亚于秦王李世民①吗？"他对立朱高炽为太子心中不服。

汉王的封国设在云南（位于今云南省）。朱高煦受封为汉王后，"怏怏不肯去"封国，埋怨说："我有什么罪，把我排斥到万里之外！"明成祖对朱高煦不肯去封国大为不快。经太子朱高炽为之讲情，明成祖答应将朱高煦留在京都。尽管这样，朱高煦仍然怀怨在心，他在一首诗中写道："申生徒守死②，王祥枉受冻③！"

汉王朱高煦对未能立为太子一直不甘心，千方百计想取代朱高炽的太子位。他在父皇面前谗毁翰林学士（皇帝学术顾问，主管修史写作）解缙泄露皇上欲变换太子的密语，致使解缙被流放交趾（位于今越南北部），后死在狱中。永乐十二年（1414年）八月，明成祖远征瓦剌（泛指蒙古西部部族）返回，太子朱高炽出宫迎接稍微迟缓一点，汉王借此制造流言飞语，并中伤辅助太子留京监国（代理主持朝政）的翰林学士黄淮"奉表不敬"。黄淮由此被捕入狱。

永乐十三年（1415年）三月，明成祖将汉王府改设青州（位于今山东省青州市），汉王朱高煦又借故不肯去封国。明成祖不再迁就，强令朱高煦去封国。汉王到了封国后肆意违法：他私自招募军

---

① 李世民为唐高祖李渊次子，功高望重，受封秦王。太子李建成（李渊长子）忌妒他的声望，与齐王李元吉（李渊第四子）合谋欲害死他。唐武德九年（626年）六月，秦王获悉太子等人谋杀计划后，提前动手将太子和齐王诛杀。随后，唐高祖立李世民为太子，接着退称太上皇，让太子李世民继位为唐太宗。

② 申生是春秋时晋献公太子。晋献公二十一年（前656年），申生继母骊姬诬陷他图谋毒杀献公。晋献公令申生自杀。晋国大臣士蒍劝申生远走避祸，申生没有听从，在其封地曲沃（位于今山西省闻喜县东北）自杀。

③ 王祥是三国时魏国琅邪临沂（位于今山东省临沂市北）人，继母待之不善。后来继母生病，想吃鱼，时值天寒，池塘冰冻，王祥解衣"剖冰求之"。时人称其为孝子。

六、觊觎君位　王族内戈

士3000余人,不向兵部(朝廷主管军事的部门)申报注册;他放纵护卫兵士在其都城内外抢劫,将无罪之人肢解后投入江中;他私造兵器、战船,练习水上作战。

永乐十五年(1417年)三月,明成祖听说汉王在其封国恣意违法,大为恼火,将他召至京都囚禁,并要把他废为平民。太子朱高炽向父皇哭着为朱高煦求情。明成祖厉声对太子说:"我是为你今后能安坐天下考虑,不得不忍痛割舍高煦,你难道想养虎遗患吗?"后经太子一再恳求,明成祖将汉王封国改为乐安州(位于今山东省广饶县)。汉王到了乐安州后仍不思悔改,"异谋益炽"。

永乐二十一年(1423年)五月,明成祖身体有病。常山(治所位于今河北省正定县)护卫指挥(军事长官)孟贤及军官高正等人伪造明成祖诏书,密谋毒死明成祖,废黜太子朱高炽,拥立赵王朱高燧继帝位。

不久,此事被人告发,有关人员从孟贤处查出伪造诏书。明成祖就此事质问朱高燧。朱高燧大为恐惧,无言以对。

永乐二十二年(1424年)七月,明成祖率军征讨阿鲁台(蒙古阿速部首领),返至榆木川(位于今内蒙古多伦县西北)病逝,遗诏将皇位传给太子朱高炽。当时,汉王之子朱瞻圻在京都①,每天数次派人去乐安州向其父报告朝廷动态。汉王每天亦数次派人去京都窥探,希望朝廷发生变乱,以乘机夺取皇位。

太子朱高炽继位为明仁宗后,于当年十月将其长子朱瞻基立为太子。

洪熙元年(1425年)五月,明仁宗朱高炽病危,召令太子朱瞻基从南京返回北京,准备将皇位传给太子。汉王朱高煦闻讯,乘机在太子返京路上埋下伏兵,企图杀死太子。由于时间仓促,汉王的

---

① 明永乐十九年(1421年),明成祖将京都由南京(应天)迁至北京(由北平改称),位于今北京市区。

阴谋没有得逞。

太子朱瞻基继位为明宣宗后,以为汉王"旧心已革",对他倍加礼让。凡是汉王提出的事,明宣宗一概曲意依从。可是,汉王不仅没有悔过自新,反而更为放肆,加快谋反步伐。

宣德元年(1426年)八月,汉王朱高煦自己编制5支军队,他亲率中军,让4个儿子各领一军,公开反叛朝廷。御史(最高监察机关官员)李濬回乐安州办理父亲丧事,获悉此事后,改名换姓,从小路奔回京都报告朝廷。明宣宗"不忍加兵",派中官(朝廷官员,通常指宦官)侯泰给汉王送去一封劝慰信。汉王列兵召见侯泰,声称:"当初父皇听信谗言,削减我的卫兵,将我迁徙到乐安州,仁宗则用金钱物资引诱我,我怎么能长期默默留居此地?"接着,汉王上书,对王公大臣,横加指斥。明宣宗听了侯泰奏报后叹息说:"汉王果真反叛了!"

当月,明宣宗亲率大军征讨汉王。宣宗派人送信给汉王说:人们都说汉王要造反,我开始并不相信。看了汉王奏书,才知道汉王起兵的目的,是祸害生灵,危乱国家。我领兵讨伐你的罪行,完全出于不得已。如果你能悔罪,交出主谋的人,我将不计前嫌,同你礼仪如初。如果你执迷不悟,战败被擒,有何脸面再见我?那时,你想保全也不可能了!请你认真考虑。

汉王对明宣宗的这封信不予回复,明宣宗随即率军包围乐安城。乐安城中很多人要捉拿汉王献给朝廷。朱高煦狼狈不堪,只好出城向明宣宗投降,称"臣罪万死万死,生杀惟陛下命"。明宣宗下令废朱高煦父子为平民,加以囚禁,但对其饮食衣服等供给,仍保留原待遇不变。

不久,明宣宗去逍遥城监狱探望朱高煦。朱高煦乘宣宗不注意,突然伸出一条腿,将宣宗勾倒在地。明宣宗大为恼火,当即令力士抬来一口大铜缸,将朱高煦扣在缸内。朱高煦用力将铜缸顶起。明宣宗下令将木炭堆在铜缸上,放火点燃木炭,将朱高煦烤

六、觊觎君位　王族内戈

死。接着,明宣宗又下令处死朱高煦的儿子。

朱高煦案发后,赵王朱高燧受到牵连。明宣宗下令撤除赵王护卫,但没有给他治罪。后来,朱高燧忧惧而死。

《明史》卷六　成祖本纪二
　　　　卷七　成祖本纪三
　　　　卷八　仁宗本纪
　　　　卷九　宣宗本纪
　　　　卷一百十八　汉王高煦传
　　　　　　　　　　赵王高燧传
　　　　卷一百四十七　解缙传
《明史纪事本末》卷二十六　太子监国
　　　　　　　　卷二十七　高煦之叛

【简评】

"当断不断,反受其乱"(《史记》卷五十二·齐悼惠王世家)。明汉王朱高煦恃功骄纵,图谋嗣承皇位,但明成祖却对其姑息,太子朱高炽(明仁宗)对其迁就,明宣宗亦对其宽容,以致养虎遗患。

七、派系争立　血雨腥风

　　王族成员之间、王族与大臣之间以及权臣之间,彼此总有亲疏之分。因为利益或政见不同,他们往往形成不同的派系。派系之间的斗争时起时伏,到了涉及帝位交替的关键时刻,常常演变为你死我活的流血冲突。

七、派系争立　血雨腥风

晋献公遗愿未偿

晋①献公原来有8个儿子,其中太子申生、公子重耳和公子夷吾较为贤能。后来,晋献公宠爱骊姬及其妹妹。晋献公十二年(前665年),骊姬生下儿子奚齐。从此,申生、重耳、夷吾三兄弟逐渐失去父君的宠爱。晋献公将太子申生迁居曲沃(位于今山西省闻喜县东北部)、重耳迁居蒲地(位于今山西省隰县东北)、夷吾迁居屈地(位于今山西省吉县北部)。

晋献公二十一年(前656年)十二月,晋献公听信骊姬谗言,逼令太子申生自杀。随后,晋献公派兵攻打重耳、夷吾。重耳、夷吾先后逃亡国外。

晋献公二十六年(前651年)夏天,晋献公病重,立下遗嘱让奚齐继位为晋国国君。他担心大臣们不服,对大夫(朝廷中等级别的官员)荀息说:"我确定让奚齐继位,奚齐年少,恐怕会有人不服,制造动乱,您能全力扶持奚齐吗?"荀息回答说:"能!"晋献公问道:"您以什么扶持幼主呢?"荀息答道:"以我的生命作保证,宁死也不辜负君公的嘱托,做到活着无愧,死而无憾!"于是,晋献公提升荀息为宰相,让他主持国政,把奚齐托付给他。

九月,晋献公病逝。国卿(宰相)里克和大夫邳郑想迎接公子

---

① 春秋诸侯国名,都绛,位于今山西省翼城县东南。

重耳回国继位,调唆申生、重耳、夷吾在国内的亲信制造动乱。里克对荀息说:"申生、重耳、夷吾三兄弟的亲信将要起事,秦[①]国支持他们,你打算怎么办?"荀息回答说:"我不能辜负先君的嘱托。"

十月,里克乘奚齐守丧之机,令人将他杀死在晋献公灵柩旁。荀息听说奚齐被杀,准备自杀。有人劝他立悼子(骊姬之妹所生)为君,辅佐悼子执政。于是,荀息立年仅2岁的悼子为晋国国君,将晋献公安葬。

十一月,里克在朝廷将悼子杀死,同时令人用鞭子将骊姬打死。荀息见无以履行对先君许下的承诺,当即自杀。人们称赞荀息"不负其言"。

随后,里克派人请公子重耳回国继君位,重耳婉言谢辞。不久,秦穆公派兵护送公子夷吾回国,里克等人拥立夷吾继位,为晋惠公。

《史记》卷三十九 晋世家

【简评】

晋献公贪恋美色,废长立少,不得人心。荀息秉承其遗愿,先后扶立奚齐、悼子即位,十分孤立。以里克为代表的一批大臣拥护重耳或夷吾回国即位,顺乎人心。两少君相继被杀,是难以避免的。

---

① 春秋诸侯国名,都雍,位于今陕西省凤翔县。

七、派系争立 血雨腥风

田乞家宴立阳生

齐①景公五十八年(前490年)夏天,齐景公正妻燕姬生的儿子病死。齐景公忌讳别人提及他的君位继承一事。大臣们见齐景公已进入暮年,为他尚未立嗣而焦虑。齐景公的宠妾芮姬出身微贱,且行为不端,她所生的儿子荼还很年幼。众臣生怕齐景公把荼立为太子,劝他选择年长而又贤能的儿子立为太子。齐景公想立荼为太子,又不好违拗众人之意开口,便对大臣们说:"还是让我们尽情享乐吧,国家还愁没有君主吗?"

当年秋天,齐景公得了重病,令宰相国惠子、高昭子发布他的命令,立荼为太子,并把他的其他儿子从都城迁移到莱邑(位于今山东省龙口市东南)居住。不久,齐景公病逝。国、高二位宰相拥护太子荼继承君位,为晏孺子。迁居莱地的诸公子害怕被杀,纷纷逃往国外:公子寿、公子驹、公子黔逃奔卫国②,公子鉏和公子阳生逃奔鲁国③。

大夫田乞(又名"陈乞")对晏孺子继位深为不满,想另立公子阳生为君。他假装支持国惠子、高昭子二相辅政,经常陪着他俩乘

---

① 春秋诸侯国名,都临淄,位于今山东省淄博市东。
② 春秋诸侯国,都帝丘,位于今河南省濮阳市西南。
③ 春秋诸侯国,都曲阜,位于今山东省曲阜市。

车上朝。田乞向国、高二人报告说："你们二位宰相辅佐幼君执政，大夫们感到惶恐不安，想图谋作乱。"

暗下，田乞又向大夫鲍牧等人煽动说："高昭子这个人太可怕了，想把景公的旧臣都除掉。乘他还没有动手，不如先把他除掉。"鲍牧等人同意田乞的意见，决定先发制人。

晏孺子元年（前489年）六月，田乞和鲍牧等人发动政变，领兵攻入公宫，杀死高昭子。国惠子兵败逃奔莒国①。

八月，田乞私下派人去鲁国将公子阳生接回齐国，把他隐藏在自己家中。

十月，田乞举行家宴，称田常（田乞之子）母亲举行祭礼，宴请众大夫聚会。宴席开始后，田乞让公子阳生头上蒙着布罩，冒充他的妻子走到宴会厅中央就坐。酒喝到兴头上，田乞掀开蒙在阳生头上的布罩。众人一看是公子阳生，无不为之大吃一惊。

田乞当即宣称："这个人才应当是齐国国君！"接着，田乞又向众人诳称："我与鲍牧商议共同拥立他为君！"众大夫连忙向阳生下拜，准备盟誓拥立阳生为君。此时，鲍牧已喝得半醉，突然同田乞反目，向他质问道："你把景公的遗命忘记了吧？"众大夫见此情状，面面相觑，意欲反悔。

公子阳生见宴会气氛紧张，走上前向鲍牧和众大夫施礼道："诸位大夫认为我可以，我权且继位；认为我不合适，就算了。"鲍牧害怕招致祸难，转而改口说："都是景公的儿子，有什么不可以的！"于是，田乞和鲍牧及众大夫盟誓，共同拥立公子阳生为国君。

公子阳生继位为齐悼公后，下令将晏孺子流放到骀（位于今山东省滕州市东南），后派人把他杀死在幕帐中。

《史记》卷三十二 齐太公世家

---

① 春秋诸侯国，位于今山东省莒县。

七、派系争立　血雨腥风

【简评】

　　齐景公与众臣未能就立嗣达成共识。齐景公去世后,众臣围绕君位继承问题明争暗斗。田乞设计驱除辅政大臣,改变齐景公遗愿,结束了君位继嗣的纷争。

汉高帝身后"非刘氏而王"之争

刘邦建立汉朝称帝后,逐步剪除他在争夺天下时所封的异姓王,陆续把他的亲族成员分封到各地为王。汉高帝希望由他开创的刘家一统天下代代相传。他与众臣杀白马盟誓:"非刘氏而王,天下共击之!"

汉高帝十二年(前195年),高帝去世,太子刘盈继位为汉惠帝。汉惠帝尊奉其母吕雉为皇太后,立其姐鲁元公主之女为皇后。

汉惠帝在位7年病逝,无嫡子。吕太后立太子刘恭(惠帝同宫女所生,其母为吕太后所杀)为汉少帝。汉少帝年幼,由吕太后临朝听政,"号令一出太后"。

吕太后封吕氏为王

高后元年(前187年)冬天,吕太后召集大臣商议,意欲封其吕氏家族成员为王。右丞相王陵劝阻说:"高帝在世时曾杀白马与众臣盟誓:'非刘氏而王,天下共击之!'今天如果给吕氏封王,违反当初高帝与众臣所立的盟约。"吕太后听王陵这么说很不高兴,接着,她征求左丞相陈平和绛侯周勃的意见。周勃回答说:"当今太后临

七、派系争立　血雨腥风

朝听政,封吕氏亲族为王没有什么不可以。"陈平赞同周勃的意见。吕太后得到周勃、陈平等人的支持,当即转怒为喜。

退朝出门时,王陵责备陈平和周勃说:"高帝与众臣喋血盟誓,你们难道不在场吗？如今高帝去世,太后当政,欲封吕氏为王,你们阿谀迎合她的意愿而违背当初的誓约,今后还有什么脸面去见九泉之下的高帝？"陈平和周勃回答说:"今天,你能当面对太后的旨意提出异议,我们确实不如你；从长远看,为保全国家,稳定高帝后代的皇位,你或许没有我们考虑得多。"王陵没有再说什么,对陈、周二人所说的话拭目以待。

不久,吕太后任命王陵为少帝太傅(辅导老师),不再让他行使丞相职权。王陵称病辞职回家。吕太后让陈平接替王陵为右丞相,主持朝政。

接着,吕太后大封吕姓王,先后追封其已经去世的父亲吕公为宣王、哥哥吕泽为悼武王、吕释之为赵昭王；封吕泽长子吕台为吕王、次子吕产为梁王、吕释之之子吕禄为赵王、吕台之子吕通为燕王,又将吕氏家族中的6个人封为侯。

朝政出现危机

高后四年(前184年),少帝刘恭得知其母为吕太后所杀,口出怨言。吕太后废杀少帝刘恭,改立常山王刘义(惠帝同宫女所生)为帝,将刘义改名为刘弘；任命周勃为太尉(主管全国军事)。

吕太后大封吕姓王引起群臣不满,陈平对此深为忧虑。一次,因病免职闲居的原太中大夫(皇帝侍从顾问)陆贾未经通报,突然拜访陈平。当时,陈平苦思入神竟未发觉陆贾进门。陆贾问道:"丞相考虑什么问题这样专心致志？"陈平说:"你猜我在想什么？"

陆贾说:"丞相已经富贵到极点,没有别的什么要求了;唯一值得忧虑的,不过是担心吕氏家族乱政。"陈平说:"正是这样,你看该怎么办?"陆贾回答说:"天下安定时,要重视选好丞相;天下危难时,要重视起用大将。眼下,事态严峻,你为何不设法与太尉加深交情,与他多多商量对策呢?"

陈平采纳陆贾的建议,不久拿出五百金为周勃祝寿。随后,周勃亦以同等厚礼回报陈平。陈、周二人的交情进一步加深。

高后八年(前180年)七月,吕太后病危。吕太后任命赵王吕禄为上将军,让其统率北军(驻守皇宫北面的警卫部队);梁王吕产为相国,让其统率南军(驻守皇宫南面的警卫部队),将周勃和陈平的权力架空。吕太后告诫吕产、吕禄说:"朝中大臣对吕氏封王不服,我死后,皇帝年少,大臣很可能要制造动乱,你们要领兵守卫皇宫,不要为我送葬,谨防被别人控制。"

吕太后去世吕氏王被诛

吕太后去世后,"诸吕欲为乱",因惧怕周勃等人的威力,没敢贸然起事。吕禄的女婿朱虚侯刘章(汉惠帝异母兄刘肥之子)对诸吕专权早就深恶痛绝,他从其夫人口中获知诸吕谋乱,暗下派人告知其兄齐王(封地位于今山东省)刘襄,要齐王领兵西进,他率众在京都长安作内应。刘章准备诛杀吕氏诸王,拥立齐王为帝。

吕产听说齐王起兵,派颍阴侯灌婴率军迎击齐军。灌婴率部行抵荥阳(位于今河南省荥阳市东北)后,滞留不进。灌婴串通齐王,决定伺机反击吕氏诸王。

陈平见太尉周勃已失去对警卫部队的控制,情况十分危急,便同周勃密谋如何挽救危局。他们知道曲周侯郦商之子郦寄与吕禄

七、派系争立 血雨腥风

友好,便派人劫持郦商,要他派郦寄去游说吕禄。

郦寄奉父命当即前往。郦寄会见吕禄,对他说:"天下是高帝和太后共同安定的,刘氏立九王,吕氏立三王,都是很合适的。眼下,太后去世,皇帝年少,大王不返回封国①,而为上将军领兵驻守京都,势必会受到众臣怀疑。大王何不把兵权交给太尉,与大臣结盟而后返回封国?这样做,齐王将会停止向京都进军,不仅国家得以安定,大王亦能在千里之外称王而高枕无忧,让子孙万代都会受益。"吕禄觉得郦寄说得有道理,把吕太后临终告诫的话抛之脑后,他没有同吕产通气商量,便把军权交给太尉周勃,离开北军军营,动身回赵国。

九月庚申旦,太尉周勃进入北军军营,立即召集将领训话,号令说:"愿为吕氏效力的伸出右臂,愿为刘氏效力的伸出左臂!"将领们都露出左臂,服从太尉指挥。

吕产守在未央宫内,不知道吕禄已经离开北军。当天傍晚,周勃令刘章率兵攻入未央宫,吕产慌忙逃走,其侍从乱作一团。吕产逃入厕所内被追兵杀死。

随后,周勃下令分路追捕吕氏家族成员,将吕禄、吕通及吕氏家族男女老少全部诛杀。

闰九月己酉日,周勃和陈平等人商量,以少帝刘弘非惠帝嫡子,决定将其废黜,拥立代王刘恒(汉高帝第三子)即帝位,为汉文帝。

《史记》卷九 吕太后本纪
《汉书》卷三 高后纪
卷九十七上 高祖吕皇后传
《通鉴纪事本末》卷二 诸吕之变

---

① 吕禄封国为赵国,都邯郸,位于今河北省邯郸市。

【简评】

汉高帝身后"非刘氏而王"之争的实质,是大臣和外戚争夺辅政权以至争立皇帝。吕太后不立高帝年长的儿子为帝,而连立两少帝,以临朝听政。她病重后任命吕禄为上将军、吕产为相国,企图让二吕在她身后控制朝政。陈平、周勃设计诛杀二吕,夺回辅政权,维护了刘邦制定的"非刘氏而王,天下共击之"的国策。

七、派系争立　血雨腥风

汉质帝遇弑嗣位之争

东汉①建康元年(144年)八月,汉顺帝刘保病逝,年仅2岁的太子刘炳继位为汉冲帝,由其母梁太后(梁妠)临朝听政,大将军梁冀(梁太后之兄)执掌军政。

永嘉元年(145年)正月,汉冲帝病逝。朝廷当务之急是确定由谁继承皇位。太尉、参录尚书事(丞相)李固主张从年长而又德才兼备的亲王中选立新帝,认为清河王刘蒜(清河恭王刘延平子)为人严谨庄重,在朝廷百官中享有一定声望,建议立刘蒜为帝。梁太后和梁冀欲立年幼的亲王为帝,以便继续控制朝政。他们没有采纳李固的意见,而将渤海孝王刘鸿之子、年仅8岁的刘缵立为汉质帝。

本初元年(146年)闰六月甲申日,梁冀痛恶汉质帝曾指称他为"跋扈将军",令人将汉质帝毒死。李固知道汉质帝因吃过汤饼突然肚胀而死,怀疑系梁冀投毒。他下令追查御膳人员,引起梁冀憎恨。

汉质帝遇害后,李固更加痛切地意识到要维护皇权,必须削弱梁氏兄妹的权势,而抑制外戚专权必须立年长的亲王为帝。他吸取上次独自建言受到梁冀压制的教训,联络司徒(丞相)胡广、司空

---

① 都洛阳,位于今河南省洛阳市。

(丞相)赵戒,联名写信给梁冀,建议选立新帝应广泛征求文武百官的意见,认为"悠悠万事,唯此为大。国之兴衰,在此一举"。

梁冀看了李固等人这封书信后,就立谁为帝一事召集朝廷百官开会讨论。李固、胡广、赵戒以及大鸿胪(主管外交和少数民族事务)杜乔等人都认为清河王刘蒜"宜立为嗣",梁冀则提出将其未婚妹夫时年15岁的蠡吾侯刘志(汉章帝曾孙)立为皇帝。由于多数大臣倾向立刘蒜为帝,梁冀虽"愤愤不得意",也不好当场否决,只好宣布散会。

当天晚上,中常侍(皇帝侍从官)宦官曹腾私下求见梁冀,谄媚说:"如果立清河王为帝,大将军很快就会有祸,立蠡吾侯为帝,大将军则可以长久富贵。"于是,梁冀决意不顾众人反对,以权势威胁,强行宣布立刘志为帝。

第二天,梁冀再次召集百官开会,气势汹汹,激言厉色,重申要立刘志为帝。胡广、赵戒等人见梁冀怒容满面,当即改变态度,表态服从大将军决定,只有李固和杜乔仍然坚持原来的意见。梁冀喝令散会后,李固随即又递给他一封信,再次劝他立清河王。梁冀对李固执意反对他的决定更为恼恨。

六月丁亥日,梁冀以梁太后的名义下令罢免李固的职务,接着下令由胡广接替李固职务,赵戒接替胡广职务。庚寅日,梁氏兄妹将刘志立为汉桓帝。

建和元年(147年)八月,汉桓帝按照梁太后和梁冀的意旨,将梁女莹(梁太后之妹)召入后宫,立为皇后。

十一月,甘陵县(位于今山东省临清市)刘文、魏郡(位于今河北省临漳县)刘鲔等人四处宣扬"清河王当统天下",并劫持清河王丞相谢暠。刘文、刘鲔等人被捕处死。梁冀借此事件诬陷李固、杜乔与刘文、刘鲔"共为妖言",下令将李固、杜乔等人逮捕入狱。刘蒜被迫自杀。

李固的学生王调闻讯后,提着刑具从渤海郡(位于今河北省沧

七、派系争立 血雨腥风

州市)赴京上书,证明李固无辜受牵;河内郡(位于今河南省沁阳市)赵承等数十人也要自带刑具去为李固申冤。梁太后听说后下令将李固释放出狱。京都百姓得知李固获释,高呼万岁,欣喜若狂。梁冀对李固如此深孚众望非常忌恨,担心李固的存在最终会对他不利,便以原来的诬陷之词下令将李固再次逮捕,害死在狱中。接着,梁冀令人将杜乔杀害。

李固临难之前给胡广、赵戒写去一封信,信中说:"固受国厚恩,是以竭其股肱,不顾死亡,志欲扶持王室。""梁氏迷谬,公等曲从,以吉为凶,成事为败乎?汉家衰微,从此始矣。公等受主厚禄,顾而不扶,倾覆大事。""固身已矣,于义得矣,夫复何言!"胡广、赵戒看了李固遗书后,自感羞愧,"皆长叹流涕"。

京都民众听说李固被害极为悲伤愤慨,一时间,人们纷纷议论,"直如弦,死道边。曲如钩,反封侯"。

《后汉书》卷六十三 李固传

卷六十一 黄琼传

《通鉴纪事本末》卷七 梁氏之变

【简评】

《后汉书》作者范晔评论说:"顺桓之间,国统三绝,太后称制,贼臣虎视。李固据位持重,以争大义,确乎而不可夺。岂不知守节之触祸,耻夫覆折之伤任也。观其发正辞,及所遗梁冀书,虽机失谋乖,犹恋恋而不能已。至矣哉,社稷之心乎!其顾视胡广、赵戒,犹粪土也。"(《后汉书》卷六十三)

吴国两派争立太子

吴①赤乌五年（242年），吴大帝孙权将其第三子孙和（王夫人所生）立为太子，将孙和之弟孙霸（谢姬所生）封为鲁王。

吴大帝宠爱鲁王，让鲁王同太子孙和同住一宫，礼遇和俸禄也完全一样。群臣对此颇有议论。为时不长，孙和与孙霸闹翻了脸。吴大帝听说后，下令让两个儿子分宫居住，其僚属也各自分开。

鲁王孙霸自恃受宠，蓄意结交官员名士以发展自己的势力，朝廷另一批官员则站在太子孙和这一边。于是，两兄弟的宾客形成对立的两派，分别受到朝廷大臣的支持。卫将军（警卫部队将领）全琮等人支持鲁王孙霸，丞相陆逊等人支持太子孙和。吴大帝看到这样发展下去后果严重，便以让太子和鲁王专心学习为借口，禁绝宾客同他们往来。

全琮敌视太子孙和有更深层次的原因。他的妻子鲁班公主（又称全公主，吴大帝步夫人所生）与太子孙和的母亲王夫人积怨很深。鲁班公主曾极力阻止父皇立王夫人为皇后，且怕太子孙和继位后报复她，又多次在父皇面前毁谤太子，一直想把孙和从太子位上拉下来。

赤乌八年（245年），吴大帝患病，派太子孙和赴长沙（位于今

---

① 三国之一，都建业，位于今江苏省南京市。

七、派系争立 血雨腥风

湖南省长沙市)桓王(孙权已故之兄孙策)庙祈祷。鲁班公主派人尾随盯梢。太子妃张氏之叔张休的家离桓王庙不远。张休听说太子孙和远道而来,邀请太子去他家作客。鲁班公主便以此诬告太子去张妃娘家密谋不轨。与此同时,鲁班公主又在父皇面前诬告王夫人见陛下病重面有喜色。吴大帝对鲁班公主的谗言信以为真,对王夫人痛加责难,致使王夫人含冤而死。太子孙和随之亦不再受到父皇宠爱。

吾粲向吴大帝建议把鲁王孙霸调出京都去驻守夏口(位于今湖北省武汉市),把杨竺等人亦调离京都,并多次向陆逊通报有关情况。鲁王孙霸和杨竺等人便一齐诬告吾粲与陆逊结党。于是,吴大帝下令将吾粲逮捕并处死,又多次派人去责问丞相陆逊,致使陆逊忧愤而死。陆逊的外甥太常卿(主管宗庙祭祀、礼乐教育)顾谭亦曾上书维护太子孙和。顾谭之弟顾承和张休都立有战功,受到全琮之子全端、全绪忌妒。吴大帝又听信谗言,下令将顾谭、顾承和张休流放交州(位于今越南河北省仙游县东),接着下令张休自尽。

吴大帝对于孙霸结党陷害太子孙和也很厌恶,转而宠爱潘夫人所生的儿子孙亮。鉴于孙和与孙霸不和引起朝臣分党立派,吴大帝产生废黜孙和太子位,改立孙亮为太子的念头,但迟迟没有拿定主意。

赤乌十三年(250年)秋天,吴大帝下令废黜孙和太子位,将孙和幽禁。骠骑将军(高级将领)朱据与尚书仆射(副丞相)屈晃率领文武百官用泥巴涂头,自行绑缚,连日跪在宫门前请求释放太子孙和。吴大帝对他们此举十分反感,拒不采纳。接着,无难督(吴帝侍卫将领)陈正、五营督(吴帝侍卫将领)陈象亦上书直言,请求赦免孙和。吴大帝看了他们的上书后勃然大怒,下令将陈正、陈象处死,并诛灭其三族。朱据、屈晃等人叩头流血,仍然进谏不止。吴大帝下令将朱、屈二人拉入宫殿,各打100大板,将朱据贬为新都郡（治所位于今安徽省歙县东南）郡丞（行政副长官），将屈晃罢官，责令其还乡。未等朱据到达贬所，吴大帝又下令他自杀。

接着，吴大帝下令将孙和废为平民，迁居故鄣县（位于今浙江省安吉县西北）；下令鲁王孙霸自杀，将孙霸的党羽杨竺、全寄、吴安、孙奇等人处死。随后，吴大帝立孙亮为太子，立孙亮之母潘夫人为皇后。

太元元年（251年）夏天，吴大帝省悟到太子孙和系无罪被废。当年十一月，吴大帝患了中风，想把孙和召回京都。鲁班公主等人极力劝阻。吴大帝只好改封孙和为南阳王，让他住到长沙。

神凤元年（252年）四月，吴大帝病逝，太子孙亮继位为帝。第二年冬天，丞相孙峻派人逼令孙和自杀。孙和临刑前同张妃诀别。张妃对孙和说："作为人妇，应当随丈夫同甘苦共患难；你既然不能活了，我也不愿独自活下去。"说罢，张妃与孙和一同自尽。

《通鉴纪事本末》卷十 吴易太子
《三国志》卷五十 吴主权王夫人传
卷五十九 孙和传
孙霸传

【简评】

吴大帝孙权晚年猜忌多疑，立孙和为太子，又格外宠爱鲁王孙霸。两兄弟反目，朝廷大臣亦为之分为两派。吴大帝误信谗言，使丞相陆逊含愤去世、太子孙和蒙冤被废。从此，吴国的政局开始动乱，逐步走向衰亡。

七、派系争立　血雨腥风

西晋立嗣之误

魏①咸熙元年(264年)三月,魏帝曹奂封大将军、录尚书事(丞相)司马昭为晋王。

晋王司马昭的次子卫将军司马攸为官公正且为人谦和,擅长作文和书法,才能和声誉超过其兄中抚军(位同副丞相)司马炎。司马昭偏爱司马攸,多次想把他立为世子,称"百年之后,大业宜归攸"。

司马炎看出父王有意传位于司马攸,便用心结交朝中大臣为其游说。从事中郎(大将军府属官)山涛向晋王进言说:"应立长子为嗣。如果撇开长子不立而立次子,既违反礼制,对国家亦不利。"中护军(警卫部队将领)贾充对晋王说:"中抚军有君王的贤德,看来是不会改变的。"司徒(名誉丞相,主管民政)何曾、尚书仆射(副丞相)裴秀等人在晋王面前称:"中抚军聪明神武,有超世之才。他天生一副帝王之相,本来就不是为人之臣的形象。"于是,晋王司马昭改变原来意向,将其长子司马炎立为世子。

咸熙二年(265年)八月,晋王司马昭病逝,其世子司马炎继位为晋王,以相国总揽朝政。十二月,司马炎逼迫魏元帝曹奂让位,继位称帝,为晋武帝,改国号为晋,史称"西晋"。

---

① 三国之一,都洛阳,位于今河南省洛阳市。

晋武帝继位后封司马攸为齐王（王府位于今山东省淄博市东北），任命他为骠骑将军，让他留在京都参议军政。时值开国之初，各项法制百废待兴。齐王主管军事、参与朝政，日理万机，悉心治理，受到朝廷内外文武百官的钦佩。

晋武帝共有26个儿子，"诸子并弱"，没有出众的人才。"朝臣内外，皆属意于攸"。晋武帝当然看得出其诸子的才干没有一个能同齐王相比。为了国家长治久安，他理应立齐王为皇太弟，日后由他继位执政。可是，晋武帝没有这样做。

西晋泰始三年（267年）正月，晋武帝将其嫡次子司马衷（嫡长子司马轨早死）立为太子，而司马衷竟是一个生来不识世事的痴呆！

当时，朝野上下都知道太子愚笨无知，不能继承皇位，但无人敢说。尚书令（丞相）卫瓘多次想向晋武帝陈述这件事，一直犹豫没敢开口。一次，卫瓘陪同晋武帝在陵云台饮酒，假装喝醉，跪在晋武帝座位边说："我有话想对皇上说。"晋武帝问道："丞相想说什么？"卫瓘欲言又止，抚着晋武帝的座位说："这个位子可惜啊！"晋武帝明白卫瓘的意思，假装没有听懂，故意把话题岔开说："丞相难道真的喝醉了？"卫瓘从此不再对立嗣之事发表任何意见。

后来，晋武帝亦担忧太子司马衷难以顶替他当政，他对皇后杨艳（太子之母）说："太子弱智，日后恐怕不能让他继位。"杨皇后一口咬定说："立太子向来都是按年龄大小，而不是依才能高低。太子既然立了，怎么能改变？"晋武帝见杨皇后不同意改立太子，亦就听之任之。

晋武帝明知太子司马衷不能继承他帝位，却又忌怕齐王司马攸日后辅政。一次，晋武帝向尚书（朝廷部门长官）张华询问道："你看将来我可以把后事托付给谁？"张华回答说："在陛下至亲中，论聪明贤德，都赶不上齐王。"晋武帝对张华推崇齐王，很不高兴。中书监（主管拟草并发布诏令）荀勖乘机诽谤张华，晋武帝便将张

七、派系争立 血雨腥风

华调任都督幽州(治所位于今北京市区西南部)诸军事(军事长官)。

齐王司马攸"德望日隆",引起荀勖、侍中(侍从皇帝的主官)冯𬘡等人的忌恨。荀勖在晋武帝面前煽动说:"朝廷内外,众臣都心向齐王。看来,陛下万岁以后,太子不可能继位称帝。陛下可以试探一下,诏令齐王回到他的封国。诏令一下,举朝文武百官都会说不能让齐王离开京都。这样,我说的话就能得到验证了。"冯𬘡则极力劝说晋武帝将齐王调出京都任职。于是,晋武帝任命齐王司马攸为都督青州(治所位于今山东省青州市)诸军事。

齐王任命发布后,征东大将军王浑、扶风王司马骏、光禄大夫(主管议论朝政得失)李憙、中护军羊琇、侍中王济和甄德等人都劝谏晋武帝将齐王留在朝廷,晋武帝拒不同意。王济要他的妻子常山公主同甄德之妻长广公主一起去拜见晋武帝。两公主跪下向晋武帝叩头,哭着请求将齐王留下。晋武帝大为恼火,将王济改任国子祭酒(主管礼仪教育),甄德改任大鸿胪(主管少数民族及邦交事务)。此后,羊琇被降为太仆(主管皇帝车马),郁愤而死;李憙告老辞职,死在家中。

太康四年(283年)正月,齐王准备离京去青州上任。晋武帝要太常(主管宫廷礼仪)郑默主持讨论赐给齐王什么物品为好。博士(宫中礼仪及学术顾问)庾旉、太叔广、刘暾、缪蔚、郭颐、秦秀、傅珍等人上书,认为把齐王派到离京都两千里以外的地方任职有"违旧章"。晋武帝看了众博士奏书后勃然大怒,称"博士们所答非所问,有意制造奇谈怪论",下令将庾旉等人逮捕入狱治罪。郑默和博士祭酒(主管博士的官员)曹志亦上书劝谏将齐王留下。晋武帝当即下令将郑、曹二人罢官。曹志怆然叹息说:"哪有如此贤才,又是皇上的亲弟,不能留下来辅助呆痴的太子,而要把他贬斥到遥远的海边?晋朝司马氏的大好江山,眼看就要衰败了!"

司马攸获知他受到荀勖、冯𬘡等人谗毁,"愤怨发疾"。三月,齐王司马攸病情转重，仍被催逼离京上路。行不多远，他便吐血而死，时年36岁。晋武帝听说齐王去世悲伤哭泣。冯纨劝解道："齐王名过其实，而天下人都拥护他。如今，他自己死了，这是国家的幸运啊，陛下为何这么哀伤？"晋武帝听冯纨这么说，"收泪而止"。

太熙元年（290年）四月，晋武帝去世，太子司马衷继位为晋惠帝，尊武帝皇后杨芷（已故皇后杨艳堂妹）为皇太后，封太子妃贾南风为皇后，由录尚书事杨骏（杨芷之父）辅政。

永平元年（291年）三月，贾皇后串通楚王司马玮攻杀杨骏和杨太后，控制朝政。六月，贾后假传诏令杀死汝南王司马亮、录尚书事卫瓘，接着又杀死楚王司马玮。从此，西晋诸王相互残杀，死伤无数。贾皇后和晋惠帝亦在内乱中先后被杀。这次内乱史称"八王之乱"。

持续16年的"八王之乱"，使西晋国力大大损耗。建兴四年（316年），西晋为匈奴族首领刘渊所建的汉国军队灭亡。

《晋书》卷三　武帝纪
　　　　　卷三十八　齐王攸传
《通鉴纪事本末》卷十二　西晋之乱

【简评】

清代学者王夫之认为："西晋之亡，亡于齐王攸之见疑而废以死也。攸而存，杨氏不得以擅国，贾氏不得以逞奸，八王不得以生乱。"（《读通鉴论》卷十一·晋）"惠帝之愚，古今无匹，国因以亡"。"惠帝，必不可为天子者也，武帝护之而不易储，武帝病矣"（《读通鉴论》卷十二·惠帝）。

七、派系争立　血雨腥风

后燕丁太后擅自立王

后燕①王慕容盛猜忌成性，暴虐无道。文武百官稍有过失，慕容盛便下令将其处死。朝中大臣乃至诸王宗亲，人人自危。后燕光始元年（401年）八月二十日夜，前将军段玑等人率众呼喊着冲入后宫，将后燕王慕容盛杀死。

王位突然空缺，后燕朝廷当务之急是确定由谁继位。鉴于国家局势动荡不稳，中垒将军慕容拔、宂从仆射（侍从官）郭仲等人向丁太后（已故后燕王慕容宝王后，慕容盛之母）奏请选立年长的王公为君。众臣希望慕容盛之弟尚书令（宰相）平原公慕容元继承王位。丁太后与河间公慕容熙（慕容盛叔父）私通，决意立慕容熙为王。她怕与大臣商议会引发不同意见，决定不经过讨论，直接向群臣发布诏令。

第二天早晨，文武百官上朝，丁太后当众宣布废黜太子慕容定（慕容盛之子），立慕容熙为王。群臣虽然大为惊异，亦只好顺水推舟，拥戴慕容熙为王。

慕容熙故作姿态，当众推让要慕容元继王位。慕容元谢辞而不肯接受。慕容熙知道群臣本意想拥立慕容元，心中对慕容元特

---

① 都中山，位于今河北省定州市。后迁都黄龙，即龙城，位于今辽宁省朝阳市。

别忌妒。他继位为天王后，随即以谋反罪下令将段玑等人处死。接着，他又以谋反嫌疑的罪名，逼令慕容元自杀。

对于丁太后擅立慕容熙为王，众臣心中不服。中领军（主管警卫部队）慕容提等人暗中策划，伺机起事。

闰八月十九日，丁太后等人出城为慕容盛送葬。慕容提会同步军校尉（级别略低于将军的武官）张佛等人乘机图谋废黜慕容熙，拥立原太子慕容定为王。未等慕容提等人动手，后燕王慕容熙获悉他们的密谋，当即下令将慕容提和张佛等人处死，并令慕容定自杀。

原中山尹（京都行政长官）苻谟的大女儿苻娀娥、小女儿苻训英长得很美。后燕王慕容熙将她俩纳入后宫，封为贵妃，引起丁太后的忌恨。丁太后诅咒慕容熙忘恩负义，反过来谋划要废黜慕容熙王位。

光始二年（402年）十一月，丁太后与七兵尚书（朝廷主管军事的部门长官）丁信（丁太后之侄）谋废慕容熙，拟改立章武公慕容渊为王。后燕王慕容熙听人奏报后勃然大怒，当即逼令丁太后自杀，接着下令将慕容渊和丁信等人处死。

《通鉴纪事本末》卷十八 冯跋灭后燕

《晋书》卷一百二十四 慕容熙载记

【简评】

后燕王慕容盛暴虐被杀后政局出现的动荡，是丁太后一手造成的。众臣意欲拥立较为贤能的慕容元为王，丁太后从其一己私情出发擅立慕容熙为王，慕容元受忌被杀。以慕容提为代表的大臣图谋改立废太子慕容定为王，事泄，慕容提、慕容定等人被杀。丁太后失宠后转而想废黜慕容熙，图谋失败而被迫自杀，吞下她自己酿造的恶果。

七、派系争立　血雨腥风

南朝宋两帝并立

南朝宋①景和元年(465年)十一月,主衣(主管皇帝服饰器物)寿寂之等人袭杀前废帝刘子业(宋孝武帝刘骏长子)。建安王刘休仁(宋孝武帝之弟)拥其兄湘东王刘彧即帝位,为宋明帝。

晋安王府(王府设地寻阳,位于今江西省九江市)长史(事务长官)邓琬对湘东王称帝不服。泰始二年(466年)正月,邓琬诈称受路太皇太后(宋孝武帝之母)密诏,拥戴时年11岁的晋安王刘子勋(宋孝武帝第三子)在寻阳继位称帝。邓琬任尚书右仆射(宰相),前荆州(治所位于今湖北省江陵县)行事(代理军政长官)张悦任吏部尚书(朝廷主管官吏任免的部门长官)。

这样,南朝宋出现二帝并立的局面。

徐州(治所位于今江苏省徐州市)刺史(军政长官)薛安都、冀州(治所位于今山东省济南市)刺史崔道固、雍州(治所位于湖北省襄樊市)刺史袁顗、豫州(治所位于今安徽省寿县)刺史殷琰、益州(治所位于今四川省成都市)刺史萧惠开、湘州(治所位于今湖南省长沙市)行事何慧文、广州(治所位于今广东省广州市)刺史袁昙远、行会稽郡(治所位于今浙江省绍兴市)事孔觊等人纷纷举兵拥护刘子勋称帝。一时间,多数州郡依附于少帝刘子勋,向他进贡称

---

① 都建康,位于今江苏省南京市。

臣。臣服宋明帝刘彧的只有丹杨（治所建康）、淮南（治所位于今安徽省当涂县南）等郡。

　　面临如此严峻的形势，宋明帝召集文武大臣商议对策。他采纳吏部尚书蔡兴宗的意见，对依附刘子勋的官员在建康的亲属一律宽抚优待，以收拢人心。他接受兖州（治所位于今山东省兖州市）司法参军（州府属官）葛僧韶的建议，将兖州刺史殷孝祖（葛僧韶之舅）及其2000名部众召回建康，以加强京都防卫。接着，宋明帝令山阳王刘休祐率军西讨殷琰、巴陵王刘休若率军东讨孔觊。建武将军吴喜率兵攻下义兴（治所位于今江苏省宜兴市）等东南四郡，孔觊兵败被杀。

　　邓琬等人当政后忘乎所以，卖官鬻爵，以权贪赃，酣歌娱乐，日夜不停，引起"士民忿怨，内外离心"，寻阳政权出现危机。

　　二月，宋明帝派山阳王刘休祐率军进抵历阳（位于今安徽省和县）。邓琬派左卫将军孙冲之、右卫将军陶亮率2万名兵士东下，进驻赭圻（位于今安徽省繁昌县西北长江南岸）。

　　三月，两军在赭圻交战，宋明帝的抚军将军殷孝祖阵亡。孙冲之提议乘胜率军攻取建康，陶亮没有答应。之后，陶、孙二将率众退至鹊尾（位于今安徽省繁昌县东北），留部将薛常宝镇守赭圻。

　　四月，宋明帝派辅国将军沈攸之等率军在鹊尾截获邓琬所任豫州（治所位于今安徽省寿县）刺史刘胡的援粮车队，一举攻占赭圻，扭转了战局。邓琬急令雍州（治所位于今湖北省襄樊市襄阳城）刺史袁顗率1000艘楼船、20000名兵士赶到鹊尾增援刘胡。刘、袁二人却不能协调一致，刘胡指责袁顗不懂军事，袁顗则拒绝向刘胡提供粮食支援。

　　八月，沈攸之的部将刘亮率军进攻刘胡军营，刘胡不敢领军抵抗，撇下袁顗，仓皇退逃。袁顗闻讯亦弃军逃跑，被追杀。建安王刘休仁随即收编刘胡、袁顗丢下的10万军士。张悦听说刘胡败逃，知道败局已定，随即斩杀邓琬，向刘休仁投降。沈攸之率军攻

七、派系争立 血雨腥风

入寻阳,将少帝刘子勋杀死,结束两帝并立的局面。

在此前后,袁昙远、刘胡等兵败被杀,何慧文兵败自杀,萧惠开、崔道固、薛安都、殷琰等率部向宋明帝投降。为斩草除根,宋明帝下令将宋孝武帝活着的儿子安陆王刘子绥、临海王刘子顼、邵陵王刘子元、松滋侯刘子房等13人全部处死。

《通鉴纪事本末》卷二十 废帝之乱

【简评】

南朝宋两帝并立的局面形成后,宋明帝应对得法,由弱转强;邓琬辅佐少帝刘子勋,以权贪赃,失去人心,其所遣将领无意进取,最终失败。由此可见,事在人为,任何格局都是可以转化的。

北魏晚期的帝位变迁

北魏①永安三年(530年)九月,北魏孝庄帝元子攸察觉都督中外诸军事(最高军事将领)、尚书令(丞相)尔朱荣图谋自立为帝,深知与尔朱荣势不两立,指使近臣光禄少卿(主管宫殿民籍及百官膳食的副官)鲁安等人将尔朱荣杀死。

尚书仆射(副丞相)尔朱世隆(尔朱荣堂弟)获悉尔朱荣被杀,当夜率领尔朱荣部属撤离京都洛阳北返。汾州(治所位于今山西省隰县)刺史(军政长官)尔朱兆(尔朱荣之侄)闻讯后,率领骑兵赶赴晋阳(尔朱荣原镇地,位于今山西省太原市西南),与尔朱世隆会师,二人聚集力量与朝廷抗衡。十月,他们拥立并州(治所晋阳)刺史长广王元晔(北魏皇族成员)继位称帝,由尔朱兆任大将军,尔朱世隆任尚书令,共同控制这个设在晋阳的小朝廷。

十二月,尔朱兆率领骑兵越过黄河,攻入洛阳皇宫,将北魏孝庄帝抓捕,押往晋阳。晋州(治所位于今山西省临汾市)刺史高欢听说孝庄帝被掳,随即率领骑兵前往拦截,但没有遇上。高欢火速传信给尔朱兆,劝他不要杀害孝庄帝。尔朱兆没有接受高欢规劝,将孝庄帝押至晋阳后,吊死在三级佛寺。

普泰元年(531年)二月,尔朱世隆护送北魏帝元晔从晋阳移

---

① 都洛阳,位于今河南省洛阳市。

七、派系争立　血雨腥风

居京都洛阳。接着,尔朱世隆以元晔系北魏皇族远支,逼他让位,拥立为逃避祸乱装哑8年的广陵王元恭(北魏孝文帝元宏之侄)继位,为节闵帝(前废帝)。节闵帝封元晔为东海王,任命尔朱世隆为尚书令,由其总揽北魏朝政。

尔朱世隆自以为拥立新帝有功,坐在家里处理公事,签发公文。他任意封官许愿,贪赃枉法。与此同时,尔朱兆占据并州、汾州,尔朱天光(尔朱荣之叔)控制关右(位于今陕西省潼关县以西)地区,尔朱仲远(尔朱荣堂弟)控制徐、兖二州(位于今山东省中南部)。他们争相贪赃弄权。朝野上下对尔朱氏专权深恶痛绝。

东道大行台(朝廷派驻东部地区的军政长官)、冀州(治所位于今河北省冀州市)刺史高欢不能容忍尔朱氏如此祸乱朝政。当年(531年)十月,高欢在信都(即冀州)拥立渤海郡(治所位于今河北省南皮县东北)太守(行政长官)元朗(章武王元融第三子)即帝位,史称其为北魏后废帝。高欢自任丞相,与洛阳尔朱氏控制的朝廷分庭抗礼。

普泰二年(532年)四月,高欢率军击败尔朱氏各部,控制北魏局势。当时国内二帝并存,高欢必须作出取舍。

后废帝元朗虽为高欢所立,但他系皇族远支,高欢决意将他废黜,想保留节闵帝元恭的帝位。为此,高欢派遣仆射魏兰根去洛阳观察节闵帝的为人。魏兰根入见节闵帝后,看到他神采奕奕,见解高明,担心日后难以对他控制。他返回冀州后,劝说高欢在废黜元朗帝位的同时,亦要废黜元恭的帝位。高欢有些犹豫不定,召集所属百官开会,征询众人意见。百官都不肯表态。于是,高欢接受魏兰根的意见,下令将北魏节闵帝元恭软禁在崇训佛寺,然后领兵进入洛阳。

随后,高欢召集朝廷文武百官,宣布废黜节闵帝。节闵帝被废后赋诗感叹道:"朱门久可患,紫极非情玩,颠覆立可待,一年三易换。时运正如此,唯有修真观。"

接着,高欢逼迫后废帝元朗退位,派人把躲在农家的平阳王元修(广平武穆王元怀第三子)迎接入宫,拥立他为帝,即北魏孝武帝。孝武帝继位后,改封后废帝元朗为安定郡王,任命高欢为丞相、天柱大将军,由高欢总揽北魏军政。

　　五月,北魏孝武帝指使人毒死前废帝元恭。十一月,北魏孝武帝又指使人杀死后废帝元朗、东海王元晔。

《魏书》卷九 肃宗纪

卷十一 废出三帝纪

《北史》卷五 节闵帝纪

《通鉴纪事本末》卷二十二 元魏之乱

【简评】

　　北魏孝庄帝杀死尔朱荣,引发内乱。高欢等人同尔朱氏集团争立皇帝,加剧了北魏的衰落。孝武帝猜忌滥杀,不久与居守晋阳遥控朝政的丞相高欢矛盾激化。孝武帝欲北伐高欢,高欢举兵南下。孝武帝放弃洛阳西逃,高欢另立新帝,致使建国近150年鼎盛一时的北魏分化为东魏、西魏。

七、派系争立 血雨腥风

武女皇被废及随后的皇位争夺

唐①弘道元年(683年)十二月,唐高宗李治病逝,太子李哲(又名李显)继位为唐中宗,尊奉其母武后②为皇太后,朝政大事由武太后决断。

武太后废唐睿宗称帝

嗣圣元年(684年)正月,唐中宗立太子妃韦氏为皇后,将韦后之父韦玄贞由普州(治所位于今四川省安岳县北)参军(军事参谋官)提升豫州(治所位于今河南省汝南县)刺史(行政长官)。接着,唐中宗又要任命韦玄贞为侍中(侍从皇帝的主官)。奉唐高宗遗命辅政的中书令(宰相)裴炎不同意将韦玄贞任命为侍中。唐中宗大为恼火,声称:"一个侍中的官职算什么,我把天下送给韦玄贞又有什么不可!"裴炎十分恐惧,将这一情况奏告武太后。

---

① 都长安,位于今陕西省西安市。
② 唐高宗皇后武则天共生四子:李弘、李贤、李哲、李旦。李弘、李贤先后被唐高宗立为太子,但都被武皇后害死。

二月六日，武太后召集百官，宣布废唐中宗为庐陵工。唐中宗问道："我有什么罪？"武太后说："你要把天下送给韦玄贞，还没有罪！"于是，武太后下令将废帝李哲幽禁，立豫王李旦为帝。李旦继位为唐睿宗后，由武太后临朝听政。武太后令唐睿宗居于别的宫殿，对朝政"不得有所预"。

闰五月，礼部尚书（朝廷主管礼仪教育的部门长官）、同中书门下三品（宰相职衔）武承嗣（武太后之侄）奏请武太后追封其祖先为王。对此，裴炎持不同意见，由此得罪武太后。武太后及其诸侄专断朝政，引起"唐宗室人人自危，众心愤惋"。此间，眉州（治所位于今四川省眉山县）刺史李敬业（唐高祖赐其祖父徐世勣姓李）被贬为柳州（治所位于今广西区柳州市）司马（州府属官），长安县（治所位于今陕西省西安市南）主簿（主管文秘）骆宾王被贬为临海（治所位于今浙江省临海市）县丞（行政副长官）。李敬业等人对降职心怀不满，以"匡复庐陵王为辞"，在扬州（位于今江苏省扬州市）起兵讨伐武太后。在这种情况下，裴炎建议武太后把朝政大权还给唐睿宗，认为这样叛乱自然会平息。武太后拒而不纳，对裴炎更为恼恨。不久，李敬业兵败。武太后以谋反罪下令将裴炎处死。

此后，武太后"疑天下人多图己"，决意大开杀戒以树立自己的权威。她信用游击将军索元礼、秋官侍郎（朝廷主管刑事的部门副长官）周兴、御史中丞（最高监察机关副长官）来俊臣等人，"网罗无辜，织造反状"，滥施酷刑，使数以千计的正直之士惨遭迫害。

载初元年（690年）九月，武太后改国号为"周"，自称圣神皇帝，降唐睿宗为皇嗣，封武承嗣为魏王、武三思（武太后之侄）为梁王，让他们在朝廷专权。同时，武皇帝任命张昌宗为散骑常侍（侍奉皇帝出入的官员）、张易之为司卫少卿（负责皇帝安全保卫），让他俩侍奉在身边供她淫乐。张氏兄弟恃宠，在后宫专权。

七、派系争立　血雨腥风

武皇帝被废及唐中宗复位

神龙元年(705年)正月,武皇帝病重。

二十四日,宰相张柬之与凤阁侍郎(主管拟草诏令的副官)崔玄𬀩、司刑少卿(主管刑事的副官)桓彦范、左威卫将军(警卫部队将领)薛思行等人率500名警卫兵士控制玄武门,派右羽林卫大将军(警卫部队将领)李多祚带人去东宫迎接被废后重新立为太子的李显。张柬之等人斩杀张昌宗、张易之,进入武皇帝居住的长生殿。

武皇帝听到人声噪动,大为惊骇,从病床上坐起来,问道:"什么人敢造反?"张柬之答称张昌宗、张易之谋反,臣奉太子之命已将二张处死。这时,众人将李显拥到武皇帝面前。武皇帝责备李显说:"是你领头造反?那两个小东西已被处死,你可以回东宫去了!"桓彦范接过武皇帝的话说:"太子怎么还能回到东宫!全天下人都希望李氏坐天下,所以我们尊奉太子,诛杀贼臣。请陛下将皇位传给太子,以顺应天意人心!"武皇帝转而向崔玄𬀩质问道:"你是我亲自提拔的,怎么亦参与他们造反?"崔玄𬀩回答说:"我正是以此来报答陛下的恩德。"

当天,武皇帝被迫将皇位让给太子李显,移居上阳宫。当年十一月,武太后在郁闷中病逝。

当初,废帝李哲和韦氏被幽禁房州(位于今湖北省房县)时,饱尝人世间的辛酸。只要一听说母太后派人来了,李哲便心惊肉跳,有几次吓得要自杀。韦氏劝慰他说:"福中有祸,祸中有福,不可能永远倒霉。人生在世总有一死,但用不着这样急于去寻死!"李哲对韦氏说:"等到重见天日以后,我将让你为所欲为,不对你加以任何限制。"

李显在被废21年后复位为帝,复国号唐,复立韦氏为皇后。此时,武承嗣已经死去,武三思任太子宾客(太子侍从官)。武太后的侍女上官婉儿能写一手好文章,由此受到唐中宗的信用。武三思与上官婉儿私通,经上官婉儿引荐,唐中宗任命武三思为司空、同中书门下三品,让他参议朝政。

韦皇后召武三思入后宫玩双陆(一种棋类游戏),与之勾搭成奸。唐中宗、韦皇后还将他们的小女儿安乐公主嫁给武三思之子武崇训为妻,彼此结下儿女之亲。由于这层关系,武攸暨(武太后伯父之孙)由右散骑常侍加任司徒(名誉宰相,主管民政)。武氏势力得以重新抬头。

洛州(治所位于今河南省洛阳市)长史(事务长官)薛季昶见武氏再次得势,深为忧虑,对宰相张柬之和纳言(即侍中)敬晖说:"二张虽除,吕产、吕禄①还在,斩草不除根,终究还要复生!"张、敬二人回答说:"大局已经安定下来,武三思等人不过是案板上的肉而已,他还能有什么能耐!"薛季昶听他们这么说,叹息道:"唉,我不知道将会死在哪里!"朝邑县(治所位于今陕西省大荔县东)县尉(主管治安)刘幽求亦曾提醒桓彦范、敬晖说:"容忍武三思得势,你们这些大臣将死无葬身之地;如果不趁早把他处死,他将会吃人肉,喝人血,无所不用其极!"桓、敬二人不以为然。此后不久,张柬之等人对武氏势力复起感到忧惧,多次请求唐中宗诛灭武氏,每次都遭到唐中宗否决。张柬之等人"抚床叹愤,或弹指出血",而无可奈何。

---

① 二张指张昌宗、张易之。吕产、吕禄系西汉吕太后之侄。吕太后病危时让其掌管警卫部队,后来二吕谋乱被杀。此处借指武太后之侄武三思等人。

七、派系争立　血雨腥风

韦皇后乱政图谋走武后之路

武三思得势后,首先设计排斥张柬之等人,谋夺执政大权。

当年(705年)五月,武三思串通韦皇后说通唐中宗,封张柬之为汉阳王、敬晖为平阳王、崔玄暐为博陵王、桓彦范为扶阳王、中书令袁恕已为南阳王,同时免去他们的宰相职务。随后,武三思"令百官复修则天之政",对于不肯依附武氏的官员一概贬斥,对于受到张柬之等五王排斥的官员一概官复原职。接着,唐中宗又听信武三思谗言,将崔玄暐、张柬之、敬晖、桓彦范和袁恕已等人先后贬出京都,分赴梁州(治所位于今陕西省汉中市东)等五地任刺史。

神龙二年(706年)五月,武三思指使其亲信中书舍人(负责拟草诏令)郑愔诬告敬晖等五人谋反。唐中宗随即下令将敬晖由朗州(治所位于今湖南省常德市)刺史贬为崖州(治所位于今海南省琼山市东南)司马、桓彦范由亳州(治所位于今安徽省亳州市)刺史贬为泷州(治所位于今广东省罗定市)司马、张柬之由襄州(治所位于今湖北省襄樊市)刺史贬为新州(治所位于今广东省新兴县)司马、袁恕已由郢州(治所位于今湖北省钟祥市)刺史贬为窦州(治所位于今广东省信宜县西)司马、崔玄暐由均州(治所位于今湖北省丹江口市西北)刺史贬为白州(治所位于今广西区博白县)司马,五人都作为编外人员安置。

当年七月,武三思指使人诬陷敬晖等人散布韦皇后丑行,授意太子李重俊(其母为某宫女)上书,请求将敬晖等人处死并诛灭其三族。唐中宗没有同意将敬晖等人处死,下令将他们分别流放琼州(位于今海南省琼山市)等地。

之后,武三思伪造诏令,指使大理正(最高审判机关负责复查案件的官员)周利用前往南方杀害张柬之等人。周利用到达南方前,张柬之、崔玄暐已死。周利用先后收捕桓彦范、敬晖、袁恕已,将他们残害致死。薛季昶当时被贬为儋州(治所位于今海南省儋州市)司马,听说敬晖等人被害,忧愤服毒自杀。

　　武三思害死张柬之等人后,"权倾人主"。接着,他把攻击的矛头指向太子李重俊。武三思与韦皇后串通一气,以太子不是皇后所生图谋将他废黜。安乐公主"恃宠骄恣",与其丈夫左卫将军武崇训经常凌辱太子,称他为奴才。武崇训唆使安乐公主向唐中宗请求,废黜太子李重俊,将她立为皇太女。太子李重俊憋着一肚子气,忍无可忍。

　　神龙三年(707年)七月初六,太子李重俊与左羽林大将军李多祚等人假称唐中宗诏令,调集警卫兵士将武三思、武崇训父子杀死在家中。

　　接着,他们率众冲入宫门,准备捉拿上官婉儿、安乐公主和韦皇后。唐中宗闻报,匆忙领着韦皇后、安乐公主和上官婉儿躲进玄武门城楼。这时,李多祚对是否攻楼产生犹豫,唐中宗乘机指使卫兵将李多祚等人斩杀。太子李重俊率领百名骑兵逃往终南山(位于今陕西省西安市南)。行抵鄠西(位于今陕西省户县境内)时,太子李重俊被随行人员杀死。

　　安乐公主引发这场祸乱之后,没有收心敛念,仍然图谋皇太女之位。她转而把相王李旦视为影响其册立皇太女的最大障碍,勾结兵部尚书(朝廷主管军事的部门长官)宗楚客,指使侍御史(最高监察机关内设机构长官)冉祖雍上书,诬告相王李旦和太平公主(武则天之女)"与重俊通谋,请收付制狱"。唐中宗令吏部侍郎(朝廷主管官吏任免的部门副长官)兼御史中丞(最高监察机关副长官)萧至忠负责审理此案。

　　萧至忠流着眼泪对唐中宗说:"陛下拥有天下,怎么能容许别人罗织罪名陷害你的一个弟弟一个妹妹呢?当初,相王作为皇嗣,

七、派系争立 血雨腥风

请求母后将陛下重新立为太子,为此多少天吃不下饭,这是天下人所共知的。陛下怎么能因冉祖雍一人之言而怀疑亲弟!"唐中宗为萧至忠的话所感动,同意将冉祖雍的诬告信放下不再追问。

朝廷内外官员对韦皇后和安乐公主恃宠乱政十分痛恶。景龙四年(710年)五月,许州(治所位于今河南省许昌市)司兵参军(军事参谋官)燕钦融上书揭露韦皇后"淫乱,干预国政",并弹劾安乐公主和其新夫右卫将军武延秀(武承嗣次子)串通宗楚客"图危宗社"。唐中宗召燕钦融入宫当面质询,燕钦融"顿首抗言,神色不挠"。唐中宗默然不语。不久,宗楚客指使人将燕钦融害死。唐中宗听说燕钦融被杀,知道不便追查凶手,心中颇为不快。但唐中宗万万没有想到,此时,几双毒手正朝着他伸过来。

唐中宗遇害及唐睿宗复位

散骑常侍马秦客、光禄少卿(主管宫殿门户及宫廷膳食的副官)杨均与韦皇后长期通奸,二人害怕暴露被杀;安乐公主则希望母后能取代父皇主持朝政,以便将她立为皇太女。于是,马、杨二人与安乐公主共同劝说韦皇后除掉唐中宗。韦皇后久有独掌朝政之心,便与他们合谋对唐中宗下手。

当年六月初二,唐中宗误食韦皇后等人所进的毒饼,当即死去。第二天,韦皇后严密部署警卫后,召几位宰相入宫,告之皇帝系暴病猝死,宣布由上官婉儿拟草的唐中宗"遗诏",立时年16岁的北海王李重茂(唐中宗第四子,宫女所生)为太子,由太子李重茂继位。少帝李重茂尊奉韦皇后为皇太后,请韦太后临朝听政。

接着,安乐公主图谋害死少帝李重茂,让母太后像武太后那样继位称帝。她顾忌相王李旦和太平公主阻挠,便与宗楚客等人密谋策划，准备除掉李旦和太平公主。兵部侍郎（兵部副长官）崔日用获悉他们这一阴谋后，派人转告相王李旦之子临淄王李隆基。李隆基久怀"匡复社稷"之志，在京都私下结交一批智勇双全的斗士。他得到崔日用提供的情报后，不肯惊动其父，立即与太平公主等人谋划先发制人。

当月二十日晚上，李隆基率其部众闯入羽林军（警卫部队）营房，斩杀警卫将领韦璿等人，称韦后"鸩杀先帝，谋危社稷"，策动羽林军将士共同诛杀国贼。羽林军官兵都欣然听命。三更时分，李隆基率羽林军将士杀入宫中，将韦太后、安乐公主、武延秀、上官婉儿等人斩杀。

接着，李隆基下令将韦后宗族党羽斩尽杀绝。宗楚客身穿丧服骑着一头黑毛驴落荒而逃，在通化门被兵士拦杀。

二十四日，太平公主等人劝说少帝李重茂让位，拥李旦复位为帝。二十七日，唐睿宗李旦将李隆基立为太子。唐皇位之争暂且落下帷幕。

据《通鉴纪事本末》卷三十 武韦之祸
《旧唐书》卷六 则天皇后本纪
卷五十一 中宗韦庶人传

【简评】

《新唐书》作者欧阳修、宋祁认为："自高祖至于中宗，数十年间，再罹女祸，唐祚既绝而复续，中宗不免其身，韦氏遂以灭族。玄宗亲平其乱，可以鉴矣。"（《新唐书》卷五·睿宗皇帝本纪、玄宗皇帝本纪）"武后之恶，不及于大戮，所谓幸免者也。至中宗韦氏，则祸不旋踵矣。然其亲遭母后之难，而躬自蹈之，所谓下愚不移者欤"（《新唐书》卷四·则天顺圣武皇后本纪、中宗皇帝本之纪）。

七、派系争立　血雨腥风

　　清代学者赵翼认为:"武后改朔易朝,徧王诸武,杀唐子孙几尽,甚至自杀其子孙数人,以纵淫欲,其恶为古今未有。"(《二十二史札记》卷三·吕武不当并称)

唐文宗继嗣之争

唐文宗李昂(唐敬宗李湛异母弟)继位后,汲取唐敬宗游宴荒政的教训,"励精求治,去奢从俭"。唐文宗只有两个儿子,他将长子李永(王德妃所生)立为太子、次子李宗俭(宫女生)封为蒋王。

不久,宗俭病逝,唐文宗对太子李永更加寄予厚望。他特意选择户部侍郎(朝廷主管户籍财政的部门副长官)庾敬休等德才兼备的大臣做太子的辅导老师,希望太子能健康成长,今后承继大业。太子李永却喜欢游玩,不爱读书,经多次教育也没有改正。唐文宗大为失望。

后来,唐文宗宠爱杨贤妃,太子的母亲王德妃渐渐失宠。杨贤妃经常在唐文宗面前谗毁王德妃,致使王德妃忧郁而死。杨贤妃担心太子日后要替其母报仇,饶不了她,接着又在唐文宗面前谗毁太子李永,于是唐文宗起意要废黜太子。

唐开成三年(838年)九月初七日,唐文宗召集众臣,历数太子李永贪于游宴等过失后说:"照这样,他今后能做天子吗?"意欲要将太子废黜。御史中丞(最高监察机关副长官)狄兼谟等人说:"太子作为国家的根本,不可轻易改变!何况太子年龄还小,应当允许他改正过错。"第二天,4名翰林学士(皇帝学术顾问兼文秘官员)和16名神策军军使(警卫军将领)联名上书维护太子,唐文宗才不再坚持将太子废黜。

七、派系争立 血雨腥风

十月十六日,太子李永突然去世,其死因不明。

开成四年(839年)十月,杨贤妃请求立唐文宗之弟安王李溶为皇太弟。唐义宗就此事同宰相商议,因宰相李珏反对,杨贤妃的提议被搁下。当月十八日,唐文宗立陈王李成美(唐敬宗小儿子)为皇太子,未行册文。左、右神策军护军中尉(警卫部队将领)宦官仇士良和鱼弘志对文宗所立太子不是由他们提名而愤愤不平。

第二天,唐文宗去会宁殿观看杂技表演。有个儿童表演爬杆,杆下有一人来回奔跑,望着杆上的儿童加以防护。唐文宗感到奇怪,问那个跑来跑去的人是谁,左右侍从告诉他,是那爬杆孩子的父亲。唐文宗为之伤感说:"我身为国之主,竟不能保住一个儿子!"为此,唐文宗召见教坊(主管宫中演艺杂技的官员)刘楚材、宫人张十十等人大加训斥,以坑害太子的罪名将刘楚材等多人处死。

开成五年(840年)正月初二日,唐文宗因患中风病危。他令知枢密(负责传达诏令、接受奏章)宦官刘弘逸、薛季棱传召宰相杨嗣复、李珏入宫,想要杨、李二人辅佐太子李成美监国(代理朝政)。

仇士良和鱼弘志闻讯后借机发难。他们声称太子年幼且有病,要求重立太子。李珏说:"太子位既然已经确定,怎么能中途改变!"仇士良、鱼弘志对李珏的话充耳不闻,他们见唐文宗已经病入膏肓,假传唐文宗诏令,废黜李成美太子位,改立颖王李瀍(唐文宗之弟)为皇太弟。

初四日,唐文宗去世。仇士良唆使皇太弟李瀍下令杨贤妃、安王李溶、废太子李成美自杀。接着,仇士良、鱼弘志拥立皇太弟李瀍即帝位,为唐武宗。

八月十七日,刘弘逸、薛季棱率警卫军士护卫唐文宗灵柩出葬,准备借机攻杀仇士良、鱼弘志。他们的预谋被人告发,唐武宗下令将刘弘逸、薛季棱等人处死。

唐武宗忌恨杨嗣复和李珏当初没有拥立他为皇太弟,接着下令将杨嗣复贬为湖南(治所潭州,位于今湖南省长沙市)观察使(军政长官)、李珏贬为桂管(治所桂州,位于今广西区桂林市)观察使。

会昌元年(841年)三月,唐武宗派宦官分赴潭州和桂州,准备将杨嗣复和李珏处死。宰相李德裕听说后,随即与宰相崔珙、崔郸、陈夷行等人联名上书加以劝阻,称"杨嗣复、李珏如果有罪,应当先查清楚,再处治也不晚",请求唐武宗赦免他们的死罪,以免人们为他们鸣冤。

唐武宗看了几位宰相的奏书后,召见李德裕等人,对他们说:"李珏拥戴陈王,杨嗣复拥戴安王。如果安王、陈王得志,哪有我今日?看在诸位宰相的面上,特赦免杨、李二人的死罪。"于是,唐武宗下令将前往执刑的宦官召回,将杨嗣复贬为潮州(治所位于今广东省潮州市)司马(州府属官)、李珏贬为端州(治所位于今广东省肇庆市)司马。

《旧唐书》卷十八上 武宗本纪
　　卷一百七十五 文宗二子传
《通鉴纪事本末》卷三十五 宦官弑逆

【简评】

唐朝自元和末年(820年)起,"宦官益横,建置天子在其掌握,威权出人主之右,人莫敢言"(《通鉴纪事本末》卷三十五·宦官弑逆)。宦官内部亦分为不同派别,为着各自的利益相互争斗。唐文宗立嗣风波,既有后妃与大臣之争,也有大臣与宦官、宦官与宦官的角逐。

七、派系争立　血雨腥风

元成宗身后派系争立

元①大德九年(1305年)六月,元成宗铁穆耳(元世祖忽必烈已故太子真金第三子)将他唯一的儿子德寿(已故皇后失怜答里所生)立为太子。当年十二月,太子德寿去世。

元成宗去世后嗣位之争

大德十一年(1307年)正月,元成宗病逝。元成宗生前没有确定皇储,围绕由谁继嗣,朝廷内外很快形成两派势力。以元成宗皇后卜鲁罕、左丞相阿忽台、平章(副丞相)八都马辛等人为一方,欲立安西王阿难答(元世祖第三子忙哥剌长子)为帝;以右丞相哈剌哈孙为首的另一方则要拥立怀宁王海山(元成宗之侄,其父答剌麻八剌为真金次子,早逝)为帝。

卜鲁罕皇后召右丞相哈剌哈孙讨论立嗣,哈剌哈孙收缴了百官印章,部署好宫门警卫,称病拒不应召。阿忽台等人想除掉哈剌哈孙,但未敢轻易发兵。

---

① 都大都,位于今北京市区。

这时，怀宁王海山从其按台山（又称"金山"，即今蒙古国阿尔泰山）镇所派其部属康里脱脱来京城大都奏事。哈剌哈孙令康里脱脱立即返回，向海山报告朝廷面临的情况，要海山尽快回京，同时派人去怀州（治所位于今河南省沁阳市）迎接海山同母弟爱育黎拔力八达入京。

爱育黎拔力八达对是否入京有些犹豫，其辅导老师李孟劝说道："旁支不得继承皇位，这是世祖的遗训。如今皇上去世，殿下您应当急速回到宫廷，以安定人心。"爱育黎拔力八达派李孟去与哈剌哈孙联络，随即于二月辛亥日返回大都。海山则由按台山抵达和林（位于今蒙古国鄂尔浑河上游右岸哈尔和林）。

阿忽台等人对爱育黎拔力八达返回京都大为忌惮，策划以祝贺其生日为名将爱育黎拔力八达除掉。哈剌哈孙获悉这一情报后，连夜派人将情况密告爱育黎拔力八达，并劝告说："怀宁王距离遥远，不能马上赶回来。我担心会发生不测之事，应当赶在他们前面下手。"爱育黎拔力八达当即派都万户（警卫军将领）囊加歹与秃剌（元太祖五世孙）等人谋划，决定在爱育黎拔力八达生日的前两天行动。

三月丙寅日，囊加歹率兵进入内宫，声称怀宁王召安西王议事，将安西王阿难答抓捕，押往上都（位于今内蒙古正蓝旗东），同时将阿忽台、八都马辛等人斩杀。接着，哈剌哈孙等人拥戴爱育黎拔力八达监国（代理主持朝政）。

五月，海山返回上都后，下令诛杀安西王阿难答，废黜并处死卜鲁罕皇后，自己即帝位，为元武宗。六月，元武宗将爱育黎拔力八达立为太子。

七、派系争立 血雨腥风

元武宗继位后立嗣之争

至大三年（1310年），丞相三宝奴动议改立元武宗长子和世㻋为太子，约请左丞相康里脱脱商议此事。康里脱脱说："皇太弟早已定位，居住东宫。皇上兄弟叔侄世世相承，怎么能变乱其顺序呢？"三宝奴说："今天，皇上作为兄长将把皇位传给其弟，明天叔父还能将皇位传给其侄吗？"康里脱脱坚持不同意见，三宝奴只好将改立太子的动议放下。为此，爱育黎拔力八达对三宝奴怀恨在心。

至大四年（1311年）正月，元武宗病逝，爱育黎拔力八达即位，为元仁宗。他以"变乱旧章"罪下令将三宝奴等人处死。元仁宗立其嫡子硕德八剌为太子，封和世㻋为周王，派他去镇守云南（即云南行省，治所位于今云南省昆明市）。延祐三年（1316年）十一月，和世㻋行至延安（位于今陕西省延安市）时接受其部属建议，改道北行，抵达金山（阿尔泰山），封王察阿台率领部众归附他。于是，周王和世㻋便留居金山。

延祐七年（1320年）正月，元仁宗病逝，太子硕德八剌继位为元英宗。元英宗将和世㻋之弟图贴睦尔迁居琼州（位于今海南省琼山市）。

泰定帝身后两帝并立

至治三年（1323年）八月，御史大夫（最高监察机关长官）铁失等人将元英宗杀死，迎立镇守北部边区的晋王也孙铁木儿（真金长子甘麻剌的长子)即帝位,为泰定帝。泰定帝立其子阿剌吉八为太子,封图帖睦尔为怀王,将他从琼州迁居建康(位于今江苏省南京市),再迁至江陵(位于今湖北省江陵县)。

致和元年(1328年)三月,泰定帝因病去上都祭祖。金枢密院事(最高军事机关副长官)燕贴木儿感念元武宗"宠拔之恩",对其二子被迁一直愤愤不平。在泰定帝离大都去上都期间,他暗中策划拥立和世㻋兄弟为帝。

七月庚午日,泰定帝在上都病逝。皇后八不罕派官员去大都,令平章政事(副丞相)乌伯都剌收掌朝廷各部门印章,安抚人心。

八月甲午日,乌伯都剌召集朝廷百官开会。燕贴木儿乘机率领17名武士持刀冲入会场,向百官声称:"武宗皇帝有两个儿子,理应由他俩掌管天下。谁敢不服从,就杀死谁!"燕贴木儿当场将乌伯都剌等人逮捕入狱,控制大都局势。接着,他派人去江陵迎接怀王图帖睦尔。

侍奉泰定帝去上都的丞相倒剌沙听说大都发生政变,当即将支持燕帖木儿政变的封王满秃等18人处死,在上都拥立年仅9岁的太子阿剌吉八为天顺皇帝,并派梁王王禅等率兵攻打大都。

八月丁巳日,图帖睦尔在元武宗旧臣河南行省平章政事(行政长官)伯颜等人武装护送下返回大都。

九月,燕帖木儿下令处死平章乌伯都剌等人,在大都拥立图帖睦尔继位,为元文宗。这样,元朝出现两帝并立的局面。

明、文二帝在血与火中沉浮

当年九月,梁王王禅率军进抵榆林(位于今河北省怀来县东南榆林堡)。燕帖木儿从大都率军进抵居庸关(位于今北京市昌平县西

七、派系争立　血雨腥风

北),在榆林将王禅军击败。燕帖木儿乘胜率军在白浮(位于今北京市昌平县北)大败上都军,斩首数千级,俘虏1万多人。之后,上都军攻进古北口(位于今北京市密云县东北),大都军伤亡惨重。不久,两军在石槽(位于今北京市顺义县西北)一带展开激战,上都军大败。

十月辛丑日,齐王月鲁帖木儿率领大都军包围上都,倒刺沙捧着皇帝玉玺出城投降。天顺帝逃匿不知所终。倒刺沙、王禅等人被处死。

天历二年(1329年)正月,元文宗图帖睦尔派人迎接其兄周王和世㻋,请求将皇位让给和世㻋。周王同意元文宗逊位,在和宁(即和林)以北即帝位,为元明宗。他将图帖睦尔立为皇太子,并启程赴大都。八月,元明宗行抵旺兀察都行宫(位于今河北省张北县西北沙城),宴请前来迎接他的皇太子和燕帖木儿一行,突然暴病而死①。当月,皇太子图帖睦尔在上都复位为元文宗。

《元史》卷二十八　英宗本纪二
卷二十九　泰定帝本纪一
卷三十　泰定帝本纪二
卷三十一　明宗本纪
卷一百七　宗室世系表　世祖皇帝十子
卷一百一十四　成宗卜鲁罕皇后传
卷一百一十五　裕宗传
卷一百三十八　康里脱脱传
《元史纪事本末》卷十九　武仁授受之际
卷二十二　三帝之立

---

① 《中国历史大辞典》记作元明宗被燕帖木儿毒死。周良宵、顾菊英著《元史》认为,元明宗之死,是元文宗与燕帖木儿合谋鸩害。

【简评】

元成宗身后的皇位之争,历经7帝,为时22年。这场争斗大大损耗了由元太祖成吉思汗及元世祖忽必烈创建的大元帝国国力,使元朝很快走向衰落。

七、派系争立　血雨腥风

元顺帝退留之争

元顺帝在两派争立中继位

元全顺三年（1332年）十一月，年仅7岁的元宁宗懿璘质班（元明宗和世㻋次子）即帝位不满两个月即病逝。元朝廷围绕由谁继位的问题，出现两种不同的意见。右丞相燕帖木儿主张让元文宗图帖睦尔（元明宗之弟）的儿子燕帖古思（原名古纳答剌）继承皇位；元文宗皇后卜答失里则以"吾子尚幼"，派人把元明宗长子妥懽帖睦尔从静江（位于今广西壮族自治区桂林市，其被元文宗流放于此）接回，想立他为帝。正当双方意见相持不下时，燕帖木儿因纵淫过度于至顺四年（1333年）三月便血而死。六月，卜答失里皇后将时年14岁的妥懽帖睦尔立为皇帝，为元顺帝。元顺帝继位后尊卜答失里为皇太后。

右丞相伯颜由于极力拥护元顺帝继位，受到元顺帝信任，让其执掌朝政，引起左丞相唐其势（燕帖木儿之子）忌恨。唐其势与其叔父句容郡王答邻答里暗中策划，企图将元顺帝和伯颜除掉，拥立宗王晃火帖木儿为帝，以便由他们控制朝政。他们的阴谋被郯王彻彻突告发。

至元元年（1335年）六月三十日，唐其势按原计划在上都①（位于今内蒙古正蓝旗东闪电河北岸）东郊埋伏好军队。他亲率勇士冲进皇宫，被早有防备的伯颜率众抓获，当场处死。唐其势的弟弟答剌海逃到皇后伯牙吾氏（燕帖木儿女儿）座位下，被拖出斩首。皇后连呼要皇上救她。元顺帝说："你的兄弟阴谋叛乱，我怎能救你？"

随后，元顺帝将皇后迁出皇宫。伯颜将皇后伯牙吾氏杀死。晃火帖木儿自杀。答邻答里等人被押往闹市处死。

平息唐其势叛乱后，伯颜居功专权，对元顺宗的起居行踪加以监视。元顺帝深感不安。伯颜的养子左阿速卫（警卫部队副长官）脱脱（伯颜之侄）担心这样长此下去会招致灭族之祸，在其老师吴直方的开导下，决意大义灭亲。当脱脱把他的想法告诉元顺帝时，元顺帝感激得痛哭流涕。

至元六年（1340年）二月的一天，伯颜率领卫队强求元顺帝出宫打猎。元顺帝采纳脱脱之计，以身体有病推辞，让太子燕帖古思随同伯颜出行。当晚，脱脱派人将太子接回，下令封锁城门，不准伯颜入城。与此同时，脱脱草拟诏书，历数伯颜罪状。元顺帝下令将伯颜贬为河南行省左丞相。未等伯颜赴任，元顺帝又撤销这一任命，下令将伯颜流放阳春县（位于今广东省阳春市）。不久，伯颜在流放途中病死。

六月，元顺帝听说皇太后卜答失里曾参与谋害他的父母的阴谋，将她流放到东安州（位于今湖南省东安县西南）。卜答失里抵达东安州后死去。

---

① 《元史》卷三十八，记元顺帝于至元元年五月至九月巡上都。唐其势被杀时，伯牙吾皇后向顺帝呼救。七月皇后被杀于开平（即上都）。据此，事发当在上都。

七、派系争立　血雨腥风

脱脱以废黜伯颜之功受任右丞相。他革除伯颜的旧政,使政治局势趋于平稳。这时,元顺帝开始迷恋女色,荒废政事。宫殿侍卫官哈麻及其妹婿集贤学士(主管教育及举荐人才)秃鲁帖木儿等人投其所好,向元顺帝引荐西方僧人,教授房中术。一时间,淫声秽行充满后宫,朝野上下引以为耻。接着,哈麻诬告右丞相脱脱,致使脱脱罢官。哈麻则受任左丞相,与其弟御史大夫(最高监察机关长官)雪雪执掌朝政。哈麻当政后对自己曾引导元顺帝淫乱有所反悔,对元顺帝荒废朝政渐感不满。

围绕元顺帝是否让位形成两派纷争

至正十五年(1355年)十二月,哈麻假传元顺帝诏令,将脱脱害死于流放地云南。

之后,哈麻与其父秃鲁商量,想立太子爱猷识里达腊为帝,尊奉元顺帝为太上皇。这一动议被哈麻的妹妹透露给其丈夫秃鲁帖木儿。秃鲁帖木儿知道皇太子憎恨他引导元顺帝淫乱,害怕太子继位后自己会被处死,便向元顺帝报告哈麻这一图谋。元顺帝听说后大吃一惊,怒气冲冲地说:"我头发还没有白,牙齿还没有掉,竟然说我年老了!"于是,元顺帝随即下令将哈麻和参与策划的雪雪等人处死。

哈麻废立的图谋失败后,围绕元顺帝禅位的斗争不仅没有停止,反而愈演愈烈。诸王大臣为之分裂成两派。以太子之母皇后完者忽都、左丞相搠思监、资政院使(宦官,主管皇后后宫事务)朴不花为首的一帮人,力主元顺帝禅位给太子;以右丞相太平(又名贺惟一)、御史大夫老的沙、御史中丞(最高监察机关副长官)秃坚帖木儿为首的一帮人,则拥护元顺帝继续在位。

至正十八年（1358年），京都地区发生饥荒，皇后与太子趁机策划逼迫元顺帝让位。他们指派朴不花去游说太平，请他草拟禅让诏书，遭到太平拒绝。不久，元顺帝获悉此事，对皇后"怒而疏之，两月不见"。为此，皇后与太子对太平怀恨在心。他们共同谗毁太平，迫使他辞职还乡。

至正二十三年（1363年），皇太子指使御史大夫普化弹劾太平"故违上命"。元顺帝下令将太平流放到陕西（即陕西行省，治所位于今陕西省西安市）西部。接着，搠思监又诬告太平"安置土蕃"，元顺帝派人逼令太平自杀。太平走到东胜（位于今内蒙古托克托县）时接到令他自裁诏令，赋诗一首，饮恨自杀。

此后，元朝廷废立皇帝的两派纷争波及地方，一些镇守地方的将领也分成势不两立的两派。以镇守大同（位于今山西省大同市）的将领孛罗帖木儿为代表的势力站在元顺帝一边，以镇守陕西的平章政事、知枢密院事（最高军事机关副长官）扩廓帖木儿为代表的势力则站在太子一边。

当年十二月，御史大夫老的沙因得罪太子被流放东胜。途中，他投奔孛罗帖木儿。元顺帝密令孛罗帖木儿保护老的沙。太子多次派人向孛罗帖木儿索要老的沙，均被孛罗帖木儿拒绝。

两派之争引发内战

至正二十四年（1364年）三月，太子与丞相搠思监以藏匿不轨之臣的罪名，强求元顺帝下令罢免孛罗帖木儿的兵权。孛罗帖木儿知道这一命令并非出自元顺帝本意，拒交兵权，于4月率兵进抵京都郊外，扬言要朝廷交出搠思监和朴不花。太子对孛罗帖木儿进兵京都十分恼火，随即征调扩廓帖木儿的军队保卫京都。

七、派系争立　血雨腥风

七月，两军在清河（位于今河北省霸州市南）交战。扩廓帖木儿兵败，太子逃奔冀宁（位于今山西省太原市）。太子意欲自立为帝，受到扩廓帖木儿等人的阻止。孛罗帖木儿乘势率部进入京都。元顺帝任命孛罗帖木儿为右丞相，让他节制天下兵马，掌揽朝廷军政大权。

至正二十五年（1365年）三月，太子爱猷识里达腊从冀宁调兵讨伐孛罗帖木儿。孛罗帖木儿闻讯后没有奏告元顺帝，将太子之母完者忽都皇后幽禁，逼她交出印章，以伪造皇后书信召太子回京，同时派兵抵御太子的部队。孛罗帖木儿此举引起元顺帝的恼火。威顺王之子和尚认为孛罗帖木儿目无君主，为之愤愤不平。

七月乙酉日，和尚接受元顺帝密旨，乘孛罗帖木儿进宫向元顺帝奏事之机，率勇士将孛罗帖木儿杀死。

九月，元顺帝召令太子返回京都。完者忽都皇后乘机传令护送太子回京的扩廓帖木儿率兵拥太子入城，企图以此胁迫元顺帝让位。此时，扩廓帖木儿已改变其原来立场。他察觉皇后的用意，在京都城外将部队疏散，使皇后和太子逼元顺帝让位的图谋再次失败。

在元朝廷权争不息的同时，农民起义的烽火燃遍长城内外、大江南北。至正二十八年（1368年）正月，农民军首领朱元璋在应天（位于今江苏省南京市）称帝，建国号"明"。当年八月，明军攻入大都，元顺帝带着后妃、太子逃至上都。第二年，元顺帝一行逃至应昌（位于今内蒙古克什克腾旗达里诺尔）。

至正三十年（1370年）七月，元顺帝在应昌病逝，太子爱猷识里达腊继位为帝。此时，元朝已经灭亡。爱猷识里达腊维系的小朝廷史称"北元"。

《元史纪事本末》卷二十二　三帝之立
　　　　　　　　　　卷二十三　脱脱之贬
　　　　　　　　　　卷二十七　诸帅之争

中国古代历史风云·宫廷风暴(下)

《元史》卷三十八—四十七 顺帝纪
卷一百十四 文宗卜答失里皇后传
　　　　　顺帝完者忽都皇后传
卷一百四十 太平传

【简评】

蒙古贵族入居中原建立元朝后,中原人民一直不服其统治。人们没有忘记南宋是蒙古军队攻灭的,中原反元武装称其领袖韩山童系"宋徽宗八世孙,当主中国"(清·张廷玉《明史》卷一百二十二·韩林儿传),将"重开大宋之天"(元·陶宗仪《南村辍耕录》卷二十七·旗联)。

元后期皇族内讧,争权不息,已无暇顾及镇压各地民众的反抗。"元末武臣坐失事机,怯于公战"(清·谷应泰《明史纪事本末》卷九·略定秦晋),从而加速了元朝的灭亡。

七、派系争立　血雨腥风

明神宗立储风波

明朝中后期,多数皇帝在幼年即被立为太子:明英宗时年2岁,明宪宗时年2岁,明孝宗时年5岁,明武宗时年2岁,明神宗时年6岁。皇帝同大臣议立太子,优先从皇后生的嫡子中确定,如皇后不生,再从宫妃所生皇子中按年龄顺序考虑。这一原则被君臣视为"成宪"。

明神宗拒立太子引起风波

明神宗朱翊钧皇后王氏不生孩子。明万历十年(1582年),宫女王氏为明神宗生下长子朱常洛。明神宗不爱这位王氏宫女,只封她为恭妃(低级后妃名号)。万历十四年(1586年),淑嫔(后妃名号)郑氏生下皇子朱常洵。明神宗宠爱郑淑嫔,封她为贵妃(地位仅次于皇后的后妃),对朱常洵亦格外看重。

朝中大臣对明神宗偏爱郑贵妃母子颇为不安。首辅(第一宰相)申时行鉴于先朝诸帝幼年即被立为太子的"成宪",建议将皇长子朱常洛立为太子,"以慰亿兆人之望"。明神宗推以常洛体弱,等两三年再说。户科给事中(朝廷主管户籍财税部门的监察官员)姜应麟等人上书，以二皇子的长幼为依据，建议收回对郑氏的封令，先封王氏为贵妃。刑部主事（朝廷主管司法的部门文秘官）孙如法上书说："王妃生下长子，五年没有受到进封，郑妃刚生下皇子，就被封为贵妃。这不能不使天下人产生疑问。"

明神宗看了姜、孙二人的奏书后勃然大怒，指责他俩怀疑自己要撇开长子，立幼子为太子，称"朝廷立太子向来有成宪，我怎么会以私心破坏国家的制度！"他随即下令将姜应麟贬为广昌县（治所位于今河北省涞源县）典史（负责公文收发）、孙如法贬为潮阳县（治所位于今广东省潮阳市）典史。

万历十八年（1590年）十月，吏部尚书（朝廷主管官吏任免的部门长官）宋𬩽①、礼部尚书（朝廷主管礼仪、教育的部门长官）于慎行率群臣联名上书请立太子。明神宗十分厌恶，下令扣发宋𬩽等人薪俸。首辅申时行对明神宗拒立太子极为不满，称病不再上朝，请求退休。东阁大学士（宰相）王家屏从中斡旋，明神宗作了让步，答应明年立太子，但又威胁群臣"无复奏扰"，如有人再奏请立太子，就等到皇长子过了15岁再说。

第二年，明神宗依然没有册立太子。申时行辞职退休。

万历二十年（1592年）正月，礼科都给事中（朝廷主管礼仪教育部门的监察长官）李献可上书建议派导师教皇长子读书。明神宗大为不快，下令撤销李献可官职。首辅王家屏封还撤销李献可官职的诏令，明神宗十分气恼。在此期间，给事中（侍从皇帝、负责收纳奏章、协理监察事务）孟养浩上书请立太子，御史（最高监察机关官员）钱一本等十多人上书为李献可申辩。明神宗下令将孟养浩、钱一本等人撤职。

---

① 《明史纪事本末》卷六十七，记作朱𬩽，疑误。编者据《明通鉴》卷六十九·明神宗万历十八年中的"改户部尚书宋𬩽于吏部"改。

七、派系争立　血雨腥风

王家屏义愤填膺，称病没有上朝，向明神宗上书说："汉朝汲黯①说过：'天子设置公卿辅政大臣，难道是要他们专事阿谀奉承而不讲忠义吗？'我每想到汲黯这句话，便感到惭愧。我只能尽微薄的忠诚，知道不能使天子回心转意。如果为了保住俸禄，违心地依照天子的意愿，便是如汲黯所说的不忠不义了。我至死不敢这样，请求让我退休返回故乡。"

明神宗看了王家屏的奏书后，指责他"希名托疾"。王家屏再次上书说："名，是我不敢放弃的。我希望陛下能成为尧、舜那样的名君，我作为尧、舜的大臣，则名垂千载。眼下，如果我因为奏事冒犯龙颜，触犯皇上禁忌，受到谴责，罢官回乡，还有什么名可言！我身处高官，家享厚禄，如果对于皇上的过失不能辅正，可以说是个不忠不义的庸臣，那样，国家还能够信赖我吗？"

明神宗对王家屏这封奏书更为恼火，派侍臣去王家屏住宅，指责他"驳斥皇帝的批评，故意激发皇帝发怒，并称病要挟皇帝"。王家屏辩解说："我与众大臣只知道为国家长远利益尽忠直言而已，无意激怒皇上。"王家屏再次上书请求退休，明神宗随即传令他离职回乡。礼部尚书李长春前后共14次上书请立太子，明神宗都不予答复。李长春愤然辞职而去。

万历二十一年（1593年）正月，文渊阁大学士（宰相）王锡爵以皇上亲自许诺定于二十一年举行册封太子仪式，请求册立太子。明神宗答复说："我是曾经说过今年春天册立太子的话。前不久，我重读《皇明祖训》②，其中写明立太子要立嫡不立庶。皇后还年轻，如果立了太子，今后皇后生下皇子，不是会有两个太子吗？等几年，如果皇后还没有生子，再讨论立太子的事不晚。"

万历二十二年（1594年），吏部文选郎中（吏部内设机构长官）

---

① 汲黯为汉武帝大臣，敢于直谏，汉武帝称之为"社稷之臣"。
② 明太祖朱元璋所著，乃训示子孙的书。

顾宪成应诏推举大臣。顾宪成等人请明神宗将原宰相王家屏召回，明神宗为之大怒，下令将顾宪成撤职。

万历二十六年（1598年），郑贵妃之兄郑国泰增订重印原山西按察使（监察司法长官）吕坤所撰《闺范图志》一书，将郑贵妃名字增列其中。吏科给事中戴士衡认为不该将郑贵妃的名字写进该书。全椒（治所位于今安徽省全椒县）知县樊玉衡上书请求册立太子，书中有"皇上不慈，皇长子不孝，皇贵妃不智"等语。为此，明神宗下令将戴士衡、樊玉衡二人撤职，发配戍边。

册立皇长子为太子风波未息

万历二十九年（1601年）八月，大学士沈一贯上书请求立皇长子为太子，明神宗答复近期择日册立。十月，明神宗以"典礼未备"，想改期册立太子。沈一贯将明神宗的旨令加封退还，极力陈说不可再推延。

在这种情况下，明神宗才于当月十五日下令册封长子朱常洛为太子，同时封朱长洵为福王。这场被称为"争国本"的斗争到此还远没有结束。

万历三十一年（1603年）十一月，京城继前几年流传《忧危竑议》一文（叙述历代太子废立之事）后，又流传一篇《续忧危竑议》的文章，称"东宫不得已立之，而从官不备，寓后日改易之意。其特用朱赓。赓者，更也"。"他日必有靖难勤王之事"。文章署名为吏科都给事中项应祥撰、四川道监察御史乔应甲刊。该文一夜间传遍京都，大学士朱赓家里也收到此文。明神宗看了《续忧危竑议》后怒不可遏，下令侦缉该文真正作者。

由此，朱赓等人请求辞职，许多人无辜被捕受刑。时过半年，

七、派系争立　血雨腥风

案情侦破仍无进展。有关官员担心该案株连关押的人愈来愈多，会使监狱容纳不下，胁迫刑满释放不久的顺天府（治所位于今北京市区）书生皦生光含冤招供。皦生光临刑前叹息道："朝廷需要我口供以结案，我如果一改口，许多人怎么能活生啊？"皦生光被杀后，武英殿中书舍人（负责拟草诏书的官员）赵士祯病危时承认，是他编撰并散发《续忧危竑议》。赵士祯由此被押往闹市宰割而死。

皇长子朱常洛立为太子后，其母王恭妃仍然没有得到进封。万历三十四年（1606年），太子朱常洛生下长子朱由校，王恭妃才得以进封为皇贵妃。长期失宠忧郁使得王贵妃双目失明。万历三十九年（1611年），王贵妃病危，太子获准前去探视。当时王贵妃宫门关闭着，太子用钥匙打开门锁进入。王贵妃用手抚摸太子的衣服，哭着说："儿子已经长大，我死而无恨！"

万历四十一年（1613年）六月，锦衣卫百户（警卫兼侦察军官）王曰乾受到一个名叫孔学的人诳骗，把孔学的话奏报朝廷，称有人用木头雕刻皇太子像，用钉子钉其眼睛，诅咒太子早死，并约东宫侍卫赵思圣伺机行刺太子。话语影射郑贵妃和福王诅咒太子。大学士叶向高责备王曰乾不该传播无赖之徒的无稽之谈。明神宗没有深究此事。不久，王曰乾因别的罪名被捕入狱。

万历四十三年（1615年）五月己酉日，一个名叫张差的男人手持枣木棍，击倒守门太监李鉴，闯入太子朱常洛居住的慈庆宫，被太监韩本用等人抓住。张差被捕后一直装疯乱说，经刑部提牢主事（提审稽核罪犯的官员）王之寀等十多名官员反复审问，张差供出系由太监庞保、刘成以几亩地将他收买，由其一人将他引入宫中，指使他用木棍打死太子。据此，给事中何士晋两次上书，指出此案涉嫌郑国泰，应彻底查清。明神宗则指责有人企图借此案离间他与太子的关系，下令将张差、庞保、刘成处死，不准再涉及别人。震撼皇宫的"梃击案"就这样匆匆了结。不久，王之寀被罢官为民，何士晋被调离出京。

明神宗身后的风波

万历四十八年(1620年)四月,王皇后病逝。七月,明神宗病逝。临终前,明神宗遗诏封郑贵妃为皇后。

八月,太子朱常洛继位为明光宗,准备遵照遗诏尊奉郑贵妃为皇太后。礼部尚书孙如游知道进封郑贵妃为皇太后事关重大,弄得不好会使皇权旁落,上书加以劝谏。明光宗便没有封郑贵妃为皇太后。

当初,太子朱常洛的才人(后妃名号)王氏生下皇长孙朱由校后去世。明神宗考虑李选侍(未授封号的太子侍女)受到太子宠爱而没有生儿子,令李选侍抚养其长孙。李选侍对朱由校有养育之恩。

明光宗的身体本来就孱弱,加之沉湎女色,又服下大剂量泻药,致使他继位后便卧床不起。当月甲戌日,明光宗病危,召集群臣议论封李选侍为皇贵妃。站在幕帐后面的李选侍指使朱由校上前对父皇说:"要封皇后"。明光宗没有表态。

九月,明光宗病逝。李选侍和皇长子朱由校在皇帝居住的乾清宫守灵。给事中杨涟认为不能让李选侍留居乾清宫扶持皇长子,与众侍臣冲入乾清宫以迎接皇长子。皇长子朱由校被李选侍关在暖阁内不得出来。东宫老侍从王安巧言诓骗李选侍,将皇长子抱出。杨涟等人将皇长子接入慈庆宫。

御史左光斗上书称:"李选侍既不是皇长子嫡母,又不是其生母,俨然居正宫,而皇长子却居于慈庆殿,如果不尽早决断,让李选侍借抚养之名控制皇长子,武后(武则天)乱政之祸就会在今天重演。"杨涟、左光斗劝说皇长子朱由校即帝位,皇长子没有答应,却

七、派系争立　血雨腥风

听信李选侍心腹太监李进忠诱惑,又和李选侍住到一起。这时,宫中传闻李选侍将垂帘听政,并要逮捕左光斗。

杨涟见李选侍无移宫之意,再次上书请皇长子即帝位。当月,皇长子朱由校按明光宗遗诏继位,为明熹宗。李选侍被迫移居仁寿殿。不久,朝政大权却为朱由校乳母客氏和宦官魏忠贤控制。

《明史》卷二十一　光宗本纪

卷一百十四　神宗孝靖王太后传、

郑贵妃传

卷二百十七　王家屏传

卷二百四十　叶向高传

《明史纪事本末》卷六十七　争国本

卷六十八　三案

【简评】

明神宗在位期间,群臣按"成宪"多次请立太子,与神宗、郑贵妃及外戚郑国泰等人进行了持续多年的抗争。"自万历十四年辅臣申时行以建储为请,至二十九年而储位始定,自古父子之间,未有受命若斯之难也"。"方郑妃盛年,神宗固尝许以立爱矣,而言者纷纭,格不得发。始则谴诤臣以快宫闱,终亦未必不援朝论以谢嬖幸。始则欲以神器之重酬晏私之爱,究亦不能以房闱之暧废天下之公"(清·谷应泰《明史纪事本末》卷六十七·争国本)。之后发生的移宫案,是群臣维护皇权斗争的继续。明熹宗继位后,信用宦官魏忠贤,皇权旁落,导致明朝走向衰亡。

八、争宠弄权　后宫血泪

帝王的后妃由于其地位特殊,往往亦跻身权力中心。受宠妃女为争取册封皇后,皇后为防范妃女夺宠以巩固其后位,彼此争风吃醋,势不两立。她们不仅对身边侍从恃宠弄权,还常常干预朝政,甚至为争宠、争位同帝王反目成仇。神秘的后宫浸透着后妃明争暗斗的血泪,也流淌着被裹挟其中的帝王、王子及近臣的鲜血。

八、争宠弄权　后宫血泪

申后吟诗排忧

周①幽王原配夫人申氏是申②侯的女儿。当初,周幽王很爱申夫人,将她立为王后,将她生的儿子宜臼立为太子。

周幽王三年(前779年),褒国③给周幽王送来美女褒姒。周幽王"见而爱之",申后随之失宠。褒姒生下王子伯服后,更加受到周幽王的宠爱。

周幽王八年④(前774年),周幽王下令废黜申后和太子宜臼,改立褒姒为王后、伯服为太子。由此,周幽王受到朝野上下的非议。

申后被废以后郁郁寡欢,在忧愤中写下《白华》一诗(《诗经·小雅》)。诗中写道:"之子之远,俾我独兮","之子无良,二三其德","维彼硕人,实劳我心"。大意是:那人狠心把我抛弃,使我孤身独守空房。那人弃妇废子没有良心,无情无义缺德。宠爱他那新欢,让我悲痛忧伤日子难熬(参阅上海辞书出版社《先秦诗鉴赏辞典》)。

---

① 朝代名,都镐,位于今陕西省长安县西北。
② 诸侯国名,位于今河南省唐河县西北。
③ 位于今陕西省汉中市西北。
④ 据《中国历史大辞典》·中国历史大事年表。

中国古代历史风云·宫廷风暴(下)

申侯对于其女儿被废极为恼恨,暗中策划除掉周幽王。

周幽王十一年(前771年),申侯联合缯①、犬戎②发兵进攻周都城镐。周幽王逃至骊山(位于今陕西省西安市临潼区东南)下被追兵杀死,褒姒被抓俘。

接着,申侯会同诸侯拥立原太子宜臼即位,为周平王。

《史记》卷四 周本纪
《绎史》卷三十 周室东迁

【简评】

男女结合,喜新厌旧,看来是个古老的话题,由此引发的悲剧罄竹难书。帝王另寻新欢,不仅会造成被遗弃后妃的心理痛苦,更为严重的是还会造成战乱,导致帝王被杀,甚至亡国。周幽王的悲剧就是一个例证。

---

① 诸侯国名,位于今山东省苍山县西北部。
② 部族名,游牧区位于今宁夏区固原县北。

八、争宠弄权　后宫血泪

郑袖谋陷魏美人

郑袖是楚①怀王熊槐(前328年至前299年在位)的夫人,一直受到楚怀王宠爱。后来,魏②王向楚怀王进献一个美女。楚怀王对这个魏国美人宠爱无比,郑袖受到冷落疏远。

郑袖对魏美人夺宠非常忌恨,表面上却对她十分亲近。她帮助魏美人挑选名贵的衣服和首饰,为她装饰房间,配置卧具,对她体贴入微,关怀备至。魏美人对郑夫人这番盛情十分感激,把她看作知心的大姐姐。楚怀王亦为郑袖的宽容大度所感动,他高兴地对侍臣说:"女人都是靠美色赢得男人的欢心,女人为了受到男人的宠爱互相忌妒,这是人之常情。郑袖知道我喜欢新来的魏美人,毫不忌妒,比我对魏美人还要好,竟如同孝子孝敬双亲、忠臣侍奉君王一样!"

郑袖见楚王不再怀疑她心存妒忌,便设计陷害魏美人。

一天,郑袖煞有介事地对魏美人说:"你长得太美了!大王对你的身材和脸蛋都十分喜欢,只是不喜欢你的鼻子。你见到大王时,可要把你的鼻子捂住啊!"魏美人没有想到这是郑袖为她设下的陷阱,对她的话信以为真。从此,她每当见到楚怀王,便连忙把

---

① 战国国名,都郢,位于今湖北省荆州市西北纪南城。
② 战国国名,都大梁,位于今河南省开封市。

鼻子捂起来。

　　楚怀王发现魏美人每次见到他，总是把鼻子捂得紧紧的，感到奇怪。他询问魏美人，魏美人忸怩作态，羞于启齿。楚怀王感到困惑不解。他将此事告诉郑袖，向她问道："魏美人每次见到我，马上就把她的鼻子捂起来，你知道不知道她为何要这样？"郑袖故作神秘地回答说："我知道她为什么要这样做，只是不好对大王说。"楚怀王催促道："你尽管说，即使是我不愿听到的话，你也尽管说！"郑袖说："听魏美人对我说，她实在是怕闻到大王身上的狐臭，所以一见到大王，她就捂住自己的鼻子。"楚怀王听郑袖这么说，勃然大怒，骂道："这个贱女人真是太猖狂！"于是，他随即下令割下魏美人的鼻子。

据《战国策》楚策四 魏王遗楚王美人

【简评】

　　郑袖工于心计，为了整垮魏美人，她煞费苦心。据《〈史记〉卷四十·楚世家》记载，楚怀王对"袖所言无不从"，以致使其乱政。楚怀王十八年（前311年），楚怀王怨恨秦国（都咸阳，位于今陕西省咸阳市东北）丞相张仪欺诈，将再次出使楚国的张仪囚禁，准备杀死。楚国奸臣靳尚以秦国将送美女向怀王求和、"秦女必贵，而夫人必斥"，劝郑袖说通楚怀王将张仪释放。

八、争宠弄权　后宫血泪

李园献妹

楚①考烈王熊完继位20多年尚没有儿子,一直辅佐他执政的令尹(宰相)春申君黄歇深为楚考烈王无子继位而忧虑。他多次为楚考烈王进献能生孩子的美女,都没有奏效。

赵国②人李园获悉春申君这一心事后,想应春申君之召把他的妹妹献给楚考烈王,又怕其妹不能为楚考烈王生下儿子日久失宠。他心生一计,决定另辟蹊径。

李园知道春申君广纳天下贤士,有3000个门客,便主动投到春申君门下。他极力讨好春申君,很快便得到春申君信用。李园见春申君用起他得心应手,已经少不了他,故意请假回家不按期返回。春申君问他为何超假,李园谎称齐③王听说他的妹妹长得很美,派人去他家求聘,他奉陪齐国使臣喝酒耽误了行期。春申君对李园的谎话信以为真,忙问他的妹妹有没有入聘齐国,李园回答说还没有。春申君被李园说动了心,问能不能见见他的妹妹,李园满口答应。于是,李园把他的妹妹领入春申君府宅,春申君私下将她收留。

---

① 战国七国之一,都寿春,位于今安徽省寿县西南。
② 战国七国之一,都邯郸,位于今河北省邯郸市。
③ 战国七国之一,都临淄,位于今山东省淄博市东。

不久，李园妹与春申君暗合怀孕，李园同其妹暗中策划如何乘机打入楚考烈王后宫。李园妹按照其兄的计谋，瞅准机会向春申君谄媚说："大王看待宰相您，比看待他的兄弟还要重。大王如今还没有儿子，这样下去将要由他的兄弟承接王位。而大王的兄弟各有各的亲信，到那时，宰相您恐怕很难再能像今天这样得到他们信任。再说，您作为宰相辅佐大王20多年，掌了这么多年的权，难免有得罪大王兄弟的地方。他们一旦继位为王，您的大难就临头了，怎么还能指望保住您的相位和江东封地呢？如今，我刚刚才怀孕，外人都不知道我们这层关系。如果以您的名义把我进献给大王，大王一定会喜欢我。要是老天保佑我生个儿子，今后实际上就是您的儿子接替王位。这样，整个楚国便是您的了。我是为宰相您将要面临不测之祸而担忧，不知我的想法可取还是不可取？"春申君被李园妹的这番甜言蜜语说动了心，便忍痛割爱，将他这个深藏密室的宠妾进献给楚考烈王。

李园妹入宫后便得到楚考烈王的宠爱，不久为他生下儿子悍。楚考烈王无比欣喜，将李园妹立为皇后，将悍立为太子。由此，李园亦得到楚考烈王信用。

李园担心，春申君一旦反悔泄密，会给他招致灭门之祸。于是，他暗暗收养刺客，企图伺机杀死春申君以灭口。郎中（君王侍从护卫官）朱英看出李园的意向。

不久，楚考烈王患重病，朱英将李园的阴谋告诉春申君，请求等国王去世后，让他躲在寝宫里把李园杀死。春申君自以为对李园一向很仁厚，不相信他会做出忘恩负义的事来。朱英见春申君大难临头仍不省悟，随即避祸逃匿。

楚考烈王二十五年（前238年），在朱英离去17天后，楚考烈王病逝。当天，李园先潜入国王寝宫，在门后埋伏刺客。春申君听说楚考烈王去世，匆忙赶往他的寝宫。李园埋伏的刺客见春申君进门，一拥而上将他杀死，并把他的头割下来扔到门外。与此同

八、争宠弄权　后宫血泪

时,李园派人将春申君一家人全部杀死。

随后,楚国众臣拥立李园妹所生的太子悍继位为楚幽王。李园兄妹窃取了楚国大权。

《史记》卷七十八 春申君列传

【简评】

李园以奸诈取信春申君,其妹以美色受到春申君和楚考烈王的宠爱。春申君想让国王生子嗣位,且图永保自己的权位,殊不知遭到李园暗算,红颜变成祸水。

吕后残害戚夫人

汉高祖刘邦还是平民的时候,娶吕雉为妻,生下儿子刘盈。后来,刘邦参加反秦武装,领兵攻灭秦朝,以功受封为汉王。在此期间,刘邦在定陶(位于今山东省定陶县)又娶了戚氏女做夫人,生下儿子刘如意。刘邦建立西汉即位称帝后,封吕雉为皇后,立刘盈为皇太子,封刘如意为赵王。

戚夫人年轻貌美,受到汉高帝宠爱。吕后年长色衰,常常留守空房,很难见到高帝。对于戚夫人夺宠,吕后忌恨在心,忍而未发。

太子刘盈"为人仁弱"。汉高帝认为刘盈不像他,而刘如意像他,多次动议要废掉刘盈太子位,改立刘如意为太子。对于高帝欲废立太子,众臣多次上书谏阻,汉高帝拒不纳谏。吕后大为恐惧,不知道该怎么办为好。有人建议吕后向留侯张良问计,吕后便派周吕侯吕泽(吕后长兄,《史记》卷五十五记作建成侯,误)拜访张良。张良对吕泽说:"皇上心意已定,一般人难以改变他的态度。我知道天下尚有四个人受到皇上佩服,他们是东园公、绮里季、夏黄公、角里先生。这四位老人都年过80了,他们坚持信义,逃匿山中,发誓不为汉朝做官,高帝想召见他们而一直未能见到。"张良建议吕后派人把四位老人请出山,让他们和太子刘盈住在一起。吕后欣然接受。

后来有一天,汉高帝见东园公等四老伴随在太子身边,不禁大

八、争宠弄权　后宫血泪

吃一惊,问道:"我派人召请你们几位老先生,你们多年来一直避着不见我。如今,你们为何自己出山随从我的儿子?"四老回答说:"我们听说太子为人仁孝,爱护读书人,天下名士都愿意为太子效死,所以我们来到太子身边。"汉高帝为四位老人的话所感动,决意不再改立太子。之后,汉高帝对戚夫人说:"我想改立太子,那四个老先生要辅佐太子刘盈。太子已经羽翼丰满,难以更动了!"高帝说罢,怅然高歌,抒发其爱莫能助的无奈。戚夫人大为失望,"嘘唏流涕"。

由于高帝动议废立太子,吕后对戚夫人母子更加恨之入骨。

汉高帝十二年(前195年)四月,高帝刘邦因创伤复发去世。五月,太子刘盈继位为汉惠帝,尊其母吕后为皇太后。

汉高帝尸骨未寒,吕太后便开始对戚夫人进行迫害。她下令将戚夫人囚禁在永巷宫,剪去她的头发,让她穿赤褐色的囚服,强迫她做舂米的苦力活。戚夫人知道大难就要临头,格外思念远在赵国(王府设地位于今河北省邯郸市)的儿子刘如意。她一边舂米,一边叹息,凄然歌吟道:"子为王,母为虏,终日舂薄暮,常与死为伍!相离三千里,当谁使告汝?"

吕太后听说戚夫人怀念她的儿子,大为恼火,恶狠狠地嚷道:"她还想依靠她的儿子吗?"于是,吕太后下令将赵王刘如意召回京都长安,准备将他处死。

汉惠帝知道母太后召回赵王的用意。他念及兄弟情义,亲自去霸上(位于今陕西省西安市东)将赵王迎接入宫。汉惠帝下令对赵王严加护卫。日常饮食起居,惠帝始终和赵王在一起,使得吕太后的亲信无法对赵王下手。

汉惠帝元年(前194年)十二月某日凌晨,汉惠帝出宫打猎,年仅7岁的赵王刘如意起不了床,未能随同惠帝出行。吕太后乘机派人将刘如意毒死。

接着,吕太后对戚夫人狠下毒手。她下令砍断戚夫人的手和脚,挖下她的双眼球,薰聋她的双耳,灌入哑药使她不能讲话,把她关在厕所里,称她为"人彘"。吕太后还传令汉惠帝去观看"人彘"。汉惠帝见戚夫人惨不忍睹,不禁号啕大哭。他认为母后对戚夫人的残害"非人所为"。

戚夫人受尽摧残和凌辱,不久便被吕太后折磨至死。

由此,汉惠帝忧伤成病,"岁余不能起"。汉惠帝派人代他向吕太后奏称:"我作为母后您的儿子,没有能力治理天下。"从此,汉惠帝吃喝玩乐,不再听政,朝政大权完全为吕太后所控制。

《史记》卷九 吕太后本纪
卷五十五 留侯世家
《汉书》卷一下 高帝纪下
卷九十七上 高祖吕皇后传
《通鉴纪事本末》卷二 诸吕之变

【简评】

清代学者赵翼认为:"母后临朝,肆其妒害。世莫不以吕武并称,然非平情之论也。""高祖欲废太子,时后迫留侯画策"。"盖嫉妒者,妇人之常情也,然其所最妒,亦只戚夫人母子。以其先宠幸时,几至于夺嫡,故高帝崩后即杀之"(《二十二史札记》卷三·吕武不当并称)。

八、争宠弄权　后宫血泪

王夫人争立皇后

当初,刘启(汉文帝刘恒之子)做太子时,薄太后(汉高帝刘邦之妃、汉文帝之母)将她的侄孙女薄氏立为太子妃。薄妃不受太子宠爱,没有生育。此间,太子刘启宠爱另外两个美女,一个是栗姬,为他生下三个儿子;另一个是离婚后入宫的王娡,为他生下一子三女。

太子刘启继位为汉景帝后,碍于薄太后情面,封薄妃为皇后。汉景帝二年(前155年),薄太后病逝。不久,汉景帝将薄皇后废黜,皇后位空缺。

汉景帝四年(前153年),景帝将其长子刘荣立为太子。由此,太子之母栗姬有希望被封为皇后。这时,后宫的明争暗斗愈演愈烈。

长公主刘嫖(汉景帝同母姐)想把她的女儿陈阿娇嫁给太子刘荣为妃。栗姬则怪怨长公主为景帝引进诸多美女,使她受到疏远,拒绝同长公主刘嫖缔结儿女之亲。为此,长公主对栗姬大为怨愤。她在汉景帝面前谗告栗姬说:"皇上每次和别的夫人在一起时,栗姬就令侍女指着她们的脊背诅咒,咒她们早死。"汉景帝听长公主这么说,对栗姬产生不满。

一次,汉景帝生病,忧虑重重,对栗姬说:"我这病要是治不好,你可要为我照顾好各个王子。"栗姬一听到汉景帝提及别的女人所生的皇子,不由得妒火中烧,她不仅没有答应,反而出言不逊。汉景帝极为恼火,强耐着性子没有发作。

长公主转而要把女儿陈阿娇许配给王娡为汉景帝所生的胶东王刘彻,王娡满口答应。长公主便经常夸赞刘彻,由此,汉景帝对刘彻格外宠爱。

王娡知道汉景帝心中气恼栗姬,暗下指使人去游说大臣,要大臣向景帝进言立栗姬为皇后,以激怒景帝。

汉景帝七年(前150年)正月,大行(主管礼仪和外交事务的官员,其名不详)奏事完毕后,向汉景帝建议说:"《春秋公羊传》说,'子以母贵,母以子贵'。如今,太子的母亲尚无名号,应当将栗姬立为皇后。"汉景帝听大行这么说勃然大怒,质问道:"这事是该你说的吗?"当即,汉景帝下令将大行处死,将太子刘荣废为临江王。

之后,汉景帝仍然没有把这件事放下。他怀疑栗姬暗下买通大臣为她游说,对栗姬更加厌恶。栗姬满腹苦水想向景帝倾吐,又求见不到景帝。不久,栗姬在忧愤中死去。

当年四月,汉景帝立王娡为皇后,立其子刘彻为太子。

汉景帝中二年(前148年)三月,临江王刘荣以"侵太宗庙地"的罪名,被迫自杀。

《史记》卷四十九 外戚世家
《汉书》卷五 景帝纪
卷九十七上 孝景薄皇后传
孝景王皇后传

【简评】

汉景帝宠爱的夫人栗姬妒心特强,容不得别的女人再受到景帝宠爱,为此她怨恨长公主往后宫引进美女,进而拒绝同长公主联姻。"对于王公本身,结婚是一种政治行为,是一种借新的联姻来

八、争宠弄权　后宫血泪

扩大自己势力的机会"(恩格斯《家庭、私有制和国家的起源》)。栗姬放弃了这种借以扩大自己势力的机会。王娡作为她的竞争对手却紧紧抓住这种机会,欣然答应同长公主联姻,从而击败栗姬,谋取皇后之位,并使自己的儿子刘彻取代栗姬之子刘荣的太子位。之后,栗姬和刘荣先后含恨早死。汉景帝去世后,太子刘彻继位为汉武帝,尊其母为皇太后。

陈皇后无子被废

汉景帝后三年(前141年)正月,汉景帝刘启去世,太子刘彻继位为汉武帝。汉武帝尊其母王皇后为皇太后,封其妃陈阿娇为皇后。

陈皇后比汉武帝大七八岁,且婚后一直没有生儿子。这样,汉武帝同陈皇后的关系很难融洽如初。

平阳公主(汉武帝同母大姐)很为汉武帝继位多年没有儿子而焦急,家中收养10多个年轻美女备武帝挑选。一次,汉武帝去平阳公主家,看上了为他饮酒助兴的歌女卫子夫。之后,卫子夫被召入后宫,受到汉武帝宠爱。

当初,陈皇后之母长公主刘嫖(汉景帝同母姐)曾为景帝夫人王娡立为皇后、王娡之子刘彻立为太子出过力。陈皇后以此"擅宠骄贵"。她见卫子夫得到武帝宠幸,哭得死去活来,几次闹着要自杀。汉武帝对陈皇后妒忌撒泼非常恼火,越发对她疏远。由此,陈皇后更为忌恨。她召请一个名叫楚服的女巫入宫,制作外形像卫子夫的木偶,诅咒其早死。

西汉元光五年(前130年),陈皇后巫蛊活动被人告发,汉武帝下令彻底查清此事,遂以"大逆无道"罪,下令将楚服押往闹市斩首,此案株连被杀的达300余人。接着,汉武帝下令废黜陈皇后,收缴她的皇后印绶,将她幽禁于长门宫。

八、争宠弄权　后宫血泪

陈皇后被废后,长公主责怪平阳公主说:"当年,没有我劝说先帝,皇上不得立为太子,为何当上皇帝以后就忘本,将我的女儿废弃?"平阳公主回答说:"你的女儿不生儿子,所以被废黜。"后来,汉武帝与陈废后关系和解。陈废后设法想为汉武帝生儿子,到处求医买药,"与医钱凡九千万",但她最终还是没有为汉武帝生下儿子。

元朔元年(前128年),卫子夫生下皇子刘据,汉武帝立卫子夫为皇后。陈废后试图恢复后位的努力彻底失败,在孤寂悲愤中度过余生。

《史记》卷四十九　外戚世家
《汉书》卷九十七上　孝武陈皇后传
　　　　　　　　　　孝武卫皇后传

【简评】

帝王欲延续其帝业,有无皇子继位至关重要。一些皇后往往由于没生儿子而被废黜,汉武帝皇后陈阿娇被废便是其一例。

卫皇后色衰失宠

汉武帝皇后卫子夫出身平民，年少时被平阳公主（汉武帝同母大姐）召入家中为歌女，以仪表娇艳、能歌善舞受到汉武帝的宠爱。

西汉元朔元年（前128年），卫子夫生下皇长子刘据，汉武帝将卫子夫立为皇后。元狩元年（前122年），汉武帝将刘据立为太子。

卫皇后得宠后，其亲戚随之被委任为高官。卫皇后之兄卫长君和其弟卫青被任命为侍中（侍从皇帝的主官）。后来，卫青出任将军，领兵击败匈奴①军队，因功升为大将军，受封长平侯。卫青三个儿子尚处幼年，亦都受封为侯。卫皇后姐姐的儿子霍去病以军功封为冠军侯，升任大司马骠骑将军。卫皇后的姐夫公孙贺因功封为南窌侯，升任丞相。一时间，卫皇后及其亲族"贵震天下"。当时流传这样一首民谣："生男无喜，生女无怒，独不见卫子夫霸天下！"

可是，随着时光的流逝，卫皇后渐渐年老色衰。这样，她亦渐渐失去汉武帝的宠爱。汉武帝身边美女如云，王夫人、李夫人、尹夫人、邢夫人、钩弋夫人，一个比一个"更有宠"，他再也无暇顾及卫皇后。对于卫皇后来说，受到冷落固然不幸，祸患还在后头。

征和二年（前91年）七月，卫子夫身居后位已经38年。直指

---

① 西汉北方部族名，游牧地位于今内蒙古及其以北地区。

八、争宠弄权　后宫血泪

绣衣使者（负责纠察皇亲国戚）江充等人诬陷太子刘据谋反。太子担心不能把事情讲清楚，便与母后商议将江充杀死，并率众在京都长安（位于今陕西省西安市）自卫。

当时，汉武帝住在甘泉宫（位于今陕西省淳化县西北甘泉山）。他听说太子造反，勃然大怒，随即派丞相刘屈氂率兵围攻太子刘据，将太子追杀，并派宗正（主管皇族宗亲及外戚事务）刘长乐等人收缴卫皇后的玺绶。卫皇后被废有口难诉，悲哀绝望，随即含愤自杀。

《史记》卷四十九　外戚世家
《汉书》卷九十七上　孝武卫皇后传

【简评】

帝王后妃众多，亦就谈不上爱的专一，后妃因为年长色衰而失去帝王宠爱的事屡见不鲜！这种生理变化的自然规律不可抗拒，由此常常引发后宫的悲剧。

钩弋夫人突然被杀

汉武帝晚年出巡路过河间（位于今河北省献县东南），随行观察气象的官员奏报说，此地有奇女。汉武帝令侍从官按照望气官指定的方位，召来一个双拳紧握的赵氏美女。汉武帝见到赵女非常高兴，亲自将她的双拳掰开，领入后宫，封为拳夫人。

之后，汉武帝又将拳夫人封为婕妤（后妃名号，地位仅次于皇后），让她居住钩弋宫，号称钩弋夫人，对她特别宠爱。

西汉太始三年（前94年），钩弋夫人怀孕14个月，生下皇子刘弗陵。汉武帝说："古时候，尧的母亲怀孕14个月才生下尧，如今钩弋夫人亦是怀孕14个月，才生下弗陵。"于是，汉武帝将钩弋夫人所居宫房命名为"尧母门"。

征和二年（前91年），太子刘据（汉武帝卫皇后所生）蒙冤遇害。此后，汉武帝没有续立太子，他感到燕王刘旦、广陵王刘胥等几个年长的儿子都不称心。刘弗陵五六岁时便显得很懂事，汉武帝常说弗陵像他，对他非常宠爱。他想把刘弗陵立为太子，又以弗陵年幼、其母年少，担心将来母后干预朝政，国家不能安定。犹豫很长时间之后，他不得不忍痛割爱。

后元元年（前88年），汉武帝过了70大寿。一天，他召见钩弋夫人，无端对她斥责一番，突然令她自尽。这一诏令对于一贯备受宠爱的钩弋夫人来说，无异于晴天霹雳。她跪在地上不停地向武

八、争宠弄权　后宫血泪

帝求饶,汉武帝丝毫不为钩弋夫人的哀求所动摇,令人将她拉出去交给掖庭(由宦官主管处理内宫事务的官署)处置。钩弋夫人哭哭啼啼,被拉开时顾盼流连,泪眼一直望着汉武帝。她对这样无故被杀实在想不通,希求皇上能饶她一命。汉武帝对她说:"快走吧,你活不成了!"钩弋夫人被处死后,汉武帝下令将刘弗陵立为太子。

事后,汉武帝就处死钩弋夫人一事,向左右侍从询问道:"你们听到人们有什么议论?"侍从回答:"人们都说,既然立夫人的儿子为太子,何必又要处死夫人?"汉武帝说:"是的,这不是一般人所能理解的。古时候,有些国家出现祸乱,就是因为国主年少,母后年轻,由母后控制朝政,淫乱祸国,大臣不能制止。吕后乱政的教训不是值得我们引以为戒吗?"

第二年,汉武帝去世,年仅7岁的太子刘弗陵继位为汉昭帝,由大将军霍光遵照汉武帝遗命辅政。

《史记》卷四十九　外戚世家
《汉书》卷九十七上　孝武钩弋夫人传

【简评】

帝王杀死嗣子之母以安天下,西汉以前罕见,似乎为汉武帝首创。北魏时期,立太子杀其母形成制度,"后宫产子将为储贰,其母皆赐死"(《魏书》卷十三·道武宣穆皇后刘氏传)。这一残酷的制度,北魏亦没有贯彻始终,以后的历朝历代很少再有沿袭。

汉宣帝未能保护糟糠之妻

西汉元平元年(前74年)四月,汉昭帝刘弗陵病逝。汉昭帝没有儿子,辅政大将军霍光等人拥立汉武帝曾孙刘病已(后改名刘询)为汉宣帝。

刘病已是汉武帝太子刘据之子。征和二年(前91年)七月,太子刘据受到直指绣衣使者(负责纠察皇亲国戚)江充的诬陷,全家遇难,唯有出世仅几个月的刘病已在廷尉监(主管皇帝交办案件查处)丙吉等人庇护下得以幸存。后来,刘病已流落民间,沦为平民,与出身贫民的许平君结为夫妻,并生下儿子刘奭。

汉宣帝继位后封许平君为婕妤。大臣们建议汉宣帝立皇后,并希望立霍光小女儿霍成君为皇后,只是没有明说。汉宣帝看出大臣们的意向,令人寻找他微贱时用过的旧剑。大臣们领会汉宣帝的用意,知道他不肯舍弃糟糠之妻,转而提议立许婕妤为皇后。当年十一月,许平君被立为皇后。

霍光之妻霍显对许平君立为皇后十分忌恨。本来,她串通一些高官向汉宣帝进言,是想让她的女儿霍成君立为皇后。汉宣帝立许平君为皇后,打破了霍显的如意算盘。但她并不死心,决意重新谋划,让霍成君取而代之。

本始三年(前71年)正月,许皇后怀孕后身体不适,女医生淳于衍(字少夫)奉命为许皇后诊病用药。淳于衍与霍显关系密切

八、争宠弄权　后宫血泪

淳于衍的丈夫是宫廷门卫官,他要淳于衍入宫前借口向霍显辞行,请求她帮他调任安池监(主管位于今山西省运城市南解池盐税)。霍显满口答应,转而要淳于衍设法将许皇后毒死,许诺如果事成,将与少夫共享富贵。

淳于衍依仗霍光权势有恃无恐,入宫后将毒药放入许皇后服用的药物中,致使许皇后中毒身亡。汉宣帝知道许皇后是被毒死的,当即下令将淳于衍等人逮捕审问。霍光则亲自出面为淳于衍开脱罪责,传令有关部门不要追究淳于衍的责任,将她释放。不久,霍光将霍成君送入后宫。

本始四年(前70年)三月,汉宣帝将霍成君立为皇后。霍显指望其女儿能早生皇子,以便将他立为太子,日后好继承皇位,可霍皇后一直没有生儿子。地节二年(前68年),霍光去世,霍显失去靠山。

地节三年(前67年)四月,汉宣帝立刘奭为太子,不啻给霍显当头一棒。霍显气恼得咬牙切齿,不吃不喝,以至吐血。她指使霍皇后一定要设法把太子刘奭毒死。

霍皇后对刘奭立为太子亦很忌恨,她按照其母的意旨,多次召见年幼的太子,哄他吃东西,企图毒害他。然而,保姆侍候太子寸步不离,太子每次进食饮水,她总是先尝过,再让太子饮用。对于霍皇后,太子保姆更是加倍提防,使她无法对太子下毒手。

地节四年(前66年),许皇后中毒案真相大白。霍显惧怕被杀,随即与大司马(外戚加官,相当于名誉宰相)霍禹(霍光之子)等人密谋,准备发动政变以废黜汉宣帝,立霍禹为帝。七月,有人告发他们的阴谋。汉宣帝随即下令将霍显、霍禹等人处死,将霍皇后废黜,幽禁于昭台宫。

甘露元年(前53年),汉宣帝将废后霍成君贬居云林馆。霍成君凄哀忧伤,怨恨难平,不久自杀。

据《汉书》卷九十七上　孝宣许皇后传

中国古代历史风云·宫廷风暴(下)

孝宣霍皇后传
《通鉴纪事本末》卷四 霍光废立

【简评】

　　权臣设法将其女儿立为皇后、生皇子继承皇位,是图谋长期控制朝政的一条途径。霍光、霍显夫妇为达此目的铤而走险,指使人毒杀许皇后,霍显继而企图毒杀太子,最后孤注一掷,阴谋夺取帝位。霍光家族的败亡向人们昭示,搞阴谋的人没有好下场。

八、争宠弄权　后宫血泪

许废后难圆复位美梦

西汉初元二年(前47年),汉元帝刘奭将王皇后所生皇子刘骜立为太子。汉元帝念及其生母(汉宣帝皇后许平君)出身寒微无辜被害,有意从其母亲家族中挑选少女做太子妃。大司马车骑将军(高级军事将领)许嘉(许平君堂弟)的女儿(名不详)被选中,太子刘骜与许氏一见钟情。

太子刘骜继位(前33年)为汉成帝后,尊其母为皇太后,立许妃为皇后。许皇后聪明伶俐,知书达理,从立为太子妃到封为皇后,一直受到刘骜宠爱,后宫其他妃女很难见到汉成帝。许皇后曾生下一子、一女,先后夭折。王太后为汉成帝没有儿子继嗣而焦急,对许皇后产生不满。

建始四年(前29年),一些地方发生自然灾害。光禄大夫(主管议论朝政得失)刘向等人认为,自然灾害不断发生的原因是后宫存在问题。汉成帝信以为真,下令减少椒房掖廷(皇后所居后宫)用费。对此,许皇后上书提出异议,汉成帝则要许皇后深刻反省。

此时,许嘉因受到王太后及其兄辅政大将军王凤等人排挤,已郁闷而死。家族势力退出朝政舞台,使许皇后失去权力支柱。在情感上,许皇后亦受到严重挫折。汉成帝另有新欢。他先宠爱班婕妤,继而又宠爱赵飞燕及其妹赵合德,许皇后已失去汉成帝的宠爱。

鸿嘉三年(前18年),有人告发许皇后之姐许谒等人利用木偶诅咒后宫身怀有孕的王美人和大将军王凤。王太后大为恼火,下令将涉嫌此事的人收审。经查所告之事属实,许谒等人被处死,许皇后受到牵连被废去后位,幽禁于昭台宫。一年后,许废后转禁于长定宫。

元延四年(前9年),汉成帝生起恻隐之心,下诏对许氏家族表示同情,称"未尝忘于心"。许废后在被废9年后,听说皇上对她的家族有诏追怀,做起回宫复位的美梦。王太后姐姐的儿子定陵侯淳于长与许废后寡居的姐姐许孊私通,他在许孊面前吹嘘说:"我能够奏请皇上,请皇上重新将许后立为左皇后。"许孊把淳于长此话传给许废后,许废后信以为真。她通过许孊私下贿赂淳于长钱物,请求他帮忙,并数次同淳于长书信往来,向他表示感谢。

其实,汉成帝所发"怜许氏"诏书,仅仅是一种表白而已,并没有将许废后接回复位的意向。此时,一切都时过境迁,汉成帝对许废后的爱意早已不复存在。皇后赵飞燕与其妹赵合德"贵倾后宫"。许废后念念不忘的昔日好时光早已逝如流水,她希图复立皇后只能是美梦一场。

至于淳于长所称帮助许废后恢复后位之言,纯粹是无稽之谈。他只是垂涎许废后的美色,在给许废后的信中夹有"悖谩"之词。后来,此信被人告发,汉成帝当即下令许废后服毒自杀。

《汉书》卷十 成帝纪
卷九十七下 孝成许皇后传
孝成赵皇后传

【简评】

汉成帝开始与许皇后相爱。后来,汉成帝移情别恋,许皇后失宠。作为皇后,这种命运变迁不足为奇。后宫中,太后与皇后的争斗亦屡见不鲜。汉成帝之母王太后从其家族利益出发,排斥许皇后家族势力。上述双重因素造成了许皇后的悲惨结局。

八、争宠弄权　后宫血泪

冯太后晚年受陷

汉元帝刘奭继位后,立王妃为皇后,将王皇后所生皇子刘骜立为太子。汉元帝对王皇后不大宠爱,他最宠爱的是傅婕妤和冯婕妤。傅婕妤所生的皇子刘康,受封为定陶王;冯婕妤所生的皇子刘兴,受封为中山王。汉元帝觉得将傅、冯二妃封为"婕妤"尚没有到位,又将她俩改封为"昭仪",意比"婕妤"还要尊贵。冯昭仪入宫比傅昭仪晚,而"内宠与傅昭仪等",受到傅昭仪的忌妒。

西汉建昭五年(前34年)某日,汉元帝领众后妃去城内的动物园观看斗兽。突然,一只大熊翻过铁栅栏朝着汉元帝座位走来。傅昭仪和众妃女惊恐万状,纷纷逃走。唯有冯昭仪镇定自若,上前挡住大熊以掩护汉元帝。侍卫勇士当即冲上来将大熊击毙。事后,汉元帝向冯昭仪问道:"当时,众人都吓得逃走了,你为何上前为我挡住那只熊?"冯昭仪答道:"猛兽见人朝它走来,会停止前进。我害怕熊闯到皇上座位边,所以用身体挡住熊。"汉元帝为冯昭仪舍身护驾而赞叹不已,从此对冯昭仪更为敬重。傅昭仪为之感到惭愧,由此对冯昭仪更为忌恨。

竟宁元年(前33年)五月,汉元帝病逝。太子刘骜继位,为汉成帝,尊其母为皇太后。汉成帝要傅昭仪随定陶王刘康移居其封国(位于今山东省定陶县),尊她为定陶王太后;要冯昭仪随中山王刘兴亦移居其封国(位于今河北省定州市),尊她为中山王太后。

此后10年,定陶王刘康病逝,其子刘欣袭封为定陶王。傅太后亲自抚养年幼的定陶王刘欣。

汉成帝继位25年,尚没有儿子。绥和元年(前8年)春天,汉成帝同大臣议立太子。御史大夫(最高监察机关长官)孔光主张"兄终弟及",提议让中山王刘兴作为后嗣。汉成帝没有同意。傅太后听说此事后,以珍宝贿赂汉成帝宠爱的赵昭仪和骠骑将军王根(汉成帝之舅)。经王根和赵昭仪劝说,汉成帝将定陶王刘欣立为太子。

绥和二年(前7年)三月,汉成帝病逝。太子刘欣继位为汉哀帝,尊傅太后为皇太太后。

此前,中山王刘兴病故,其未满周岁的儿子刘衍袭封为中山王,由冯太后照养。汉哀帝继位不久,中山王刘衍患病,嘴唇和四肢皆发青。冯太后数次为他祷告。

汉哀帝听说中山王刘衍患病,派中郎谒者(侍从皇帝兼奉命出使的官员)张由率领医生去给刘衍治病。此间,张由自己生病,擅自回到京都长安,受到朝廷责备。张由害怕受处罚,声称回京奏事,诬告冯太后在为刘衍祷告时诅咒皇上和皇太太后。

傅皇太太后对冯太后积怨未解,趁机下令将冯太后及其家族成员逮捕入狱。有关官员审讯"数十日无所得"。傅皇太太后仍不放过,改派中谒者令(主管宫廷事务)史立等人查办此案。史立领会皇太太后的意旨,亦想借机邀功封侯,便诬告冯太后谋反。

史立逼问冯太后为何要谋反,冯太后始终没有屈服。史立挖苦冯太后说:"当年,熊向先帝走来时,你是那样勇敢,如今为何又这么胆小!"冯太后听史立这么说,知道是傅皇太太后要置她于死地,回头对身边人说:"史立说的是宫中禁忌,而且是前代皇帝身边发生的事。事隔几十年,史立怎么知道此事?这是有人指使他陷害我啊!"于是,冯太后服毒自杀。

冯太后服毒后没有马上死去。办案官员请求将她处死。汉哀

八、争宠弄权　后宫血泪

帝不忍心对冯太后行刑,下令把她废为庶人,囚禁于云阳宫。诏令尚未发出,冯太后含冤死去。受到冯太后牵连被诬陷致死的,还有宜乡侯冯参(冯太后之弟)、君之(冯太后寡弟媳)和冯习(冯太后之妹)及其丈夫等人。

《汉书》卷九　元帝纪
　　　　卷十　成帝纪
　　卷八十　孝元帝三男传
卷九十七下　孝元傅昭仪传
　　　　　　孝元冯昭仪传

【简评】

　　冯昭仪为人贤淑,受到汉元帝宠爱,同时亦受到傅昭仪忌恨。后来,冯、傅二人受封王太后各奔东西,傅太后对远隔千里的冯太后仍忌恨在心。40年后,傅太后玩弄权术得势,竟将冯太后陷害致死。在狡诈狠毒的男女面前,忠厚善良的人总是吃亏。这是人类社会的一种缺憾,需要持续鼓动社会用道义和诚信不断加以治理。

赵氏姐妹宠极自尽

汉成帝继位之初与许皇后情深意笃。不久,班氏女选入后宫,受到成帝宠爱,封为婕妤,许皇后失宠。后来,汉成帝微服出游,在阳阿(位于今山西省阳城县西北)县令家观舞取乐,见歌女赵飞燕天姿国色,能歌善舞,身轻如燕,为之入迷,随即把她带回后宫,封为婕妤。汉成帝听说赵婕妤之妹赵合德长得更美,接着又将赵合德召入内宫,封为婕妤。赵氏姐妹受宠后"贵倾后宫",许皇后被废,班婕妤失宠。

西汉鸿嘉三年(前18年),汉成帝想将赵飞燕立为皇后,其母王太后嫌赵飞燕出身微贱,没有答应。汉成帝不肯罢休,令侍中(侍从皇帝的主官)淳于长(王太后姐姐之子)"数往来传语",说通王太后,将赵飞燕立为皇后。

此后,汉成帝对赵皇后的宠爱不如当初,而专宠赵合德,将赵合德由婕妤提封为昭仪(位同宰相的女官)。

许皇后、班婕妤受宠之时,都曾为汉成帝生下儿子而先后夭折。赵皇后、赵昭仪专宠后宫十几年,都没有生育。赵昭仪不生育,亦不准别的妃女为汉成帝生子。

元延元年(前12年),女史官曹宫奉命教授赵皇后学习历史。此间,曹宫与汉成帝同房怀孕。曹宫将此事告诉其母曹晓及宫女道房。当年十月,曹宫在后宫生下皇子,由6名女仆照料。不久,

八、争宠弄权 后宫血泪

中黄门(低级宦官)田客持汉成帝手书,对掖庭狱丞(主管宫中监狱的副官)籍武传令,要他把住在牛官房舍里的产妇、婴儿及女仆全部收入监狱,不要问婴儿是男是女,亦不要问婴儿是谁的儿子。

曹宫入狱后对籍武说:"你要妥善保护我这孩儿,狱丞大人可知这是什么人的儿子!"三天后,田客问籍武:"婴儿死了没有?"籍武回答:"婴儿还在,没有死。"田客说:"皇上和赵昭仪大发雷霆,责问为何不把婴儿杀死?"籍武答道:"不杀婴儿,我自知要被处死;杀了,亦要被处死!"于是,他请田客代递一封奏书,奏告汉成帝说:"这个婴儿是陛下的儿子,其生母地位虽然低贱,也应该将此儿留下!"汉成帝看了籍武奏书后大惊失色。这时,赵昭仪催逼汉成帝下令曹宫及六女仆服毒自杀。新生儿由宫女张弃继养11天后被宫长(主管后宫事务)李南持成帝诏书取走,"不知所置"。

元延二年(前11年),许美人应汉成帝之召同房,当年十一月生下一皇子。为此,赵昭仪与汉成帝大吵大闹。赵昭仪说:"你常骗我说从皇后那里来,许美人为何生下儿子?你把姓许的立为皇后好了!"说着,赵昭仪捶胸顿足,用头撞击屋内的柱子,从床上翻倒在地上。接着,赵昭仪又说:"陛下向我发誓,决不对我负心。如今许美人生下皇子,你竟然食言负约,你说该怎么办?"汉成帝说:"我说过封你赵家姊妹为皇后,保证不会封许美人为皇后,你该不要担忧了吧!"此后不久,汉成帝被迫下令将许美人所生皇子处死。

由于赵昭仪恃宠施威,后宫许多妃女怀孕后被迫服药流产,其生下的皇子亦都被害死,致使汉成帝一直没有儿子。

绥和元年(前8年)二月,汉成帝以"奉宗庙二十五年","未有继嗣",立定陶王刘欣(汉成帝异母弟刘康之子)为太子。

绥和二年(前7年)三月丙戌日早晨,汉成帝起床穿衣,突然"失衣,不能言",于当天上午去世。朝廷上下以头天夜里赵合德陪侍汉成帝同宿,把成帝猝死归罪于赵昭仪。王太后大为震惊和悲痛,下令调查成帝发病情况,要给有关人员治罪。赵昭仪畏惧自杀。

汉成帝去世后,太子刘欣继位为汉哀帝,尊奉王太后为太皇太后、赵皇后为赵太后。

元寿二年(前1年)六月,汉哀帝病逝,由王太皇太后临朝听政,大司马领尚书事(丞相)王莽(王太皇太后之侄)执掌朝政。王莽传达太皇太后诏令,以姊妹专宠,"残灭继嗣以危宗庙"的罪名,将赵太后贬为孝成皇后。

八月,王太皇太后又发布诏令,称孝成皇后"罪恶深大","有狼虎之毒",下令将孝成赵皇后废为平民。当天,废后赵飞燕自杀。九月,年仅9岁的中山王刘衎(汉成帝异母弟刘兴之子)继位,为汉平帝。

《汉书》卷十 成帝纪
卷十二 平帝纪
卷九十七下 孝成赵皇后传
《通鉴纪事本末》卷五 王莽篡汉

【简评】

赵飞燕、赵合德特宠弄权,排斥许皇后、班婕妤。二赵自己不育,为巩固其权位,陷害汉成帝后宫怀孕的宫女及其所生的儿子,蓄意使汉成帝无子。"成帝之无道也,足以亡国"(王夫之《读通鉴论》卷五·成帝)。赵氏二姐妹祸乱后宫,加速了西汉的衰亡。她们的下场当然很可悲。

八、争宠弄权　后宫血泪

窦皇后妒陷二贵妃

汉章帝皇后窦氏才貌双全,受到章帝特别宠爱。其兄窦宪得以由郎(皇帝侍从官)升任侍中(侍从皇帝的主官)、虎贲中郎将(警卫部队将领),"宠贵日盛"。

东汉建初三年(公元78年),宋贵人(后妃名号)生下皇子刘庆。第二年,梁贵人生下皇子刘肇。窦皇后没有生皇子,她对宋、梁二贵人连生皇子十分忌恨。汉章帝将刘庆立为太子后,窦皇后认为其日后的地位受到动摇,对宋贵人母子尤为深恶痛绝。

窦皇后与其母沘阳公主(汉光武帝孙女)密谋,首先把攻击的矛头对准宋贵人,令其亲信千方百计搜集宋贵人的过失。宋贵人与其妹虽然同时受到汉章帝宠爱,但她们举止有礼,窦皇后及其亲信找不到她们的过失。后来,窦皇后亲信从宋贵人发出的书信中查有"病思生菟①,令家求之"这句话,便借此诬告宋贵人以野兔对皇上宠幸的后妃进行诅咒。由此,汉章帝对宋贵人及太子刘庆逐渐疏远。

建初七年(82年),汉章帝发布诏令,以"恐袭其母凶恶之风,不可以奉宗庙,为天下主",将太子刘庆废黜,改封为清河王,同时将宋贵人及其妹迁居丙舍,令小黄门(侍从宦官)蔡伦对她们加以

---

① 即野兔。

审查。蔡伦按照窦皇后意旨对宋贵人加以诬陷。汉章帝信以为真,下令将宋贵人及其妹押送暴室(关押犯罪后妃的囚所)。宋贵人及其妹同时含冤服毒自杀。

梁贵人小时候失去母亲,由其伯母舞阴长公主(汉光武帝女儿)抚养长大。建初二年(77年),她与其姐同时被选入后宫封为贵人。窦皇后以其母沘阳公主这层关系,起先拉拢梁贵人以排斥宋贵人。她把梁贵人所生刘肇收为养子,劝说汉章帝废太子刘庆,立刘肇为太子,其内心却对梁贵人十分忌恨。窦皇后害死宋贵人之后,接着就对梁贵人下手。

梁贵人的父亲梁竦,原来随其父太中大夫(皇帝顾问、参议朝政)梁统住京都洛阳。后来,梁竦之兄梁松受人诬告,梁竦受到牵累,移居家乡安定乌氏(位于今甘肃省平凉市西北)。梁竦富有才学,他撰写的《七序》受到《汉书》作者班固的称赞。梁竦"自负其才,郁郁不得意",回乡后不肯应召做官。

建初八年(83年),窦皇后指使人写匿名信诬告梁竦"恶逆"。汉章帝随即下令汉阳(治所位于今甘肃省甘谷县东南)太守(行政长官)郑据给梁竦治罪。梁竦蒙冤死于狱中。

梁贵人与其姐深为父亲受诬被害而忧伤不安,不久姐妹俩便含愤而死。

据《后汉书》卷十上 章德窦皇后传
卷二十三 窦宪传
卷三十四 梁竦传
卷五十五 清河孝王庆传

【简评】

窦皇后恃宠弄权,汉章帝听信其谗言,致使他所宠爱的宋贵人、梁贵人等多名妃女含冤而死。清代学者王夫之认为:"东汉之

八、争宠弄权　后宫血泪

衰自章帝始","章帝之柔,柔以宫闱外戚也,章帝滋甚矣。托仁厚而溺于床笫,终汉之世,颠越於妇家,以进姦雄而陨大命,帝恶能辞其咎哉"(《读通鉴论》卷七·章帝)。

中国古代历史风云·宫廷风暴(下)

阴皇后忧死冷宫

东汉永元四年(公元 92 年),阴氏(汉光武帝阴皇后之兄阴识的曾孙女)被选入后宫,以"先后近属"得以封为贵人,受到汉和帝宠爱。

永元七年(95 年),邓绥(汉光武帝阴皇后堂弟的外孙女)被选入后宫。邓绥"姿颜姝丽,绝异于众",又知书达礼,举止有度,深受汉和帝"嘉爱"。

永元八年(96 年),汉和帝将阴贵人立为皇后、邓绥封为贵人。

邓贵人入宫以后,阴皇后"爱宠稍衰"。为此,阴皇后对邓贵人十分忌恨。邓贵人理解阴皇后的心态,对她格外恭敬谦让。每当汉和帝同时召见阴皇后和邓贵人时,邓贵人总是站在旁边,不肯就坐,等阴皇后讲过以后才说话。和帝若单独召见邓贵人,她常常以身体有病加以推辞。邓贵人还特别注意,不让自己服饰的颜色同阴皇后的相同。尽管如此,阴皇后仍然把邓贵人视为眼中钉,一心想把她除掉。

有一次,阴皇后见汉和帝病得很重,私下对人说:"我一旦得志,非把邓贵人一家斩尽杀绝不可!"不久,此话传到邓贵人耳边。邓贵人流着眼泪对侍女说:"我待皇后诚心尽意,皇后反而要给我治罪。我无路可走,只好选择死。这样,上可以报答皇上之恩,中可以解除

八、争宠弄权　后宫血泪

家族之祸,下不至于使自己受到人豕之辱①。"说着,邓贵人端起玉杯就要饮毒自尽。侍女赵玉当即夺下邓贵人手上的玉杯,谎称有人来报告皇上已康复。邓贵人为之惊喜,才打消轻生念头。

邓贵人严守规章,"德冠后庭",使阴皇后无懈可击。于是,阴皇后与其外祖母邓朱密谋,暗中搞起巫蛊邪术,制作形象似邓贵人的木偶加以诅咒,以期望邓贵人早死。

永元十四年(102年)夏天,阴皇后等人的巫蛊活动被人告发。汉和帝大为恼火,下令调查阴皇后巫蛊一事。经查属实,参与巫蛊活动的还有邓朱的两个儿子和阴皇后之弟阴辅等人。汉和帝随即以"大逆无道"的罪名,下令将阴辅和邓朱两个儿子逮捕入狱,拷打致死。

与此同时,汉和帝下令废黜阴皇后,派人收缴其皇后印玺绶带,将她幽禁于桐宫。邓贵人请求赦免阴皇后,汉和帝没有同意。阴皇后之父特进(皇帝赐封皇后父兄的官号)阴纲忧惧自杀。阴皇后被废以后更是忧怨满腹,不久便死于幽宫。

《后汉书》卷十上　和帝阴皇后纪
和帝邓皇后纪

【简评】

忌妒是心胸狭隘的人囿于己利对其周围某些人形成的偏见,它扭曲人的心理,酿造人际间的猜疑和怨恨。阴皇后对邓贵人忌妒、诅咒,不仅无损于对方,反而惹祸上身。

---

①　汉高帝宠爱戚夫人,戚夫人因而受到吕后忌恨。汉高帝去世后,吕后下令将戚夫人囚禁,砍去她的手脚,摘下她的眼珠,熏聋她的耳朵,毁坏她的声带,称戚夫人为"人彘"。豕与彘同为猪的别称。

阎皇后的荣衰

东汉元初元年(114年),侍中(侍从皇帝的主官)阎畅之女阎姬以聪颖美丽入选后宫,受到汉安帝宠爱,被封为贵人(后妃名号)。第二年,汉安帝立阎贵人为皇后。

阎皇后"专房妒忌",她自己不生育,亦不容许别的后妃生育。有个姓李的宫女生下皇子刘保,引起阎皇后忌恨。不久,阎皇后用鸩酒将李宫女毒杀。

永宁元年(120年),汉安帝立刘保为太子,令乳母王男、厨监(主管膳食的宦官)邴吉共同护养太子。

延光三年(124年),阎皇后授意汉安帝乳母王圣和大长秋(负责传达皇后旨意、领受皇帝诏令的宦官)江京等人,要他们在汉安帝面前谗毁王男和邴吉,致使王、邴二人含冤被杀。太子刘保为之忧伤叹息。接着,阎皇后又与王圣、江京等人谋划诬陷太子。汉安帝听信阎皇后等人谗言,下令将太子刘保废黜,改封为济阴王。

延光四年(125年)三月,阎皇后随同汉安帝出巡。行抵叶县(位于今河南省叶县西南)时,汉安帝病逝。阎皇后与其兄车骑将军阎显及江京等人密谋,迎立济北惠王刘寿(汉章帝之子)的儿子北乡侯刘懿为少帝。汉少帝刘懿尊阎皇后为皇太后,由阎太后临朝听政。

四月,阎显忌惧大将军耿宝(汉安帝之舅)"位尊权重",阎太后

八、争宠弄权　后宫血泪

遂以结党的罪名,下令贬斥大将军耿宝并逼其自杀,将中常侍(侍从皇帝的宦官)樊丰、虎贲中郎将(警卫部队将领)谢恽、侍中周广等人逮捕入狱并处死。随后,阎太后任命其兄弟阎景为卫尉(主管宫门警卫)、阎耀为城门校尉(主管京都城门警卫)、阎晏为执金吾(主管武库兼巡察宫外治安)。这样,阎氏兄弟位居权要,阎太后荣耀一时。十月,汉少帝刘懿病逝。阎太后、阎显和江京等人策划召济北王(王府设地位于今山东省长清县)和河间王(王府设地位于今河北省河间市)的王子来京都,从中选立幼帝,以便他们长期控制朝政大权。

未等两封国的王子起到京都,十一月丁巳夜,中黄门(侍从皇帝的宦官)孙程等19人发动政变,斩杀江京等人,将时年11岁的济阴王刘保立为皇帝,为汉顺帝。尚书令(丞相)刘光召集百官,部署警卫南、北宫门。

阎显兄弟听说汉顺帝继位,领兵攻打北宫。尚书(朝廷部门长官)郭镇领兵将他们捕杀。随后,汉顺帝下令废黜阎太后,收缴其印玺绶带,将她迁出后宫,幽禁于嘉德殿。

第二年正月,废太后阎姬在极度忧愤中死去。

《后汉书》卷五　孝安帝纪
　　　　　卷六　孝顺帝纪
　　　　　卷十下　安思阎皇后纪

【简评】

阎皇后为稳定其后位,毒杀李氏,谗毁李氏所生太子刘保,唆使汉安帝将其废黜。清代学者王夫之认为:"安帝仅一子尔,旁无孽庶,年甫10岁,性犹婉顺,而惑于宦寺,忍弃之钟下,而不恤己之无苗裔,此诚古今之至不仁者矣。"(《读通鉴论》卷七·安帝)汉安帝去世后,阎皇后立少帝而以太后临朝听政,诛杀异己,企图长期控制朝政。不料好景不长,宦官发动政变,阎氏兄弟被杀,阎太后被囚而死。东汉中后期,外戚与宦官控制朝政,彼此权争不息,皇权日趋衰微。

八、争宠弄权　后宫血泪

魏明帝为母雪恨

东汉建安九年(204年),丞相曹操领兵攻打割据冀州(治所邺城,位于今河北省临漳县西南)的袁尚势力。曹操次子曹丕随军出征,俘获幽州(治所位于今北京市区西南部)刺史(军政长官)袁熙之妻甄氏。曹丕见甄氏长得很美,将她收纳为妻。

曹丕对甄氏十分宠爱。甄氏为曹丕生下儿子曹睿和女儿东乡公主。后来,曹丕率军南征,甄夫人留居邺城。

建安二十一年(216年),汉献帝封曹操为魏王。第二年,魏王曹操将曹丕立为太子。延康元年(220年)正月,曹操去世,太子曹丕继位为魏王。当年十月,曹丕废黜汉献帝,改国号为魏,即位为魏文帝,定都洛阳(位于今河南省洛阳市)。

此时,魏文帝宠爱贵嫔(后妃名号)郭女王。郭女王早年为曹丕的侍女,富有智慧谋略。当年曹操受封魏王后,郭女王曾为曹丕争立太子出谋划策。除郭贵嫔之外,魏文帝还宠爱后来入宫的李贵人(后妃名号)、阴贵人。甄夫人仍留居邺城,不再受到魏文帝宠爱。

甄夫人失宠后忧愤难平。魏文帝听说后派人给甄夫人送去书信,称要迎立她为皇后。甄夫人知道这不是出自文帝的真心,婉言谢辞。甄夫人见魏文帝无意让她入居京都,忍无可忍,讲了一些埋怨的话。魏文帝听说甄夫人口出怨言,大为恼火。

魏黄初二年（221年）六月，魏文帝派官员去邺，逼令甄夫人自杀。第二年九月，魏文帝立郭贵嫔为皇后。郭皇后没有生儿子。

黄初七年（226年）五月，魏文帝病重，立曹睿为太子。当月，魏文帝去世，太子曹睿继位，为魏明帝，尊奉郭皇后为皇太后，追封其母为文昭皇后。

太和元年（227年）二月，魏明帝下令在邺城兴建文昭皇后寝庙。不久，民工挖地基时发现一块玉玺，上面刻有"天子羡思慈亲"6个字。魏明帝看后黯然神伤。由此，魏明帝常常梦见其母甄氏，非常思念已经去世的母亲。

当初，魏文帝处死甄夫人后，令李夫人抚养曹睿。曹睿即帝位后，听说其母受到郭太后谗毁，死得很惨，殡葬时"被发覆面，以糠塞口"，心中一直怨恨郭太后。

青龙三年（235年）春天，魏明帝向郭太后询问其母死时情况，郭太后说："是先帝亲自派人令她自杀的，此事为何要责问我呢？何况你作为儿子，难道能追报已经去世的父皇之仇、为生母雪恨而枉杀后母吗？"魏明帝勃然大怒，当即令郭太后自杀，亦以"被发覆面，以糠塞口"将其殡葬。

《三国志》卷一 武帝纪

卷二 文帝纪

卷三 明帝纪

卷五 文昭甄皇后传

文德郭皇后传

【简评】

甄夫人失宠后受到郭贵嫔谗毁而被逼自杀，祸首应是魏文帝，郭贵嫔恃宠进谗亦罪责难逃。魏明帝诛杀郭太后，为母复仇雪恨亦在情理之中。

八、争宠弄权　后宫血泪

毛皇后一句话送命

魏黄初七年(226年)五月,魏文帝曹丕去世,太子曹睿继位,为魏明帝,封毛妃为贵嫔(后妃名号)。第二年,魏明帝立毛贵嫔为皇后。

当初,曹睿为平原王时娶虞氏为妃。后来,曹睿宠爱毛妃,虞妃失宠。曹睿继位后又移情别恋,宠爱郭夫人。毛皇后"爱宠日弛"。

景初元年(237年)九月,魏明帝游览后宫花园,召集才人(低级后妃名号)以上妃嫔歌舞饮宴。郭夫人提议把毛皇后请来同乐,魏明帝没有同意,并传令不准将今日游宴的事告诉毛皇后。然而,毛皇后当天便知道明帝撇开她与众妃女游园,心中很不愉快。

第二天,毛皇后见到魏明帝时,怨而不露地问道:"昨天游览北园,玩得开心吧?"魏明帝没有料到毛皇后已经知道游园一事,面对她突然发问,显得十分尴尬。他恼羞成怒,怀疑左右侍从有人向毛皇后通风报信,接连审问并杀死10多个人。至此,魏明帝仍然怒不可遏,接着,他竟令毛皇后自杀。

《三国志》卷三　明帝纪
卷五　明悼毛皇后传

中国古代历史风云·宫廷风暴(下)

【简评】

　　毛皇后失宠后被魏明帝视若多余的人,仅仅因为一句问话便命归黄泉。作为暴君的皇后,一旦失宠,亦不过如同草芥而已。

八、争宠弄权　后宫血泪

吴两公主反目

在吴大帝孙权众多夫人中,步夫人"宠冠后庭"。由此,吴大帝对步夫人所生的两个女儿鲁班公主(字大虎)和鲁育公主(字小虎)亦特别宠爱。吴大帝甚至不顾辈分之差,令其第六子孙休(南阳王夫人所生)娶小虎女儿朱氏(左将军朱据之女)为妻。

吴大帝的王夫人受到的宠爱仅次于步夫人。步夫人去世后,吴大帝立王夫人所生的孙和为太子,且意欲立王夫人为皇后。对此,大虎十分忌妒。她极力诋毁王夫人,并存心要父皇把孙和太子位废掉。大虎要小虎同她一齐向父皇进谗言,小虎没有听从。为此,大、小二虎失和。

吴赤乌八年(245年),吴大帝生病,大虎诬告王夫人面有喜色,太子图谋不轨。吴大帝信以为真,痛斥王夫人,致其忧愤而死。之后,吴大帝废去孙和太子位,改立孙亮(潘夫人生)为太子。

太元二年(252年),吴大帝去世,年仅10岁的太子孙亮继承帝位。五凤二年(255年)七月,将军孙仪等人欲谋杀专断朝政的丞相孙峻一事被人告发,孙仪自杀。大虎借机诬告小虎与孙仪"同谋",小虎被孙峻枉杀。

琅琊王孙休在其封国丹杨(位于今江苏省溧水县西)听说小虎被杀,十分恐惧,派人把朱夫人送回京都(位于今江苏省南京市),听候孙峻处置。孙峻没有株连小虎女儿朱氏,当即令人把她送回。

后来,吴帝孙亮知道小虎系大虎所害,向大虎询问小虎何故被杀。大虎推说是朱据之子朱熊、朱损所告,致使朱氏兄弟被冤杀。

《三国志》卷四十八 孙亮传、孙休传

卷五十 权步夫人传、孙休朱夫人传

【简评】

吴大帝公主鲁班极力诋毁太子孙和及其母亲,公主鲁育持不同意见,由此二公主反目成仇。公主恃贵乱政时有发生,公主与公主、公主与后妃之间的争斗亦屡见不鲜。

八、争宠弄权　后宫血泪

贾皇后荒淫乱政

贾皇后册立

西晋泰始三年(267年)正月,晋武帝司马炎依从皇后杨艳的意愿,将其所生的次子(其长子司马轨早死)、生来痴呆的司马衷立为太子。

后来,在议及太子司马衷的婚事时,晋武帝想聘娶征北大将军卫瓘的女儿为太子妃。尚书令(丞相)贾充之妻郭槐买通杨皇后侍从亲信,游说杨皇后,使她答应娶贾充之女为太子妃。晋武帝把卫、贾两家女儿作了比较,对杨皇后说:"卫将军之女在五个方面超过贾丞相之女。卫家女儿为人贤惠而且能多生孩子,身材修长,皮肤白皙,面容美丽;贾家女儿妒忌心强而不能多生孩子,身材矮小,皮肤黝黑,相貌丑陋。"杨皇后坚持要娶贾氏女。晋武帝再次依从杨皇后,同意为太子娶贾充之女。泰始八年(272年)二月,时年15岁的贾充之女贾南风受聘为太子妃。贾南风比太子司马衷大两岁。

泰始十年(274年)七月,皇后杨艳病逝。临终前,她请求将其堂妹杨芷立为皇后,晋武帝流着眼泪点头答应。咸宁二年(276年)十月,晋武帝将杨芷立为皇后,随后任命杨芷之父杨骏为侍中(侍从皇帝的主官)、车骑将军。

太熙元年(290年)四月,晋武帝去世,太子司马衷继位为晋惠帝。惠帝尊奉杨芷为皇太后,立贾南风为皇后,任命杨骏为都督中外诸军事(最高军事将领)、录尚书事(丞相)、太子太傅(太子辅导老师),由杨骏辅政。

贾皇后淫乱后宫

贾皇后"妒忌多权诈",不准别的后妃接近晋惠帝。晋惠帝惧怕贾皇后,不敢接触后宫妃女。贾皇后自己却"荒淫放恣"。她同太医令(主管宫廷医务)程据淫乱,宫廷内外的人都知道。

此外,贾皇后还四处猎取美男子。京都洛阳城南有个管理治安的小官吏曾经对人说:一天,他被一个老妇人骗上车,藏入一个大箱中。出箱后,进入高楼深宅,以香水洗浴,被一位身矮肤黑的妇人留宿数夜。人们知道,他所说的那个妇人是贾皇后。当时被骗入宫供贾皇后纵淫的男子,事后都遭到杀害以灭口,唯有这个小吏因深受贾皇后喜爱而幸免于难。

贾皇后夺权

贾皇后不仅淫乱后宫,而且觊觎朝政大权。晋惠帝继位不久,她便图谋废黜杨太后,害死杨骏,以夺取他们手中的权力。

八、争宠弄权　后宫血泪

元康元年（291年）三月辛卯日，贾皇后同殿中郎（主管传递奏书及宫廷礼仪）孟观、李肇和寺人监（宦官头目）董猛等人合谋，诬告杨骏谋反，使晋惠帝令东安公司马繇率警卫兵士攻打杨骏。杨太后听说其父被围攻，令人用箭将一块写有"救太傅者有赏"的绢射到宫城之外。当天，杨骏被击杀。接着，贾皇后抓住杨太后写在绢上的字据，诬称太后与杨骏一起谋反，要晋惠帝将杨太后废为平民，幽禁于永宁宫。后来，贾皇后下令断绝杨芷的膳食，将她饿死。

杨骏被杀后，由太宰（丞相）汝南王司马亮和录尚书事卫瓘共同辅政。贾皇后意欲干预朝政，对司马亮和卫瓘辅政不能容忍。本来，因为立太子妃一事，贾南风对卫瓘父女已怀恨在心。后来，她又听说卫瓘曾示意武帝改立太子，对卫瓘恨上加恨。卫瓘辅政后，贾南风一心要把他除掉。

此前，都督荆州（治所位于今湖北省荆州市）诸军事楚王司马玮应召来京，任北军中侯（警卫部队将领）。司马亮同卫瓘痛恶司马玮刚愎好杀，奏请晋惠帝罢免司马玮北军中侯，要他和诸王回到各自封国去。司马玮大为恼火，他采纳其门客歧盛等人的主意，投靠贾皇后而被留任太子少傅（太子辅导老师）。

卫瓘得知此事准备给歧盛治罪。歧盛闻讯反诬司马亮和卫瓘图谋废黜惠帝。当年六月，贾皇后要晋惠帝下令免去司马亮和卫瓘的职务。随后，司马玮假传晋惠帝诏令，领兵将司马亮和卫瓘抓捕并处死。贾皇后担心日后由司马玮辅政难以控制，采纳中书监（主管拟草并发布诏书）张华的建议，接着又以假传诏令的罪名，要晋惠帝发兵将司马玮抓捕处死。从此，贾皇后控制朝政大权。

贾皇后乱政

贾皇后没有生儿子,太子司马遹是晋惠帝做太子时与宫女谢玖所生。太子渐渐长大,贾皇后感到她的地位受到威胁,便与侍中贾谧(贾皇后姨侄)策划废黜太子司马遹,另立太子。贾皇后极力宣扬太子司马遹的缺点,同时伪装怀孕,将其妹贾午生的婴儿慰祖偷偷抱入内宫抚养,对外宣称是她生的皇子。

朝中大臣对贾皇后玩弄花招谋废太子深为忧虑。中护军(主管警卫部队)赵俊建议太子司马遹发兵废黜贾皇后,太子没有采纳。左卫率(太子所居东宫警卫军官)刘卞向中书监(主管拟草并发布诏令)张华告发贾皇后的阴谋,力劝张华下令,由他率领东宫万名卫兵废黜贾皇后。张华推脱而没有同意。刘卞所说的话被贾皇后的亲信窃听。

不久,刘卞被贬任雍州(治所位于今陕西省西安市西北)刺史(军政长官)。刘卞知道有人把他的话传给了贾皇后,忧惧自杀。这样,太子司马遹完全处于束手待毙的境地。

元康九年(299年)十二月,贾皇后称晋惠帝有病,召太子司马遹入宫朝见父皇。太子入宫后,既没有见到父皇,也没有见到贾后。宫女陈舞走过来称皇上赐太子三升酒,要太子畅饮。太子被劝醉后,贾后假传惠帝诏令,要太子抄写一份密件,内有令皇上和皇后自杀的文字。随后,贾皇后把太子抄写的这份字据送交惠帝,并要他召集群臣评议,将太子处死。

张华和侍中裴𫖮认为此中必有奸诈,不同意仅凭此字据处死太子。双方一直坚持到夕阳西下,仍然不能做出决定。贾皇后害怕再僵持下去会发生其他变故,转而请求惠帝赦免太子死罪,把他

八、争宠弄权　后宫血泪

废为平民。于是,晋惠帝下令将太子司马遹废为平民,将其生母谢淑媛处死。

至此,贾皇后仍不肯罢手。不久,她指使一名宦官"自首",自称曾"与太子为逆"。据此,贾皇后要晋惠帝下令,将废太子司马遹押至许昌(位于今河南省许昌市)囚禁。

贾皇后被杀

右卫督(警卫军将领)司马雅、常从督(皇帝侍从警卫将官)许超等人曾在东宫任职,对太子被废心怀不满。他们与殿中郎士猗密谋,想取得掌握军权的右将军赵王司马伦的支持,废黜贾皇后,让太子复位。司马伦却采纳其亲信孙秀的计策,不肯发兵,想让贾皇后先杀死太子,然后再以谋杀太子的罪名,将贾皇后废黜,接管朝政。

此后,孙秀指使人散布禁卫军要废去贾皇后、复立太子的舆论。贾皇后闻讯后十分惊恐。司马伦和孙秀假装靠拢贾皇后,劝说贾谧尽早除掉废太子。

永康元年(300年)三月,贾皇后要程据配制毒药,假称晋惠帝诏令,派宦官孙虑去许昌毒杀废太子司马遹。司马遹不肯服毒,孙虑用药杵将他打死。

四月癸巳日,司马伦以贾皇后和贾谧"杀吾太子"的罪名,假传晋惠帝诏令,领兵攻入后宫,并指派齐王司马冏入寝宫宣布废黜贾皇后。贾皇后见司马冏进门大吃一惊,问道:"你为何事而来?"司马冏回答说:"奉诏令收捕皇后!"贾皇后说:"诏令应当由我发出,你从哪里来的诏令?"说着,贾皇后奔跑上楼,大声向晋惠帝呼喊道:"有人要废掉我这个皇后,陛下恐怕亦自身难保!"司马冏率领众人跟着冲上楼来。贾皇后转身问道:"起事的主谋是谁?"司马囧答称是赵王。贾皇后叹悔道:"系狗应当系住狗的颈子,我只是系了狗的尾巴,怎么能不被狗咬!"

贾皇后被押至宫房西边时,看见贾谧的尸体躺在地上,不禁放声大哭,随即又戛然而止。司马伦当即假传晋惠帝诏令,将贾皇后废为平民,派尚书(朝廷部门长官)刘弘等人逼迫贾皇后饮金屑酒自杀。

《晋书》卷三十一 武元杨皇后传
武悼杨皇后传
惠贾皇后传
《通鉴纪事本末》卷十二 西晋之乱

【简评】

贾南风得以乱政,根子在皇后杨艳身上,是她执意要立生来痴呆的司马衷为太子,且执意要娶贾南风为太子妃。至于太子司马遹被贾后谋杀,清代学者王夫之认为张华负有重要责任:"君昏后虐,谗言高张,寇贼伏莽,天下所县望者,唯一华耳。刘卞进扶立太子之说,非不知人而妄投,亦舍华而更无可与言者。华无能为矣。"(《读通鉴论》卷十二·惠帝)

八、争宠弄权　后宫血泪

胡太后的浮沉

北魏①宣武帝嫔妃胡氏,年少时经常跟随其应召讲授佛经的姑母出入后宫,引起宫人的注意。宣武帝元恪听说胡氏长得很美,把她召入后宫为妃。

胡贵嫔幸免被杀

不久,胡妃生下皇子元诩,进封为充华(后妃名号)。此前,宣武帝后妃所生的儿子都没有存活。由此,宣武帝对胡充华更加宠爱。为了防范母后和外戚专权,北魏朝廷规定立太子即处死其母。胡充华知道元诩将要被立为太子,已经做好自杀的思想准备,称"子生身死,所不辞也"。可是,宣武帝将元诩立为太子之后,却破例没有把胡充华处死。

北魏延昌四年(515年)正月,宣武帝病逝,年仅6岁的太子元诩继位为北魏孝明帝。孝明帝尊奉父皇皇后高氏为皇太后。高太后策划乘宣武帝去世之机杀死胡充华。中给事(皇帝侍从宦官)刘

---

① 都洛阳,位于今河南省洛阳市。

腾将高太后这一密谋透露给中庶子（太子侍从官）侯刚，侯刚转告领军将军（主管警卫部队）于忠。于忠派兵保卫胡充华，使她幸免于难。接着，于忠等人杀死长期在朝廷专权的车骑大将军、尚书令（丞相）高肇（高太后之兄），将高太后废黜，并迁往寺庙当尼姑，尊奉胡充华为皇太后，由胡太后临朝听政。

胡太后当政后，为报答于忠等人救命之恩，任命于忠为车骑大将军、尚书令，刘腾为侍中（侍从皇帝的主官）兼卫将军（主管皇宫警卫），侯刚为侍中兼抚军将军。同时，胡太后重用其亲属，任命其父胡国珍为光禄大夫（主管议论朝政得失）、其妹冯翊君为侍中、妹夫元叉（《通鉴纪事本末》卷二十二记作元义）为侍中兼领军将军（主管警卫部队）。

胡太后乱淫被废

于忠掌揽朝政后专权滥杀，为时不长便受到众官弹劾。胡太后将于忠调任冀州（治所位于今河北省冀州市）刺史（军政长官），改由太傅侍中（幼帝辅导老师，负责处理皇帝身边的日常事务）清河文献王元怿辅佐她执政。元怿仪表堂堂，受到胡太后喜爱，被迫与胡太后通奸。

元叉、刘腾仗恃受到胡太后信任，骄纵放肆，"志欲无极"。元怿对他们变乱规章严加限制。时间不长，彼此互为怨恨。元叉、刘腾知道胡太后与元怿的奸情，担心受制于元怿日后遭殃，便合谋对胡太后和元怿下手。

正光元年（520年）七月初四早晨，元叉、刘腾领兵起事。他们关闭后宫大门，不让胡太后来前殿上朝。元怿入朝后发觉情况反常，想去开通后宫大门，元叉令兵士将他逮捕。元叉指使主食中黄

八、争宠弄权　后宫血泪

门（主管皇帝膳食的宦官）胡定诬告元怿要毒死皇上。年仅11岁的孝明帝信以为真，当即下令将元怿处死。

接着，元叉、刘腾把胡太后幽禁在宣光殿，假传胡太后诏令，说她因病不能临朝，将朝政大权交还给孝明帝。胡太后被幽禁后，"服膳俱废，不免饥寒"。她自叹看错了人，养了老虎，反被老虎咬毁。

元叉、刘腾发动政变后专断朝政，引起王公百官的愤慨。相州（治所位于今河北省临漳县西南）刺史中山文庄王元熙、右卫将军奚康生等人先后图谋杀死元叉、刘腾，让胡太后重新临朝听政，结果都失败被杀。

后来，刘腾死去，元叉亦经常出游不归，胡太后和孝明帝得以恢复自由。丞相高阳王元雍把胡太后和孝明帝请到他家中，商量除掉元叉的计划。胡太后采纳高阳王计谋，劝说元叉辞去领军将军一职，改任尚书令。元叉接受这一意见，不再主管军队，转而执掌朝政，但他没有想到失去兵权将意味着什么。

胡太后恢复临朝听政

孝昌元年（525年）四月，胡太后恢复临朝听政。侍中穆绍劝说胡太后尽早动手除掉元叉。宦官张景嵩诬骗孝明帝宠妃潘嫔说："元叉将要对贵嫔下毒手。"潘嫔哭着向孝明帝告状说："元叉不光要害死我，还要谋害陛下。"胡太后随即下令罢免元叉职务，将他削职为民。随后，群臣请求处死元叉，胡太后令元叉在家中自杀。侯刚亦因职务受贬而死在家中。

胡太后重新当政后"颇事妆饰"，劣性不改，将其情夫郑俨（其曾为胡太后之父属官）召任领尚食典御（主管皇宫膳食），昼夜与之厮混。接着提升郑俨为中书令(主管拟草和发布诏令)、车骑将军。胡太后又将曾经受到元怿亲信的中书舍人(负责拟草诏令)徐纥升任给事黄门侍郎(侍从皇帝的副官)。当时人们将郑俨、徐纥并称"徐、郑"。人们还传说给事黄门侍郎李神轨与胡太后亦有奸情。

元叉当权之时,给事黄门侍郎元顺因处事刚直被贬为齐州(治所位于今山东省济南市)刺史。胡太后复位后将元顺召回朝廷,提升为侍中。元顺对胡太后行为放荡十分忧虑。

一次,他陪同胡太后出游,当面劝谏说:"礼仪规定,妇人在丈夫去世以后应自称未亡人,不再佩戴珠玉首饰,穿着华丽服装。陛下以母太后管理天下,年近四十还如此注重修饰打扮,怎么能为千秋万代作出表率!"胡太后听元顺这么说大为不快,责备他说:"我把你从千里之外召回朝廷,是想要你当着众人的面侮辱我吗?"元顺回答说:"陛下如果不怕天下人取笑,难道还在乎我这一句话吗?"

胡太后害死孝明帝

此时,孝明帝已经长大,风闻母太后在后宫淫乱,极为痛恶。胡太后借故处死孝明帝的亲信通直散骑常侍(皇帝侍从谏议官员)谷士恢和道人蜜多,以除去孝明帝耳目。由此,孝明帝与母太后之间"嫌隙日深"。

孝明帝对郑俨、徐纥等人淫乱后宫尤为憎恶。武泰元年(528年)二月,孝明帝密令驻守晋阳(位于今山西省太原市)的讨虏大都督(军事长官)尔朱荣领兵赴京都洛阳,以胁迫胡太后杀死郑俨等人。尔朱荣派其亲信部将高欢率前锋部队进抵上党(位于山西省长治市北),孝明帝又令其停止前进。

八、争宠弄权　后宫血泪

郑俨、徐纥听说尔朱荣领兵直驱京都，非常恐惧。他们与胡太后密谋，于当月二十五日将孝明帝毒死。孝明帝猝然去世，使朝廷文武百官感到震惊。

北魏孝明帝没有儿子，潘充华刚刚为他生下一个女儿。胡太后"诈以为男"，将其立为皇帝。数日之后，胡太后见人心已经安定，又下诏称潘充华生的是女孩，废去其皇位，改立临洮王元宝晖之子、年仅3岁的元钊为帝，企图长期控制朝政。

胡太后被沉入黄河

尔朱荣听说胡太后废立皇帝，勃然大怒。当年三月，他上书朝廷，称孝明帝系中毒致死。随后，他以查问"帝崩之由"为口实，自晋阳率兵南下。

四月十一日，尔朱荣领兵渡过黄河，拥立长乐王元子攸为帝。

郑俨、徐纥知道尔朱荣部众锐不可当，惊慌失措，各自逃离京都。胡太后见大势已去，随即削发为尼以逃避祸难。尔朱荣率军进入洛阳控制局势。

当月十三日，尔朱荣派人逮捕胡太后。胡太后心存侥幸，百般陈述，为自己辩护。尔朱荣"拂衣而起"，随即下令将胡太后及幼帝元钊沉入黄河。

　　　　《通鉴纪事本末》卷二十二　肇忠用事
　　　　　　　　　　元乂幽后
　　　　　　　　　　元魏之乱
　　　《魏书》卷十三　宣武灵皇后胡氏传

【简评】

　　临朝听政的皇太后荒淫乱政,少不了有大臣参与,其活动范围不止于后宫。北魏胡太后历经权变风雨。当初,她为充华时所生皇子元诩被立为太子,北魏宣武帝破例没有将她处死。宣武帝去世后,高皇后欲将她除掉,她则受到领军将军于忠保护,反将高皇后废黜,得以称太后临朝听政。不久,胡太后与辅政的太傅元怿私通,卷入元怿与元叉、刘腾的权争之中。元怿被杀,胡太后随之被幽禁后宫。胡太后复出后继续与臣下淫乱,并伙同郑俨、徐纥毒杀其亲子孝明帝,企图长期控制朝政。她的这一丧失人性之举,使文武百官感到震惊。尔朱荣随即领兵将她抓捕,沉入黄河。人心一旦贪婪,欲望便没有止境。胡太后陷入情欲和权欲的深渊不能自拔,以致被沉入黄河。

八、争宠弄权　后宫血泪

独孤皇后忌杀尉迟妃

隋文帝杨坚和其结发之妻独孤皇后感情很好。隋文帝每次上朝,独孤皇后总是乘车把他送到宫殿门口,等到文帝退朝后,独孤皇后与他同车返回后宫。两人形影不离,"相顾欣然"。

一次,隋文帝去仁寿宫见到妃女尉迟氏,被她的美色所迷醉,与她行了床笫之欢。独孤皇后得知此事后妒火中烧,乘隋文帝上朝的时候,指使人将尉迟妃处死。

隋文帝听说尉迟妃被独孤皇后杀死,勃然大怒,一个人骑马离开皇宫苑林,从小路驰入山谷。尚书令(宰相)高颎、尚书左仆射(副宰相)杨素闻讯后,随即骑马出宫,飞奔20余里追上隋文帝,苦苦劝谏他回宫。隋文帝深深叹了一口气,埋怨道:"我贵为一国之主,却没有自由!"高颎劝解道:"陛下难道能为一个女人而不爱惜自己,有损于天下?"隋文帝听高颎这么说才消了一点气,但还是不肯掉转马头。他滞留在荒郊野外,直到半夜才随高、杨二位大臣返回皇宫。

独孤皇后见隋文帝回来,痛哭流涕向他赔罪。经高颎、杨素二人极力调解,隋文帝才消了气,同独孤皇后重归于好。

从此,独孤皇后在心灵上留下创伤。隋仁寿二年(602年)八月,独孤皇后病逝,终年50岁。

独孤皇后去世后,隋文帝失去约束,恣意同宣华夫人陈氏、容华夫人蔡氏淫乐,"由是发疾"。仁寿四年(604年)七月,隋文帝去世。临终前,他不无悔恨地对身边侍从说:"假如独孤皇后健在,我不会走到这一步!"

《隋书》卷三十六 文献独孤皇后传

【简评】

帝王大多短命,除在权争战乱中被杀外,主要原因是后妃众多,纵欲过度。隋文帝临终悔恨道出了这一真谛。

八、争宠弄权　后宫血泪

武则天谋取后位

武则天是唐并州文水（位于今山西省文水县东）人。她14岁那年以姿色美丽而入选后宫，唐太宗将她封为才人（后妃名号）。太子李治（唐太宗第九子）常去拜见父皇，在后宫见到武才人，竟为她的姿色而倾倒。武才人对太子的爱意心领神会。唐贞观二十三年（649年）五月，唐太宗病逝。武才人和众后妃一起被迁至感业寺削发为尼。

武则天复入后宫

太子李治继位为唐高宗后，将太子妃王氏立为皇后。王皇后没有生儿子，唐高宗对她感到失望。萧良娣生下皇子李素节，受到唐高宗宠爱。为此，王皇后对萧良娣十分忌恨。两人争风吃醋，明争暗斗。

永徽五年（654年）五月，太宗忌日那天，唐高宗去感业寺烧香，见到在那里当尼姑的武则天。两人相见后旧情复萌，都流下感伤的眼泪。王皇后听说此事后，暗下授意武则天蓄留头发，并劝说唐高宗把她接入后宫，企图借用武则天的魅力来削弱唐高宗对萧良娣的专宠。于是,唐高宗将武则天召回后宫。

武则天谋立皇后

　　武则天为人机智聪明,善于权术。刚回后宫之时,她凡事顺从王皇后,在王皇后面前出语谦逊,卑躬屈膝,以讨取她欢心。王皇后为武则天的假象所迷惑,多次在唐高宗面前称赞她。不久,唐高宗将武则天封为昭仪(地位仅次于皇后的后妃),对其专宠,王皇后和萧良娣失宠。由此,王皇后同萧良娣转而又联合排斥武昭仪,经常在高宗面前讲她的坏话。武昭仪知道王、萧二人忌恨她,恃宠无恐。她见唐高宗对王皇后尚无废黜之意,便把主攻方向对准王皇后,以谋夺其皇后之位。

　　武昭仪第一胎生的是女儿,她决意以女儿的生命为代价,设计陷害王皇后。

　　一天,王皇后去武昭仪那儿串门,对新生女婴爱抚一番。王皇后走后,武昭仪亲手将自己所生的女儿掐死,然后盖好被子。不一会,唐高宗进门,武昭仪欢笑如常。她自作多情随手揭开被子,让高宗看看他们的女儿。唐高宗见女儿已经死了,大为吃惊。武昭仪故作惊讶,顿时号啕痛哭。她转身责问身边的侍女,侍女们都说皇后刚才来过。唐高宗勃然大怒,认定是王皇后害死他的女儿。王皇后蒙受冤枉,无法申辩清白。从此,唐高宗产生废黜王皇后的意向。

　　永徽六年(655年)六月,武昭仪诬告王皇后与其母柳氏施用巫术,对她诅咒。唐高宗信以为真,下令禁止柳氏进入后宫,并将王皇后之舅吏部尚书(朝廷主管官吏任免的部门长官)柳奭贬为荣州(治所位于今四川省荣县)刺史(行政长官)。

八、争宠弄权　后宫血泪

十月十三日,唐高宗不顾太尉(名誉宰相)长孙无忌(唐高宗之舅)和中书令(宰相)褚遂良等人的劝阻,发布诏令,指责王皇后、萧良娣"谋行鸩毒",将她俩废为庶人;称朕当年侍奉先帝,先帝"以武氏赐朕",宣布将武昭仪立为皇后。

武皇后毒杀王废后、萧废妃

王皇后和萧良娣被废后幽禁在后宫。时隔不久,唐高宗又有些怀念她们。

一天,唐高宗走近她们住处,看到她们的住房封闭严密,只留一个小洞口供传递食物,油然生起恻隐之情,呼喊道:"皇后、淑妃在哪里?"王废后哭着说:"我们得罪陛下已经被废为奴仆,怎么还能这样受称!陛下若念昔日之情,让我们重见天日,请求将我们住的这个院子命名为回心院。"唐高宗回答说:"对你们的处境,我会妥善处理。"

武皇后听说此事后大为恼怒。唐高宗见武皇后发火,没敢吭声。武皇后当即令人将王、萧二人各打100棍杖,砍去她俩的手和脚,将她俩投入大酒瓮中,声称"让两个老女人酒醉入骨!"王、萧二人被折磨数日后,武皇后下令将她俩斩杀。

当执刑的命令下达时,王废后哀伤地说:"愿皇上万岁,武昭仪幸福,我活该被杀!"萧氏则骂道:"那个姓武的女人,是个活妖精!但愿我来生变成猫,武妖精变成鼠,我要活活咬断她的喉咙!"

后来,武皇后忌讳萧氏遗言,下令后宫不准养猫。她残害王、萧二人后感到心亏,常常梦见王皇后和萧良娣披头散发,满身是血,和死时一样。她吓得夜不能眠。移居蓬莱宫,仍然时常梦见王、萧二人。武皇后只好移居东都洛阳,终生不敢返回西都长安。

《旧唐书》卷六 则天皇后本纪
卷五十一 高宗废后王氏传
良娣肖氏传
卷八十六 许王素节传
《通鉴纪事本末》卷三十 武韦之祸

【简评】

《旧唐书》作者刘昫认为："武后夺嫡之谋也,振喉绝襁褓之儿,菹醢碎椒涂之骨,其不道也甚矣,亦奸人妒妇之恒态也。"(《旧唐书》卷六·则天皇后本纪)

清代学者赵翼认为,武则天为人残忍自古少有,"其初搤死亲女以诬王皇后,绝毛里之爱,夺燕昵之私,固已非复人理。及正位后,王后、萧良娣被废,各杖二百,反接投酿瓮中,曰:'令二妪骨醉',数日死,犹殊其尸"。"其出手行事,即凶焰绝人"(《二十二史札记》卷十九·武后之忍)。

八、争宠弄权　后宫血泪

武惠妃恶有恶报

唐延和元年(712年),唐睿宗李旦将皇位传给太子李隆基。李隆基继位为唐玄宗后,将太子妃王氏封为皇后,将第二子李嗣谦(后改名李瑛,赵丽妃生)立为太子,封其第五子李嗣初(后改名李瑶,皇甫德仪生)为鄂王、第八子李琚(刘才人生)为光王。

后来,唐玄宗宠爱武氏①,生下儿子李瑁,封李瑁为寿王。唐玄宗偏爱寿王,太子李瑛和鄂王李瑶、光王李琚等受到冷落,曾在一起流露过不满情绪。

王皇后没有生儿子,害怕被废黜。她听信僧人所讲的法术,将写有李隆基名字的木牌佩在身上,每天暗中祈祷,期望能生个儿子。有人将王皇后此举告发。

开元十二年(724年)七月,唐玄宗以"有可讳之恶",将王皇后废为庶人。同时将武氏立为惠妃,让她享受皇后的礼遇。

唐玄宗本来想立武惠妃为皇后。御史(最高监察机关官员)潘好礼上书说:"《礼记》一书写道:儿子同父母的仇人不共戴天。《春秋》一书写道:儿子不报父母之仇,是不孝之子。陛下如果立武惠妃为皇后,将以何面目见天下名士!武惠妃堂叔父武三思、堂兄武

---

① 《旧唐书》卷五十一记武氏为"则天从父兄子恒安王攸止女",《新唐书》卷七十六记武氏"再从叔三思也,从父延秀也",上述所记似有矛盾。

延秀当年祸乱朝政①,是天下的公敌。树木有了恶名,即使绿荫盖地,志士豪杰亦不在其树下休息;泉水有了盗名,即使泉涌飞溢,廉洁之士亦不饮其泉水。普通百姓婚配尚且选择,何况天子呢?请求陛下慎重选择望族女子立为皇后,这样才能符合天意人心。再说,太子不是武惠妃所生,而武惠妃生有寿王。若立武惠妃为皇后,则太子之位亦不安了!"唐玄宗看了潘好礼的奏书后,才放弃立武惠妃为皇后的想法。

武惠妃把太子李瑛视为其未能立为皇后的障碍,密令其女婿驸马都尉(皇帝侍从官)杨洄搜罗太子的过失,以便谗毁太子李瑛,然后由其子李瑁取而代之,进而谋取皇后之位。

开元二十四年(736年),武惠妃依据杨洄提供的情况,哭着向唐玄宗诬告说:"太子与鄂王、光王结党,要谋害我同寿王,亦把矛头指向陛下。"

唐玄宗信以为真,召见宰相商议,要把太子李瑛、鄂王李瑶、光王李琚废为庶人。中书令(宰相)张九龄说:"我们没有听说太子和二王有什么过错,陛下为何要在一天之内废弃三个儿子?太子系国家的根本,不可轻易动摇,请陛下慎重考虑。"接着,张九龄讲述历史上因废黜太子而引起动乱的事例,提请唐玄宗不可不记取历史教训。唐玄宗沉默不语,只好暂时放下废太子的动议。

开元二十五年(737年)四月,杨洄诬告太子李瑛、鄂王李瑶、光王李琚与太子妃之兄驸马薛锈等人谋反。武惠妃则派人向太子等人谎称"宫中有贼",召太子和鄂王、光王入宫护卫。然后,武惠

---

① 唐神龙元年(705年),女皇武则天被废,唐中宗李哲(武则天第三子)复位。宰相武三思(武则天之侄)与唐中宗皇后韦氏私通乱政。韦皇后的小女儿安乐公主欲立自己为皇太女,与其丈夫武延秀(武则天侄孙)等人陷害相王李旦(武则天第四子、李隆基之父)。韦皇后和安乐公主毒死唐中宗后,阴谋要处死李旦。李隆基闻讯率领部众将韦皇后、安乐公主、武延秀等人杀死。

八、争宠弄权　后宫血泪

妃又向唐玄宗诬告,称"太子和鄂王、光王谋反,身披盔甲冲到宫里来了"。唐玄宗派人查看,果然发现太子李瑛、鄂王李瑶、光王李琚披甲持剑进入皇宫。

唐玄宗传令太子等人退回,当即召集宰相再次商量废黜太子的事。接替张九龄任中书令的李林甫顺从武惠妃意旨,对唐玄宗说:"这是陛下的家事,我们可以不参与发表意见。"于是,唐玄宗下令将太子李瑛、鄂王李瑶、光王李琚废为庶人,令薛锈自杀。随后,武惠妃派人将李瑛、李瑶、李琚杀害。天下人无不为之鸣冤。

武惠妃害死太子李瑛三兄弟后,精神恍惚,成天惶恐不安,不止一次梦见李瑛等人向她讨还血债。武惠妃忧惧成疾,不得不令人将李瑛三兄弟改葬,又下令活埋杀害李瑛等人的凶手。尽管如此,武惠妃还是不能从梦魇中解脱。当年六月,武惠妃在极度恐惧中死去。

　　　　　　　《旧唐书》卷八　玄宗本纪上
　　　　　　　　卷五十一　玄宗废后王氏传
　　　　　　　　　玄宗贞顺皇后武氏传
　　　　　　　　卷一百七　玄宗诸子庶人李瑛传
　　　　　　　《新唐书》卷七十六　玄宗贞顺皇后武氏传
　　　　　　　　　卷八十二　太子瑛传

【简评】

西汉学者董仲舒说:"积恶在身,犹火之销膏,而人不见也。"(《汉书》卷五十六·董仲舒传)武惠妃为谋取后位而残害太子及二王,在心灵上亦背上沉重的枷锁,如同恶魔缠身,惶惧而死。

仁德皇后无辜被害

辽①圣宗仁德皇后萧氏，小字菩萨哥，年少时以聪明美丽被选入后宫，受到辽圣宗耶律隆绪宠爱。辽统和十九年（1001年），辽圣宗将萧氏立为齐天皇后。萧皇后善于建筑设计，构思巧妙。朝廷有关部门按照她设计的模型，建造清风、天祥、八方三座宫殿。三殿建成后，辽圣宗对萧皇后更加宠爱无比。

萧皇后曾生下两个皇子，都没有存活。开泰五年（1016年），宫女萧氏（小字耨斤）生下皇子耶律宗真。辽圣宗十分高兴，将萧氏封为元妃。辽圣宗要萧皇后抚养宗真，萧皇后对宗真关爱备至，如同己出。

萧元妃妒忌心很强，她在辽圣宗面前对萧皇后百般谗毁，企图取代她为皇后。辽圣宗知道萧元妃的用意，对她的话不以为然。宗真五岁时被立为太子，对萧皇后十分亲近。萧元妃对太子亲近皇后亦非常忌恨，她知道无法改变现状，只好把恼恨装在心里。辽圣宗病重后，萧元妃冲着萧皇后骂道："老东西，受宠亦该有到头之日！"

太平十一年（1031年）六月，辽圣宗病逝。太子耶律宗真继位为辽兴宗。萧元妃以皇帝生母"自立为皇太后"，临朝听政。

---

① 国名，都中京，位于今内蒙古宁城县西大明城。

八、争宠弄权　后宫血泪

萧太后当权后,随即对萧皇后及其亲属加以迫害。她指使其护卫侍从冯家奴、喜孙等人诬告萧皇后与北府(北方五部族首府)宰相萧浞卜(萧皇后之弟)、国舅(萧皇后族弟)萧匹敌等人谋反,将萧浞卜等人逮捕。当月辛丑日,萧太后下令处死萧浞卜等人,将萧皇后由中京迁往上京(位于今内蒙古巴林左旗林东镇东南波罗城)。

辽兴宗不赞成将萧皇后迁往上京,对母太后说:"皇后侍奉先帝将近四十年,亲手把我抚养长大,应当尊奉她为太后。如今先帝刚刚去世,不但不尊奉她为太后,反而给她治罪,能这样对待她吗?"萧太后答称:"此人如果留在中京,恐怕将会成为后患。"辽兴宗说:"皇后没有儿子,而且已经年老,即使留在中京,也不会做出不利朝政的事。"萧太后拒不接受辽兴宗的劝告。

重熙元年(1032年)春天,萧太后担心辽兴宗图报萧皇后养育之恩,对她不利,诬称萧皇后有罪,派人去上京将萧皇后处死。萧皇后从容对执刑人员说:"我实在是无辜的,天下人都知道。请让我洗浴后才就刑,可以吗?"执刑人员答应并退出。不一会,萧皇后在室内自尽,终年50岁。

《辽史》卷十八　辽兴宗本纪一
卷七十一　圣宗仁德皇后萧氏传
圣宗钦哀皇后萧氏传
《辽史纪事本末》卷二十六　齐天萧后之诬

【简评】

辽圣宗萧皇后行为端正,只是由于其地位特殊而受到萧太后迫害。按说,她作为皇后,且是少帝养母,应当以皇太后临朝听政。也许正是由于其太善良、少谋虑才失去这一机遇,而让少帝生母萧元妃自立为太后。

孟皇后饱经风霜

北宋元祐七年（1092年），临朝听政的高太皇太后（宋神宗之母、宋哲宗祖母）将宫女孟氏立为宋哲宗皇后。高太皇太后告诫宋哲宗说："能得到一个贤内助，并不是一件容易的事。"

后来，宋哲宗宠爱"明艳冠后庭"的刘贤妃，孟皇后受到疏远。刘贤妃恃宠骄狂，对孟皇后不行妾礼。后宫妃女对刘贤妃傲慢无礼无不感到义愤。

绍圣三年（1096年）夏至（《宋史》孟皇后传记为"冬至"，疑误）那天，后妃们聚集在隆祐宫等候朝见向太后（宋神宗皇后、宋哲宗为朱婕妤生）。刘贤妃见孟皇后坐在用金子装饰的供皇后坐的红漆椅子上，脸上流露出不满的表情。侍女只好为刘贤妃换了一把同皇后一样的坐椅。刘贤妃顿时笑逐颜开，众妃女心理却不能平衡。向太后进门后，众后妃起身施迎见之礼。这时，有人悄悄将刘贤妃的坐椅移动位置。当向太后还礼要各自坐下时，刘贤妃不经意一屁股落在地上，引起哄堂大笑。刘贤妃恼羞成怒，从此不肯公开露面。她经常在宋哲宗面前哭哭啼啼，谗毁孟皇后。

此时，高太皇太后已经去世。当初，高太皇太后临朝听政期间，废除原宰相王安石推行的新法，将支持新法的知枢密院事（最高军事机关长官）章惇贬为汝州（治所位于今河南省汝州市）知州（行政长官）。宋哲宗亲掌朝政后，起任章惇为宰相。章惇知道孟

八、争宠弄权　后宫血泪

皇后系高太皇太后所立,便暗下串通刘贤妃,共同陷害孟皇后。

不久,孟皇后之女福庆公主生病,服药不见好转。孟皇后之姐带着道家治病符水入宫为之治疗。孟皇后以宫中严禁道家符水而加以制止,并将此事告诉宋哲宗。之后,孟皇后养母燕氏与尼姑法端私下为孟皇后祈祷。刘贤妃和章惇等人借上述两件事诬告孟皇后搞巫蛊之术。于是,宋哲宗下令有关部门从严查办。刘贤妃指使其亲信侍从宦官郝随参与其间。办案人员逮捕近30名宦官、宫女,对他们严刑拷打,致使其"肢体毁折",奄奄一息,被迫诬告孟皇后搞巫蛊之术。据此,宋哲宗于当年九月下令将孟皇后废黜,迁居瑶华宫为尼,号称华阳教主、玉清妙静仙师,法名冲真。后来,宋哲宗立刘贤妃为皇后。

元符三年(1100年)正月,宋哲宗病逝,其弟赵佶继位为宋徽宗。五月,宋徽宗下令将孟废后接回后宫,复封为元祐皇后。

崇宁元年(1102年)十月,郝随串通宰相蔡京等人图谋再次废黜孟皇后。宋徽宗听从蔡京等人谗言,将孟皇后再度废入瑶华宫。此后,孟废后在瑶华宫度过漫漫20多年孤寂岁月。

靖康元年(1126年),瑶华宫失火,孟废后迁居延宁宫。不久,延宁宫又失火,孟废后被迁入相国寺前面一处私人住宅。

当年闰十一月,金国①军队攻占北宋都城开封。第二年四月,金军劫持太上皇(宋徽宗)赵佶、宋钦宗赵桓(太上皇赵佶长子)及六宫后妃迁往北方。后宫有名号的妃女,唯有孟废后一人因为流落民间,幸免被掳。

金军北撤之前,立原北宋宰相张邦昌为非赵姓皇帝。张邦昌即帝位后未敢专揽朝政,将孟废后接回后宫,尊奉她为元祐皇后,请她垂帘听政。

当年五月,张邦昌退位。元祐皇后立康王赵构(宋徽宗第九

---

① 都会宁府,位于今黑龙江省阿城市南。

子）继位为宋高宗。宋高宗尊元祐皇后为隆祐太后。此后的宋朝史称"南宋"。

南宋建炎三年（1129年）春天，金军再次南下，宋高宗率朝廷百官及众后妃自扬州（位于今江苏省扬州市）退居杭州（位于今浙江省杭州市）。

不久，扈从统制（侍卫皇帝的将领）苗傅、右军副都统制（右翼部队副长官）刘正彦发动兵变，逼迫宋高宗退位。隆祐太后亲自走到叛军将士中间，劝说他们以国家利益为重返回军营。苗、刘等人拒而不听，隆祐太后只好立年仅3岁的宋高宗之子赵旉为帝，怀抱幼帝听政。当年四月，隆祐太后密召御前左军都统制（警卫部队将领）韩世忠等率军平息苗、刘叛乱，群臣为之欢呼。隆祐太后高兴地说："我应负的责任尽到了！"宋高宗随之复位。

绍兴五年（1135年）四月，孟太后因中风去世，终年59岁。宋高宗下令以"母后临朝礼"安葬。

《宋史》卷十八 哲宗纪二

卷十九 徽宗纪一

卷二百四十三 哲宗昭慈圣献孟皇后传

昭怀刘皇后传

【简评】

孟皇后受到刘贤妃忌妒，又被权臣章惇视为异己，遭其二人诬陷而被废去后位，削发为尼。宋徽宗继位后，她得以恢复后位，不久又被奸相蔡京谗毁废入冷宫。后来，她两次遭遇火灾，流落民间，因祸得福，幸免被金军掳掠。宋高宗南退后，她又遭逢兵变，以其特殊的地位维系风雨飘摇的南宋政权。孟皇后为人贤淑，她几十年的风风雨雨，折射出北宋、南宋交际时期纷繁复杂的社会矛盾。

八、争宠弄权　后宫血泪

唐括定哥失宠偷情

金国①的唐括定哥是个美女,亦是个荡妇。她嫁给大理寺卿(最高审判机关长官)乌带为妻后,与平章政事(丞相)完颜亮私通,又与家奴阎乞儿通奸,并送给阎乞儿许多衣服。

金皇统九年(1149年)十二月,完颜亮与其亲信密谋杀死金熙宗,夺取帝位,为海陵王。天德二年(1150年)七月,海陵王将乌带由左丞相改任崇义军(治所义州,位于今辽宁省义县)节度使(军政长官)。唐括定哥随同乌带离开京都会宁府出居义州,仍与海陵王藕断丝连。

唐括定哥私下派知道她与海陵王有私情的亲信侍女贵哥去京都问候海陵王。海陵王令贵哥传话给唐括定哥,要她杀死乌带,改嫁给他做第二皇后。唐括定哥推辞说:"年轻时所做的丑事,我已经感到羞耻。如今儿女都长大了,怎么还能干那种事情?"海陵王听说唐括定哥犹豫且不肯答应,派人警告唐括定哥说:"你如果不忍心杀死你的丈夫,我就要杀死你全家人。"唐括定哥非常害怕,答应见机行事。

天德四年(1152年)七月某日,唐括定哥乘乌带醉酒,令人将

---

① 都会宁府,位于今黑龙江省阿城市南。金贞元元年(1153年),迁都中都,位于今北京市区。

乌带害死。海陵王随即将唐括定哥迎娶入宫。

唐括定哥入宫之初,很受海陵王宠爱。贞元元年(1153年),海陵王封唐括定哥为贵妃,并许愿要将她立为皇后。海陵王经常带着唐括定哥同乘一辆车出游瑶池,让众多后妃步行跟从。

后来,海陵王宠妃愈来愈多,很少再顾及唐括定哥。一天,唐括定哥站在楼窗前,看见海陵王同别的爱妃乘车从楼前经过。她大声呼喊要跟随他们同行,海陵王没有理睬她。唐括定哥气得破口大骂,海陵王假装没有听见,扬长而去。

唐括定哥失宠后非常恼恨,亦感到十分孤寂。她想起昔日的情人阎乞儿,便买通出入宫中的尼姑,以索要旧衣服为由向阎乞儿传情。之后,唐括定哥派人把阎乞儿藏在盛装旧衣服的大箱子里,瞒过门卫的检查,将他接入后宫。唐括定哥要阎乞儿穿上女人衣服,化妆成宫女,昼伏夜出,与之淫乐。10多天后,贵哥告发他们的奸情。海陵王勃然大怒,当即下令将唐括定哥和阎乞儿等人处死。

《金史》卷五 海陵王本纪

卷六十三 海陵贵妃定哥传

【简评】

帝王后宫虽然监管严密,后妃的婚外恋亦不乏见。后妃在帝王去世后与人私通的有之,在帝王有病或外巡期间越轨的亦有之。唐括定哥则是由于失宠而与其奸夫重续旧情。帝王拥有众多后妃为天经地义,后妃另求新欢则被视为大逆不道,这是古代后宫的法规。

八、争宠弄权　后宫血泪

李皇后妒斩玉手

南宋①乾道七年(1171年),宋孝宗将其第三子恭王赵惇立为太子。太子赵惇性格懦弱,太子妃李凤娘却性情凶悍,且忌妒心极强,太子赵惇很怕她。

李妃在宋孝宗面前拨弄太子宫中是非,宋孝宗颇为不快,训斥她说:"你要以太后(宋高宗皇后吴氏)为榜样,规范自己言行。否则,就把你废去。"由此,李妃对宋孝宗怀恨在心。

淳熙十六年(1189年)二月,宋孝宗退称太上皇,太子赵惇继位,为宋光宗,立李妃为皇后。

不久,李皇后要把其子嘉王赵扩立为太子。太上皇没有同意。李皇后争辩说:"当初,我是由皇上以厚礼聘娶的,嘉王是我亲生的儿子,为何不可以立为太子?"太上皇对李皇后与他顶嘴大为恼火。之后,李皇后拉着嘉王赵扩向宋光宗哭诉,诬称太上皇有废黜皇上、重立新帝之意。宋光宗为李皇后的话所迷惑,从此不再去朝拜太上皇。

绍熙四年(1193年)重阳节,众臣接连上书,请求宋光宗去拜见太上皇。给事中(侍从皇帝、负责收纳奏章、协理监察事务)谢深甫说:"天下的父亲都疼爱自己的儿子。太上皇疼爱陛下,如同陛

---

①　都临安,位于今浙江省杭州市。

下疼爱嘉王一样。如今太上皇年岁已高,陛下如果再不去拜望,太上皇千秋万岁以后,陛下怎么好向天下臣民解释?"宋光宗经大臣们劝说有所感悟,动身乘车去看望太上皇。李皇后则借口天冷,要皇上饮酒取暖,拉着宋光宗回宫。在场文武百官和侍从面面相觑,无可奈何。中书舍人(负责拟草诏令)陈傅良拉住宋光宗衣襟,请求他不要离去。李皇后将陈傅良斥退。

李皇后不仅离间宋光宗与太上皇的关系,扰乱朝政,对于宋光宗宠爱的妃女更是残酷迫害,心狠手毒。

一次,有个宫女侍候宋光宗洗手。宋光宗见该宫女手白如玉,拿起她的白手细看,加以赞美。没过两天,李皇后派人给宋光宗送去一盒食品。宋光宗打开盒盖一看,里面竟然放着那个宫女的一双断手!

当初,赵惇为太子时就喜欢黄夫人。赵惇即帝位后,封黄夫人为贵妃,依然对她十分宠爱。李皇后对黄贵妃十分忌恨。

绍熙二年(1191年)十一月,宋光宗去郊外祭祖,住在斋宫。李皇后乘机将黄贵妃杀死,对外则称黄贵妃因病猝死。宋光宗听说黄贵妃突然死去,极为悲痛。

宋光宗本来就有病,黄贵妃遇害使之悲伤过度,病情加剧,从此不能上朝听政。李皇后恃权谋私,封李氏家族三代为王,任命其亲属乃至门客172人做官,朝政大事多由其决定。

《宋史》卷二百四十三 光宗慈懿李皇后传
黄贵妃传

【简评】

李皇后妒斩宫女玉手,令人发指;她凶悍撒泼,竟挑拨皇帝与太上皇的关系,而两代皇帝都不能制止她。从中不难看出,此时南宋皇权已十分衰微。

八、争宠弄权　后宫血泪

万贵妃祸乱后宫

明英宗太子朱见深(明英宗周妃所生)的侍女万氏,比朱见深大19岁。她处事机敏,善于迎合太子,受到太子宠爱。

明天顺八年(1464年)正月,明英宗病逝,时年16岁的太子朱见深继位,为明宪宗。明宪宗尊其母周氏为太后,并于七月将太子妃吴氏立为皇后。

万氏恃宠骄肆,不把吴皇后放在眼里。吴皇后忍无可忍,令人搜集万氏的过失,用棍子狠狠揍了她一顿。明宪宗听说万氏被打,大为恼火,称吴皇后"举动轻佻"、"德不称位",于当年八月下令将吴皇后废黜,迁居别宫。

十月,明宪宗改立王妃为皇后。王皇后受封后,鉴于吴皇后触犯万氏被废的教训,对万氏"宠冠后宫",淡然处之。

成化二年(1466年),万氏为明宪宗生下长子。明宪宗大为欣喜,随即封万氏为贵妃。万贵妃本以为她生的皇长子日后可以继承皇位,不料皇长子出生不久即病死。

万贵妃"专宠而妒",她把明宪宗看守得严严的,致使众后妃难以接近皇帝。她不仅与后妃争风,而且极力扼制后妃生子,甚至残害皇子,以维护其"专宠"。万贵妃后来没有再生皇子,亦不准别的妃女生皇子。她一旦听说某后妃怀孕,随即便强令其堕胎。

成化五年(1469年),柏贤妃侥幸生下皇子朱祐极。朱祐极3

岁时，明宪宗将他立为太子。时隔一个月，万贵妃便将太子朱祐极害死。

成化六年（1470年）某日，明宪宗偶然去内藏（后宫主管文秘的机构），遇见女史（女文秘官）纪氏。纪氏的言谈举止使明宪宗感到满意，明宪宗当即与她行了床笫之欢，致使纪氏怀孕。万贵妃听说此事后不能容忍，令侍女设法把纪氏怀的胎儿除掉。侍女谎称纪氏系广西蛮女，不服北方水土，得了腹胀病，并非怀孕。万贵妃听侍女这么说，对纪氏产生厌恶，传令将纪氏移居安乐堂。

之后，纪氏生下皇子朱祐樘。万贵妃获悉后，极为忌恨，派太监张敏去将朱祐樘害死。张敏随即把朱祐樘藏到别的地方，称其没有见到皇子。吴废后知道纪氏有难处，暗中哺养朱祐樘，不敢告诉明宪宗。

成化十一年（1475年）某一天，明宪宗召张敏为他梳头，对镜感叹道："我都快老了，还没有儿子！"张敏跪在地上奏告说："皇上已经有了贵子。"明宪宗大为吃惊，问皇子在哪里。太监怀恩奏告说："纪氏将皇子秘密抚养在西宫内，今年已经6岁了，一直不敢让皇上知道。"明宪宗听说后极为高兴，当即派人去西宫传令，说他要去看望儿子。纪氏听说皇帝要来看儿子，抱着朱祐樘哭着说："儿一旦离去，我就不得活了。"

朱祐樘长到6岁，吴废后和纪氏始终没敢让他露面剪去胎发。明宪宗进门后，见朱祐樘头发披身，拖在地上。宪宗把他抱在膝上，反复抚摸，悲喜交集，不禁流出眼泪，连声说："是我的儿子，像我，长得像我！"

万贵妃听说纪氏等人一直瞒着她将皇子养到6岁，在明宪宗面前日夜哭闹，称众小人一起欺骗了她。

当年六月，纪氏猝然死去。人们议论纷纷，都认为是万贵妃把她害死的。不久，张敏惧怕万贵妃加害，亦吞金自杀。

十一月，明宪宗立朱祐樘为皇太子。周太后为了防备不测，将

八、争宠弄权　后宫血泪

太子接入仁寿宫,亲自护卫他。有一天,万贵妃召太子去她那儿。周太后令人领太子前往,临行时对太子说:"孩儿去到那里,千万不要吃东西!"太子到了万贵妃住处后,万贵妃拿出精美的食品给他吃。太子回答说:"我肚子已吃饱。"万贵妃又令人端来羹点,太子指着羹点说:"我怀疑这里面有毒。"万贵妃大为愤恨地说:"这孩儿才几岁就如此精明,将来他长大,没有我过的日子!"

谋害太子不成,万贵妃改变计策,由限制明宪宗接近后妃,转而纵容明宪宗贪恋女色,目的是让后妃多生皇子以削弱太子的地位。这样,在短短几年内,邵妃等人接连为明宪宗生下好几个男儿。于是,万贵妃和太监梁芳等人编造理由,极力劝说明宪宗改立太子。明宪宗没有同意。他知道万贵妃蓄意要害死太子,对太子朱祐樘的安全十分关心,派人严加保护。

成化二十三年(1487年)春天,万贵妃在绝望中患急病死去。当年秋天,明宪宗病故。太子朱祐樘继位为明孝宗。

《明史》卷十三　宪宗本纪一
卷一百十三　宪宗废后吴氏传
孝贞皇后王氏传
孝穆纪太后传
恭肃贵妃万氏传

【简评】

万贵妃把持下的后宫格外黑暗,皇后被废,皇子被杀,以至皇子朱祐樘出生6年不敢露面,明宪宗居然不知。万氏比宪宗大19岁,始终能受到宪宗专宠,其手段确实不凡。吴皇后册立两个多月即被她逸废,王皇后"处之淡如"才得以保全。由此可见,明宪宗亦是一个窝囊皇帝。

明世宗险遭谋害

明嘉靖七年(1528年)十月的一天,明世宗朱厚熜与怀有身孕的陈皇后一起闲坐。张顺妃和方妃走上前来为他们献茶。明世宗拿起张顺妃的纤纤玉手反复抚摸细看。陈皇后妒火中烧,当即将茶杯掼在地上,愤然离开座位。明世宗性格暴躁,见陈皇后发火,勃然大怒。陈皇后大为惊恐,吓得摔倒在地,当即流产,血流不止而死。

之后,明世宗立张顺妃为皇后,封方妃为嫔妃。张皇后不育,渐渐失宠。

嘉靖十三年(1534年)正月,明世宗废去张皇后,将其移居别的宫室,改立方嫔妃为皇后。两年后,张废后在忧郁中死去。

后来,方皇后亦失宠,明世宗又宠爱曹端妃。方皇后对曹端妃忌恨在心。曹端妃恃宠谗告妃女王宁嫔。明世宗打了王宁嫔,并下令除去其封号。宫女杨金英等人亦受到曹端妃的虐待,对曹端妃怀恨在心。

嘉靖二十一年(1542年)十月二十一日夜,明世宗宿于曹端妃宫房。王宁嫔指使宫女杨金英和张金莲潜入曹端妃房间。等到明世宗和曹端妃熟睡以后,杨、张二人将绳索套到明世宗脖子上,企图将明世宗勒死,以陷害曹端妃。由于她们打的是死结,没有把明世宗害死。

八、争宠弄权　后宫血泪

张金莲见谋杀明世宗不成,转而跑去报告方皇后。方皇后连忙跑过来,解开套在明世宗颈上的绳索。明世宗被勒得只剩下最后一口气,半天才清醒过来。

接着,方皇后令太监张佐等人逮捕涉及此事的妃女,严加审查。张佐等人奏称:杨金英等人弑逆,王宁嫔系首谋,曹端妃虽然没有直接动手,亦知道这一阴谋。当时,明世宗惊悸成病,尚不能说话。方皇后随即传明世宗之令,将曹端妃、王宁嫔、杨金英等人押往闹市处死,并诛杀其亲属10余人。这起由后妃争风吃醋引发的谋害明世宗一案中,曹端妃本是受害者,事前当然不会知道王宁嫔等人的密谋。曹端妃被杀以后,明世宗"始知其冤"。

《明史》卷十七　世宗本纪一
卷一百十四　世宗孝洁陈皇后传
张废后传
孝烈方皇后传
《明通鉴》第五十八卷　明世宗嘉靖二十一年

【简评】

明世宗在位前期,后妃争风弄权达到无以复加的程度,明世宗的生命居然被她们视为陷害对方的筹码。明世宗经历这场风险后疑虑重重,移居西苑万寿宫,不仅对后妃提高警惕,对大臣亦保持戒备。在此后的20多年间,他不再上朝听政,"大臣希得谒见",致使奸相严嵩"窃政20年,溺信恶子,流毒天下"(《明史》卷三百八·严嵩传)。

后 记

从读小学高年级开始,我便对文学和历史产生浓厚的兴趣,以至参加工作后,所购买、阅读的大多是文史类书籍。1995年,在业余写完长篇小说《桃花流水》(2008年4月,华夏出版社出版)之后,我转读中国历史古籍,将视线专注于古代官员在官场的沉浮,并有选择地分类记下其中较为典型的人物事件。这样边看边写,历时8年,形成一个记述古代官场故事的框架草稿。从工作岗位退下来后,我集中近5年时间,聘请电脑打字员,先后3次对稿子进行系统梳理,并逐篇修改,于2007年形成"中国古代历史风云"系列丛书书稿。2008年,我将书稿通览一遍,对部分文字作了修改。2009年,我查阅史书,对书稿逐篇修改校正。2010年,我对书稿再次作了修改。

作者不是历史专业人员,对历史科学尚没有入门,能将此套书奉献给读者,首先借助于前人的劳动成果,其次

后　记

受到师友同学的热情鼓励。如果本套书能使读者喜欢，能有益于国家的政治文明建设，将是我最大的安慰。贤妻叶善荣对我读书写作给予了极大的理解和支持，承担起全部的家务。在本稿付梓之时，我向她表示衷心的感谢。

我读史时间不长，许多问题还没有完全搞清楚，加之认识肤浅，涉猎有限，书中错误难免，敬请专家和广大读者批评指正。

叶秀松

2010 年 6 月